中宣部 2018 年全国文化名家暨"四个一批"

人才工程资助项目"从张璁到张居正：

明代改革的演变轨迹与经验教训"

从张璁到张居正

明代改革的经验与教训

田澍 著

人民出版社

责任编辑：詹　夺　邵永忠
封面设计：胡欣欣
封面题字：田应龙

图书在版编目（CIP）数据

从张璁到张居正：明代改革的经验与教训/田澍 著. —北京：人民出版社，
　2024.7（2025.4 重印）
ISBN 978-7-01-026037-2

Ⅰ.①从…　Ⅱ.①田…　Ⅲ.①改革-研究-中国-明代　Ⅳ.①D691.2

中国国家版本馆 CIP 数据核字（2023）第 200324 号

从张璁到张居正
CONG ZHANGCONG DAO ZHANGJUZHENG
——明代改革的经验与教训

田　澍　著

人民出版社 出版发行
（100706　北京市东城区隆福寺街 99 号）

北京中科印刷有限公司印刷　新华书店经销

2024 年 7 月第 1 版　2025 年 4 月北京第 2 次印刷
开本：710 毫米×1000 毫米 1/16　印张：30　字数：450 千字

ISBN 978-7-01-026037-2　定价：98.00 元

邮购地址 100706　北京市东城区隆福寺街 99 号
人民东方图书销售中心　电话（010）65250042　65289539

作者简介
ZUOZHE JIANJIE

田 澍

　　1964 年生，甘肃通渭人。中国社会科学院研究生院历史学博士，西北师范大学历史文化学院教授、博士生导师，西北师范大学副校长，甘肃省社科联副主席，中国历史研究院田澍工作室首席专家，全国文化名家暨"四个一批"人才，国家"万人计划"哲学社会科学领军人才，国家社科基金评审组专家，教育部历史学类专业教学指导委员会委员，中国中外关系史学会副会长，中国古代史国家级教学团队带头人，全国高校黄大年式教师团队（简牍学与丝绸之路文明教师团队）负责人，享受国务院政府特殊津贴。曾获教育部霍英东教育基金会高等院校青年教师教学奖、宝钢优秀教师奖、甘肃省先进工作者、甘肃省教学名师。主要从事明清史、丝绸之路与西北边疆史地研究，在《文史》《中国史研究》《政治学研究》《中国边疆史地研究》《光明日报》等报刊上发表学术论文 160 余篇，出版《嘉靖革新研究》《正德十六年》《明代内阁政治研究》《明代河西走廊与丝绸之路研究》《史学论文写作教程》等专著、教材十余部。相关成果多次获甘肃省哲学社会科学优秀成果一等奖、教育部高校人文社会科学优秀成果奖以及郭沫若中国历史学奖等。

目　录

序　论

一、张璁与张居正：嘉隆万改革的代表人物

在明代，嘉隆万是一个极具个性的时代，也是相对独立的一个历史单元。在这一时期，明代的政治与社会发生了极大的变化：一方面，人才辈出，政治上的革新与社会经济的发展相互作用，使政治与社会充满活力，明朝由第二个百年跨入第三个百年；另一方面，"嘉隆万改革"因张居正的"专擅"而即将画上句号，神宗皇权弱化，政治晚明由此拉开序幕。

当明朝历史走过150余年后，积弊甚多，急需革新自救。但能不能改革？改革由谁来领导？改革如何进行？这不是由哪一个人说了算的事。在武宗暴亡之后，阁臣杨廷和所处的地位与发挥的作用的确有点特殊，但他不可能成为改革家！如果按照所谓"杨廷和革新"的逻辑来推论，那么所有在皇位更迭之际的内阁首辅都成了改革家！武宗一死，杨廷和就要领导明代的改革，改革能有这样简单和随意吗？恰恰相反，在正德、嘉靖之际要真正进行改革，首先就要清除

无视法律和破坏明代政治秩序的杨廷和集团，这是杨廷和集团想象不到的，也是后世同情杨廷和及其追随者的人不愿意面对和承认的。

在嘉隆万时代，发生了最有影响的两件大事：一件是正德、嘉靖之际的"大礼议"；另一件是隆庆、万历之际的幼主神宗的即位。张璁与张居正分别是这两大事件的代表人物。对于张璁，学界研究不多，偏见不少；对于张居正，尽管研究较多，但认识不到位。

正德十六年（1521），武宗暴亡，因绝嗣而导致皇位空缺。在慌乱危急之中，武宗之母张太后与阁臣杨廷和等人选取朱厚熜为皇位继承人。这一方面是正德乱政的集中表现，另一方面是政治巨变的一大信号，隐含着变革的机遇，完全不同于父死子继时的政治情势。在认识选定朱厚熜为皇位继承者一事时，必须要看到张太后所起的决定性因素，而不能把这一"定策"之功认为是杨廷和一人的功劳。熟悉内幕的阁臣费宏对此有中肯的认识："慈寿皇太后断自圣心，首定大策，迎立我皇上入绍大统，功德甚隆。一切奉事供养，尤宜从厚。"[1] 郑晓论道："正德末，国统中绝，非孝康为之内主，祸未可知也。"[2] 朱厚熜以孝宗之侄、武宗之堂弟、兴献王长子的身份君临天下，没有回护前朝弊政的心理负担和思想压力，完全有可能对前朝乃至前几朝的弊政进行深刻反思。而他从京外长大，了解政治弊端和社会实情，完全不同于生长于皇宫中的新君，必然会带来新的气象。这些是全新的现象，预示着变革的可能性。长期以来，学界对这一情势所带来的政治巨变认识不足。

---

① （明）费宏：《费宏集》卷6《慎始修德以隆治化疏》，上海古籍出版社2007年版。
② （明）郑晓：《今言》卷2，中华书局1984年版。

张璁在这一巨变中脱颖而出，成为取代杨廷和等旧臣的中坚力量。他从中第到入阁，才短短六年，入阁两年后即担任首辅，是明代自内阁创建以来从入仕到入阁时间最短的第一人。史称张璁"新进议礼，立谈取相"①，张璁"在公车最久，而其成进士仅六载而拜相。天子之所以礼信之者，自明兴无两焉"②。这一现象本身就是国家治理变革和政治革新的集中反映。钦定"大礼议"之后，张璁等人协助世宗从事全面的革新，开创了嘉隆万改革，取得了巨大成效，是明代改革第一人。

要正视张璁的积极作用，必须首先要对这一特殊时期的杨廷和做出理性的评判。在正德、嘉靖之际，杨廷和的失败和张璁的崛起绝对不是偶然的，他们的进退都有历史的必然性。当杨廷和随意违背武宗遗诏而强令朱厚熜改换父母时，表明他要自行其是，不把朱厚熜放在眼中，决意重演历史上权臣专横跋扈的一幕。从"大礼议"中嘉靖皇帝步步为营并将庞大的杨廷和集团逼上绝路的历程来看，杨廷和及其追随者为蔑视嘉靖皇帝特别是曲解武宗遗诏付出了应有的政治代价。杨廷和及其追随者不是失败在明世宗的皇权之下，而是输在他们蔑视外来的嘉靖皇帝和他们所选择的错误道路之上。事实上，杨廷和绝不可能用胁迫皇帝和打压异己者来达到自己迫使世宗改换父母的目的，他的行政空间是非常有限的。一些人对杨廷和在正、嘉之际事功的无限放大，并将世宗与杨廷和在"大礼议"中

---

① （明）张璁撰，张宪文校注：《张璁集》诸家旧序《徐栻序》，上海社会科学院出版社 2003 年版。

② （明）王世贞：《太师张文忠公传》，载张侃、张卫中辑注《普门张氏文献综录》，中国文史出版社 2011 年版。

的矛盾视为"皇权与阁权的斗争"，这无助于对杨廷和的理性认识，更无助于对正德、嘉靖之际政局的客观认知。杨廷和在大礼议中的失败，再次证明了明代政治体制对权臣防范的有效性，任何人试图要凌驾于皇帝之上是不可能的。杨廷和及其追随者在自我导演的"大礼议"中彻底失败，明世宗借此成功地清除了因武宗绝嗣而形成的对皇权的危害力量，恢复了皇权，重建了嘉靖政治新秩序。

与张璁相比，张居正更为复杂。张居正不仅是明代最为复杂的人物之一，也是中国古代最为复杂的人物之一。张居正"深沉机警，多智数"①。他"救时似姚崇，褊磡则似赵普，专政似霍光，刚鸷则类安石"②。张居正出生于嘉靖时期，成长于嘉隆时期，有作为于万历初期。毋庸置疑，他是这一时期重要的政治人物之一。同时，张居正又是充满争议的历史人物。在其儿子、亲友、梓里、同僚的眼中，在神宗、李太后、冯保的眼中，在政治家、学者的眼中，张居正的形象千差万别。辅政者、政治家、名相、改革家、独裁者、野心家，都是不同时代张居正身上的标签。明人沈德符认为："江陵功罪，约略相当。"③ 清人谷应泰论道："世称张居正相业，誉者多许其干略，毁者仅恶其专恣。然予以皆非事实，真知居正者也。考居正大节，特倾危陷刻，忘生背死之徒耳。而其他缘饰以儒术，眩曜以智数，譬之黄子艾墙高基下，阳处父华而不实。求其论思密勿之地，表帅百寮之间，此实难矣。"④ 清人梁章钜亦言："张太岳当前明神宗

---

① （清）谷应泰：《明史纪事本末》卷 61《江陵柄政》，中华书局 1977 年版。

② （清）谷应泰：《明史纪事本末》卷 61《江陵柄政》。

③ （清）谈迁：《国榷》卷 72，万历十二年四月丙辰，中华书局 1958 年版。

④ （清）谷应泰：《明史纪事本末》卷 61《江陵柄政》。

朝，独持国柄，毁誉迄无定评，要其振作有为之功与威福自擅之罪，俱不能相掩。"① 孟森认为：张居正"以一身成万历初政，其相业为明一代所仅有，而功罪之不相掩亦为政局反覆之由"②。张居正去世已有400多年，但仍未盖棺论定，对他的认识分歧极大，难以取得共识。

要理性地认识张居正，就必须将其置于洪武以来特别是嘉靖以来的历史中来予以观察。也就是说，要用其他的镜子来观照张居正。那么，选择何人来审视张居正呢？在嘉隆万时代，张璁是观照张居正最好的一面镜子。

要成为有所作为的政治家，以下三个因素是要必须具备的：一是廉洁，二是能力，三是担当。一个人要有所作为和时代担当，这三个基本因素必须要同时具备，缺一不可。其中廉洁是最基础的条件，因为在政治生活中，廉洁是处于不败之地最核心的保障条件。如果做不到廉洁，任何人无论有多大的权势和多强的能力，也无论有多大的政治抱负，都不可能给自己和家族带来安宁和荣耀，更不可能为国家做出自己应有的贡献。一旦自身不廉，不论其权势多么显赫，也不论是生前还是身后，必将遭到攻击、报复和清算，并随时会产生极大的负面效应。当然，为官光有廉洁还远远不够，对复杂政务的处理和未来政治走向的把握，需要深厚的学养、丰富的政治经验和处置应对的能力，需要综合判断、把握机遇、迅速决断，需要在职权的框架内能动地行使自己的权力。但光有廉洁和能力，

---

① （清）梁章钜：《浪迹丛谈》卷6《张居正》，中华书局1981年版。
② 孟森：《明清史讲义》，中华书局1981年版，第250页。

而没有担当精神，照样难有成就。换言之，只具备廉洁和基本的行政能力，但若畏首畏尾，或明哲保身，也将一事无成。只有三者同时具备，才能建功立业，名垂青史。

张璁与张居正两人能力都很特别，但各有所长；二人性格刚毅，担当意识都很突出，但各自的表现又不相同。与张璁相比，张居正主要缺乏的是廉洁。张居正在严嵩专权的染缸中成长，慢慢适应了当时的士风，不像张璁那样因新进而一身干净。为了进一步说明两人的异同，将海瑞引入是具有说服力的。与张居正相比，海瑞有点奇怪，有点孤独。以至于一些学者谈论张居正时一般不愿提及海瑞，如无法回避，也只是犹抱琵琶半遮面，羞羞答答，不愿多说。如实在绕不开而在两人之间做一选择时，一般是宁愿要腐败的张居正，也不要清廉的海瑞。这种很不正常的史观，时时充斥于许多论著之中。

廉洁者难道真不能有所作为？海瑞在张居正等人的排挤和打压中的确未能将自己的全部智慧和能力发挥出来，是隆庆、万历之际深刻的历史教训。事实上，早于海瑞和张居正的张璁却将廉洁、能力和担当三者展现得非常充分，张璁替海瑞早就回答了这一问题。换言之，海瑞的孤独无助反映着隆庆、万历之际明代政治的僵化和张居正的一手遮天。为了突出张居正所谓的"事功"和描绘张居正的"改革家"形象，人们有意掩盖张居正的腐败问题，刻意回避其腐败现象，说明人们并没有认识到腐败对张居正个人、家族和国家的巨大影响。学界至今对张居正长期排斥海瑞的做法和由此所产生的负面影响没有做出合理的解释。

二、张璁：嘉隆万改革第一臣

在明成祖之后，尽管明朝发生了许多重大事件，但就对统治者的影响程度而言，没有哪一件能与"大礼议"相提并论。而在"大礼议"之后，也没有哪一件能与张居正担任首辅等量齐观。"大礼议"的政治意义在于有序地实现了新旧势力的更迭，开创了明代改革的新局面；而万历初政的意义在于延续了嘉靖革新，使嘉隆万改革延续了六十年左右。

张璁是明代改革的第一人，因为"大礼议"带来了真正的变革条件，这与明代其他父死子继时期所宣称的"新政"是完全不同的现象。即使是张居正在神宗即位之际通过非正常手段获得首辅的时候，也根本不具备这样的改革条件，他能做的就是全力效法世宗行政。也只有从这个意义上来讲，张居正还算一个改革者。但这仅仅是从继承性而言的。要真正认识张居正的作用与影响，必须以"顾命"而不是以"改革"的视角来观察张居正，要求张居正，评判张居正。

明世宗，一个从湖北安陆成长起来的皇帝；张璁，一个从浙江乡村走出来的朝臣。一个少年天子，一个中年新臣，同时从京城之外而来，与前朝弊政没有瓜葛，与前朝官僚集团没有交织关系，自身亦无腐败前科，这样一种奇特的组合在中国历史上是独特的。这一组合本身就是一种新气象，必然会带来政治的巨大变革。正如张璁所言："孚敬遭逢明主，宠异非常，莫知为报，惟委身忘家，敢以自许。"① 在借

---

① （明）张璁撰，张宪文校注：《张璁集》文稿卷6《堂成告后土文》。

助"大礼议"完成君臣关系的真正组合之后，具体的政治革新也就随之而来。

将张璁与张居正并列起来加以考察，是极有意义的一件事情。万历八年（1580），张居正曾将自己与"贤相"张璁联系起来，并表示要超过张璁。当时，湖广巡按朱琏为了讨好张居正，向张居正写信欲为其修建"三诏亭"，张居正认为不朽之业在于立德、立言或立功，而不在于修建亭台以自我张扬，故反对这种无益之举，并说道："张文忠近时所称贤相，然其声施于后世者，亦不因三诏亭而后显也。不毂虽不德，然其自许，似不在文忠之列，使后世诚有知我者，则所为不朽，固自有在，岂藉建亭而后传乎?"① 张居正把自己与张璁进行比较的做法，是一个特别的视角。

由于学术视野的局限，近代以来谈论万历初政，学界只关注万历初年张居正的行政行为。不论对他的褒与贬，由于没有恰当的参照，认识难免偏颇。事实上，早在万历时期，李维桢等人就将张居正与张璁联系起来加以比较。如李维桢论道：

> 继公而兴，阁臣有江陵，与公姓同，谥文忠同，相少主同，锐意任事同，公得君诚专，为众所侧目，陉机不安，身后七十余年，名乃愈彰，其以危身奉上称忠，与江陵又同。②

同时期的李思诚认为：

> 予备员史局，读《肃皇帝实录》，其世纪简严，诸大臣

---

① （明）张居正：《张太岳集》卷32《答湖广巡按朱谨吾辞建亭》，上海古籍出版社1984年版。

② （明）张璁撰，张宪文校注：《张璁集》诸家旧序《李维桢序》。

生平行履裁削几尽，而公独为典核，则江陵张公笔也。无
亦其才略器业、有足相当，而苟可以尊主庇民，安国定家，
不妨违俗而坚持，负谤而独信。一时不免于骇且疑，天下
久而安之，微有契合然者，因读公集而不能不寄思于两文
忠也。①

沈德符认为张居正在编纂《明世宗实录》时"极推许永嘉，盖其材
术相似，故心仪而托之赞叹"，并说两人"皆绝世异才"②。清人梁章
钜则进一步论道："前明有两张文忠，时论皆以权相目之，其实皆济
时之贤相，未可厚非。窃以心迹论之，则永嘉又似胜江陵一等。永
嘉之议大礼，出所真见，非以阿世，其遭际之盛，亦非所逆料。而
其刚明峻洁，始终不渝，则非江陵所能及。"③ 蔡美彪在《中国通史》
中突破近代以来的狭隘之见，将张璁与张居正联系起来加以考察，
认为"明代先后两张文忠，均以兴革为己任"④。这一表述在近代以
来的著作中应为首次，具有重要的开拓意义。

　　将张璁与张居正联系起来考察是推进明代中后期历史研究的一
大突破口。一方面，通过张璁与嘉靖前期政治变革的研究，可以认
识其对张居正的巨大影响；另一方面，通过张居正对嘉靖政治的效
法，可以看出万历前期对嘉靖政治的继承性，进而看清顾命政治的
特点。在张居正独撑顾命大任之际，竭力效法嘉靖政治实属不易。
在顾命政治的特殊背景下，张居正的首要任务不是进行什么所谓的

① （明）张璁撰，张宪文校注：《张璁集》诸家旧序《李思诚序》。
② （明）沈德符：《万历野获编》卷7《两张文忠》，中华书局1959年版。
③ （清）梁章钜：《浪迹续谈》卷5《张文忠公》。
④ 蔡美彪等著：《中国通史》第八册，人民出版社1993年版，第320页。

改革，而是要将幼主培养成"圣君"，并将穆宗的皇权顺利移交给神宗。众所周知，因为神宗年幼，穆宗留下的皇权被李太后、宦官冯保和顾命独臣张居正三人共同掌握，万历前期的神宗如同傀儡，被三人架空。但这样的政治格局不会延续多久，而要维持这一局面，将是张居正面临的最大难题，也是风险极大的一项政治任务。长期以来，学界以"改革"的视角来认识张居正，是不可能讲清这一时期的历史特点的，也不可能讲清张居正的功与过。只有以顾命的视角审视张居正，审视万历初政，才能明白张居正在这一时期应该做什么，应该做好什么。

万历前期的政治是相对平稳的，在表象上张居正利用自己的权势没有使政局进一步恶化，在某些方面甚至有所改进。正是由于皇帝的年幼，随意的支出有所减少，收入有所增加，财政压力暂时有所缓解，但明朝面临的结构性问题并没有从根本上得以解决。黄仁宇论道："虽然他的节流政策无疑在短期内增加了国家的财政实力，但是由于增加银储的政策所导致的通货紧缩也使公众陷入困境。而且他的方法是以政权强制为条件，国家的财政机器被迫高速运转，从不进行大的检修。这样做必然会受到抵制，他自己也是祸发身后，蒙受耻辱。最后的结果就是不仅他的政策被废除，而且官僚集团也开始分裂。"[1] 张居正如此，海瑞也是如此。海瑞试图以自身的厉行节俭来整肃吏治，但他也不可能在所辖的区域内进行体制的变革。他"出任南直隶的巡抚，对官员腐败和税收陋习发动一场无情的斗

---

[1] 黄仁宇：《十六世纪明代中国之财政与税收》，生活·读书·新知三联书店 2007 年版，第 455 页。

争。这确实证明了他的个人勇气和耿直。但他还算不上一个社会改革家，更不是一个革命者"①。

三、张璁：观察张居正的一面镜子

自晚清以来，对张居正的研究基本上处于其功大还是过大的争论之中。讲其功者，一味地凸显其所谓的"改革"成就，而绝少有人来探讨万历初年是否具备改革的条件；而要让张居正进行改革，主要改什么，至今无人能够说清楚；张居正与嘉靖、隆庆政治之间的关系是什么，至今也没有讲清楚。讲其过者，也是蜻蜓点水，欲言又止，未能深入剖析，自然也就难以总结出深刻的历史教训。万明通过对《万历会计录》的整理与研究，提出了一个全新的观点："张居正改革的核心在财政"，这是"一个半世纪赋役改革的延续，也是一个半世纪赋役改革由渐进到突进的拐点"②。突出张居正在财政方面的功绩是有道理的，这也是张居正精明的主要表现方面之一，但是不是一定把这一"功绩"上升到"改革"的层面，还需要做进一步的论证。对万历初年财政问题的研究，必须要顾及当时政治的基本特点，并要首先回答首辅张居正主要的政治使命是什么？在顾命之际能否推进财政制度改革？万历初年财政管理在多大程度上有所强化？等等。高寿仙在评述赖建诚《边镇粮饷：明代中后期的边防经费与国家财政危机，1531—1602》时说道：

赖教授认为，该书虽然是先后担任户部尚书的王国光、

---

① 黄仁宇：《十六世纪明代中国之财政与税收》，第 456 页。
② 万明、徐英凯：《明代〈万历会计录〉整理与研究》，中国社会科学出版社 2015 年版，第 59—60 页。

张学颜负责编纂的，"在背后真正推动编纂《会计录》的要角是张居正"，"编纂《会计录》的目的，很有可能是要记录张居正经济改革富庶期的盛况，并作为日后政府税负与开支之依据。张居正在万历六年发动全国清丈，对土地面积、人户、丁口数，正好有较新的统计数字"。这些说法，颇有值得斟酌之处：其一，从该书卷首所载王国光奏疏看，此书是他出任户部尚书后，有感于"簿牒错落，多寡混淆"，"辄不自量"，自行发起编纂的，过了一年多才请命获允。从他离职时所说"未及请刻，终恐散逸"推测，当时张居正未必关心此事，否则王国光就不用这样担心了。王国光离职后，过了两年才由张学颜接手续修，又过三年才基本完成。所以我觉得，张居正对这项工作未必很感兴趣，更难说是"在背后真正推动编纂会计录的要角"。其二，张居正推动了土地清丈，但并未进行新的人口调查，所以人户、丁口数谈不上"有较新的统计数字"。土地清丈最终也没有全部完成，完成清丈的部分省份的土地数字，除福建外，也没有反映在《会计录》中，而被《会计录》采用的福建清丈数字，比洪武、弘治时期的数额都要少。《会计录》反映的整体收支情况，也是入不敷出。因此，《会计录》未必能反映"张居正经济改革富庶期的盛况"。①

研读万历初年张居正的言论并考察其行为，可以看出他对神宗和李太后的铺张浪费疲于应付，办法不多，财政制度的约束力不强。

---

① 高寿仙：《嘤其鸣：明清社会经济论评》，人民出版社 2019 年版，第 170—171 页。

而在万历初年皇帝和后宫的滥赏之中，张居正亦获利不少。在张居正回江陵葬父期间，神宗要求内阁增加经费用于额外的赏赐，吕调阳等四位阁臣以张居正临行前神宗诏令"凡大事悉待首臣张居正来行"阻拦，神宗则说："卿等说这系大事，待张先生来才行。朕意也是如此。但目今要用，且将夏季金花银加五万两，一并进来。睛碌珠石不必买了。就买，金花银也要加进才足用。又买又加，恐非节省之道，朕再三酌量，这们行，不必又说。"① 阁臣无奈，神宗得逞。就是张居正在阁，也未必能够阻拦。而张居正一死，神宗就更加放肆，无视财政制度，随意花费，四处敛财，无所不用其极。

不论抬高还是贬低张居正，都不是主要问题。历史研究的价值与意义在于揭示历史真相，总结历史教训，以警示后人，免于重蹈覆辙，不在同一问题上屡犯同样的错误。由于张居正本身的复杂性，对他的争论还会继续下去，这是正常的历史现象，也是正常的学术现象。目前的主要问题是学界并未搞清万历初政在嘉靖以来的政治格局中到底处于何种位置。很显然，那种为了抬高张居正而将万历初政与嘉靖和隆庆两朝政治完全割裂的做法是根本站不住脚的，而认为张居正赶走高拱后就推行了"改革"也是难以成立的。黄仁宇指出："1572 年，张居正适时地掌握了政权。当时，同蒙古的俺答汗交好，倭寇劫掠活动也逐渐减少，使得他能够实行节流的财政政策。在收入没有减少的情况下，他把目标瞄准了大力撙节政府开支方面。"② 他特别强调："在这一时期，没有一个官员敢于建议重组政府

①　南炳文、吴彦玲：《辑校万历起居注》，万历六年四月二十五日丙午，天津古籍出版社 2010 年版。

②　黄仁宇：《十六世纪明代中国之财政与税收》，第 422 页。

机构。进行激进改革只会招致弹劾。作为首辅，张居正的正式职责限于为皇帝拟旨。"① 长期以来，学界对张璁等人协助世宗进行的明代真正意义上的革新活动关注不够，将嘉靖朝 45 年的历史描述为黑暗的政治，无视张居正对嘉靖朝政治的效法，割裂万历初年与嘉靖政治的密切关系。

只有将张居正置于嘉靖以来变革的大背景下来考察，才能较好地看清其是非功过。对于张居正来说，面对年幼的神宗，政局变幻莫测，被穆宗所信赖的高拱被很快驱逐，狼狈地离开了北京，下场凄惨，自己面对的局面更加险恶，只能通过宦官与内廷加强联系，多方维护自己的权位。这一做法违背了明朝的根本制度，存在着极大的政治风险，使张居正遭遇比高拱更大的厄运。但是，这一时期的明朝处境确实相对安宁，这得益于嘉靖以来的变革和各种危机的有效化解。换言之，在神宗即位之际，明朝已无重大的内忧外患，为张居正的顾命辅政提供了一个相对平和的政治环境。在《帝鉴图说》中，张居正称颂太祖、成祖、仁宗、宣宗、英宗、宪宗、孝宗、世宗等八位皇帝，不及景帝和武宗，认为"明兴才二百余年，而贤圣之君，已不啻六七作矣。以是方内乂安，四夷宾服，重熙袭洽，迭耀弥光，致治之美，振古罕俪焉"②。在嘉靖、隆庆之后，张居正最大的政治任务不是进行所谓的改革，而是要稳定因皇帝年幼所带来的政局，重视对幼主执政能力的培养，并在恰当的时机将皇权顺利地移交到神宗手中。所以，过分凸显张居正的所谓"改革"，就是

---

① 黄仁宇：《十六世纪明代中国之财政与税收》，第 425 页。
② （明）张居正：《帝鉴图说》，文物出版社 2019 年版，第 456 页。

完全无视这一时期特殊的政局和张居正的真正使命。张居正的这一特殊使命，决定了首辅张居正的权力就不是单纯的阁权，更不是什么相权，而是特殊的辅政权力或顾命权力。这是明代历史上非常独特的一种权力形态，没有固定模式和明确的边界，将张居正视为独裁者、专擅者、传统相权拥有者，也就不足为奇了。

明乎此，将张居正仅仅视为"改革家"则是对张居正的巨大误读！这一传统的视角忽视了张居正真正的职责和使命。当时的顾命局势决定了张居正只能远法"二祖"，近法世宗，舍此再无他法。这是张居正精明务实的理性选择。正是由于张居正竭力效法明世宗，故将他称为"改革家"，也是能够说得过去的。如果不明白万历初年的顾命特点，不明白张居正的主要的政治使命，仅仅拿"张居正改革"为唯一视角来认识万历初政，则是偏颇的。必须指出的是，"改革家"的称呼对张居正来说并不是主要的，在研究张居正时，必须以"顾命"的视角来审视他、要求他、评价他。

后世对张居正的权势有所误解，并在这一误解中极力夸大张居正的权势。当明朝行将灭亡时，人们想到了张居正，渴望出现张居正的强权式人物来力挽狂澜。但事实上张居正式的人物不可能再现，张居正只属于万历初期的顾命时代。清末，梁启超等人也羡慕张居正式的权势。但现实是残酷的，不论他们把张居正抬得多高，也无济于事，理想必将破灭。离开了万历初年的特殊环境，在明末或清末，张居正的权势不可能被复制，也挽救不了必将覆灭的命运。张居正连自己的声誉和家族的安全都无法保障，还能指望其为明朝的未来做出特殊的贡献！张居正昙花一现的权威只是特殊时期的特殊现象，不能代表明朝政治走向的大势。美国学者阿瑟·沃尔德隆认为：

> 张居正在世时，他所支持的防御和对外政策得到了继续。但是，这些政策依赖于他的特殊权力的支持：一旦他的支持消失，那些过去的争执又浮上了水面。他没有能够重新改组机构，而只是利用个人权力控制住了他们。①

不论后人打着何种旗号，都不可能有第二个"威福自专"的张居正。黄仁宇认为：张居正的成功"既博得了后世史家的赞赏，也受到了他们的责备，他们称赞他的功绩而批判他的方法"②。事实上，后人在称颂张居正功绩的同时，更羡慕他的权力！但是，历史不能重演，后人也只能是羡慕或称赞而已。

四、顾命大臣：张居正的新定位

《从张璁到张居正——明代改革的经验与教训》是继本人所著《嘉靖革新研究》《正德十六年——"大礼议"与嘉隆万改革》和《明代内阁政治研究》之后又一部研究嘉靖、隆庆、万历政治变革的著作。

《嘉靖革新研究》是在自己博士学位论文《论明世宗朝的"革故鼎新"》基础上修改而成的。1996 年在中国社会科学院研究生院获得博士学位之后，本人用了将近六年的时间完成了《嘉靖革新研究》的书稿，2002 年由中国社会科学出版社出版，后于 2006 年、2015 年

---

① ［美］阿瑟·沃尔德隆：《长城：从历史到神话》，江苏教育出版社 2008 年版，第242 页。

② ［美］牟复礼、［英］崔瑞德编：《剑桥中国明代史》，中国社会科学出版社 1992年版，第 566 页。

两次重印。《嘉靖革新研究》的核心内容主要有以下六点：一是对"大礼议"进行了比较深入的探讨，明确否定杨廷和一派的主张与做法，认为明世宗依据武宗遗诏维护自己与兴献王父子关系的主张是合理的，无须节外生枝。二是认为"大礼议"争论的核心是能不能承认世宗与兴献王的父子关系，而不是兴献王能不能称皇称帝等"尊号"问题。父子关系不是简单的"礼"的问题，而是"法"的问题，即能不能按照武宗遗诏来实事求是地面对世宗与兴献王固有的父子关系。这对杨廷和集团是一个极大的考验，对世宗也是一个特殊的考验。三是认为张璁等人支持世宗、反对杨廷和强迫世宗改换父母的错误主张的勇气应予以高度肯定，批驳了张璁"迎合"世宗的错误观点。四是认为嘉靖朝的革新条件是在钦定"大礼议"之后才逐渐形成的，是明代自永乐以后的一次真正的革新活动。五是对嘉靖革新活动进行了较为详细的梳理。六是依据嘉靖革新对首辅张居正施政的不足进行了初步的考察。

在前人研究的基础上，《嘉靖革新研究》对"嘉靖革新"这一概念进行了初步的探索与总结，形成了自己对这一历史时期的基本的看法。换言之，自己用"革新"的视角对这一时期的历史做了新的探索，相关看法与一般的论著不同。特别需要指出的是，在理解"大礼议"时，不能简单地就事论事，而是要将该事件置于正德、嘉靖之际皇位更迭的大背景下来认识其作用与意义，即"礼仪"的问题只是表面现象，其背后反映的则是如何以世宗为核心来构建政治新秩序的问题。从"大礼议"一开始，杨廷和集团就已经处于被动状态，其被清除是必然的，不可能让其来主导嘉靖初政。这是《嘉靖革新研究》写作时的一个基本立足点，与其他学者的看法完全不同。

《嘉靖革新研究》出版后，数位明史研究专家撰写了书评，从不同的角度予以评论。如中央民族大学陈梧桐教授的《明中期史研究又有新创获》（《光明日报》2003 年 5 月 13 日）、中国社会科学院历史研究所张金奎研究员的《一部引人注目的深度探索之作》（《明史研究》第 8 辑，黄山书社 2003 年版）、南开大学林延清教授的《明代中期史研究的新突破》（《社会科学战线》2005 年第 1 期）、西北民族大学王继光教授的《读田澍教授新著〈嘉靖革新研究〉》（《中国史研究》2005 年第 3 期）、青海师范大学董倩教授的《填补明史研究空白的力作》（《广西师范大学学报》2004 年第 1 期），等等。他们在肯定创新的同时，也提出了许多中肯的意见，成为激励自己不断思考的强大动力。因为要创新一个学术观点，不能浅尝辄止，而是需要继续探索与深化，需要不断思考与完善。

《正德十六年——"大礼议"与嘉隆万改革》2013 年由人民出版社出版，2019 年、2020 年又连续两次重印。熟悉黄仁宇《万历十五年》的人一看书名，肯定认为是模仿而成。这是有一定道理的，但也不全是。由于我研究的重点与《万历十五年》所述的内容大体相同，故该书为我反复研读的著作。特别是由于听过黄先生的讲演，故读起来能够明白其旨意。对他的观点，笔者有的同意，有的不同意。特别是对他把万历十五年作为特殊的一个时刻予以凸显，我还未能真正接受，但我能理解他把明代历史放在世界潮流视野下的用心所在，但认为中国在这一时间节点上就开始落后了，则是偏颇的。在中国历史研究中，要正视套用西方模式来简单地否定中国传统政治的做法，正如钱穆所言："一般人只知有西方，而抹杀了中国自己。总认为只要抄袭西方一套政制，便可尽治国平天下之大任。把中国自己固有优良传统制度全抛弃了。"① 他特别指出："国家之存在，民族之绵延，历史之持续，自当有随时革新改进之处。但从没有半身腰斩，把以往一刀切断，而可获得新生的。我们要重新创建新历史、新文化，也决不能遽尔推翻一切原有的旧历史、旧传统，只盲目全部学习他人，便可重新创造自己。"② 陈支平从明代历史实际出发，对明代中后期的对外交流给予积极评价，认为"明代中后期以至明末清初，是中国文化对外传播的黄金时期。而这种黄金时期的出现，正是建立在明代社会应对世界变化所持有的包容开放态度基础之上的"③。

就明代历史自身演变而言，我坚定地认为自永乐以后，明代历史的巨变发生在正德十六年。这一年的独特之处就在于武宗的猝然死亡和世宗以藩王的身份意外即位，并因此引发了统治者内部的大换班，一部分前朝旧臣因借助"大礼议"而与新皇帝对抗，必须将其赶出嘉靖政坛。正是这一痛苦而又特殊的轮替，才使已经走过150多年的明朝在客观上实现了内部的更新，同时开启了全方位的自我革新。这是永乐以来未曾有过的现象，所以正德十六年在明代历史上是极具戏剧性的一年，必然带来全新的变化。而66年后的万历十五年对明朝自身来讲实在是不必关注的一年，正如黄仁宇所言："当日四海升平，全年并无大事可叙"，"实为平平淡淡的一年"。④ 故借用

① 钱穆：《中国历史研究法》，九州出版社2011年版，第25页。
② 钱穆：《中国历史研究法》，第33页。
③ 陈支平：《史学碎想录》，福建人民出版社2012年版，第74页。
④ 黄仁宇：《万历十五年》，中华书局1982年版，第1页。

《万历十五年》的命名模式来凸显正德十六年的特殊意义,一方面说明《万历十五年》对我的重要影响,另一方面反映自己所要表达的中心意思,故将原书名《"大礼议"与嘉隆万改革》改为副标题。

《正德十六年——"大礼议"与嘉隆万改革》是在《嘉靖革新研究》的基础上完成的,旨在进一步阐述"嘉隆万改革"。从"嘉靖革新"到"嘉隆万改革",是自己不断思考的结果。这一改革持续六十年左右,以"大礼议"为起点,以张居正的去世为终点。其核心内容有五点:一是认为"大礼议"拉开了嘉隆万改革的序幕,具有特殊的政治功能;二是认为杨廷和是"大礼议"中的失败者,他不可能担当革新的重任,学界所凸显的所谓杨廷和的"革新"只是明代皇位更迭中常有的现象,不能简单把利用新帝即位之际的除弊活动称为"革新",否则,明代每一位皇帝即位之际的除弊行为都可以成为"革新"活动;三是认为张璁等"大礼新贵"是取代杨廷和集团的新生力量,是协助世宗从事变革的中坚力量,将对嘉靖政治产生重大影响;四是认为"嘉靖革新"是"嘉隆万改革"的黄金期,革新不是即位诏书式的针对前朝的"革故鼎新",而是革除洪武、永乐以来百余年间所形成的一系列弊政;五是认为张居正是嘉靖革新的继承者,不能孤立地关注和放大首辅张居正的行为,否则,就不可能认清张居正的行为特点,更不可能总结出其深刻的历史教训。

《明代内阁政治研究》2017 年由人民出版社出版。要认识明代皇权特点、行政机制和阁臣行为,首先必须了解明代内阁制度及其演变。明代内阁是我研究明史的切入点,也是长期思考的一个基本问题。《嘉靖革新研究》和《正德十六年——"大礼议"与嘉隆万改革》的研究都是建立在对明代内阁进行研究的基础之上。可以说,没有内阁的研究基础，就难以对嘉靖至万历时期的人物和事件做出比较清晰的评判。在《明代内阁政治研究》中，重点强调了三个方面的问题：一是强调明代阁臣依附皇帝的固有特点，认为阁臣要有所作为，首先须与皇帝建立互信关系，否则难以对政局产生积极的影响。二是认可明代阁权在嘉靖时期有所强化的观点，但这一强化不是从皇位空缺时的杨廷和开始的，而是从张璁入阁以后开始的。因为只有被世宗信任的张璁才能逐渐强化阁权，而杨廷和在"大礼议"中与世宗的对抗不可能使阁权得到强化。三是通过对正德、嘉靖之际，嘉靖、隆庆之际，隆庆、万历之际政局演变的考察，对皇位更迭之际内阁的作用与阁臣的行为做了较为深入的探讨，旨在揭示内阁与嘉隆万改革的关系。

在上述三部专著中，所使用的概念统一为"嘉靖革新"和"嘉隆万改革"，而未用"张璁改革"或"张居正改革"。因为用大臣之名来命名改革活动，并不符合明代的政治实际。不难理解，没有皇帝的支持就不可能推行改革，而将皇帝实际参与的改革非要以朝臣来命名，明显违背事实。王世贞对世宗与张璁在嘉靖革新中的相互关系有一准确的论述，他说：张璁"凡所创革典制，虽上自信以大改而得之公者深矣。公博洽典籍，所撰对，班班可据。其所以合，非偶然也"①。在嘉隆万改革中，张璁在前，张居正在后，两人都是标志性人物，对其进行专门的研究，也是极有意义的，但必须将其置于皇权的视域之下来认知，不能无视皇权而任情拔高。《从张璁到张居正——明代改革的经验与教训》旨在把他们两位放在嘉隆万改

---

① （明）王世贞：《太师张文忠公传》，《普门张氏文献综录》。

革的背景下来考察，与传统观点不同，对张璁的评价要高，因为他要么被长期丑化，要么被忽略；而将被过分放大的张居正拉回到合理的区间，相关的认识也有较大变化。由于张居正影响较大，认识的误区较多，故着墨较多。其中最大的变化是将张居正的身份定为顾命大臣而不是"改革家"，这就意味着对张居正的要求和考察标准发生了重大变化，即张居正能否完成顾命职责便成为评价张居正的主要观察点。

30 多年来，自己一直思考张居正的权力问题。从对张居正自担任首辅以来的争论来看，最关键的问题是没有认清张居正的权力特点，并由此导致对张居正定位不准。梁启超将中国历史上的权臣分为八类，即"受顾命者""有大勋劳者""以特别之才术结主知者""贵戚""间接者""以近习便佞进者""藩王""方镇"。他将张居正列入第三类，与商鞅、王安石归为同类，认为"此类之性质与他类稍别，盖其君授之以权，权仍在君，非欲去之而不能者也"①。梁启超没有将张居正列为"受顾命者"是值得商榷的问题，其权力形态明显与商鞅和王安石不同。张居正之所以联合内廷驱赶高拱，就在于夺取高拱顾命首臣的权位，故张居正在万历前期的权力就是传统的顾命权力，而不是别的权力。只有用顾命的视角来看张居正的言行，才能客观地认识他的处境，才能明白他的使命。只有如此，梁启超等人才能回答自己提出的"江陵之相业，如辅君、匡政、经武、理财诸端，固亦多步前人之成规，与时贤相伯仲，骤观之，似亦无

---

① 梁启超：《梁启超论中国法制史》，商务印书馆 2012 年版，第 172 页。

以大异于众也"① 的缘由。只有把张居正首先定位为顾命之臣,才能对其辅政有充分的理解,对其死后的遭遇也会有清醒的认识。因为穆宗去世后,明代最大的政治任务就是确保国家机器的顺利运行,确保将皇权顺利移交到神宗手中,确保将神宗培养成明君。撇开了这一根本任务而谈论一些细枝末节的问题,则不可能认清万历初政的真实面目。

《从张璁到张居正——明代改革的经验与教训》的视角与《嘉靖革新研究》《正德十六年——"大礼议"与嘉隆万改革》《明代内阁政治研究》略有不同,在强调嘉隆万改革的同时,更加强调张居正的顾命角色,并以张璁为镜子,来审视张居正的言行,旨在揭示嘉靖革新对万历初政的巨大影响和张居正自觉的继承与发展,同时也要表达在这一特殊的顾命时期张居正个人无法推进更深入的改革,旨在说明他不可能为明朝确定新的发展方向。在这一特殊阶段,张居正辅佐神宗能够维持政局的稳定并能在和平时期一度扭转财政极度匮乏的局面,已经尽了最大的努力,还要指望他挽救明朝覆灭的命运,那就是苛求于他了。而从顾命的职责来看,张居正也并没有完成使命,学界对亲政后神宗德行异口同声地挞伐,其实就是自觉或不自觉地否定张居正!面对反对者的声音,张居正口口声声说自己是"顾命之臣",但一些研究者对张居正的这一自我表达视而不见,非要用"改革家"的视角来认识张居正,并试图要把首辅张居正与亲政后的神宗划清界限,一面赞扬张居正,一面抨击明神宗,而完全忘记了穆宗临终时的交代,完全忘记了张居正在"君德"养

---

① 梁启超等:《中国六大政治家》,中华书局 2014 年版,第 648 页。

成方面的失职。张居正研究的基点是什么，仍然是需要重新认识的一个最基本也是最关键的问题。

五、皇权的弱化：认识晚明政治开端的新视角

重视晚明的研究，是明史研究中的一大亮点，但对晚明的开端却有不同的看法。而要研究晚明的开端，首先要理性地认识万历政治。而要理性地认识万历朝的政治特点，首先要客观地审视首辅张居正。长期以来，许多学者简单地肯定"张居正改革"，将张居正去世前后的万历政治截然分开，大体上把张居正的去世视为晚明政治的开端。这种思路就是一味地颂扬张居正之功，而不愿正视张居正之过，对张居正"专擅"时所造成的负面作用反思不够，对万历政治的负面影响认识不足。

学界对于神宗即位后的历史叙事，一般模式是先讲"张居正改革"，后讲张居正死后的清算浪潮和神宗的逐渐怠政，对张居正"人亡政息"遗憾不已，过分夸大张居正个人的作用，想当然地指望他的后继者能够延续其作风与政策。同时对张居正"人亡政息"的原因简单地归于神宗的翻脸，而不提及张居正个人的因素。如刘志琴言："张居正虽然有远见之明，但再多的智慧与权谋，也敌不过皇帝的变脸。人在政在，人亡政息。"①

神宗即位之后，张居正与内廷勾结赶走顾命首臣高拱是一件影响巨大的事件。张居正的这一行为完全打乱了穆宗生前的顾命安排，在极短的时间里使自己由次辅变为首辅，彻底改变了隆庆、万历之

---

① 刘志琴：《张居正评传》，南京大学出版社 2006 年版，第 310 页。

际的政治生态，对万历朝政治带来了莫大的影响。而万历十年（1582）张居正的突然病逝，使张居正独自支撑的顾命政治局面因其突然去世而被动中止，使其未能按照穆宗的遗愿将皇权主动而又顺利地移交到神宗手中，对身后的万历政治带来了难以估量的影响。从张居正夺取首辅到突然病亡，都是非正常事件。

　　长期以来，学界简单地割裂张居正去世前后的万历朝政治，以片面的"改革"视角人为地将万历朝划分为张居正生前和死后两个截然不同的时期。如有的学者在全面肯定张居正的同时，一味地否定张四维等后继首辅，认为"张居正卒，张四维、申时行先后继为首辅，皆无格君之术"，其中申时行"继为元辅，其为祸尤大，万历政敝与其有莫大关系"，并对其柔软自守、循墨避事的品行大加挞伐①，而极力回避张四维、申时行等阁臣被张居正荐用的基本事实和应负的连带责任。事实上，自张居正夺取首辅职位之后，万历政治便向弱化首辅权力的方向发展，只是张居正身在其中而不自知。从张居正担任内阁首辅开始，如何防止出现第二个张居正式的人物便成为万历政治的最大特点。在张居正活着的时候，他本人就没有指望自己的权势能在其身后延续，故不可能把有担当、有能力、有品行的朝臣选入内阁，当然更谈不上对内阁制度的理性改革和对阁权进一步强化的制度性安排。

　　在张居正死后，神宗对张居正的清算，事实上是在继续沿袭张居正的这一做法，再次防范第二个张居正的出现，并在持续的反张运动中也切实做到了杜绝第二个张居正的出现。换言之，因顾命政

---

① 马楚坚：《明清边政与治乱》，天津人民出版社 1994 年版，第 5—6 页。

治而形成的张居正的政治作风不可能延续下去，在这一特殊时期，张居正的表现只与张居正个人有关，随着张居正的突然病逝，所谓张居正的行政风格和特点必然消失，绝不可能延续下去。把这一变化的原因简单地推卸到神宗或后继阁臣身上，而刻意回避甚至无视张居正的责任，则是偏颇的。

从张居正获得首辅后防范第二个张居正的出现到亲政后的神宗防范第二个张居正的出现，这是万历朝一种奇特的政治现象。只有深刻认识这一现象的成因和在不同阶段的实践特点，才能从政治层面理解明朝独有的亡国模式和特殊的亡国缘由。也只有以这种视角来观察万历朝政治实践和演变路径，才能真正理解明朝"亡于神宗"的深刻含义，并能更加理性地认识晚明的真正起点。

晚明始于张居正去世之时，这是较为普遍的看法。将首辅张居正的生前与身后截然分开，显然是有问题的。张居正作为内阁首辅，之所以能够"专擅"十年，就在于神宗年幼而拥有的辅政权力。张居正通过非正常手段获得顾命首臣，必然导致其暂时的"专擅"，以架空皇帝为表现形式。学界所凸显的张居正权力在于说明张居正对皇权的"侵夺"和因皇帝年幼所导致的政治生态的改变。而在张居正死后所发生的反张浪潮中，神宗逐渐怠政，皇权继续弱化，内阁的影响力也因张居正专权而发生逆转，持续疲软。只有以皇权的弱化为视角，将隆庆六年（1572）神宗即位看成晚明政治的开端，才能理性地认知长达七十多年间晚明政治的走向。

需要强调的是，万历初政是两个历史时段的重合期，既是嘉隆万改革的收尾阶段，又是明朝政治失控的开始阶段。长期以来，学界过分夸大首辅张居正的作用，而无视神宗的存在，把明朝的命运全部寄托在张居正一人身上。特别是在对待皇权与阁权的问题上，一些学者想当然地寄希望于像张居正一样的强势阁臣来约束皇帝，即由内阁来限制皇帝。事实上，明代的阁臣不可能向皇帝挑战，没有皇帝的信任和支持，阁臣将一事无成，要么形同木偶，要么被赶出内阁。首辅张居正的权力再大，也不可能摆脱这一体制的羁绊。恰恰相反，处处可以看出张居正为了维护自己的顾命权力而不得不巴结宦官冯保和极力讨好内廷的种种无奈之举。要真正认清晚明政治的特点，必须首先还原张居正权力的本来面目，并理性地厘清万历初政与嘉靖、隆庆政治之间的关系。

历史研究贵在求实，贵在思考，贵在微观和宏观的有机结合，在历史大势中观察人物的活动和事件的来龙去脉，总结经验，反思得失，引以为戒。"学史明智"，说的就是这个道理。书中涉及的杨廷和、张璁、严嵩、徐阶、高拱、海瑞、张居正等人，都是中国历史上的典型人物，考察他们的活动和总结他们的得失，都有启迪作用和教育意义。

2019年11月，我去看望年过九十的导师蔡美彪先生。尽管他行动不便，但还是坚持阅读与写作，对学术研究现状非常清楚。先生一直关注着我的研究，对我二十多年来稳定地研究嘉隆万改革给予积极肯定。在1996年获得博士学位之后，先生所强调的学术研究要"小题大做"，一直是我坚持的方向。从自己的学术实践和所取得的一点成绩来看，一旦选好了题目，"小题大做"就不是一时的，而是一生的。而"小题大做"的前提是必须要选好题目，然后持之以恒、心无旁骛地坚持研究，才能深入下去，论从史出，解决"大"问题，获得有重要影响的成果。先生的肯定，就是再一次的鞭策！学无止境，要真正解决一个学术问题，绝不能蜻蜓点水，更不能浅尝辄止，需要坚持和坚守，需要不断探索和积极思考，需要在长时段中进行多维的微观探寻。

关于嘉靖至万历时期的学术研究成果较多，需要尽可能地研读与理解，并做出回应，而不能自言自语，无视他人的观点。《从张璁到张居正——明代改革的经验与教训》尽力吸收前人的研究成果，一方面尽可能地引述言之有理的观点，以表明对他人研究工作的尊重；另一方面回应一些看法，表达自己的不同意见。由于掌握的资料不够全面和理解得不够深入，难免对已有观点涉猎不广，认识不足，评论不准，希望同人不吝赐教！

第一章 "大礼议"与张璁的快速崛起

明武宗猝死后,明代政治需要大刀阔斧的改革,但改革所依靠的力量绝不是杨廷和集团。恰恰相反,要改革,首先必须要清除杨廷和集团。杨廷和集团违背武宗遗诏而挑起的"大礼议"为新科进士张璁提供了脱颖而出的平台。张璁以其敏锐、自信、求实和坚强意志经受住了"大礼议"的考验,同时得到了世宗的赏识和信赖,出现了新的君臣关系。张璁是明代六十年改革的开启者,是明代改革第一臣。

嘉靖初政的首要或核心任务就是清除杨廷和集团,建立新的君臣关系。张璁在明代政治舞台上的迅速崛起绝不是偶然的。其深厚的学术素养、执着的求实精神和不畏强权的抗争意志使他在"大礼议"中脱颖而出,成为嘉靖前期一位耀眼的政治明星,对嘉靖初政有极大影响。

一、"老于公车"与意志磨炼

张璁,成化十一年(1475)出生,浙江温州府永嘉县永强华盖乡三都普门（今温州市龙湾区永中镇普门村）人，祖籍福建莆田，字秉用、号罗峰。张璁之父为张昇，字存彩，别号守庵。张璁兄弟四人，他最小，其长兄为张璩，二哥张瑚，三哥张琥。张璁于弘治十一年（1498）中举，历经八次会试，于正德十六年（1521）中第。其入仕之际，正是武宗暴亡和其堂弟世宗登基的特殊时刻，嘉靖十年（1531），因"璁"与朱厚熜之音同，故世宗赐改孚敬，赐字茂恭，变罗峰为罗山，并赐"永嘉张茂恭印"。张璁去世后，谥号"文忠"。在史籍中，一般称张璁为"张永嘉""张孚敬""张罗山""张文忠"等。

张璁出生时，因难产，父母惊怖，准备弃之，其长嫂季氏"固请育之"，故张璁说："我嫂也，实我乳母也。"① 张璁 8 岁入私塾学习。弘治七年（1494），20 岁的张璁考取温州府学生员，24 岁考取弘治十一年（1498）戊午科举人。当时张璁的家境是："守先人敝庐六七间，薄田三十亩。"② 中举之后，张璁便踏上了漫长的科举之途。从弘治十二年（1499）至正德十二年（1517）的 19 年间，七考进士不中，连连受挫。张璁"性孝友，正气毅行，信古执礼"，甘于清贫，矢志不渝，决心通过艰辛的科举之途来实现自己的政治理想。他曾以诗言志："长路奔波鬓发疏，初心何负惜居诸。敢论车马轻颜巷，自信行藏在孔书。贾岛空囊犹有我，孟郊伤泪却怜渠。归舟催近山窗竹，扫榻还开万卷余。"③ 正德十三年（1518），张璁在家乡修建罗峰书院，招徒讲学，并著《礼记章句》《杜诗训解》等书。同时

---

① （明）张璁撰，张宪文校注：《张璁集》佚文《〈北门季氏家乘〉序》。
② （明）张璁撰，张宪文校注：《张璁集》奏疏卷 3《再陈》。
③ （明）张璁撰，张宪文校注：《张璁集》诗稿卷 1《下第舟发潞河》。

关注民生，关心政治，忧国忧民，"慨然有治平志"。正德十四年（1519）九月，张璁负笈北上，志在中第。① 功夫不负有心人，正德十五年（1520），46岁的张璁通过了礼部考试，取得了进士资格。按照规定，还要通过殿试排名来获得进士身份。但"耽乐嬉游"的武宗假借征讨宸濠南巡不回，致使殿试不能如期举行。此时贫困孤独且企盼殿试早日举行的张璁表达了如下心情："回銮瞻辇毂，射策候宸旒。充腹艰粗粒，完身倚敝裘，厚非温饱志，岂是利名求"②；"寒灯照孤影，永夜不成眠"。③ 年底，武宗回到北京，但因身体不适，未能举行殿试。直到次年三月十四日，武宗暴卒，殿试仍未举行。四月二十二日嘉靖皇帝即位。五月十五日，才补行殿试。在殿试中，张璁以二甲第七十八名的成绩正式获得进士身份，时年47岁。

张璁的科举经历，是明代士人展现才华和报效国家理想的典型案例。考进士犹如走钢丝绳，由于进士名额的严格控制，士子中第是十分困难的。大多数士子视科举为畏途，半途而废，抱憾终生。而张璁屡考屡败，屡败屡考，以坚韧不拔的意志和从容不迫的心态经受着一次次的科举检验，执着地通过合法路径来获得治国平天下的平台。这是儒士的最高理想，需要艰苦奋斗和巨大付出。张璁八次考试而成进士，可谓"老于公车"，不言放弃，充分显示了他的耐性和无畏精神。在中第之后，张璁言道："叨逢英妙新天子，成就蹉跎老秀才"；"五十古称少进士，三百今是新朝臣"。④ 表示要在新天

---

① （明）张璁撰，张宪文校注：《张璁集》诗稿卷2《出门》："满船行色装书籍，长路歌声散甲兵。久拟得时行所学，是谁忘主负平生？草茅得备临轩问，定诵苞桑答圣明。"

② （明）张璁撰，张宪文校注：《张璁集》诗稿卷2《寄内十六韵》。

③ （明）张璁撰，张宪文校注：《张璁集》诗稿卷2《遣闷三首》。

④ （明）张璁撰，张宪文校注：《张璁集》诗稿卷3《漫成四绝寄叶希行》。

子新气象的嘉靖时代有所作为。

与明代许多大臣二三十岁考中进士相比,张璁中进士的年龄确实偏大。但漫长的应试经历和长期的民间生活,使张璁既能持续研习学问,潜心教习生徒,又能深刻体验民众疾苦和观察官场百态,了解政治弊端。他自叙:"孚敬自少业举子时,即好读礼经。第观旧说,多所未安,思欲厘正之而有所未暇。弘治戊午以《诗经》中省试,乃筑罗峰书院于五都瑶溪山中,集徒讲学,始取而章句之。"①其间作诗同情民众,指斥时弊:"十亩始开垦,百种亦勤劳。生成半不待,风雨随飘摇。吾犹田吾土,难为贫民苦。叫嚣尚征租,粗豪打门户。况复决陂塘,斥卤将尽荒。我为告守牧,守牧归太仓。"②而多次北上应试,沿途的见闻和经历加深了他的忧国忧民意识。面对淮河泛滥和社会惨象,张璁叹息:"行路难如此,长怀杜甫忧。溯风惧逆浪,何处是安流?沉舍鼋鼍窟,溪居鸳鹭洲。孤舟方晚饭,群盗已深愁。"③与那些年轻中式者不同,张璁更多的是执着、老成和坦然,且能独立思考,求实创新。其独特的经历、生活的磨炼、广博的学识和坚强的意志为他中第后的政治生涯奠定了坚实的基础。而这些恰恰是一个担当大任并从事革新者必备的素质。

二、"大礼议"与张璁的政治空间

张璁中第后,按照正常的分配制度被派往礼部实习,以谙练政体,成为观政进士。张璁对礼学素有研究,被安排在礼部观政,这

---

① (明)张璁撰,张宪文校注:《张璁集》文稿卷1《〈礼记章句〉序》。
② (明)张璁撰,张宪文校注:《张璁集》诗稿卷1《风雨叹》。
③ (明)张璁撰,张宪文校注:《张璁集》诗稿卷2《悲淮河二首》。

是因才而用，对张璁来说是恰当的。但如在见习三年后再实授职务，并依资格年限提拔，将来升迁到高级职务的可能性极小，对明代政治的影响力也就微乎其微。然而，张璁所处的政治环境即将迎来巨大变局，张璁以其深厚的礼学素养和执着的求实精神顺应历史潮流，抓住历史机遇，用科场上的屡次失利换来了政治上的迅速崛起，使嘉靖前期变成了张璁的时代，并深深地打下了张璁的烙印。

在明朝 16 位帝王中，除开国之君明太祖朱元璋外，以藩王身份登上九五之尊的明成祖朱棣和明世宗朱厚熜是明朝历史上具有重要影响的两位皇帝。他们皆以非正常形式即位，成祖以"武"的方式夺得皇位，而世宗以"文"的方式继承皇位。虽然两者的即位方式不同，但都面对相同的人事问题，即如何与前朝的旧臣相处。一般而言，在皇位异常更替之际，旧臣与前朝有着千丝万缕的联系，相当一部分人不可能在一夜之间转变态度，背弃前朝而完全投入新君怀抱。但作为非常态即位的皇帝，却要求大臣必须效忠于自己，不得蔑视自己，更不能对抗自己。在这种特殊时期，百官的心态与行为表现各异，有不计利害而断然与新帝决裂者，有忠于前朝而与新帝无法建立互信关系者，有明哲保身而骑墙观望者，有旗帜鲜明支持新帝者。这些不同的行为，自然有不同的结局，或被诛杀，或被贬谪，或被罢官，或被留任，或被超擢。

就明世宗而言，其即位方式在中国历史上独具特点，无前例可循。其堂兄武宗是孝宗唯一的儿子，因纵欲而断绝子嗣，因荒诞而拒绝从同宗中选立皇位继承人，直接造成了皇位继承人的空缺。由于武宗生前没有依据相关规定和传统礼制指定自己的接班人，所以，选立事宜便由武宗之母慈寿皇太后和阁臣杨廷和等人来完成。在这一特殊背景下，最佳的弥补方案就是效法宋仁宗时期的前例，从武宗侄子辈中选出一人，过继给武宗，以武宗之子的身份继承皇位，这样便能最大限度地减轻新君即位时的政治震荡，但杨廷和等人却选择了武宗的堂弟朱厚熜，这就正式宣告了武宗的断嗣。不论这一选择是否合理，但在新帝即位之后，杨廷和等人必须以武宗堂弟的身份来对待世宗，并以此为新的起点，全力构建以世宗为核心的新政治秩序，以便集中力量来全面清理武宗败政。这是正德、嘉靖之际最高的政治要求，也是检验杨廷和等朝臣政治智慧和行政能力的唯一指标。能否抓住这一历史机遇而有所作为，暂时占据政治优势的杨廷和等旧臣必须要做出回答和选择。

在武宗时期，杨廷和等阁臣无法与皇帝建立互信关系，故面对武宗的怪异行为而无计可施，将阁臣的无能表现得淋漓尽致。世宗即位后，杨廷和打算在嘉靖朝有所作为，但在处理世宗继统与继嗣的问题上与皇帝发生根本性的冲突，使他的这一梦想又化为泡影。从这一事件的处理结果来看，杨廷和可被视为一位迂腐的礼学家，绝不能被看成一位精明的政治家。世宗以武宗堂弟身份继承皇位是杨廷和等人草拟的武宗遗诏中明确规定了的，任何人不得改变。为了弥补在匆忙之间选择朱厚熜而使孝宗绝孙的遗憾，杨廷和等人无视世宗合法继位的这一法律文书，胁迫世宗改变武宗堂弟的身份，而要以武宗亲弟的身份继承皇位，并进而改换父母，从而引发了"大礼议"。

正德、嘉靖之际的历史走向可用不同的思路来解读，或以杨廷和集团的沉浮为主线，或以张璁等"大礼新贵"的崛起为主线，或以世宗恢复皇权为主线。与父死子继的皇位更迭形式不同，正、嘉之际的皇位交替是独特的，而这一独特性本身就意味着政局的变革，也预示着嘉靖政治的新气象。从地方上成长起来的少年藩王掌握皇权后肯定会带来政治的变革。当以武宗遗诏这一法律形式明确规定朱厚熜为皇帝之后，就正式宣告了孝宗帝系的彻底中断。这个责任主要应由明武宗负担，但其母张太后和阁臣杨廷和等人也有一定的责任。他们没能在武宗生前劝说无嗣的武宗从宗室中选取一人过继给武宗且立为嗣子。尽管这一重大失误随着武宗的猝死而无可挽回，但相关人员的责任不应刻意被掩饰。抬高杨廷和一派的学者无视这一关键环节而一味地凸显其在武宗死后如何应付乱局和极力渲染如何革新。武宗死后，杨廷和一派在维持特殊局势和试图拨乱反正的行为是值得肯定的，但这不是当时政局的关键问题。挺杨者不能把他塑造成武宗活着时的庸臣和武宗死后的强臣和能臣，杨廷和在一夜之间被推到前台，是由武宗猝死这一特殊情势所决定的。因为这时朝中无主，张太后又不能亲自主政，只能让内阁首辅杨廷和走到前台，做一些疏通协调工作，暂时应付这一尴尬局面。但人们不能因此放大皇位空缺时期杨廷和的作用，并将这一作用想当然地带入新君即位之后，有意或无意地把杨廷和视为权力的中心，并将其塑造成救世主。换言之，只要皇位不再空缺，杨廷和必须回归原有角色，就像武宗时期一样。至于他能不能像皇位空缺时期那样在嘉靖朝发挥独特作用，这才是考验杨廷和政治才能的唯一指标。但遗憾的是，杨廷和并没有抓住这一时机，并没有看清正、嘉之际政局变化的关键问题。

"大礼议"绝不仅仅是礼仪的争论。要让新君承担武宗拒绝立嗣的过失和阁臣、太后的连带责任，世宗是不会答应的。在"大礼议"中，世宗要维护自己做人的尊严，始终坚持一个基本原则，那就是武宗遗诏所明确规定的身份，即自己始终是兴献王之子。作为有良好家教的少年天子，世宗在"大礼议"中坚持一个基本事实，那就是自己事先没有答应过继他人，根本不存在改换父母的问题，且自己所面临的问题是新情况，无先例可循，自己不能因为意外地得到皇位而见利忘义，随便改换父母。在世宗看来，这个原则是绝对不能践踏的。朝臣能否认识到这一点，也就决定着自己能否在嘉靖政坛上站住脚。

在新君即位后，如何与藩王出身的世宗沟通并建立互信关系，是正、嘉之际的最大政治，对各方力量都是一种考验。相对而言，在世宗面前，杨廷和沾上"拥立"之功多少有点主动，可以趁此强化与事先毫无交往的新君之间的关系，这是新选进士张璁所无法比拟的。按照常理，此时的张璁不可能引起世宗的关注，但"大礼议"为他和世宗的相识提供了难得的机遇。杨廷和在选定世宗后并未认清形势，而是选择了忠于孝宗的政治路线，并错误地估计了自己的实力，试图将世宗拉入孝宗路线之中。"大礼议"其实就是杨廷和忠于孝宗的直接反映。在选定世宗后，杨廷和一门心思地要为有后的孝宗续后，而根本不把藩王出身的世宗放在眼里，也根本不把他们草拟的武宗遗言放在眼中，自不量力，歪曲事实，突破底线，非把兴献王的儿子改成孝宗的儿子不可。对于这一蛮不讲理、罔顾事实的主张，不引发巨大的争论才是怪事，不予纠正才是极不正常的事情。杨廷和集团以人多势众连连向世宗施压，违背武宗遗诏，歪曲基本事实，企图突破这一底线，最终碰得头破血流，导致君臣关系迅速恶化，最后以彻底失败而告结束。

要理性地认识杨廷和在"大礼议"中的行为，至少要明确和承认以下三个基本事实：第一，朱厚熜的即位完全不同于汉宋旧例，而是一种全新模式。第二，明武宗生前拒绝立嗣，没有亲自选定皇位继承人，临终前没有为自己指定嗣子，更不可能为自己的父亲再确定一个儿子。第三，在由杨廷和等人草拟、武宗之母张太后同意的武宗遗诏中没有提出要朱厚熜改换父母的内容，而是明言朱厚熜以孝宗之侄、武宗堂弟和兴献王长子的身份继承皇位。从孝宗和武宗的角度来说，这三点正式宣告了孝宗的绝孙和武宗的绝嗣。造成这一结果的，既有武宗的原因，也有杨廷和等人的原因。特别是武宗遗诏的颁布，使武宗绝嗣问题的解决毫无回旋余地，直接宣告了武宗的彻底绝嗣。所以，武宗遗诏的公布，第一个传递的明确信息就是武宗彻底绝嗣。这一信息是武宗遗诏最核心的内容。从世宗的角度来讲，这一信息也是至关重要的，它是自己接受并前往北京继承皇位的前提条件。任何人，只要能识读武宗遗诏的内容，都不会读出让朱厚熜改认他人为父的信息。

杨廷和等人颁布的武宗遗诏的内容是："朕以菲薄，绍承祖宗丕业十有七年矣，图治虽勤，化理未洽，深惟先帝付托，今忽遘疾弥留，殆弗能兴。夫死生常理，古今人所不免，惟在继统得人，宗社生民有赖。吾虽弃世，亦复奚憾焉！皇考孝宗敬皇帝亲弟兴献王长子厚熜聪明仁孝，德器夙成，伦序当立，已遵奉祖训兄终弟及之文，告于宗庙，请于慈寿皇太后，与内外文武群臣合谋同辞，即日遣官迎取来京，嗣皇帝位。"[1] 从中可以看出，遗诏强调的是"继统"，而

---

① 《明武宗实录》卷197，正德十六年三月戊辰，台北："中研院"历史语言研究所，1962年校勘本。下引明代诸朝《实录》皆为同一版本，不再一一标出。

不是"继嗣"，同时将朱厚熜与孝宗、武宗和兴献王的亲缘关系表述得非常清楚。可见当时他们在忙乱中根本就没有考虑为武宗续子，当然更不可能考虑为孝宗续嗣的荒唐问题。换言之，杨廷和等人在当时顾了这头，顾不了那头，他们不可能在遗诏里留下伏笔，等待世宗即位后再迫使就范。

沈德符认为遗诏中所言"兄终弟及"和"祖训"，"盖指同父弟兄，如孝宗之于献王是也。若世宗之于武宗，乃同堂伯仲，安得援为亲兄弟？时草此诏者为杨文忠廷和"[1]。这是正确的，当时的朱厚熜也是这样认为的。但是在该遗诏颁布之后，杨廷和等人便发现了漏洞，才意识到武宗绝后和孝宗绝孙的残酷性。这对于他们这些在弘治时期成长的大臣而言，在感情上是无法给死去的孝宗和活着的张太后交代的，于是乎，他们便铤而走险，试图改变武宗遗诏的信息，要把兴献王的儿子改成孝宗的儿子。事实上，这是一个荒唐的想法，不可能变成现实。但杨廷和等人不自量力，甘愿拿自己的政治命运为之一搏。其为孝宗献身的精神值得赞许！但他们一方面要誓死忠于孝宗，另一方面还想在世宗朝掌握大权，继续执政，无疑是痴人梦呓！

从一般意义上来看，在武宗遗诏颁布之后和世宗即位之前，杨廷和的这一变化是十分危险的。其所反映的主要问题就是能否依法执政，即能否按照武宗遗诏保证朱厚熜与兴献王的父子关系这一核心问题！这绝不是一般的问题，更不是简单的礼仪问题，而是事关新皇帝的尊严问题、人伦问题、国家秩序问题和法治问题等。杨廷

---

① （明）沈德符：《万历野获编》卷2《引祖训》。

和的这一变化对自己、对自己的追随者、对必将引发的质疑者、对世宗等所有人将产生巨大的影响。但对于这一巨大影响，杨廷和认识不清，准备不足。这与其一贯的行政水平相适应。按理说，有了武宗遗诏，杨廷和严格按照遗诏的明确规定来处理朱厚熜与孝宗和兴献王的关系，正视孝宗的绝孙和武宗的绝嗣，利用自己暂时的"拥立"优势，与新皇帝建立密切的关系，是自己最迫切的政治任务，是真正为明朝负责的最佳选择。他应该清楚，没有皇帝的真正支持，内阁将一事无成，武宗对阁臣的蔑视难道对他没有一点触动！换言之，在武宗死后，与新皇帝建立良好关系并获得其真正支持是杨廷和有所作为的唯一选择，也是检验其是否具有政治眼光和行政能力的唯一指标。长期以来，学界一味地夸大这一时期杨廷和的所谓"新政"和杨廷和在"大礼议"中的对抗，完全是只见树木不见森林，忘记了内阁的地位，忘记了明朝的根本制度，在这一点上，杨廷和与后来的张居正相比，完全不在一个层面上。不管如何评价张居正，但有一点是要必须肯定的，那就是张居正明白自己的处境而能够设法与内廷搞好关系，赢得内廷的支持。这是张居正一时有所作为的重要保障。高拱就是因为与内廷的矛盾而被赶出新朝政坛，但谁也无法否定高拱的行政能力和担当意识。对阁臣而言，在没有充分理由的基础上与皇帝的对抗，无疑是自取其辱，自取灭亡！杨廷和瞬间主动将自己的有利变成不利，把作为世宗恩人的自己主动变成了世宗的仇人，上演了一出自取灭亡的闹剧。

让朱厚熜成为孝宗之子，这不是杨廷和所能决定的，也不是杨廷和与张太后一起所能决定的。但为了弥补遗诏的缺憾，杨廷和自不量力，试图悄悄地为即将即位的朱厚熜挖坑，让其跌入其中而不能自拔，然后一步步迫其就范。杨廷和高估了自己，把在湖北长大的朱厚熜根本不放在眼中，一场由老臣挑起和 14 岁新帝反抗的表演由杨廷和拉开了序幕。王其榘认为："早在朱厚熜从安陆进京之初，他就拒绝礼部用皇太子礼的仪式迎接他入文华殿，而是坚持按遗诏到奉天殿嗣皇帝位。皇太后依从了他的主张，这是'大礼之议'的序幕。"①

《明史纪事本末》对世宗即位前后杨廷和的表现有如下记载：正德十六年（1521）四月丁卯，"礼部员外郎杨应魁上礼仪状，请由东安门入，居文华殿。翼日，百官三上笺劝进，俟令旨俞允，择日即位。大学士杨廷和命仪部郎中余才所拟也。壬寅，车驾至良乡，帝览礼部状，谓长史袁宗皋曰：'遗诏以吾嗣皇帝位，此状云何？'癸卯，至京师，止城外。廷和固请如礼部所具状，帝不许。乃御行殿受笺，由大明门入，日中即位，以明年为嘉靖元年。"② 就世宗对袁宗皋所言，《明世宗实录》则记录为："遗诏以吾嗣皇帝位，非皇子也。"③《国榷》和《明通鉴》的记载与此相同。同年九月，世宗母亲也从湖北安陆到了京外，杨廷和等人仍执迷不悟，试图用王妃之礼打压世宗之母，"礼部具议：'圣母至京，宜由东安门入。'帝不从。再议由大明左门入，复不从。帝断议由中门入，谒见太庙……上又命驾仪奉迎圣母，礼部请用王妃仪仗迓之，帝不从，命锦衣卫以母后驾仪往。又命所司制太后法服以待。至是，圣母至通州，闻朝廷欲考孝宗，恚曰：'安得以我子为人之子！谓从官曰：'尔曹已

---

① 王其榘：《明代内阁制度史》，中华书局 1989 年版，第 184 页。
② （清）谷应泰：《明史纪事本末》卷 50《大礼议》。
③ 《明世宗实录》卷 1，正德十六年四月壬寅。

极宠荣，献王尊称胡犹未定？'因留通州不入。帝闻之，涕泗不止，启慈寿皇太后，愿避位奉母归，群臣惶惧。"① 正德十六年五月，当礼部按照杨廷和的意图而要求世宗改换父母时，世宗大怒，说："父母可更易若是邪？"② 上述所载，可以从两个方面来看。就杨廷和而言，其态度很明确，那就是非要把朱厚熜变成孝宗儿子不可。这是其唯一的政治目的，再无别的预案。就朱厚熜而言，他也很清楚，遗诏中没有让他成为孝宗儿子的要求。正是没有这样的要求，他才会前往北京继承皇位。在他看来，白纸黑字，从遗诏中读不出自己成为孝宗儿子的可能性。不仅朱厚熜这样，连其母亲也都明白，自己唯一的儿子怎能成为他人之子。世宗母子的态度很明白，要让朱厚熜改为孝宗的儿子，那就回到湖北继续当藩王，不再称帝。这是何等的勇气！这一坚决的态度，使杨廷和没有讨价还价的余地，只有节节败退。他们对世宗一次次的让步，就是自己一次次的失败。这样一种结局是必然的。

就"大礼议"本身而言，其争论核心的问题就是世宗能不能改换父母。就武宗遗诏而言，这本来就不是什么问题，世宗不可能也无必要改换父母。但杨廷和却冒天下之大不韪，头脑发热，擅自要求即将即位的朱厚熜改换父母，想抢在其即位前将世宗变为孝宗之子，一来使孝宗一系得以延续，二来可以控制自己陌生的新帝。尽管世宗年幼，但没有上杨廷和的圈套。世宗临行前一日，"辞兴献王

---

① （清）谷应泰：《明史纪事本末》卷50《大礼议》。

② （清）夏燮：《明通鉴》卷49，正德十六年五月戊午，中华书局1959年版。

墓，恸哭不能起。从官皆泣"①，可见父子之情深！临行前，其母亲嘱托道："吾儿此行，荷负重任，毋轻言。"世宗答道："谨受教。"②从中可见世宗对父母之孝，同时说明其母对朝廷形势有着清醒的认识，明白前朝旧臣不可能让自己的儿子轻轻松松、顺顺利利地登上皇位。后来所发生的一切充分说明了其母的担忧并非多余。

长期以来，学界对"大礼议"存在着极大的认识偏差，仅仅认为是围绕兴献王"尊号"的一场争论。如1989年上海辞书出版社的《辞海》将大礼议定义为："明代宫廷中争议世宗本生父尊号的事件。"③ 2000年上海辞书出版社的《中国历史大辞典》也认为"大礼议"是："明嘉靖年间确定兴献王朱祐杬尊号的争论。"④ 这些辞书相互沿袭，以讹传讹，没有真正揭示"大礼议"的核心内容，相关解释文不对题。在"大礼议"中，争论的核心是世宗能不能改换父母，即"继嗣"还是"继统"的问题，而绝不是兴献王的"尊号"问题。换言之，议定兴献王"尊号"的前提是首先要确定世宗与兴献王是否为父子关系，既然父子关系不能改变，兴献王称皇称帝就是顺理成章之事，无须争论。所以将"大礼议"解释为对兴献王尊号的争论是毫无道理的，是在回避"大礼议"的核心问题。而这一争论是由杨廷和引发的，发生的时间不是在世宗即位之后，而是在世宗即位之前。正是由于把"大礼议"解释为对兴献王尊号的争论，

① （明）张铨撰，（明）张道濬订，（明）徐扬先校，田同旭、赵建斌、马艳点校：《国史纪闻》卷12，上海古籍出版社2018年版，第644页。

② （清）谷应泰：《明史纪事本末》卷50《大礼议》。

③ 夏征农等：《辞海》，上海辞书出版社1989年版，第1652页。

④ 郑天挺、谭其骧等：《中国历史大辞典》，上海辞书出版社2000年版，第116页。

便错误地认为"大礼议"开始于世宗即位后的第六天。

如何把杨廷和等人的错误主张纳入正常的轨道，这是世宗即位后面临的最为紧迫的政治任务。对于张璁而言，杨廷和的错误主张正好为其提供了难得的政治机遇，必须以大无畏的精神予以匡正。可以说，"大礼议"为张璁提供了展示自己才智的绝佳平台，张璁善抓机遇，以极大的政治责任感投入"大礼议"之中，引领着"大礼议"的走向。

三、张璁在"大礼议"中的崛起

在"大礼议"中，世宗母子的态度是至关重要的。他们在维护彼此固有的血缘关系和基本尊严之时，紧紧依据武宗遗诏来保护自我权利，向前朝旧臣夺取属于自己的权力。他们不会像杨廷和及其追随者那样，罔顾事实，颠三倒四，胡乱解释。尽管武宗遗诏是由杨廷和主导草拟的，但墨迹未干，就被杨廷和弃之一旁，试图迫使世宗改换父母。杨廷和威胁朝臣："有异议者即奸邪，当斩。"① 在其压制之下，"举朝翕然同声，大抵本宋司马光、程颐《濮园议》"②。但世宗头脑清楚，以武宗遗诏作为强有力的武器，对暂时强大的杨廷和集团毫不示弱。沈德符论道："盖上继统不继嗣之说，早已定于圣心。"③ 徐学谟也认为："时礼部以典出旷举，仓卒草创，不暇致详。而上心已确有定见。所谓继统不继嗣之说，实权舆于此矣。"④

① （清）张廷玉等：《明史》卷190《杨廷和传》，中华书局1974年版。
② （清）张廷玉等：《明史》卷191《赞曰》。
③ （明）沈德符：《万历野获编》卷2《世宗入绍礼》。
④ （清）谈迁：《国榷》卷52，正德十六年四月癸卯。

肯定这一点是认识"大礼议"的关键。

"大礼议"是一个极为复杂的事件,绝非像一些人所望文生义的那样,将其简单地理解为与皇帝有关的礼仪问题的争论,更不能将其视为"无原则争论"①。事实上,"大礼议"是一个极为复杂的政治事件,在客观上承载着皇位更迭之际艰难的人事更替和皇权的有序转移,具有多重的政治功能。对世宗而言,保全其与兴献王的父子关系,可谓一举四得:一是树立孝子的形象,不会因为突然得到皇位而改换父母,让天下讥笑;二是维护武宗遗诏的权威,与暂时强大的前朝旧势力展开公开较量;三是借此清除旧势力,使其难以东山再起;四是发现自己真正的支持者,以尽快取代杨廷和集团。对杨廷和而言,可谓因决策失误而全盘皆输:一是无视武宗遗诏,耍弄新皇帝,视法律如儿戏;二是忠于孝宗,甘于为旧朝献身,不惜与新帝公开决裂,使自己无路可走;三是思想保守,能力不足,无法应对世宗特殊即位这一史无前例的难题;四是作为旧势力的代表,难以立足于嘉靖政坛。对张璁等人来说,可谓机遇难得:一是敢于亮剑,不被暂时强大的杨廷和集团所吓倒,展示了敢于担当的品格;二是依据武宗遗诏全力支持世宗,利用深厚的礼学素养向杨廷和集团发起频频攻击,使其难以招架;三是斗争能力突出,成为世宗可信赖的力量;四是与世宗建立起了亲密关系,成为取代杨廷和集团的唯一可依赖的力量。所以说,"大礼议"是一个特殊的机遇,是一个权力更迭的平台,具有除旧布新、恢复皇权、重建秩序的功能。换言之,"大礼议"就是人事更迭的事件,是杨廷和之

---

① 郑克晟:《明代政争探源》,故宫出版社 2014 年版,第 372 页。

"旧"与张璁之"新"的更替过程，客观上有利于解决因皇位空缺而导致的政治混乱和恢复法制，建立以世宗为核心的政治新秩序。

杨廷和集团不可能一方面违背武宗遗诏强行要求世宗改换父母，与世宗对抗；另一方面还要继续执政，不想离开嘉靖政坛。他们所面对的世宗，绝不是历史上扶不起的阿斗，也不是历史上那些被外戚或宦官玩弄于股掌之间的幼弱之主。在选择世宗时，他们不了解世宗；在世宗登基前的较量中，他们没有认识到新帝的"刚明"；在世宗登基之后，他们仍然执迷不悟，自以为人多势众，蔑视世宗，自不量力，试图要在与皇帝对抗中保住自己的权位。总之，他们从未想着如何与新帝改善关系，而是一味地通过强迫世宗改换父母而向皇帝连连施压，要让皇帝向他们低头！从这个角度来看"大礼议"，可将其视为杨廷和集团欺凌世宗的事件，只是他们的图谋不可能得逞，明代的政治体制不可能让其胡来！

必须正视的问题是，在进京之前已经开始的较量中，世宗是孤单的。身为皇帝的朱厚熜，当时迫切需要朝臣的支持！人们在论及此事时，应对只身前来且与朝中大臣无任何交往的朱厚熜予以充分的理解！对于没有接受宫廷教育的朱厚熜而言，在北京没有自己所熟悉的一个人，自己面对的全是武宗时的旧臣，这对他是莫大的挑战，其心理压力之大是可想而知的。在这一特殊时刻，要想成为真正辅佐新帝的重臣，就必须设法与其建立特殊的信任关系，是真正考验杨廷和的首要指标。但是，杨廷和并没有抓住这一难得的机会，而是选择了与新帝的对抗。杨廷和的这一历史性错误，为张璁提供了难得的机会。从这个角度来说，给张璁创造崛起机会的不是世宗，而是杨廷和。那些主张张璁"迎合"世宗而得以崛起的学者应该认真思考其能够脱颖而出的真正原因，而不是简单地照搬杨廷和集团的攻击之词！

正在世宗孤立无援之际，张璁"首倡正议"，如天降甘霖，给无助的世宗带来了极大的鼓励。沈德符以轻蔑的口气论道："张、桂等建白，不过默窥其机耳！"① 王其榘也言："观政进士张璁迎合十五岁小皇帝的心理。"② 这种认识是毫无道理的！在当时杨廷和集团把持朝政、打压反对者的政治氛围中，能够站出来敢于发表不同的看法，没有相当的勇气甚至是不怕死的胆量是不可能的！当时控制朝政的是杨廷和集团，而不是世宗。一些人不明事理，把杨廷和等人看作中国传统士大夫精神的代表，是相当可笑的事情。当时的情形是杨廷和集团倚仗权势打压、陷害甚至试图暗杀张璁等持不同政见者，世宗无力救助。故当张璁上疏一出现，世宗便如获至宝，发自肺腑地说道："此论一出，吾父子必终可完也。"③《明通鉴》的记载更生动："帝方扼廷议，得璁疏，大喜曰：'此论出，吾父子获全矣！'"④ 从中不难看出，被杨廷和集团包围的新帝所具有的无助！世宗一看到张璁的上疏，对杨廷和等人说："此议实遵祖训，据古礼，尔曹何得误朕！"杨廷和则狂言："书生焉知国体！"⑤ 从这一记述中可以看出世宗、杨廷和、张璁三者之间的关系和各自的处境！其中杨廷和将其狂妄自大，蔑视张璁跋扈之态暴露无遗！这就是当时世宗所处的政治环境。正因为如此，张璁的出现，对无助的世宗

① （明）沈德符：《万历野获编》卷2《世宗入绍礼》。
② 王其榘：《明代内阁制度史》，第184页。
③ 《明世宗实录》卷4，正德十六年七月壬子。
④ （清）夏燮：《明通鉴》卷49，正德十六年七月壬子。
⑤ （清）谷应泰：《明史纪事本末》卷50《大礼议》。

来说，犹如救星一般，从此皇帝不再是孤军作战！明人支大伦认为："大礼之议，肇于永嘉，而席、桂诸君子和之。伦序昭然，名义甚正，自无可疑。"① 需要强调的是，张璁的出现，不是世宗引入的，而是杨廷和引进的。也就是说，是杨廷和自觉或不自觉地为张璁创造了脱颖而出的特殊机遇！

对于杨廷和强迫世宗改换父母的做法，张璁直言这是"任私树党，夺皇上父母而不之顾"②。面对张璁的驳难，貌似强大的杨廷和集团可以说毫无招架之力，节节败退。正如沈德符所言："张、桂议起，复改口援宋濮安懿王故事以拒之。持论不坚，遂终不能胜。"③李贽认为杨廷和"天资近道而不知学，是最为可惜之人"④。毛奇龄则说：杨廷和"不惟不晓大礼，其于汉、宋二事亦未尝一得知也"，甚至认为他是"不读书误人国事"之人。⑤ 谷应泰认为："武宗遗诏，不敢子视世庙也。既已兄称武庙，因欲并考孝宗，则孝以无孙反因得子，于义为诬；称子逼武，二统嫌孝，于理亦碍。况父子至亲，岂可隔世轶代，妄相附属？"⑥《明史》的作者也论道："世宗奉诏嗣位，承武宗后，事势各殊。诸臣徒见先贤大儒成说可据，求无得罪天下后世，而未暇为世宗熟计审处，准酌情理，以求至当。争之愈力，失之愈深，惜夫。"⑦ 黎东方认为："杨廷和本人，也未免太固执

① （清）谈迁：《国榷》卷53，嘉靖三年七月甲戌。

② （明）张璁撰，张宪文校注：《张璁集》奏疏卷1《正典礼第四》。

③ （明）沈德符：《万历野获编》卷2《引祖训》。

④ （明）李贽：《续藏书》卷10《史阁叙述》，中华书局1959年版。

⑤ （清）毛奇龄：《辨定嘉靖大礼议》卷1，《四库全书存目丛书》史部第271册，齐鲁书社1997年版。

⑥ （清）谷应泰：《明史纪事本末》卷50《大礼议》。

⑦ （清）张廷玉：《明史》卷191《赞曰》。

了一些。兴献王只有世宗一个儿子，世宗改作了孝宗的儿子而称兴献王为叔父，岂不是弄得兴献王绝后？为了贪恋皇帝的位置，而使得父亲绝后，世宗的少年天真之心，如何能安。"①

《明世宗实录·修纂凡例》中言："世宗皇帝以宗藩入继大统，乃祖宗以来未有之事，其即位礼仪及赏赉之类亦与先朝不同。"也就是说，世宗继承皇位，明代没有相同的案例，明代之前的历史上也无可比的事例。当世宗即位后要求朝臣议定兴献王的尊号时，其本意是要他们讨论其父兴献王的尊号，而杨廷和等人则按照其叔父兴献王的身份来讨论尊号。所以争论兴献王的尊号绝不是"大礼议"的焦点，其核心问题是世宗与兴献王是否为父子关系。经过四年多的争论，"大礼议"以世宗的胜利而宣告结束。其实，这一争论就是对武宗遗诏的公开宣传和深入人心的过程，客观上对世宗有利。争论的结果就是按照武宗遗诏的明确表述，承认世宗与兴献王的父子关系，正式宣告武宗的绝嗣和孝宗的绝孙。嘉靖三年（1524）九月，世宗对武宗遗诏做出了最终的解读：

> 朕本宪宗纯皇帝之孙、孝宗敬皇帝之侄、恭穆献皇帝之子，逮皇兄武宗毅皇帝上宾之日，仰遵圣祖"兄终弟及"之顺，属以伦序当立，遗诏命朕嗣皇帝位，昭圣康惠慈寿皇太后乃以懿旨遣官迎朕入继，受天明命，位于臣民之上者，于兹已三年矣。尊称大礼屡命廷臣集议，辄引汉定陶共皇、宋濮安懿王二事为据，至再至三，而其论未定，朕心靡宁。盖伯侄父子乃天经地义，岂人所能为乎？况汉、

---

① 黎东方：《细说明朝》，上海人民出版社1997年版，第240页。

宋二帝在衣裳垂御之日，尝为立子，而朕则宫车晏驾之后入奉宗祧，实为人后者不同。今以为继嗣亦非我圣祖垂顺初意，是岂徒礼官之失，而亦朕冲年未能决择之咎也。朕祗臣九庙，尊养二宫，正统大义，未尝有间，惕然此心，夙夜不忘。惟恭穆献皇帝、章圣皇太后，朕之父母也，劬劳之恩，昊天罔极，虽未（应为"位"。——作者注）号已隆，而名称未正。因心之孝，每用歉然。已告于天地、祖宗、社稷，称孝宗敬皇帝曰皇伯考，昭圣皇太后曰皇伯母，恭穆献皇帝曰皇考，章圣皇太后曰圣母，各正厥名，揆之天序人伦，情既允称，而礼亦无悖焉。①

这一解读武宗遗诏的诏令本该不成为什么问题，但因杨廷和及其追随者的再三阻挠，拖延四年多后才被拉回到起点，承认了世宗不能改换父母这一基本事实。尽管对世宗能否改换父母引发了激烈争论，但最后的结果还是符合实际的，说明一开始世宗的坚持是正确的，反映出其过人的勇气和理性的判断。而张璁极力为世宗的合法权利辩护，也反映出其学养深厚、善抓机遇、敢于斗争的精神。

在这一争论过程中，刚中第的张璁勇敢地站在纠正杨廷和错误的前沿，不畏其攻击、谩骂和人身伤害，不论在北京，还是被杨廷和赶到南京，张璁都毫不退缩，誓死捍卫武宗遗诏的解释权，对强大的杨廷和集团发起连续的攻击，全力支持处于困境中的新皇帝。在这突如其来的特殊战斗中，张璁经受住了考验，其行为真正阐释了中国传统士大夫不畏强权的骨气和沉着应对的能力。在这一阶段

---

① 《明世宗实录》卷43，嘉靖三年九月丙子。

的辩论之中，张璁始终认为嘉靖皇帝"为兴献王长子，遵祖训兄终弟及，属以伦序，实为继统，非为继嗣也"①，坚决反对杨廷和提出的继统必先继嗣的主张。在激烈的辩论中，张璁指出："今者必欲我皇上为孝宗之嗣，承孝宗之统，则孰为武宗之嗣，孰承武宗之统乎？"对于遗诏中的"兄终弟及"及"伦序"，张璁认为："夫孝宗，兴献王兄也；兴献王，孝宗亲弟也；皇上，兴献王长子也。今武宗无嗣，以次属及，则皇上之有天下，真犹高皇帝亲相授受者也。故遗诏直曰：'兴献王长子，伦序当立。'初未尝明著为孝宗后，比之预立为嗣养之宫中者，其公私实较然不同矣。"② 又说："孝宗兄也，兴献王弟也，献王在，则献王天子矣。有献王斯有我皇上矣。此所谓伦序当立，推之不可，避之不可者也。"③ 进而指出世宗称孝宗为"皇伯考"、称武宗为"皇兄"、称兴献王为"皇考"是唯一的正确选择，如此，"则我皇上于父子也，伯侄也，兄弟也，皆名正而言顺矣"④。如果"以皇上为孝宗之嗣，绝兴献王父子一体之恩，继孝宗之统，失武宗兄弟相传之序，遂致皇上父子、伯侄、兄弟名实俱紊，凡有识之士，靡不痛惜者也"⑤。他一针见血地指出："今兴献帝之加称不在皇与不皇，实在考与不考。"⑥ 张璁与世宗一样，始终围绕武宗遗诏进行论争，既维护了武宗遗诏的尊严，又维护了世宗的尊严。

在解读武宗遗诏的同时，张璁在"大礼议"中，也用有温度的

① （明）张璁撰，张宪文校注：《张璁集》奏疏卷1《大礼或问》。
② （明）张璁撰，张宪文校注：《张璁集》奏疏卷1《正典礼第一》。
③ （明）张璁撰，张宪文校注：《张璁集》奏疏卷1《大礼或问》。
④ （明）张璁撰，张宪文校注：《张璁集》奏疏卷1《大礼或问》。
⑤ （明）张璁撰，张宪文校注：《张璁集》奏疏卷1《正典礼第三》。
⑥ （明）张璁撰，张宪文校注：《张璁集》奏疏卷1《正典礼第三》。

"孝"和"人情"来支持自己的主张。他认为孝乃人之本性，只有"礼顺人情"，天下才有秩序。张璁说："昔先王以孝治天下，使知亲亲焉；以悌率天下，使知长长焉；以礼义教天下，使知姻睦焉。"① 认为："皇上之入继大统也，以伦序也，遵祖训也。以为宜舍其父母而不尊崇者，廷议也；以为不宜舍其父母而尊崇者，臣孚敬议也。执其两端而用其中者，皇上因心之孝也。"② 只有"嗣不失亲""统不失序"，才能"父父子子""君君臣臣"③。张璁不被不合时宜的汉宋旧例所束缚，能够将礼的精神与现实结合起来，从学理上阐释了世宗正当要求的合理性，旗帜鲜明地支持了世宗的孝情和孝行。他说："自夏历殷历周，统绪正而彝伦明；由汉至唐至宋，议论多而道德隐。魏诏起于偏安之际，濮议鼓于聚讼之余。事拂经常，言非定论。究其流弊之滋蔓，皆缘析礼之弗精。人可违，天不可违；理既顺，势亦自顺。不图今日之盛，获睹大道为公。"④ 在张璁看来，自己的大礼观除了替世宗孝情作辩护外，还在于洗涤汉宋旧儒之陋习。这与当时"心学"兴起和批判宋儒之风相吻合。张璁的贡献在于将心学思潮与现实的"大礼议"较好地结合起来。这与当时王守仁在"大礼议"中三缄其口形成了鲜明对比。在中国思想史的研究中，不应漠视张璁的议礼思想！因为这种思想绝不是脱离现实的空谈，而是高度结合现实的一种创新，集中反映着一部分中国士人与时俱进的思想意识，引领着时代潮流。

---

① （明）张璁撰，张宪文校注：《张璁集》佚文《〈鹤阳谢氏家谱〉序》。
② （明）张璁撰，张宪文校注：《张璁集》文稿卷5《奉敕撰岳怀王墓志》。
③ （明）张璁撰，张宪文校注：《张璁集》文稿卷4《谢赐〈五经〉〈四书〉》。
④ （明）张璁撰，张宪文校注：《张璁集》文稿卷4《进〈明伦大典〉》。

在按照武宗遗诏内容确定世宗与兴献王的父子关系之后，便进入单纯的礼仪争论，是为"大礼议"的第二个阶段。在这一阶段，在兴献王称"皇"称"帝"的前提下，"争庙""争路""争庙谒""争乐舞"等，存在不同的看法就不必大惊小怪了！

在"大礼议"的两个阶段中，第一个阶段是关键。在第一阶段，"大礼议"其实就是扩大范围的廷议，争论的并不是礼仪的问题，而是能否遵守武宗遗诏的问题。换言之，"大礼议"其实不是对礼仪的争论，而是对法律的争论。这一争论在被杨廷和挑起之后，张璁的出现才使真正的争论得以形成。也就是说，张璁冲破杨廷和的阻挠，加入廷议，才使争论真正形成。对张璁所引发的公开讨论及其所产生的后果，杨廷和是十分清楚的，也是最不愿意看到的。而张璁之所以敢于挑战，也是看清楚了杨廷和及其追随者主张的荒谬，故不怕他们的打击报复，以极大的自信冲锋在前，使"大礼议"朝着正确的方向发展，使杨廷和疲于应付，而无还手之力。面对藐视强大的杨廷和集团，张璁说道：

> 其两京大小官员，知朝议之非者十有六七，阿附不知者止二三耳。但知其非者少有私议，辄目为奸邪风言，谪降并考察黜退；不知礼者凭为举主恩人，攘臂交攻，不容人语。又如九卿六科十三道官连名之疏，岂议论同哉？如九卿之首，自草一疏，不令众见，止以空纸列书九卿官衔，令吏人送与书一知字，有不书者，即令所私科道官指事劾之，虽大臣多衔冤而去，无敢声言。至于科道官连章则亦犹然者，掌事一人执笔，余者听从，势有所迫故也。今在廷助臣议者不为不多，瞻前顾后，但颔首称是，默然喑然

而已。①

并直言："在朝之议多，非真多也，附和之而多也；臣等之议寡，非真寡也，不敢言而寡也。"② 他还指斥言官"今率甘为权臣鹰犬，甚可耻也。自古求忠臣于孝子之门，如此之徒，无父母者也"③。

杨廷和及其追随者表面上根本瞧不起刚刚中第的张璁，起初也根本想不到一个名不见经传的张璁能够掀起多大的风浪！对于杨廷和在正德政治中的表现，李贽有一评论："弇州谓晋溪公贪财，好睚眦中人。夫满朝皆受宸濠赂，独晋溪与梁公亡有也。杨廷和为首相，受宸濠赂，擅与护卫，乃嫁祸于梁公，而梁公不辨，卒被劾去；又嫁祸于晋溪公，晋溪公又不辨，卒被诬下狱论死。是孰为贪财乎？孰为好睚眦人乎？"④ 在武宗猝死后，自身不正的杨廷和及其追随者趁机将梁储和王琼等异己者通过各种非正常手段赶出政坛，试图把持新朝政权。在他们看来，张璁之类的新进之人和中下级官员，根本不是自己的对手！但张璁等人自身清净，没有把柄让杨廷和等人抓住来大做文章，故要从贪腐方面丑化和打倒张璁等人是不可能的，而只能从道德方面来围攻他们。胡吉勋所谓"在嘉靖三年张璁挑起议礼争议前，朝中在内阁主持下，是一个正直有能力士人布列朝堂，朝政依照良好的制度运行的局面。张璁挑起议礼并甘心作为世宗打击正直朝臣的工具，他不顾众朝臣反对，在世宗的主使下，极尽所能地破坏朝中政治运行制度，这种做法使得朝廷中由忠于职守、信

---

① （明）张璁撰，张宪文校注：《张璁集》奏疏卷1《正典礼第七》。

② （明）张璁撰，张宪文校注：《张璁集》奏疏卷1《正典礼第五》。

③ （明）张璁撰，张宪文校注：《张璁集》奏疏卷1《正典礼第六》。

④ （明）李贽：《续焚书》卷3《王晋溪》，中华书局2009年版。

从传统宗法思想的政治风气转变成为只需向皇帝本人效忠的政治风气"①，与事实完全不符。

面对张璁的崛起，杨廷和集团既不甘心，又无办法。他们至死想不通的问题是：为何张璁这样一个小人物能够崛起！在他们的知识结构中，找不到像张璁一样的人物；在他们的见识中，也未见过像张璁这样的人能够翻江倒海，将貌似强大的自己彻底击碎！于是乎，他们便用"迎合""奸佞""小人"等传统的攻击之词辱骂张璁等人。他们把自己的失败仅仅看成张璁对世宗的"迎合"，以反对皇帝为荣，以辱骂张璁为乐，以为这样自己就占有了道德的制高点，可以将张璁等人钉在历史的耻辱柱上。杨廷和等人没有基本的反思能力，根本不会认为正是他们群起歪曲武宗遗诏和无端迫使皇帝改换父母为张璁铺平了迅速崛起的阳关大道！换言之，正是杨廷和及其追随者将张璁引入嘉靖政坛，成就张璁的并不是世宗，而是杨廷和集团。故"迎合"之说是杨廷和集团对张璁等人的攻击侮辱之词，而非历史真相。在看到张璁迅速崛起并被世宗重用的同时，还应看到张璁被杨廷和集团辱骂所造成的历史伤害！正是杨廷和及其追随者在"大礼议"中对张璁人格的多方侮辱，使张璁至今仍然背负着"奸邪"的污名，足见杨廷和集团党同伐异的流毒之深！

正是因为张璁的出现，才打破了杨廷和集团对世宗的包围圈，使世宗得以解围，并取得完胜！世宗借助张璁等人之力，不仅击败了强大的杨廷和集团，维护了自己固有的父子关系，而且趁机击碎

---

① 胡吉勋：《威柄在御：明嘉靖初年的皇权、经世与政争》，中华书局 2021 年版，第74 页。

了杨廷和集团，将前朝的异己势力清出嘉靖政坛。因为嘉靖朝政治秩序只能以世宗为核心来重建，而不可能以杨廷和为核心来组建或依旧执政。

张璁的崛起，意味着杨廷和集团的覆灭。在议礼之初，张璁等人遭受着杨廷和集团的全力围攻，从人身诋毁、打击报复到恐怖暗杀，身处极其恶劣的政治环境之中。为了对付张璁等人，杨廷和集团无所不用其极，将跋扈、无能、疯狂的行径表露无遗。作为皇帝，世宗在议礼之初无力保全张璁等人，使杨廷和集团得以对其随意报复。但张璁等人不畏险恶，以自己的渺小之力和精深的礼学素养坚决支持世宗，围绕重点，从多方面攻击杨廷和的大礼观，由被动逐渐转向主动，最后将其推翻。在这一争论中，张璁等人表现出异常的自信和坚强，承受着巨大压力而与杨廷和集团进行着不屈不挠的抗争，既赢得了世宗的敬重，又加深了双方的了解，使世宗发现了自己所要依靠的真正力量。没有东宫旧僚的世宗只能从"大礼议"中选拔自己所需要的可靠之臣。在"大礼议"中，世宗从议礼双方的表现中真切认识到了取舍大臣的一个主要标准，即能否支持自己的大礼主张。因为谁也无法全盘否定世宗的大礼主张，支持世宗并不意味着就是"迎合"或"讨好"世宗，也并非意味着就是向皇帝献媚。一些人对"大礼议"中争论双方的行为不做具体分析，一见到与皇帝对抗的朝臣，就不分青红皂白地予以肯定和歌颂，实属偏颇。庞大的杨廷和集团在三四年中土崩瓦解，并被彻底清除，是要找其自身原因，而非一味地谴责世宗和张璁等"大礼新贵"。张璁等人在杨廷和集团的打压中由弱变强，脱颖而出，更值得后人敬重，而不应像有些研究者那样站在杨廷和集团的立场上对其极尽嘲讽之能事。"大礼议"以世宗和张璁等人的全面胜利和杨廷和集团的彻底失败而告结束，这是明代政治体制本身的要求，符合明代的政治利益。

在世宗看来，杨廷和挑起的"大礼议"就是蔑视自己，非要把自己改换成孝宗的儿子才能获得合法地位，但他没有上这一圈套，他明白自己合法即位的条件是堂兄武宗的遗诏，而不是伯父孝宗的光环。世宗对杨廷和大礼观说不，应予充分肯定。因为换成什么人，都不会因为意外地得到皇位而见利忘义，见利忘孝，随便改换父母。但杨廷和不自量力，非要动员朝臣盲从自己，强迫朱厚熜改换父母，最后使其全部葬身于杨廷和所导演的"大礼议"之中。明乎此，也就不难理解世宗即位后最大、最迫切的首要任务就是清除杨廷和集团这一政治目标了。换言之，正德、嘉靖之际的最大的政治任务就是清除杨廷和集团。明人焦竑曾言："杨石斋当国日，一弟为京卿，二弟为方面，诸子姓布列中外甚众。子慎复举进士第一人，贺者毕至，公蹙然曰：'君知为傀儡者乎？方奏伎时，次第陈举，至曲终，必尽出之场。此亦吾曲终时已，何贺为？'亡何，公以议礼不合去，慎谪戍滇南，而金事恫以杀人抵大辟，家声顿衰。"① 从中可以看出，在"大礼议"之前，杨廷和就已经感觉到了自己面临的命运。而随后发生的"大礼议"只是一个舞台而已，杨廷和与杨慎在这一关键时刻并未抓住历史机遇，其失败是必然的，其家族的衰落集中反映着时代的巨变和政治的革新。

世宗的过人之处就在于巧妙地借助由杨廷和所挑起的"大礼

---

① （明）焦竑：《玉堂丛语》卷5《识鉴》，中华书局1981年版。

议",顺势将其彻底赶出了嘉靖政坛。这样一种大换班、大清洗是中国历史上王朝内部人事更迭难得的案例。而这一结果的出现,再次证明了杨廷和并非一位精明的政治家,在明代历史巨变之际,他瞬间迷失了方向,缺少把握机遇的能力,由暂时的主动迅速变为不可扭转的被动,并很快被淘汰出局。当杨廷和要以牛头不对马嘴的汉宋旧例来解决新问题时,就预示了他已经成为嘉靖政治中的多余之人,即使没有张璁,也会有人挺身而出,向其大礼观发难的。无视杨廷和用"奸邪"的狂妄态度封杀张璁等人的做法,也无视因此而导致杨廷和与皇帝关系恶化的危机,而一味地凸显世宗即位之初所谓杨廷和的"新政"之功,试图转移话题,严重制约着杨廷和及嘉靖政治研究的深化。

嘉靖初年人事的重大更迭必然要引发政治的显著变革。明世宗在"大礼议"中成功地击败杨廷和集团,拒绝使自己成为孝宗之子,以独立自尊和自信的姿态君临天下,拉大了世宗与孝宗、武宗政治的距离,阻止了父死子继即位模式的传统政治惯性,使世宗不必回护孝宗、武宗的败政,相反与他们的疏远,使凸显和革除其弊政真正成为现实。

特别需要指出的是,在"大礼议"中,并不是世宗预先要清除杨廷和集团,而是杨廷和违背武宗遗诏和歪曲世宗继位事实使自身走向毁灭之路。在挑起"大礼议"之后,老臣的身份和众多的附和者也不能挽救杨廷和必然覆没的命运。正是利用杨廷和及其追随者自我选择的覆没之路,世宗在张璁等人的坚定支持下,顺利地摧毁了杨廷和集团,把承载正德弊政的官僚集团基本上一网打尽,真正实现了新朝的人事更迭,改善了嘉靖时期的官场生态,奠定了嘉隆万改革的良好基础，开创了明朝独特的改革模式。杨廷和及其追随者在"大礼议"中的失败是必然的、也是必须的，他们的彻底失败，客观上带来了嘉靖朝崭新的政治气象。在按照张璁主张确定世宗与兴献王的父子关系之后，天也未塌，地也未陷，明朝的皇统仍在延续。而世宗借助"大礼议"清除杨廷和集团，荡涤了明朝的官场，完成了人事的新陈代谢，这是"大礼议"的最大功效。只有充分肯定张璁在"大礼议"中卓越的表现，才能认清"大礼议"的政治功能，才能合理地诠释正德、嘉靖政局的走向及其在明代历史进程中的积极意义。

四、张璁的政治素养

明世宗借助"大礼议"巧妙而又成功地实现了皇权的转移，将掣肘势力彻底清除，组建了以皇帝为核心的全新的人事结构，使明代政治因皇位空缺一度出现的混乱局面得以结束，并利用这一难得的人事更迭之机进行了一系列政治革新，有效地刷新了明代政治，奠定了嘉靖以后明代历史的走向。

嘉靖三年（1524），世宗钦定大礼，标志着世宗真正拥有了本属于自己的皇权，意味着武宗时代的基本结束和嘉靖革新时代的真正到来。从此，清除武宗败政乃至革除百余年来的明代积弊才成为可能，嘉靖政治也就进入了全方位的变革时代。嘉靖革新是世宗领导与张璁等"大礼新贵"全力参与的明代历史上一次真正的自我革新活动，与一般皇位更迭的"新政"有显著的区别。在这一革新活动中，张璁发挥着特殊的影响力，对嘉靖革新影响巨大。

（一）担当与创新

要领导改革，首先必须要有创新意识。所以，对改革家基本素质的考察，首先就看其能否实事求是且敢为人先，是否具有冲破旧例的胆识和勇气。张璁在"大礼议"中的特殊表现，充分显示了其与众不同的见识和胆略，并因此成为正德、嘉靖之际的弄潮儿。

在杨廷和不顾世宗即位的新情况而试图参照汉宋旧例强迫皇帝改换父母之时，作为一位观政进士，张璁以其敏锐的观察、丰厚的学养和无畏的精神，第一个站出来表达自己的见解，向杨廷和集团的大礼观率先发起攻击，明确反对杨廷和违背武宗遗诏的主张，为世宗确保与其父母的固有关系提供了强有力的依据与论证，使世宗在困境中首先得到了张璁的鼎力支持，并因此拉近了与世宗的关系，使处于困境的世宗看到了希望。张璁事后总结："我朝皇上嗣位，朝议率宋濮王故事，以皇上考孝宗，叔兴献皇帝，举朝力争。余曰：'此伦理纲常攸系。'独上疏，上亲览之，曰：'此论一出，吾父子可终完也。'此议遂定，汉、宋俱成陋习矣。"① 当然，杨廷和及其追随者不可能轻易地承认自己的失误和失败，故对张璁采取排挤、打压等报复手段。在礼部观政半年后，张璁被迅速赶出京城，打发到南京担任刑部山西清吏司主事，以减轻杨廷和的压力。这足以说明杨廷和对反对声音的警觉和恐惧。

作为通过艰辛的科举之路刚刚获得进士官职的张璁并没有因此遭遇而惧怕退缩，更不会为了保住官位而放弃抗争。当时张璁的心情是："今朝辞北阙，明日赴南官。时论苦难定，圣心当自安。独怜

---

① （明）张璁撰，张宪文校注：《张璁集》文稿卷1《〈温州府志〉序》。

知己少，祇见直躬难。若问唐虞治，终期白首看。"① 驱逐令一下，张璁轻装南下就任。在嘉靖元年（1522）二月到南京后，与同官桂萼等人继续上疏议礼，批评杨廷和的大礼主张。其堂兄张珊写信支持张璁："为礼，是非祸福非所计也。"② 嘉靖三年（1524）四月，世宗诏令张璁、桂萼进京议礼。但当他们行至凤阳时，因朝臣阻挠，又令"不必来京"。回到南京三天后，又奉命进京。这一折腾足以说明世宗在与杨廷和集团孤军奋战中的艰难处境。世宗身边没有心腹倚信之臣，故需要张璁这样的忠君之臣。但杨廷和集团面对议礼的败局，把所有的不满都发泄到张璁等人的身上，并试图对到京的张璁等人实施暗杀。这一集团此时已经失去理智，并做着一些无谓的挣扎。从"大礼议"一开始，就决定了杨廷和及其追随者不可能得到新君的赏识，当然也就得不到新君的倚信。

面对杨廷和对反对者"奸邪"的封杀和杨廷和追随者的群起围攻，处于绝对劣势和弱势的张璁不怕污蔑和打压，甚至不怕牺牲，以坚强的意志和极大的自信直抒胸臆，坚持自己的观点，打破"大礼议"初期等待、观望和畏惧的局面，表现出士人在你死我活和寡不敌众的政治险境中敢于担当的强烈责任感，代表着传统士大夫为追求信念而百折不回的优秀品质。在"大礼议"中，张璁能够以弱小的力量和坚韧的毅力打破了杨廷和一手遮天的格局，将杨廷和私自策划的强迫世宗改换父母的"大礼议"引入正常的廷议程序，把杨廷和操纵的假廷议引到真廷议的轨道上来。换言之，张璁的出现，

---

① （明）张璁撰，张宪文校注：《张璁集》诗稿卷3《赴南都留别诸友》。
② （明）张璁撰，张宪文校注：《张璁集》文稿卷5《堂兄筠轩先生传》。

才使"大礼议"变成了真正的廷议，变成了更大范围的廷议，甚至可以说是全社会之议，并赢得了最终的胜利，结束了纷争，稳定了局势，功绩卓著。正如明人徐栻所言：张璁"以孤踪抗群喙，发明伦之伟辩，扩不匮之大孝，其功卓矣"①。在张璁的带头干预下，杨廷和的僵化思想和偏颇主张在这一廷议中被一步步地否定，使前朝旧势力因"大礼议"而迅速失势，被世宗乘机清除，书写了中国历史上王朝中期人事全面、成功更迭的独特案例。胜利的张璁和失败的杨廷和是公开较量的结果，必须予以尊重。换言之，"大礼议"为张璁及时提供了施展才华的大舞台，是杨廷和为张璁提供了出人头地的绝佳机会。而张璁以良好的全面素质抓住了这一历史机遇，顺应了历史潮流。故张璁的出现绝不是偶然的，而是当时政治情势变化的客观需要。毋庸置疑，张璁的议礼行为，绝不是投机，而是胆识；绝不是冒失，而是善抓机遇。张璁在"大礼议"中敢言敢为的独特行为，使刚从湖北来京即位而暂时处于困境中的世宗看到了希望，并对不怕杨廷和打击报复的张璁寄予厚望，成为取代前朝旧势力可靠的新生力量。

尽管杨廷和集团被世宗打压下去了，但张璁所背负的沉重的舆论压力并未丝毫减轻。他们对张璁的怨恨和嫉妒将是长期的，会用各种方式来发泄。但经过"大礼议"磨炼的张璁是能够承受这一强大压力的。王世贞论道：张璁"因上所著《或问》二篇，而中外士大夫侧目而视公，且龂龂之矣。然天子益已心动，霍公韬辈益推缘公说而进之。天子用以连柱辅臣礼官，口凡三下，诏始定。超拜公

---

① （明）张璁撰，张宪文校注：《张璁集》诸家旧序《徐栻序》。

翰林院学士。虽以骤显重，然犹不能容公卿间，而益侃侃自发舒亡所避，天子逾器之"①。面对杨廷和集团的叫嚣，世宗能够保持定力，不为所动，始终信任张璁，确保了政局的稳定。同时，处于绝境中的张璁凭借着自己的胆识，协助世宗赢得了胜利，击溃了不可一世的杨廷和集团，有充分的自信和能力协助世宗推进政治革新。

（二）廉洁与自律

要真正领导改革并确保改革的顺利进行，改革者必须要自身清正，否则，就无权领导改革或将改革带入歧途。相比于反对杨廷和的大礼主张，随之而来的政治变革更为艰难，涉及的问题更为复杂，承受的压力更大，对张璁的要求更高。毋庸置疑，"大礼议"使经过八次会试而在临近知命之年中第且无行政经历的张璁经受住了强大的考验和艰苦的磨炼，这一瞬间产生的巨大冲击为张璁从事比议礼更为艰难的政治变革积累了丰富的经验，锻炼了坚强的意志，使张璁从"大礼议"中击败杨廷和的自信迅速走向政治改革的自信。

张璁始终能够坚持自己的信念，头脑清楚，严于律己，以"修身""齐家"规范自己，以"治国""平天下"为追求的目标。他认为中第为官不是为了谋取一己之私利，自己冒着生命危险议礼更不是为了升官敛财。他始终认为"臣子委质于君，则身固君之所有而不敢自私者也"②，即清正无私是"公义"和"忠臣"的首要和必然体现。由于是新进之臣，张璁既无腐败前科，又与弊政没有瓜葛，故不像久居官场的旧臣那样再三掩饰自己的败政行为。其"清操峻

---

① （明）王世贞：《太师张文忠公传》，《普门张氏文献综录》。
② （明）张璁撰，张宪文校注：《张璁集》奏疏卷 2《再请给假》。

节，屹然砥柱，莹然冰雪，世纷外慕，举不足以动其中，殆超立于埃壒表矣"①。作为重臣特别是改革家，自身廉洁是首先必备的条件。只有如此，才能轻装上阵，没有后顾之忧；也才能有效地击碎盘根错节的利益集团，使客观存在而又强大的反对势力不可能抓住腐败把柄而将自己迅速打倒。也只有如此，既能保全自己，又能保护改革，使改革局面能够平稳发展，不因改革者自身贪腐问题而发生逆转，避免人亡政息。可以说，张璁能够以国家利益为重，"持身特廉"，真正做到了公而忘私，"守洁以卓"，而非"半真半假"之人，是一位言行一致的"真君子"，表现出了一位真正的改革家所应有的廉正素质。

正因为有这样的自信，张璁才敢向一百五十多年来的明朝积弊挑战。为了重建嘉靖政治新秩序和明朝的长治久安，面对险恶的政治情势和强大攻击，张璁无所畏惧，逆势而上，敢于揭露，勇于革新，全力协助世宗打破旧势力控制的权力格局，清除陋习，打击害政官员，建立新规，严明纪律，推行政治、经济、文化等诸方面的变革，使除旧与布新同步进行，因此开启了明代真正的改革，为明代的重生和政治的延续做出了特殊而又积极的贡献。《明世宗实录》的作者对张璁给予实事求是的高度评价，赞誉其"刚明峻洁，一心奉公，慷慨任事，不避嫌怨"②。李诩在《戒庵老人漫笔》中言：张璁"后为阁老，曾云：'做举人时有病，要寻两个红枣合药，自普门寻至应家桥，俱无有。今乃人人侈用，一变至此，诚不可不反正还

---

① （明）张璁撰，张宪文校注：《张璁集》诸家旧序《徐栻序》。
② 《明世宗实录》卷221，嘉靖十八年二月乙巳。

醇.' 是恁样忧虑。故其建立, 殊自伟然, 不龊龊于末世局面。"① 张璁用自己的清正带来了官风的好转, 史称张璁时代"百吏奉法, 苞苴路绝, 而海内称治矣"②。张璁用自己的廉能书写了中国历史上改革家的全新形象。

(三) 负重与忍辱

"大礼议"是公开的辩论, 是由各级官员共同参与的廷议, 张璁以其敏锐、果敢和自信通过这一平台充分展示了自己的求实创新精神, 赢得了世宗的信赖。长期以来, 一些学者传承杨廷和集团对张璁等人肆意谩骂的恶劣之风, 怀疑张璁的议礼动机, 将其视为"迎合"世宗之"小人", 把张璁的脱颖而出仅仅看成张璁个人私利的体现, 即张璁个人得到了升官的好处! 这种论调在时下的论著中也时有反映。如果此说果真成立, 那无疑是在抬高张璁, 而非贬低张璁, 说明他有先见之明, 在议礼一开始就预见到了"大礼议"的结局! 事实上, "大礼议"一开始, 张璁并未预料到最后结果, 面对杨廷和集团的打击报复, 他不畏强权, 孤军奋战, 奋起反驳, 毫不妥协, 坚持自己的主张, 最后才赢得了议礼的胜利。"迎合"之说显然是仇恨张璁者对张璁因议礼而快速升迁不满的表达! 是一种肤浅甚至是毫无意义的论调! 一些研究者不分青红皂白, 见皇帝就骂, 见皇帝就反, 并无限拔高一切反对皇帝之人。杨廷和集团失去理性辱骂张璁尚可理解, 但研究者不能俯拾一些史料随意剪裁, 更不能以自己的偏见不加分析地任情褒贬。蔑视张璁者, 就是不愿正视张璁的议

---

① (明) 李诩:《戒庵老人漫笔》卷 4《张罗峰》, 中华书局 1982 年版。
② 《明世宗实录》卷 221, 嘉靖十八年二月乙巳。

礼精神，不愿正视张璁的革新，不愿正视张璁的历史地位！

在钦定"大礼议"之后，年轻的世宗经受住了考验，掌握自己应该拥有的皇权。为了清除旧势力，进一步巩固皇权，消除腐败，解除民困，世宗必须依靠张璁等新生力量推行改革。而要进行触动多方私利的全面改革，必然会产生诸多杂音。面对反对势力的各种攻击，张璁信念坚定，不计个人得失，忍辱负重，承担着对世宗的不满和对自己的嫉恨所产生的强大冲击，背负着由杨廷和"奸邪"翻版而来的"迎合""奸佞""小人"等污蔑谩骂之名。他胆识过人，既能攻人之过，又能受人之攻，理性而又坦然地面对反对者的短视之见，蔑视官场中瞧不起新人的恶劣顽疾，能够冲破种种阻力，勇往直前，没有被流言蜚语所吓倒和击退。世宗依靠张璁等敢作敢为之臣，对明代弊政进行了多方革新，如进一步完善科举制度，力行三途并用之法，整肃学校，整饬科道官，整顿翰林院，强化内阁行政职能，裁革冗滥，革除镇守中官，限革庄田，初行一条鞭法，解决哈密危机，等等。这一涉及多个领域的有效变革使杨廷和集团不可能死灰复燃，东山再起，确保了嘉靖政治长期稳定的发展。

由于张璁的快速崛起和全面改革，反对者必然把矛头对准张璁，对其吹毛求疵，借此兴风作浪。为了回击反对者的恶毒攻击和无端指责，张璁根据政情的变化，顾全大局，充分理解皇帝的处境，多方维护皇帝的尊严与权威，正确处理个人的进与退，多次离开内阁，绝不恋位。在嘉靖八年（1529）至十四年（1536）的七年之间，张璁三次被世宗罢免，但很快又被召复，进退自如。世宗从张璁反复罢免和起复中"察其诚"，对张璁愈加"重信"，"常以少师罗山呼之而不名"，进一步密切了君臣关系，"眷顾之厚，终始不替"①，彼此"知无不言，密谋庙议，即同事诸臣多不与闻者"②。即使君臣关系如此特殊，但张璁不会因此而忘乎所以，能够严守为臣的本分。如对世宗的赐印，张璁恪守人臣不能在君主面前"称字"的规矩而"奏缴不听"③，避免反对者借机攻击。而张璁多次离职具有积极的作用，有效地化解了舆论压力，减少了纷争，消除了党争，以便在身后不留后患，确保嘉靖政治的稳定与良性运行，使艰难的变革得以曲折前行。张璁忍辱负重、顾全大局的精神在明代阁臣中极具典型性。世宗对此给予高度评价，赐予其姚溪书院名"贞义"，堂名"抱忠"④。

张璁的良好素质能够很好地回答和解决自己面对的重大问题，既发扬了永嘉学派求实创新的优良学风，又顺应了心学知行合一的时代潮流，将传统士人所追求的立德、立言和立功"三不朽"的人生价值在自己身上得到了很好的体现。在"大礼议"中，张璁充分展示了其深厚的学术素养和强烈的求实精神；在明代重要的变革之时，张璁又充分显示其能够解决重大现实问题和驾驭政治改革的突出能力。张璁言行一致，廉能兼备，敢于担责，能够将学术与现实政治紧密结合并予以践行，并产生了极大影响和积极作用。可以说嘉靖初政就是张璁的政治。张璁人生经历的突变集中反映着正德、嘉靖之际明代历史的剧变。只有充分肯定张璁的积极作用和独特地

---

① （明）郑士龙：《国朝典故》卷36《世宗实录二》，北京大学出版社1993年版。
② 《明世宗实录》卷221，嘉靖十八年二月乙巳。
③ （清）梁章钜：《浪迹续谈》卷5《张文忠公》。
④ 《明世宗实录》卷86，嘉靖七年三月丙子。

位，才能真正认知嘉靖政治发展的主线、特点和走向。

张璁是明代改革第一臣，他与世宗一道开创了嘉隆万改革，书写了中国历史上君臣齐心协力来共同推动变革的全新模式，使明代改革能够持续六十余年之久，是明代真正的改革家。要真正认知明代改革的特点，必须要理性认识"大礼议"的政治意义，必须正视张璁的改革精神，充分肯定张璁时代变革的历史作用和重要意义。由"大礼议"引发的嘉隆万改革是中国历史上一次独特的改革模式，影响深远，意义重大。张璁"相而中涓之势绌，至于今垂五十年。士大夫得信其志于朝，而黔首得安其寝于里者，谁之力也？夫礼失而求之心而已矣"①。

张璁在明代改革历史中具有特殊表现、特殊建树、特殊作用和特殊地位，无人可比。正如王世贞所言："世宗朝，张文忠公佐命中兴，相业煊赫，近古尠俪，故赐赉无虚日。"② 张居正是张璁改革的继承者和实践者，张居正在万历前期所推行的"新政"是在效法嘉靖革新的前提下进行的，学界一味凸显的所谓"张居正改革"成就其实是嘉靖、隆庆长期改革的积淀，而绝不是万历前期张居正个人独自主导下的短暂而又孤立的辉煌。离开了张璁，离开了嘉靖、隆庆时期的改革，就不可能真正解读万历前期张居正的思想和行为特点，更不可能理性认知张居正时期的政治特点。

---

① （明）王世贞：《太师张文忠公传》，《普门张氏文献综录》。
② （明）王世贞：《皇明异典述》，《普门张氏文献综录》。

第二章　张璁与张居正的廉洁比较

清廉是官员特别是名臣为政的底线要求，也是为政之本。在嘉隆万改革时期，张居正之前的张璁和同时代的海瑞都用各自的廉正守纪既保全了自己，又对各自时代的政治生态建设做出了积极的贡献。但张居正在担任首辅之后，不能自觉地严格要求自己，更不能真正依法反腐，自身不正，以权谋私，家资丰厚，死后遭到全面清算，对万历政治生态造成了难以估量的负面影响。名臣张璁、海瑞和张居正是明代嘉隆万改革中极具典型意义的三面镜子，是反腐倡廉的典型样本。

在国家治理中，制定规则和遵守法纪是第一要务，也是底线要求。离开了规矩和法纪，就无从谈起治国理政，自然也就难保政治的长治久安。官员怎样守规矩，能否守法纪，既是一个古老的话题，又是一个常新的问题。换言之，要官员时时事事严守规矩，是一个古今难题，需要时刻关注，不断创新和完善监控机制，依据法规约束其放恣行为。如何不断地从历史上汲取经验，增加智慧，认识遵守规则和惩治腐败的复杂性和长期性，积极推进纯洁队伍、提高反腐效能，始终是摆在人们面前的一个政治难题。如果对历史问题，如著名历史人物特别是改革时期大臣的品行与事功没有一个理性的认识，无视清廉的底线，不仅会影响对政治腐败的清醒认识，而且会扰乱视听，对所谓"能臣"的腐败行径视而不见，片面地歌功颂德，自觉或不自觉地传递着扭曲的历史观。而改革是特殊的政治，改革者必须要做到清廉。在明代"嘉隆万改革"时期①，名臣张璁、海瑞和张居正三人不同的为政操守具有典型性，书写着不同的人生轨迹，代表着不同的治理模式，反映着不同的政治效果，极具正面和负面的教育样本，对后世具有典型的借鉴和警醒价值，是反腐倡廉最佳的历史教科书。

一、海瑞的廉明

海瑞既是清官，又是改革者。谈论海瑞，首先就要纠正长期以来盛行的一个错误观点，即海瑞无用论或清官无用论，甚至是海瑞有害论或清官有害论。在清廉的海瑞和贪腐的张居正之间，一些研究者往往选择张居正而抛弃海瑞，公然无视张居正的贪腐，或轻描淡写，或用其所谓的事功来掩盖其贪腐，并一再讥笑海瑞的清廉，讽刺海瑞的穷酸，进而认为建立事功可以无视当权者的品行。

"格物""致知""诚意""正心""修身""齐家"是中国古代官僚士大夫的立身之本，而"治国""平天下"是其追求目的。只有坚固的品行之"本"，才能实现"末"的治理。但由于儒家不是在一张白纸上写字，受制于现实利益的驱动、人的素养差异、制度的不

---

① 参见田澍《正德十六年——"大礼议"与嘉隆万改革》，人民出版社 2013 年版。

完善、权力的异化等因素，这一政治理念难以完全转化为切实的政治行为，要让人人言行一致或成为知行合一的正人君子，便是极难实现的目标。

尽管为数不多的"清官"被民众所传颂，但至今一些学者还在不断地指责"清官"道德行为的"极端"问题，视道德自律和纪律自觉为"不食人间烟火"，指责其"刚愎自用""盲目自信""偏执苛责""吹毛求疵"，为此要求海瑞能识"大体"，顺从社会不良风气，"通融"而不"固执"，"通达"而知"权变"，要能够睁一只眼闭一只眼，不要过于严明，使贪官污吏能够"舒服"过日，否则，会导致"社会精英对清官离心离德"，使贪赃枉法的同僚"不可思议和难以理解"，必然导致清官"倍感孤独"，在"同僚的敌意"中使自己"陷入生死之忧"①。有人也不认可清官海瑞的典型意义，仅仅将其视为"一般的清官"，认为海瑞的一生是"悲剧"的一生，对海瑞的"偏激"大加讽刺，指责他的措施和建设是"不现实"的。认为海瑞"固执地认为每个封建官僚都应是正人君子般的道德师表，否则就有贪官污吏的嫌疑。我们在海瑞的诸多施政方案中都可以发现这种特征，显然这是极不现实的，这也是导致海瑞宦途坎坷、一生多蹇的关键因素"②。黄仁宇甚至认为海瑞"极端的喜欢吹毛求疵"，把海瑞正常的廉洁和诚实视为"极端"，进而认为是"古怪的标准"③。论者在明知贪风肆虐的情况下，不是像海瑞那样探讨如何

---

① 参见贾明玉《海瑞清官意识的政治哲学探析》，科学出版社 2015 年版，第 124—141 页。

② 安震：《中国历代王朝兴衰录·大明王朝》，人民出版社 2013 年版，第 181 页。

③ 黄仁宇：《万历十五年》，第 140 页。

治腐固本，挽救明朝，而是把海瑞塑造成搅局者和脱离实际的理想主义者，一再凸显海瑞个人的"悲剧"色彩，而无视明朝在贪腐中迅速衰败的"悲剧"结局。特别是一些人简单地将海瑞的清廉看成道德范畴里的内容，片面地认为清官海瑞仅仅是道德楷模，脱离实际而生活在个人道德理想当中，而无视海瑞践行制度和法律的不懈努力，更无视海瑞通过坚决的改革来堵塞制度的漏洞和对违法乱纪者的惩处，说什么海瑞以"个人道德之长，仍不能补救组织和技术之短"①。

为何一些人惧怕海瑞？为何将守纪执法的海瑞视为"偏激"和"古怪"？海瑞依据没有废止的《大明律》要求治贪有何不对？都是值得深思的重大问题。如果说《大明律》过时，那就得尽快修订完善，或宣布废除，另立新法，不能一方面是严厉的法律，另一方面是肆意的贪污。人们不能因为贪官污吏人多势众来嘲笑海瑞的言行，蔑视道德的力量，无视法律的存在！任何时候，海瑞都占据着道德的制高点，永远代表着民意的诉求和政治的良善。海瑞并不"迂腐"，也不"古怪"。恰恰相反，同情贪官污吏和讽刺海瑞则是真正的迂腐和古怪！

在嘲讽海瑞时，有些人经常拿海瑞与张居正相比，认为张居正有用而海瑞无用；或者宁要张居正，也不要海瑞。用张居正来要求海瑞而不是用海瑞要求张居正，本身就是一个荒谬的比较和取舍！只要略微反思一下张居正的遭遇，答案就会一目了然。张居正死后的遭遇，就是对其贪腐的最终惩罚。张居正和海瑞一生的遭遇明摆在

① 黄仁宇：《万历十五年》，第135页。

世人面前，而海瑞在隆庆和万历年间被冷落和受排挤，张居正是真正的操纵者。① 没有了海瑞的监督和批评，张居正可以弄权一时，但最终很难逃脱道德的审判和政治的清算，在贪风染缸中成长的张居正必然付出惨重的代价，而两袖清风的海瑞寿终正寝，英名长存，并无生死之忧！他们两位的结局和身后的评价，说到底，以修身为本的遵纪守法起着关键作用。那种试图以"改革家"的身份为张居正辩护是毫无意义的。退一步讲，即使张居正就是一位"改革家"，也没有任何理由来说明改革家可以不要道德，可以不守法律，可以不从规矩，可以不要廉耻。相反，一位真正的改革家必须是遵守道德和法律的典范！也只有如此，才能真正刚强起来，其改革才有保障，其举措才能推行，其革新才会延续。改革家试图在自身腐败中推动改革，既没有任何理论的有力支持，也没有任何成功经验可供自我辩护！

在涉及海瑞要求按照《大明律》依法反腐问题时，一些人指责海瑞不近人情，不合时宜，认为海瑞的主张是苛刻的、不现实的。其言外之意就是：俸禄低下的明代官吏为了养家糊口，贪污腐败是正常的，巧取豪夺也是在情理之中的，无须大惊小怪，当然更无须依法治理。此论就如同人穷就必须抢劫或盗窃一样，是极其荒谬的。一些学者面对这一奇怪的现象，无所适从，不知如何评价海瑞。如言："以清官形象在历史中存在的海瑞，似乎就是为了印证明代的腐朽。像海瑞这样的朝廷命官，依赖俸禄过活的结果是其毕生清苦，

---

① 参见田澍《嘉隆万时期的吏弊走向与政局演变——以海瑞视阈为中心的考察》，《社会科学战线》2016 年第 10 期。

生前为母亲祝寿买两斤肉都可以成为新闻……可想而知,海瑞的清廉不仅是少数,而且在那个时代显得不合时宜。"[①] 有的甚至认为清官海瑞存在着"严于律己,亲情冷漠""自我标榜,得道寡助""锋芒毕露,树敌太多"等致命弱点。[②] 只要不是假装的清官,而是像海瑞一样言行一致的清官,就根本不存在这样"致命的弱点"。可以肯定地说,没有一个贪官会喜欢海瑞!也就是说,海瑞绝不会得到贪官们的支持,恰恰相反,海瑞与贪官为敌。海瑞始终清楚,自己与贪官不共戴天,贪官对他永远是冷漠的,但深受贪官之害的老百姓绝对会支持自己!正是因为贪官太多,海瑞愈显伟大!海瑞在任何时候都是正面的。不合时宜的永远是那些贪官!人们必须清楚,贪官只要未被清理,只要手中有权,他永远在嘴上以清官自居,以海瑞自居!清官与贪官的关系就是真海瑞与假海瑞的关系。

要真正认识海瑞与张居正之间的差异,首先必须厘清官俸低薄是否就要纵容贪腐,是否就可以不要官纪和廉耻,是否就要指责为数不多的清官?回答显然是否定的。尽管彻底整肃官僚队伍使其全部廉正是难以实现的目标,但绝不能因此丝毫放松对官僚队伍的高压与控制,更不能轻易放弃法律的规范和约束。包括明神宗、张居正在内的任何人绝无胆量宣布放弃《大明律》,当然更无能力颁布新的法律和发明新的治贪方法。所以说,《大明律》并没有过时,《大明律》的旗帜必须高举。若当权者漠视《大明律》,没有胆量执行《大明律》,视其内容为废纸具文,带头腐败违法,纵容官吏贪腐,

---

① 徐瑾:《白银帝国》,中信出版社 2017 年版,第 150 页。
② 贾明玉:《海瑞清官意识的政治哲学探析》,第 124—130 页。

本身就是无视国法之举，也是严重的败政行为。海瑞提出按照没有废弃的《大明律》整肃官纪，便拥有政治上的话语权和主动权，绝无过错，因为这代表着正确的政治方向，这是研究海瑞和张居正必须坚持的基本立场，也是必须讲明的基本道理。

官俸低下就要允许官吏违法贪腐吗？张居正等权臣对此不敢公开表态，更不敢带头真正反腐。他们一方面高喊空话假话，另一方面随波逐流，浑水摸鱼，谋取私利。与此相反，海瑞对百官的贪腐行为予以明确的否定，并敢于采取强硬的手段依法予以治理，这是海瑞与同时代的官员最大的不同。在嘉靖后期至万历前期，海瑞是为数不多的清醒者，他高举法律大旗，强调国法政纪，重塑道德人格，这绝不是虚假的、过时的观念和举动，而是救亡图存的迫切要求，也是政治清明的必然要求。明人叶权论道：海瑞"洁行廉约，志存经济。减节驿传，均平徭役。兴利革弊，张胆敢为。不避权贵，豪强敛迹。海内肃然，观听顿改……公以天下为己任，执法必行，不恤一身患害，足方古人"①。张维华认为"由于当时税法的混乱，在隆庆和万历间就出现了海瑞的一条鞭法"②。面对海瑞和张居正两人的行为，相当一部分学者认为张居正是正确的，海瑞是错误的，即宁肯选择张居正而不选择海瑞，这完全是颠倒本末，混淆是非。在海瑞和张居正之前的张璁对这种本末倒置的论调早就做出了明确的否定性回答。

一位真正的忠臣，首先必须是廉洁之臣。而一位真正的改革家，

---

① （明）叶权：《贤博编》，中华书局 1987 年版。

② 张维华：《明代海外贸易简论》，上海人民出版社 1956 年版，第 13 页。

必须是一位忠臣。改革是特殊的政治，除了具备一般政治的特点之外，就是对参与改革者有更高的修身守纪要求。为了顺利推进改革，改革者必须首先要更加自觉地严格规范自己，表里如一，切实做到"修身为本"，不能有丝毫的私心杂念。尽管人无完人，但作为位高权重者不能因此幻想着为自己的贪腐行径开脱。特别是作为改革者，面对必然的反对势力，在政策乃至路线的选择方面完全可以展开争论，甚至是激烈的论战，但绝不能因为自己贪财谋私而引起公愤，连累改革，败坏政治。所以，要想成为一位真正的改革者，就必须使自己首先是一位讲规矩、守法纪的清廉之官。只有具备了这一基本条件，才能有资格参与甚至领导改革。换言之，对改革者守纪洁己的要求绝不是苛刻的条件，而是最基本的底线要求。改革者必须明白，只有自己廉洁清正，才能勇往直前，降低改革的风险，最大限度地保全自己和保护改革。任何形式的改革都不可能在推动者自身腐败的前提下得以顺利进行，自然也就不可能在自身腐败的前提下挽救国家的命运。那种所谓海瑞式反腐会妨碍张居正"改革"的观点，是十分荒谬的逻辑。

二、张璁的廉正

次论张璁，在于回答一些研究者对海瑞的质疑。张璁用自己高度统一的清廉和事功彻底否定了因为清廉而不能建功立业的谬论。张璁是张居正的前辈，张居正做不到的，张璁早就做到了。

张璁在"大礼议"中脱颖而出，为世宗所倚重。他从中第到入阁，只有短短六年的时间。入阁两年后便担任首辅，是明代自内阁创建以来从入仕到入阁时间最短的第一人。这一现象本身就是国家治理变革和政治革新的集中反映。钦定"大礼议"之后，张璁协助世宗从事全面的革新，开创了嘉隆万改革，取得了巨大成效，是明代改革第一人。

在"大礼议"中迅速崛起的张璁在明代历史上发挥着特殊的作用，是明代阁臣中知行合一和敢于担当的典范。在嘉靖前期，张璁明白自己所处的地位，十分清楚在激烈的政治斗争特别是政治改革中个人品行的极端重要性。他明确表示自己要做"君子"般的"忠良之臣"，而不做"小人"一样的"宠幸"之臣，并用朱熹的话向世宗表明心志："凡其光明正大，疏畅通达，如青天白日，如高山大川，如雷霆之为威，而雨露之为泽，如龙虎之为猛，而麟凤之为祥，磊磊落落，无纤毫可拟者，必君子也。而其依阿淟涊，回互隐伏，纠结如蛇蚓，琐细如虮虱，如鬼蜮狐蛊，如盗贼诅咒，闪倏狡狯，不可方物者，必小人也。"同时要求世宗按照朱熹之言用人行政。①世宗完全赞同张璁的见解，曾赐张璁《大学衍义》，并对张璁说："朕近以宋儒真德秀所著《大学衍义》重新刻印，颁赐卿等。朕昨作一记，文曰：'格致诚正之方，修齐治平之道，逐卷之首一用之，以识其书之所以教人也。'兹特以一部赐卿，辅赞政机之暇，可以翻阅，卿当以是书及二典三谟之书朝夕陈之，此朕赐书之意也。"②可以看出，世宗与张璁都能清醒地认识到"修身"在政治实践中的重要意义和特殊作用。

对于官员来说，"修身"的表现就是要真正做到"奉公守法"，

---

① （明）张璁撰，张宪文校注：《张璁集》奏疏卷4《三辞》。
② （明）张璁撰，张宪文校注：《张璁集》奏疏卷6《谢赐〈大学衍义〉》。

不贪不私，不违纪犯法。只有如此，官员才有资格谈论"礼义廉耻"，才有资格亲民行政，也才有资本建功立业。张璁十分清楚个人廉正对政治革新的决定性影响，能够理性地认识廉洁自律与个人前途、守正奉法与爱民行政之间的密切关系，始终坚信"有治人无治法，官得其人，法无不举"①，强调"为治之道莫先于爱民，愿治之君必严于赃禁"②。张璁对"近来中外交结，贪墨成风，夫贪以藏奸，奸以兆祸"有着深刻的反思与警觉③，特别是"方今圣明御极，侧席求贤，而臣子者滥假名器，自谋身家，夫岂所忍哉！"④ 因此对前臣失德失政予以毫不留情的批评，直言贪腐的根源"实在内阁"⑤。张璁一反长期以来对"三杨"片面的赞誉之风，对正统以降阁臣"招权纳贿"的行径予以严厉指斥，认为"奸人鄙夫占据内阁，贪污无耻，习以为常"⑥，斥责"今之事君者，其不为宫室之美妻妾之奉者鲜矣！"⑦ 其批评之声振聋发聩，标志着嘉靖时代整肃吏治的新气象。正是基于这样的认识，张璁明确表示自己引以为戒，要做干净之臣。认为只有如此才有资格从事"正大光明"之业。他对桂萼、方献夫、霍韬等人说："吾辈若不能平其心思，公其好恶，各修本职，以佐收治平之功，是负吾君，获罪于天矣。决当先蒙显戮，不得善终者也。"⑧ 继而又对世宗说：

---

① （明）张璁撰，张宪文校注：《张璁集》奏疏卷3《明旧制》。
② （明）张璁撰，张宪文校注：《张璁集》奏疏卷3《禁革贪风》。
③ （明）张璁撰，张宪文校注：《张璁集》奏疏卷3《禁革贪风》。
④ （明）张璁撰，张宪文校注：《张璁集》奏疏卷3《催取风宪官员》。
⑤ （明）张璁撰，张宪文校注：《张璁集》奏疏卷3《禁革贪风》。
⑥ （明）张璁撰，张宪文校注：《张璁集》奏疏卷4《请宣谕内阁》。
⑦ （明）张璁撰，张宪文校注：《张璁集》奏疏卷3《应制陈言》。
⑧ （明）张璁撰，张宪文校注：《张璁集》奏疏卷2《公职守》。

窃念前此内阁诸臣，多不能以礼去位，语同官曰："人臣之位至此极矣，覆车相寻，往辙可监也。"夫受代言之责者，苟有一毫私意干乎其间，则欺天矣。夫守正道者多不便于行私，秉诚心者自不容于假借……夫阿意从人者，人反以为通而众好焉。守正奉法者，人反以为迂而从恶焉，毁言所由兴也。①

在张璁看来，位高权重并不意味着荣华富贵，为臣者若以此为追求目标，则是失道。他对世宗说："臣窃谓为人君者不以崇高富贵为重，然后人君之道尊；为人臣者不以贪位慕禄为荣，然后人臣之道尽。仰惟皇上虚己宏大，畴咨众言，真未尝以崇高富贵为重也。臣忝辅导，位重弗充，日怀忧畏，又岂敢以贪位慕禄为荣哉！"② 并明确表示："恭惟皇上虚己宏大，任人弗疑，凡为臣子，敢有行私而怀不忠之心者，则非人类矣。"③ 张璁敢于向皇帝真切表白自己的清正，是难能可贵的，也是能够经得起历史检验的，张居正在此方面无法望其项背。

张璁能够说到做到，言行一致，反对者不可能找到张璁的贪腐把柄而将其击倒。对此，张璁十分自信，他对世宗说：

臣平生不志温饱，不事产业，年过五十，守祖、父薄田数十亩，未尝有求于人。今窃厚禄，已愧难胜，不义之财，奚啻粪秽。故臣自讲礼以来，攻击之章无虑百千万言，终莫有以贪污加臣者。且臣自简命内阁，已请敕旨，严为

---

① （明）张璁撰，张宪文校注：《张璁集》奏疏卷4《再辞陈情》。
② （明）张璁撰，张宪文校注：《张璁集》奏疏卷4《辞免恩典》。
③ （明）张璁撰，张宪文校注：《张璁集》奏疏卷7《奏谢》。

私门之禁，谢绝内外之交，天地鬼神，日临之者。①

张璁明确指出："天下之治，正家为先。"② 自身守纪清正使张璁具有十分强大的战斗力，在推行革新时能够一往无前，无所畏惧。在张璁去世之后与蔡夫人合葬时，其子因"家贫孤弱，不能经理，臣实艰苦狼狈"，上疏要求世宗破例资助，世宗准之。③ 张璁用自己的实际行动明确回答了因为官俸低下而要贪腐营私的谬论，在坚守高洁的前提下完全可以做到清廉与事功的统一。

正是自身的廉正，张璁才有决心和信心来协助世宗从事极为艰难的政治改革。他头脑清楚，不会因为世宗的信任和倚重而忘乎所以，肆意妄为。由于改革的复杂性，特别是涉及各方利益的政策调整，遭受各类攻击在所难免，但改革者自身清廉是底线，绝不能因为自己的贪贿而授人以柄，把主动权让给反对者，让其轻易地将自己打倒。张璁坦诚地对世宗说：自己自入阁以来，"一切陋习，窃欲革之，而未之能焉已。尝奏请严私门之禁，绝请托之交，凡臣之所不为，皆彼之所不便也。故必鼓动谗口，设为阴挤之计，不陷臣于危疑之地不已也。皇上试召吏部官问之曰：张孚敬自入阁以来，曾专主行取某官，升某官，为私人开侥幸门，坏祖宗选法否乎？召户部官问之曰：张孚敬自入阁以来，曾专主盐引，卖窝买窝，为奸商作盗贼主，坏祖宗边储之法否乎？召兵部官问之曰：张孚敬自入阁以来，曾专主某钻求将官任某镇，某钻求将官任某营，坏祖宗择将

① （明）张璁撰，张宪文校注：《张璁集》奏疏卷4《再辞陈情》。
② （明）张璁撰，张宪文校注：《张璁集》诗稿卷续《应制诗词四章》。
③ （明）张璁撰，张宪文校注：《张璁集》奏疏附疏《乞恩改葬》。

之法否乎？有一于此，臣罪当诛也"①。张璁要以自己的廉正身先垂范，以上率下，力图整肃无法无纪的官僚队伍。他说："自古中世君臣多是优柔太过，遂至法弛而人玩，奸生而盗起，此臣愚所为虑者非一日矣。"② 为此，他要求世宗明令百官，使其"洗心涤虑，改行从善，毋怀奸以欺君，毋设险以害正，毋诡随以济恶，毋便己以纵谗"③。对于张璁的整肃要求，世宗皆予准行。

作为嘉靖前期的重臣，张璁"刚明峻洁"，"苞苴路绝"，用自己廉正的行为书写着为官的清白和所处时代吏治的相对清正，使后来的张居正之类的辅臣难以比拟。特别是由于张璁地位和作用的特殊性，其对百官贪腐行为批评之严厉，整肃之有效，远在张居正之上。史称张璁"立朝正直清忠，弼亮弘多"④，绝非虚誉。张璁是张居正的前辈，是张居正应该真正学习的榜样！对那些试图通过否定海瑞而为张居正贪腐行为回护的论调必须予以抛弃！

与海瑞局部肃吏不同，张璁位居内阁，深受皇帝信任，手握大权，但并未因此放松对自己的要求，而是能够向天下公开宣示自己的清廉决心，并敢于接受监督，多次离京都是自带衣物。张璁的清正使皇帝得以放心，使客观存在的反对者也无懈可击。正如张璁所言："臣才不称位，性不通时，故动遭人言，重烦圣听，实臣之罪也。仰惟皇上知周百王，明见万里，天语谆复，人情莫逃，凡有饰

---

① （明）张璁撰，张宪文校注：《张璁集》奏疏卷4《请宣谕内阁》。

② （明）张璁撰，张宪文校注：《张璁集》奏疏卷3《论馆选巡抚兵备守令》。

③ （明）张璁撰，张宪文校注：《张璁集》奏疏卷4《请宣谕内阁》。

④ （明）王叔果、王应辰编，潘猛补点校：《（嘉靖）永嘉县志》卷7《人物志》，中国文史出版社2010年版。

诈行私而怀不忠者，能不毛寒骨竦乎?"① 人们可以对张璁的政治行为有不同的认知，但终不能将贪腐之名加于其身，更不能因此公开否定其改革措施，客观上确保了嘉靖革新能够有效延续，避免了人亡政息，与后来的张居正形成了鲜明的对比。

三、张居正的贪腐

相比于张璁和海瑞，张居正的贪腐是不能随便忽略的。一位政治家或改革家敢于担当的前提是清廉，而不是自己贪腐而要求其他人清廉。张居正的失败有很多原因，其"专擅"的罪名可以随着时间的流逝而以事功来为其辩解，但贪腐的罪名却是无法抹去的。不能笼统地说天启年间为张居正恢复名誉就是肯定了他的一切。

首辅张居正敢于担当是符合实际的，此时因为有嘉靖、隆庆时期的改革而政治相对安定也是必然的。在驱逐高拱之后，张居正便成了唯一的顾命阁臣，再无政治对手，也无潜在的竞争力量。此时海瑞也被罢官在家，极少有人对张居正的贪腐发声。尽管张居正在嘴上高喊反腐口号，要求百官廉洁，但自己却不能遵守法纪，与张璁相比，其生活很不检点，言行不一，对万历政治有着极大的负面影响。正如朱东润所言："万历初年的政局，终于留下精明有余，浑厚不足的印象。"②

张居正比张璁小50岁，比海瑞小11岁。与张璁相比，张居正之所以敢于违纪贪腐，除了制度缺陷和个人修养的基本因素之外，更

---

① （明）张璁撰，张宪文校注：《张璁集》奏疏卷7《奏谢》。

② 朱东润：《张居正大传》，湖北人民出版社1957年版，第350页。

直接的原因就是在严嵩事发之后没有趁机开展强有力的反腐清算活动，使嘉靖后期严重的贪腐之风愈演愈烈，不可收拾。海瑞在《治安疏》中就明确指出："虽近日严嵩抄没，百官有惕心焉。无用于积贿求迁，稍自洗涤。然严嵩罢相之后，犹严嵩未相之先而已。诸臣为严嵩之顺，不为梁材之执。今甚者贪求，未甚者挨日，见称于人者，亦廊庙山林，交战热中，鹘突依违，苟举故事。洁己格物，任天下重，使社稷灵长终必赖之者，未见其人焉。"① 海瑞的这一批评是极有见地的，击中当时的要害。在隆庆和万历年间，海瑞也没有改变这一看法，他继续指斥包括阁臣在内的百官违法害政行为。如在隆庆年间，他仍然批评官场中"人情好谀，惮不为直"②，"乡愿"之习浓烈，"官吏残贪"③，深知仅靠个人的单打独斗无济于事。在极度失望之余，内心强大且有治腐抱负的海瑞也不得不说："睹思时事，平生用世，百念灰矣。"④ 他在江南掌握着徐阶"为富不仁"的大量证据，认为徐阶"产业之多，令人骇异"⑤，要求内阁支持自己的整顿行为。但包括高拱、张居正在内的阁臣没有一位真心支持海瑞的行动，使其试图以通过徐阶这一切入口来整肃百官特别是有恶劣影响的官绅的愿望落空。⑥ 四处弥漫的虚假士风包围着心忧天下的海瑞，使海瑞在窒息中艰难度日，他痛切地说："今士大夫皆奔走仕

---

①　（明）海瑞，陈义钟编校：《海瑞集·治安疏》，中华书局 1962 年版。

②　（明）海瑞：《海瑞集·复徐继斋尚宝少卿》。

③　（明）海瑞：《海瑞集·复王忠铭》。

④　（明）海瑞：《海瑞集·启阁部李石麓诸公》。

⑤　（明）海瑞：《海瑞集·复李石麓阁老》。

⑥　参见田澍《嘉隆万时期的吏弊走向与政局演变——以海瑞视阈为中心的考察》，《社会科学战线》2016 年第 10 期。

途人物，洗心不清，百凡举止，顾毁誉，计得丧，间杂私意。论德理日月至焉而已矣。官则尊矣，身心何益！况假不胜真，终必为累。"① 又言："今时视做官为戏场事，口曰认真而心实不然。"② 海瑞的过人之处就在于他始终把整肃官纪放在治国理政的首位，认为这是治国之本，不能含糊，不能"昧没本心"，不能舍本逐末，更不能本末倒置。他说："元气一虚，百邪袭之"，"若不调摄元阳，壮基固本，外邪今日去，明日又来，今日一邪去，明日别有一邪又至"，故"严贪吏法，起倡率风，除害安民急事也"，坚信"圣人复起，固本还元，不可易也"③。海瑞的这一认识与张璁完全一致，可以说是张璁精神的延续。但这一思想在当时的官场中并不占主流，难以对现实的政治产生切实的影响。

隆庆四年（1570），58 岁的海瑞被各种势力联合起来从南京赶走，被迫罢官，从此在家闲居 14 年。海瑞个人的这一遭遇集中反映着隆万时期官风败坏的严重程度。换言之，海瑞罢官之时，就是贪官污吏狂欢之日，是隆庆时期放弃治腐的标志性事件。而这一时期正好是张居正迅速崛起并很快控制朝政的阶段。在执掌内阁之后，张居正沿袭高拱的做法，害怕海瑞，不敢起用海瑞。坚定地排斥海瑞，成为张居正时代极为鲜明的政治特点，也是中国历史上独特的一大政治景观。正是由于没有了海瑞式的监督和批评，张居正才敢放松自我约束，无视法纪。如公开与神宗破坏维系天下人心和社会公平的科举制度，对神宗"先生功大，朕无可为酬，只是看顾先生

---

① （明）海瑞：《海瑞集·复侯星吾潮州知府》。

② （明）海瑞：《海瑞集·复分守道王用吾》。

③ （明）海瑞：《海瑞集·启刘带川两广军门》。

子孙便了"坦然受之，并感激"涕零"①，公然不顾廉耻，目光短浅，在明代首辅中再找不出第二个此类人物。张亮采将张居正与严嵩等人就相提并论，认为："鄢懋卿恃严嵩之势，总理两淮、河东盐政，其按部常与妻偕行，制五彩舆，令十二女子舁之。张居正奉旨归葬，藩臬以上皆跪迎，巡方御史为之前驱。真定守钱普，创为坐舆，前轩后室，旁有两庑，各立童子给使令，凡用舁夫三十二人。所过牙盘上食，味逾百品，犹以为无下箸处。普，无锡人，能为吴馔，居正甘之，曰：吾至此始得一饱。于是吴人之能庖者召募殆尽。夫以居正之贤，尚且如此。则汪直、严嵩、魏阉之骄横，更无足异矣。呜呼！明代官方之坏一至此哉！"②

若一个握有大权的政治人物没有"修身为本"的定力和遵纪守法的自觉性，在失德违纪的前提下想要建立自己的功业和名垂青史，是根本不可能的。张居正死后的遭遇就是最好的说明。一方面他自己私欲强烈，贪图享乐，不能克己奉公；另一方面又刚愎自用，不择手段地打击异己，引起公愤，焉有不亡之理！首辅张居正的时代绝不是你死我活、变幻莫测的时代，没有险恶的政治环境。相反，万历初期政治的安宁优于张居正之前明朝的任何时期。一旦为政者的品行存在明显缺失，自己必定是脆弱的，是没有战斗力的，必然导致失败，而且输得更惨。

对于明代"祖制"，张居正口头上表示严格遵守，不敢违背，更不敢像王安石那样公然宣称"祖宗不足法"，以免引发思想混乱。而

---

① 南炳文、吴彦玲：《辑校万历起居注》，万历八年正月己酉。

② 张亮采：《中国风俗史》，中国书籍出版社 2015 年版，第 174 页。

与王安石正好相反，张居正高举"祖制"大旗为自己开道，高喊"祖制"口号为自己壮胆。首辅张居正的为政之道便是高举祖宗之法，事事以守成为主，不敢也无力进行政治创新。① 但在依据祖宗之法切实反腐的问题上，张居正却是有选择的，他不愿用《大明律》来约束自己和整肃百官。为了掩饰自己的违纪行为，张居正与一般的贪腐之官一样，时时唱着高调，在未担任首辅时就说："臣闻人臣进言于君，不必其说之尽行；事有至当之论，不必其初之为是。况臣职忝辅导，一言一动务合天下之公，尤不宜拂众论而执己见以为是也。"② 在担任首辅时也高喊：自己"约己敦素，杜绝贿门，痛惩贪墨，所以救贿政之弊也"③。对于张居正这一虚假之说，《明经世文编》的作者真切地指出："使江陵公晚年能若此，岂不尽善！"④ 对于张居正以权谋私的行为，其亲家、时任刑部侍郎刘一儒"尝贻书规之"，并有预见性地把张居正对女儿"珠琲纨绮盈箱箧"的陪嫁"悉扃之别室"，未敢启动，在清算张居正时"乃发向所缄物还之"，未受株连，在张居正"亲党皆坐斥"的情况下保护了其"高洁"的隽誉和自家的安全。⑤ 就以公布的张居正资产而言，已经远远超过了一个官员应有的限度，远不是一些人所谓俸禄低下的明代官员所该有的家产，其财富与张璁、海瑞相比，判若云泥！上梁不正下梁歪，

① 参见田澍《张居正效法明世宗新探》，《求是学刊》1999 年第 3 期；《嘉靖革新视野下的张居正》，《学术月刊》2012 年第 6 期。

② （明）张居正：《张太岳集》卷 36《再乞酌议大阅典礼以明治体疏》。

③ （明）张居正：《张太岳集》卷 26《答应天巡抚宋阳山论均粮足民》。

④ （明）陈子龙等辑：《明经世文编》卷 324《再乞酌议大阅典礼以明治体疏》，中华书局 1962 年版。

⑤ （清）张廷玉等：《明史》卷 220《刘一儒传》。

在张居正的影响下，万历初期的官场腐败已经达到了空前的程度。万历八年（1580）十二月，工科给事中傅来鹏对当时肆意蔓延的贪风上疏神宗："贪纵有司自知赃私狼藉，多纳交紧关衙门，书属抚按司府，曲为庇护，致举劾不公，不肖者皆得幸免。"① 又据《明史·严清传》记载："居正既卒，籍冯保家，得廷臣馈遗籍，独无清名，神宗深重焉。"② 刑部尚书严清因此被神宗任命为吏部尚书，以期整肃被张居正和冯保搞乱的吏治。张居正家产被籍没和受到清算，正应验了朱元璋在洪武十八年（1385）发出的"不循朕训，犯之日决有罪焉"③ 的警告。

认识张居正的焦点就是一个所谓的"政治家"或"改革家"要不要遵法守纪和固守清廉的底线问题。上述张璁和海瑞的言行事实上就已经非常明确地回答了这个问题。没有官员自己的修身之本，就不可能有其事功之末；没有官员自己的守纪之本，就没有其政绩之标。正如《大学》所言："其本乱而末治者，否也。其所厚者薄，而其所薄者厚，未之有也。"张居正的品行表现与惨烈遭遇对此语是一个最好的注释。事实上，张居正对此类说教是极为熟悉的，甚至也经常拿此语来教训他人，但就是他自己不愿认真践行。这是大多数官员特别是高官所犯的通病，张居正也难以克服，无法脱俗。可见，要真正做到"修身为本"和遵守法令，是多么不易！张居正修身守纪的功夫不到家，生前用强权压制批评自己的官员，死后顷刻

---

① 《明神宗实录》卷107，万历八年十二月戊申。

② （清）张廷玉等：《明史》卷224《严清传》。

③ 张德信、毛佩琦：《洪武御制全书·御制文集补·禁戒诸司纳贿诏》，黄山书社1995年版。

间被打入地狱。这应该是张居正给后人最深刻的历史教训和警示。

不论何种社会制度对官员清廉的要求是永恒不变的主题。任何人不论有多大贡献，都必须在一定的道德和法纪空间中行事。而位高权重者，更应该严格要求自己，自觉做道德践行的楷模和守法遵纪的典范。在众目睽睽之下，为政者应自觉接受各方的监督，按照权力的制衡机制规范自己的行为，使自己的清廉和事功经得起时代和历史的检验。张璁和海瑞在各自的时代用自己的行动有力地回答了德行与事功高度一致的可能性，真正做到了知行合一和德行合一，为中国优秀传统文化中要求"贤""能"兼备做了最好的注解，为明代政治尽自己所能做出了正面的引导。特别需要指出的是，与张居正相比，他们两位遇到的对手乃至反对者是极为强大的，但都没有因为失纪腐败而被击垮。不论生前还是死后，他们都屹立不倒，没有人能从他们身上发掘贪腐问题而轻易地将其打倒搞臭。特别是他们两位在家境并不富裕的情况下，不为利诱，坚持操守，甘守清贫，视修身守纪为做人为官的根本。

作为官员特别是高级官员，强调修身绝非虚语，而是实实在在的政治要求，必须自觉遵守，时时修炼，处处警醒，以上率下。真正的修身自守既能避免自身及家族遭受惩罚的厄运，又可避免公众利益受损乃至政局的逆转。张璁和海瑞是为官者的榜样，他们用实际行动回答了"朱元璋之问"。建国伊始，朱元璋追求"君圣臣贤"的理想政治，对臣子儒道与儒行分离而导致贿赂亡国的现象大为不解，问道：古代"有未爵之士，怀才而抱道，一遇君之见用，施之行之，略无有碍，匡君济民，无偏无党，而亦不有贿赂焉……何今之人，一临事务，十行九谬？为君者享国且短，为臣者不匡君之道，而贿赂通行，至于覆命者何？"① 可以说，张璁和海瑞继承了古代贤臣之风，是朱元璋心目中的学儒明理、表里如一的贤者，而张居正属于被朱元璋所不齿之人。

与张璁和海瑞相比，张居正并没有认真按照儒家的要求严格规范自己的行为，也没有切实依照明朝的法规约束自己的手脚。他在嘴上高喊"今主上幼冲，仆以一身当天下之重，不难破家以利国，陨首以求济"②，并信誓旦旦地表示："如有违犯，虽亲不宥"③，但实际上言行相诡，知行矛盾。如追求享乐，家财丰盈；为诸子谋利，"滥窃科名"；对家人管束不力，收受馈赠；对腐败整肃不力，贿风盛行；打击异己，不顾是非。张居正"晚节不终"的根本原因就在于其不能严守规矩和法纪，其失败的教训极为惨痛，不仅使个人和家族受到了严重的伤害，而且使万历政治生态遭到极大破坏！只有改变视角，拿张璁来全面审视张居正，才可以彻底否定对张居正贪腐行为的任何辩解之词。研究张居正的当代意义，就是要严肃对待张居正不守法纪而营私牟利这一重大问题，强调为官生涯中"修身"的基础性和决定性作用，明白自觉遵守法纪这一底线要求的真正意义。张居正是重臣贪腐的反面教材，今天应该旗帜鲜明地对其不守法纪的行为做出否定性的严肃回答。

在嘉隆万时期，张璁和海瑞在不同的职位上集中诠释了注重个人修养和遵纪守法的可行性，表现了传统士人以天下为己任的优秀品德，代表着政治的良善和民众的期望。在他们手握重权时，不为

---

① 张德信、毛佩琦：《洪武御制全书·御制文集》卷11《问圣学》。
② （明）张居正：《张太岳集》卷26《答应天巡抚宋阳山论均粮足民》。
③ （明）张居正：《张太岳集》卷21《答云南巡抚陈见吾》。

浊气所染，不顺从潜规则，用超越常人的极度廉洁追求政治的清明。自身的干净使他们面对复杂的政治情势而能够强硬，敢于亮剑，彰显正气。而张居正难以守纪拒腐，在随波逐流中败坏着士风，不仅使自己身败名裂，而且使嘉隆万改革的方向发生逆转，使明朝在腐败中加速了灭亡的步伐。人们通过凸显张居正的贪腐便很快地打倒了张居正，否定贪腐的张居正也就因此成为晚明政治的一大特点。

第三章　皇权对张璁与张居正的影响

　　张璁与张居正是明代中后期的两位重臣。他们之所以在各自的时代具有特殊的地位和影响，就在于各自与当朝皇帝皆有密切的关系和极强的担当意识。正是由于他们得到皇帝的信任和重用，加上各自敢作敢为，故在各自时代做出了突出成就。但由于两人与皇帝关系存在着明显差异，所以各自的作用和遭遇也就大不相同。作为张居正的前辈，张璁能够面对政情变化而不贪恋权位，多次离职，进退自如，赢得了世宗的尊重，确保了政局的平稳。而张居正以"顾命大臣"的身份被动管教神宗，未能得到神宗真正的信任与尊重，故死后遭到声讨与清算，万历政治因全面否定张居正而江河日下。

　　嘉靖及其以后诸朝在明代历史上是相对独立的单元。这一时期是由明世宗朱厚熜开启的。众所周知，因为武宗朱厚照的绝嗣和藩王朱厚熜以独特的身份继位，引发了"大礼议"，最终世宗击败主张继统又继嗣的杨廷和一派，取得了继统不继嗣的胜利，维护了自己固有的父子关系。在这一重大争论之中，不顾个人安危而全力支持世宗且与杨廷和一派和武宗朝弊政毫无瓜葛的新科进士张璁崭露头角，成为"大礼议"中新生的力量，开启了"嘉隆万改革"的新时代。

张璁与张居正之所以能够有为于各自的时代，就在于他们敢于担当，各自与当朝皇帝有着特殊的密切关系。事实上，与张居正相比，张璁在明代改革史上做出了开创性贡献，具有更为独特的历史地位。现以皇权为视野对张璁和张居正做一比较研究，以期理性地认识他们各自的贡献和历史作用，更好地理解嘉隆万改革的趋势乃至明代历史的最终走向。

一、两人与皇帝相知途径不一

作为明代阁臣特别是首辅，与皇帝的关系是否融洽，是判断其是否有所作为的首要条件。张璁和张居正之所以被人们视为"名相"或"权相"，皆与当朝皇帝的信任和重用密不可分。沈德符通过密疏作用论及他们两位与皇帝的密切关系，认为："阁中密揭，虽祖宗朝皆然，然惟在事则行之耳。嘉靖中、万历初，有在籍在途而用之者，永嘉、江陵二张文忠是也。彼时臣主如一人。"① 单纯从君臣关系来看，其言是符合实情的。

尽管年长张居正五十岁的张璁初涉官场，没有依靠、没有圈子，但在"大礼议"中不惧杨廷和及其追随者的围堵、谩骂和暗杀，根据自己的理解和认识，挺身而出，支持势单力薄的世宗，显示出士人敢于担当的优良品质。当时，一些对杨廷和主张有微词的大臣如

---

① （明）沈德符：《万历野获编》卷7《内阁密揭》。

杨一清等只在私下反对或抵触，不能勇敢地站出来公开表明自己的看法，而张璁敢为人先，没有过多的心理负担，没有自保的顾虑，不怕杨廷和集团的打击报复，能够公开向杨廷和的观点挑战。按照一般人的处境和心思，经过八次会试磨炼而在47岁中第的张璁此时应该踟蹰观望，不要招惹杨廷和及其追随者，否则，轻则丢掉见习的职位，被赶回老家，瞬间葬送大半生艰辛考取的功名；重则白白送死，成为杨廷和集团的刀下之鬼。正如张璁所言：自己当时"初为进士，未尝受皇上一命之寄，皇上亦未尝识臣为何如人，臣只因见得道理之真，故敢以一人犯天下之怒，幸赖圣明在上裁决，不然，臣万死无益也"①。

尽管当时的政情极为特殊，形势不明，但大多数人明白杨廷和暂时占据主动，人多势众，不敢站出来与其论战。而从湖北前来继位的朱厚熜年仅14岁，既是一个未见世面和未经风雨的乡下少年，又是一个不懂权谋的新君；既没有后宫的支持，又没有心腹宦官的襄助；既没有东宫僚属，又没有顾命之臣。总之，处于孤立无助、举目无亲的少年天子世宗没有可依赖之力量，到北京来继承皇位，犹如只身进入虎穴。虽然世宗年少，但懂得孝情，亦能读懂武宗遗诏的内容，故不怕杨廷和等前朝旧臣。同时，他也清醒地认识到在职的臣子极少有人敢于突破杨廷和及其追随者的封锁来声援和支持自己。就在新皇帝面对如此严峻的情势之际，刚刚中第的观政进士张璁无所畏惧地站出来，旗帜鲜明地支持世宗，就显得格外瞩目，使杨廷和及其追随者遇到了真正的对手。在这一关键时刻，张璁的

---

① （明）张璁撰，张宪文校注：《张璁集》奏疏卷8《救张延龄第二》。

出现绝对是历史性的。他的观点对暂时处于困境中的世宗来说是莫大的鼓励，对一时占据主动的杨廷和来说则是致命的打击。

正是张璁的出现，才使世宗面对的礼仪问题和法律解释进入了正常的讨论轨道。尽管他们倚仗绝对优势对暂时处于极度劣势的张璁展开了铺天盖地的围攻，但最终还是败下阵来，成为"大礼议"的彻底失败者。自张璁出现之后，世宗发现了自己所应依靠的全新力量，重用张璁等人便是世宗的不二选择，无人能够阻挡。张瀚说道：张璁"成进士，任南部郎，以议献庙礼称上意。乃召入，不次擢用。六年之间，晋陟宰辅"①。王世贞亦言："我朝超用内阁大臣未有如张永嘉之笃者，真所谓家人父子也。"② 这是当时人事大变动的缩影。

从当时权力更替的角度而言，"大礼议"其实就是武宗皇权向世宗转移的过程，世宗借此迅速摆脱了杨廷和集团的束缚，顺利实现了皇权的完全转移，使嘉靖政治很快进入世宗自主控制下的新时代。双方议礼观的冲突只是表象，其本质在于世宗从杨廷和等前朝旧势力手中收回完全属于自己的应有权力。所以，彻底打败杨廷和集团是世宗担负的政治使命和面临的严峻考验，最后的成功充分说明他年纪尚轻但具有杰出的政治智慧和超强的政治手段。正是顺应了这一历史潮流，张璁才能迅速崛起和"骤相"。张璁表面上因议礼而脱颖而出，被委以重任，但这绝不是他个人命运的简单改变，而是标志着新生力量的出现和时代的剧变。

---

① （明）张瀚：《松窗梦语》卷5《堪舆纪》，中华书局1985年版。
② （明）王世贞：《弇山堂别集》卷13《召故相敕札》，中华书局1985年版。

"大礼议"绝不像中国历史上其他任何形式的论争那样混乱和不可把握，参与争论的双方人数的多少都不是判断"大礼议"走向的主要依据。张璁能够充分利用杨廷和的巨大失误而展示了自己的全面素质，并赢得了胜利。谈迁评论道："永嘉议礼，能以辨博济其说。即论星历，亦援据不穷。其见知于上，非偶然也。"① 对杨廷和提出的世宗必须更换父母的主张是完全可以讨论的问题，但在这一讨论中绝不能把自我之见完全强加于皇帝，并将不同意见斥之为"邪说"。但是杨廷和一派以毫不妥协的誓死决心要天真般地击败皇帝，自不量力地要剥夺皇帝与其父母的固有关系。作为暂时占据主动地位的杨廷和集团需要的不是对世宗和张璁的强硬态度，而是要改变照搬照抄的态度和削足适履的做法，调整思路，放弃不近人情、违背武宗遗诏和无视事实的主张，找到能够切实解决问题的新方案。当然，他们根本不可能做到这一点，这就为张璁的脱颖而出创造了条件。当时，"新主尚少，旧臣恃恩，往往执刊定之成礼，以胶父子兄弟之辙，主心不能无孤。公虽新进，宿学老成，能据礼援经以与之衡，而关三事大夫之口，天子倚之，自是遂复用公"②。

在双方力量对比悬殊的情形下，张璁在杨廷和集团的打压和封杀中无所畏惧，孤军奋战，真正表现出了士大夫所应有的骨气和不屈精神，成就了其"正大光明之业"。嘉靖八年（1529），世宗反思即位之初的遭遇时说道："朕本藩服，以我皇兄武宗毅皇帝青宫未建，上宾之日，遗诏命朕入绍大统，以奉天地宗社之祀，君主臣民。

---

① （清）谈迁：《国榷》卷53，嘉靖六年十月乙巳。
② （明）张璁撰，张宪文校注：《张璁集》诸家旧序第4《丘应和序》。

当是时，杨廷和怀贪天之功，袭用宋濮安懿王之陋事，以朕比拟英宗，毒离父子之亲，败乱天伦之正。朕方在冲年，蒙昧未聪，致彼愈为欺侮。幸赖皇天垂鉴，祖宗默佑，以今辅臣张璁首倡正义，忘身捐命，不下锋镝之间，遂致人伦溃而复叙，父子散而复完。"① 世宗之母亦对张璁说：

> 吾昔承先人之庆，获入皇家，上侍恭睿献皇帝诞。今皇帝以伦序奉天命，入承大统，致吾有今日之尊崇，吾甚愧惧。以吾言之，皇帝奉养之诚，推尊之孝已尽，斯必赖老成贤硕而赞之也。吾闻为君者难，一毫末不尽，是为弗宜。今吾位号已隆矣，公耆俊忠敏，尚赖尽心以匡吾子为治。皇帝冲年，凡所举动，公当悉引之于道，庶几克成其德业，以为我献皇帝光。兹念公赞成大礼，勤劳乃事，以白金彩缯，少尽酬劳之意，并以诰谕，公其思所副云。②

世宗母子对张璁充满感激之情是正常的，对张璁在"大礼议"中表现的高度肯定也是发自肺腑的。在明代阁臣中，张璁的表现是独特的，他与世宗的关系当然是牢固的。但即使这样，张璁也深感"君臣相保"的艰难，清醒地认识到："君臣相遇，自古为难，君臣相保，自古尤难。相遇为难者难以正也。不正则为苟合，非相遇之道也；相保为难者难以诚也。不诚则为苟容，非相保之道也。"③ 他认为"大礼既定，臣固尝求推"，认为：

> 夫古之事君者，善则称君，过则称己。今之事君者，

---

① 《明世宗实录》卷104，嘉靖八年八月戊寅。

② （明）王世贞：《皇明异典述》，《普门张氏文献综录》。

③ （明）张璁撰，张宪文校注：《张璁集》奏疏卷4《再辞陈情》。

恩则归己，怨则归人，诚难为也。蔡泽有言曰："四时之序，成功者退。"臣在今日，分当求退，第受恩深厚，不忍遽以为言，又敢过受非分之恩泽乎？伏愿皇上体上天恶盈之道，察愚臣知止之心，容臣辞此恩典，得赐退谢，则始而君臣之相遇，终而君臣之相保，诚为古今之所难者。然使臣之进退以道，则大典之书尤足以推重于后世矣。①

对于自己与世宗的相知相遇，张璁极为珍惜，能够严守为臣的进退之道，以廉洁、守正、奉法、勤勉、爱民来严格要求和规范自己，能留则留，该退则退，以确保君臣关系不受损伤。

相比于张璁，后来的张居正与万历皇帝则是老臣与幼主的关系。明穆宗临终前，将自己不满十岁的儿子朱翊钧托付给高拱、张居正、高仪三位内阁大臣，说道："朕嗣统方六年，今疾甚，殆不起，有负先帝付托。东宫幼，以属卿等，宜协辅遵守祖制，则社稷功也。"领命之后，高拱等人"泣拜而出"②。穆宗去世之后，高拱"以顾命自居，目无群骀"③，很快被冯保赶走。高仪不久亦卒，张居正便为首辅，以唯一一位"顾命大臣"的身份来管教神宗，这是张居正严厉约束神宗权力的合法性之所在。从此便真正开始了万历初年由张居正独自一人主导的、全新的顾命之政。每当张居正遭到言论攻击而面临进退之时，他都要拿顾命大臣的独特身份为自己辩护，以确保自己职位的稳固。如万历四年（1576）御史刘台论劾其"擅作威福"时，张居正上疏辩解："臣既受先帝付托之重，皇上又宠臣以宾师不

① （明）张璁撰，张宪文校注：《张璁集》奏疏卷4《再辞陈情》。
② （明）谈迁：《国榷》卷67，隆庆六年五月己酉。
③ （明）于慎行：《谷山笔麈》卷4《相鉴》，中华书局1984年版。

名之礼，敢不矢以死报。况圣学尚未大成，嘉礼尚未悉举，朝廷庶事尚未尽康，海内黎元尚未咸若，岂臣言去之时?"① 次年，在守制还是夺情问题上，也因顾命大臣的身份自然而然地选择了夺情，神宗说道："朕以冲幼，赖先生为师，朝夕纳诲，以匡不逮。今再三陈乞守制，于常理固尽，于先帝付托大义，岂不鲜终?"②"顾命大臣"是张居正公开的、合法的护身符，包括神宗在内的任何人一时难以撼动。与张璁相比，张居正与神宗关系的牢固性和持久性是有问题的。对此，张居正自己也是清楚的。他在万历四年（1576）说道："主上恒以冲年，恶人之欺己。"③ 神宗对张居正的依赖是被动的，是其父临终前的安排，而不是自己主动的选择。神宗年幼时尚能与张居正较好相处，一旦成长到一定年龄且感受到皇权独享的必要时，张居正自然成为多余，矛盾必然凸显。当张居正以侵犯皇权的名义受到清算时，自然成为明代付出惨重代价的阁臣。明人于慎行论道：

> 万历初年，江陵用事，与冯珰相倚，共操大权，于君德夹持不为无益，惟凭籍太后携持人主，束缚钤制，不得伸缩，主上圣明，虽在冲龄，心已默忌，故祸机一发，遂不可救。世徒以江陵摧抑言官，操切政体，以为致祸之端，以夺情起复、二子及第为得罪之本，固皆有之，而非其所以败也。江陵之所以败，惟在操弄主之权，钤制太过耳。④

朱东润认为：在张居正去世前两年，"神宗年已十八，久已超过应当

---

① 《明神宗实录》卷46，万历四年正月己未。
② 南炳文、吴彦玲：《辑校万历起居注》，万历五年十月八日辛卯。
③ （明）张居正：《张太岳集》卷28《答操江王少方》。
④ （明）于慎行：《谷山笔麈》卷4《相鉴》。

亲政的时期。居正当国，便等于神宗失位，首辅大学士和皇帝，成为不能并立的形势"①。万历十二年（1584），神宗根据三法司的调查和结论，公布了张居正的罪行，公开指责张居正"诬蔑亲藩，侵夺王坟府第，钳制言官，蔽塞朕聪，专权乱政，罔上负恩，谋国不忠"②。在朱元璋废相之后，将这样的罪名强加在明代大臣一人身上者极为罕见，足以看出摆脱"顾命大臣"管束之后的神宗对张居正的极端厌恶乃至仇恨。这与世宗一直竭力保护张璁的做法形成了巨大的反差，充分说明张居正并未得到神宗诚心的敬重。

二、两人政治命运的不同

张璁和张居正分别在嘉靖初年和万历初年与当朝皇帝结缘，但两人有明显的差别，即张璁是新朝的新臣，双方在"大礼议"中相知；张居正是新朝的旧臣，是前任皇帝的安排。一般而言，旧臣特别是内阁首辅在新朝不可能任职较长，新君一般都要尽快组建自己能够掌控的新内阁。当然，正统前期老臣"内阁三杨"辅佐小皇帝英宗是个特例，张居正的情况与此相似。但随着"三杨"的老去，正统后期便出现了乱局，酿成了震惊天下且深刻影响政局走向的"土木之变"。张居正能否走出这一怪圈，是检验其为政能力的关键。后来的事实证明他无法开创新的政治局面。但张璁与张居正完全不同，在张璁去世后，其身后的嘉靖政治也没有出现突变，张璁也一直得到朝廷的高度肯定，其根本原因就在于他与世宗之间有着真诚

---

① 朱东润：《张居正大传》，第 345 页。

② 《明神宗实录》卷 152，万历十二年八月丙辰。

的情谊。

与张居正相比，张璁在嘉靖初年所面对的人事关系更为复杂，面对的反对力量更为强大。世宗要清除杨廷和集团，要让自己倚信的张璁等新兴势力完全取代旧势力，需要过渡，甚至还需要激烈的斗争。在世宗与张璁等人取代杨廷和集团的过程中，出现了一个特殊现象，那就是起用与杨廷和"大礼"观保持距离或私下认同张璁观点的一些老臣，如谢迁、杨一清、费宏等人，其中谢迁将近八十岁。这些老臣完全是过渡性人物，世宗不可能依靠他们组建自己真正的新内阁，更不可能依靠他们从事真正的革新。一些旧史家不明白这一道理，一味地渲染他们与张璁等新进者的矛盾。事实上，这些老臣与张璁等新进之臣间守旧与革新的矛盾是问题的关键。《明史·费宏传》论道："承璁、（桂）萼操切之后，（费宏）易以宽和，朝士皆慕乐之。"① 杨一清也与费宏一样，反对张璁等人"多所更建"的改革，主张四平八稳和安于现状，他明确指出与"咸好更张"的张璁等人冲突的原因是："今持论者尚纷更，臣独主安静；尚刻核，臣独主宽平。用是多龃龉。"② 张璁等人主张"纷更"，而杨一清则主张"安静"；张璁等人主张"刻核"，而杨一清则主张"宽平"，这就是嘉靖前期"刚明果敢，不避嫌怨"③ 的张璁等人与所有安于现状的老臣之间矛盾冲突的根本原因。

如果无视理念的冲突和时代的要求，仅仅拿张璁等人的人品就事论事，就不可能厘清嘉靖前期的政局走向。如沈德符认为：张璁

---

① （清）张廷玉等：《明史》卷 193《费宏传》。

② （清）张廷玉等：《明史》卷 198《杨一清传》。

③ （清）张廷玉等：《明史》卷 196《张璁传》。

与张居正相比，"永嘉险，江陵暴，皆果于自用。异己者，则百端排之"①。就明代政治体制而言，如何形成强势的内阁，是明代中后期政治的客观要求。就嘉靖前期而言，除了张璁，费宏、杨一清等人都不具备强化阁权的条件和能力。他们一味地骑墙观望，优柔寡断，畏首畏尾，或故意与张璁相左，或一味宽纵百官，不可能成为勇于担当、真正革新的嘉靖阁臣。不可否认，张璁不是完人，但他绝不是见风使舵和安于现状之人。张璁敢为人先，勇于担责，敢于创新，在"大礼议"中得罪了不少人，在随后的政治革新中触动了一些官员的切身利益，污蔑、谩骂之词不绝于耳。

面对朝中不断出现的反对张璁的阴谋和掀起的驱赶浪潮，对世宗也是莫大的考验。总体而言，世宗还能保持清醒的头脑，对张璁报以信任并继续予以重用。但终因无法招架言路的攻击而不得不多次让张璁离开内阁。在嘉靖八年（1529）至十四年（1536）的七年间，张璁三次被世宗罢免，但不久又被召复，这在明代历史上是极为罕见的。嘉靖前期出现"张璁最宠，罢相者屡矣"②的特例，表明当时推进革新的异常艰难。但对这一现象，不可简单地解读为君臣关系的恶化，更不能片面地认为是张璁因"失宠"而"尊严尽丧"③。

针对朝臣的攻击，张璁除了一般性的辩解之外，便坦然地离职回家，轻装上道，来去正大光明，不会像张居正那样采取各种手段

---

① （明）沈德符：《万历野获编》卷7《两张文忠》。
② （清）张廷玉等：《明史》卷196《方献夫传》。
③ 朱鸿林：《〈明儒学案〉研究及论学杂著》，生活·读书·新知三联书店 2016 年版，第 501 页。

来确保自己职位的稳定，更不会像张居正那样借口皇帝离不开自己
而设法留任。正如张璁所言："夫皇上所以数进臣者以礼，而臣所以
获罪当退者亦以义。被命而去，闻命而来，皇上公天下之心，而臣
不敢存一己之嫌，可白于天下后世者也。"① 又诗言："两年三度过天
津，津人问我往来频。君臣岂是难相遇，只恨恩深未杀身。"② 张璁
用这一行为向世人表明自己并非贪恋权势之辈，使各种贪图权位的
流言不攻自破，对自己、对世宗，对嘉靖政治，都有积极的作用。
事实上，世宗每次起复张璁时都是加官晋爵，给予重用。特别是通
过张璁从容的来去，解除了世宗的疑虑，加深了对张璁人格的认识，
进一步增强了双方的情谊。世宗从张璁反复罢免和起复中"察其
诚"，对张璁更加"重信"，"常以少师罗山而不名"，进一步密切了
君臣关系，"眷顾之厚，终始不替"③，彼此"知无不言，密谋庙议，
即同事诸臣多不与闻者"④。如嘉靖十年（1531）张璁改名孚敬后，
世宗将其父手书的"荣恩堂"三字赐予张璁，并"识其端曰'皇考
手泽'"，同时赐银印篆刻一枚⑤，上书"永嘉张茂恭印"六字，不
用张璁之名。世宗对张璁说："日前闻卿自为堂房一，名曰荣恩，夫
所谓荣得君恩也。朕思皇考尝手书斯三字，朕恭装轴，兹并银印一
枚及彩帛等物以赐，以为吾君臣相庆之意，庶见朕意云耳。"⑥ 世宗
的旷世知遇之恩使张璁只有全力尽职担责方能报答，他对世宗说：

① （明）张璁撰，张宪文校注：《张璁集》奏疏卷 8《乞休陈时事》。
② （明）张璁撰，张宪文校注：《张璁集》诗稿卷 4《天津二首》。
③ （明）郑士龙：《国朝典故》卷 36《世宗实录二》。
④ 《明世宗实录》卷 221，嘉靖十八年二月乙巳。
⑤ 《明世宗实录》卷 123，嘉靖十年三月戊子。
⑥ （明）张璁撰，张宪文校注：《张璁集》奏疏卷 7《谢赐御笔堂额银印彩币》。

"夫负荷之际，诚人臣所当自量，仰惟圣明在上，励精图治，百度贞明，臣凡庸莫能裨助万一，位重弗胜，日怀忧畏，诚不敢以自用也。"① 又说："臣伏思皇上更臣之名，复锡之字，千古所无之殊恩也。更锡名字，复御笔大书之以赐焉，尤千古所绝无也。君父恩遇如此，其何能报！臣子荣幸，其何能胜！臣敬当装轴，并敬临刻，一尊奉于钦赐臣书院敬一亭左右，俾臣子孙仰之；一尊奉于钦名臣官邸荣恩堂左右，俾臣朝夕接目警心，率由圣训，不至于终迷也。"② 嘉靖十二年（1533），世宗又亲书"敬一"二字赐于张璁。③ 从中不难看出，张璁与世宗的关系不仅没有因其多次离阁而疏远，反而愈加密切。张璁之子张逊业就此说道："臣父仰荷皇上知遇之隆，古今罕伍。"④

世宗在张璁多次进退的反复考验中增加了对张璁更多的理解和信任，使张璁因生前的磨炼而避免了身后的不幸。至少世宗不会像后来的神宗那样出尔反尔，亲自下令清算自己曾经依赖和肯定的重臣。相对于张居正，张璁得罪的人更多，招致的怨恨也更多，想加害张璁者也大有人在。在嘉靖前期政治风浪中如何对待张璁的荣辱，如何确保张璁的人身安全，世宗始终保持着清醒的头脑，对他的特殊贡献给予足够的尊重，并采取万全的手段使张璁免遭不测。这既是嘉靖政治之幸，也是张璁之幸。与张璁正好相反，张居正只进不退，过于看重自己的权位，难与张璁相提并论。正如梁章钜所言：

---

① （明）张璁撰，张宪文校注：《张璁集》奏疏卷7《辞避》。

② （明）张璁撰，张宪文校注：《张璁集》奏疏卷7《谢赐更名及御笔大书》。

③ （明）张璁撰，张宪文校注：《张璁集》诗稿卷4《承赐御书"敬一"二字恭和圣制二首》。

④ （明）张璁撰，张宪文校注：《张璁集》奏疏卷8《附疏·谢恤典》。

张璁屡次罢复，"终遂首邱之愿，获全身后之名，其进固易，其退亦易，更非江陵所能企及矣。"①

与张璁相比，张居正在万历初年所面对的政治风险要小得多。在赶走高拱之后，张居正迅速而又全面地控制了朝政，借助于幼主、太后和太监三种特殊力量，张居正暂时真正实现了"宫府一体"的治理愿望，也真正成就了所谓明代"第一权相"的气势。从表面上看，张居正行政的阻力要比张璁小得多，一些公开批评张居正的人被杖责、贬谪或除名，比嘉靖朝世宗处置反对张璁者要严厉得多。年幼的神宗被迫用这种高压手段保护着张居正。但是，就明代的政治特点而言，这种做法只能是暂时的，难以持续。如果处在正常的政治氛围之中，有无张居正都无关紧要，张居正可以像张璁那样坦然地离开内阁，又可以随时进入内阁。但由于神宗年幼，暂时依从张居正也在情理之中。关键的问题是神宗和张居正之间的特殊关系并不可能得到朝臣的真心认同，对他"专擅"的攻击接踵而至，甚至有人把他比作曹操或贾似道。对于攻击者，神宗能够顺从张居正之意而予以打压。这与世宗巧妙保护张璁的做法正好相反。世宗之所以屡次让张璁离开内阁，一方面是为了化解舆论压力，另一方面就是保护张璁。而"顾命大臣"的身份，既束缚了神宗，又限制了张居正，使张居正只能留任，不能退出，没有任何回旋的余地。于是，积怨愈来愈多，在张居正死后终于爆发，不可收拾。正如夏燮所述："初，言路为居正所抑，至是争砺锋锐，搏击当路。"② 在神宗

---

① （清）梁章钜：《浪迹续谈》卷 5《张文忠公》。
② （清）夏燮：《明通鉴》卷 68，万历十二年四月乙卯。

清算张居正时，朝中重臣无人为张居正誓死抗辩，反张平静开始，并迅速汇为潮流，不可阻挡，成为明朝乃至中国古代历史上的一大奇特现象。

张居正生前根本没有预料到这一严重后果，表明一方面他对明代政治的特点认识不足，另一方面对自己的行为后果没有理性的预判。自夏言以后，尽管严嵩、徐阶、高拱等首辅因这样或那样的问题被赶出内阁，但自身和家族没有遭受灭顶之灾，政局亦未逆转。尽管张居正也意识到大权不可独揽，但他还是去意不定，甚至根本就没有去意。面对张居正离职的试探，神宗不置可否，把该问题交给其母。李太后态度明确，根本不在乎神宗的心思，要张居正辅佐到三十岁时再说。李太后明白地告诉神宗："与张先生说，各大典礼虽是修举，内外一应政务，尔尚未能裁决，边事尤为紧要。张先生亲受先帝付托，岂忍言去？待辅尔到三十岁，那时再作商量。先生今后再不必兴此念。"① 这当然是李太后一厢情愿的想法，在张居正之前，也没有如此长久执政的"顾命大臣"。但李太后此言的确迷惑了张居正，使他根本没有认真思量尽早离开神宗的严肃问题。朱东润就此认为："一位李太后，造成居正和神宗的决斗。这才是人生的不幸。"② 而令人们没有想到的是，张居正会不久倒在职位上，并很快离世，未能等到如何退出内阁让神宗独立行使皇权的那一天。正是在这种氛围之中，张居正不仅不会想到自己身后的悲惨遭遇，反而还憧憬着让其众子继续书写自家的辉煌。万历八年（1580），张居

---

① （明）张居正：《张太岳集》卷44《谢圣谕疏》。
② 朱东润：《张居正大传》，第346页。

正之子张懋修进士及第，张居正对神宗"不胜感戴"，极力表示"臣子孙当世世为犬马，以图报深恩"①。在此之前，张居正就对神宗说：皇恩浩荡，"施及于己身者，其恩尤浅；施及于子孙者，其恩为深。戴德于一时者，其报有尽；戴德于后世者，其报无穷"②。由此可见，在其生命快要结束之前，较长时间没有强大对手的张居正，其政治嗅觉与隆庆、万历之际相比已不大灵敏了，使其对未来的危险没有足够的警惕。

从皇权的视角来看，张居正悲剧的出现是不可避免的。一方面他对张璁与世宗关系的演变以及张璁屡次罢复的行为反思不够深刻，始终认为"顾命大臣"的身份可以确保自己权位的安全；另一方面，张居正对自己幕后赶走高拱的行为是否在自己身上重演没有足够的认识，自然也就不会采取有效措施加以防范，更不可能通过制度变革予以消弭，无力结束长期以来内阁"混斗"的局面。作为顾命首臣的高拱被神宗轻易革职，驱除京城，使其成为明代历史上新君以最快速度和最阴险方式赶走的第一位首辅。这一闹剧充分暴露了神宗藐视老臣、羞辱老臣和不遵父命的阴险性格。而李太后、冯保和张居正教唆神宗赶走高拱，给神宗称帝后上了第一堂极为生动而影响深刻的权谋课，为整治比高拱"侵犯"皇权更为严重的张居正做了一次漂亮的预演。换言之，高拱"侵犯"皇权在前，张居正"侵犯"皇权在后，但张居正身居其中而浑然不觉，还沉浸在因顺利赶走高拱而产生的兴奋之中，根本没有想到神宗会用同样的甚至更为

---

① 南炳文、吴彦玲：《辑校万历起居注》，万历八年三月二十九日戊辰。

② 南炳文、吴彦玲：《辑校万历起居注》，万历八年正月九日己酉。

严酷的手段来对付自己。所以说，万历时期的张居正对皇权的不可靠性认识不清，暂时的、表面上的君臣亲密关系和因此所拥有的权势不可能给张居正带来永久的安全，独享"顾命大臣"的身份也根本无法给张居正带来持续的荣光。正如张瀚所言：高拱"开隙华亭，罢归。复起柄国，乃欲恃权修怨于华亭。不知窥伺之江陵，已阴挤而力排之，祸且不测矣……盖权势所在，当局即迷，抑利令智昏，人自迷耶？余所睹记，如分宜、贵溪至相倾危以死不悟。后来者复蹈覆辙，何迷之甚也"①。在张居正夺情问题上，他的门客宋尧愈认识明确，曾明确警告张居正"当去而去，即受祸，祸轻。欲去不得去，即祸不及身，其祸重……愚恐初丧之乱在方寸，而惑在深眷"②。但张居正在当时根本听不进去此类善意的劝告。

三、两人对明代中枢政治的影响不同

在明代皇权运行中，尽管君臣之间有一些矛盾或认识上的差异是一种正常现象，但这种情形绝不能影响君臣之间正常的交流和彼此之间的基本信任。一旦双方因政见不合而发生对抗且不可调和，或内阁完败，或引发朝政混乱。"大礼议"中的杨廷和就是内阁完败的典型代表。一些研究者频频引用《明史·杨廷和传》中"当是时，廷和先后封还御批者四，执奏几三十疏"③诸语来论证杨廷和内阁的强势和此时阁权的扩张，则是一种严重的误读。在明代，阁臣可以在决策环节就某一具体问题暂时不同意皇帝的意见，需要做进一步

---

① （明）张瀚：《松窗梦语》卷7《权势纪》。
② （清）谈迁：《国榷》卷70，万历五年十月丙戌。
③ （清）张廷玉等：《明史》卷190《杨廷和传》。

的沟通和协调，但不能以频频否定帝意为荣，这绝不是阁权有效行使的正当形式。特别是与皇帝意见不一致时，阁臣更应主动与皇帝沟通，相互交流，在彼此让步或说服皇帝后形成决定。如果处于弱势的阁臣咄咄逼人，试图压制皇帝，并以毫不妥协的不合作姿态张扬于外，那只能引发皇帝的怀疑和厌恶，会想方设法将其赶出内阁。相比于让世宗"常忽忽有所恨"的杨廷和，张璁和张居正在与皇帝的交往中就更加顺畅，沟通更有成效。与张璁相比，杨廷和的致命缺陷就是与世宗难以相处，无法沟通。他以"万世公议"自诩，公开向世宗叫板，以人多势众连连向世宗施压，试图制服世宗。为了解决这一势力对皇权的威胁，世宗施政的核心便是全力清除杨廷和及其追随者，使其永无出头之日，难以东山再起。世宗借助"大礼议"成功消除了前朝遗留下来的庞大的政治势力，确保了嘉靖政治的稳定，并开创了全新的嘉靖时代。

在这一历史进程中，张璁是世宗切割旧势力所依靠的关键人物，起着特殊的作用。嘉靖六年（1527），张璁刚入内阁，便向世宗进言，直指内阁弊端："我太祖高皇帝惩前代丞相专权，不复设立，而今之内阁，犹其职也。皇上责以调元赞化，可谓得任辅相之道矣，臣不知其宜何如为人也。今之部院诸臣，有志者难行，无志者听令，是部院乃为内阁之府库矣。今之监司，苞苴公行，称为常例，簠簋不饰，恬然成风，是监司又为部院之府库矣。抚字心劳，指为拙政，善事上官，率与荐名，是郡县又为监司之府库矣。"进而提出对策："皇上宣德流化，必自近始，近必自内阁始。夫人君用人固未尝借才于异代者也。今内阁择其人焉，责之以择九卿；九卿择其人焉，各责之以择监司；监司择其人焉，各责之以择守令。守令，亲民者也。

守令得人，斯匹夫匹妇莫不被其泽矣。"① 自内阁设置以来，张璁第一次向皇帝明确要求授予内阁选用九卿的权力，这是朱元璋废相和朱棣设置内阁以来阁臣首次直接提出赋予内阁如此重要的用人权。对于张璁的"恳诚"之见，世宗给予高度认同和积极支持："风励百僚，咸俾感化，以成嘉靖之治，卿其懋之。"② 与其他阁臣相比，张璁与世宗之间具有更畅通的交流渠道，既有密疏言事的保障，又有世宗之母蒋太后的关切，使张璁拥有了协助世宗革新的、可靠的皇权资源。世宗曾对张璁说："朕有秘示，其慎之勿泄。"③ 在世宗的支持下，张璁便开始了强化阁权的改革，使阁权开启了真正的扩张趋势，从此进入"鼎盛期"。《明史》的作者论道："世宗朝，（张）璁、（桂）萼、（夏）言、（严）嵩相继用事，六卿之长不得其职。大都波流茅靡，泄沓取容。"④ 剔除对六部尚书同情的成分，我们看到的是作者对阁权自张璁以后明显扩张现象的深刻感受。这是嘉靖朝政治的最大变化，也是嘉靖革新的重要成果之一，张璁在其中起了关键作用。在张璁之后，这一扩张之势没有因为他的离开而停顿，且一直持续到张居正时代。正如史家所言："是时内阁权积重，六卿大抵徇阁臣指。"⑤

与张璁相较，张居正如何在张璁强化内阁权力的基础上进一步深化内阁权力的改革，确保内阁权力运行的稳定和不断完善内阁权力的保障机制，是真正检验张居正为政能力特别是改革能力的关键

---

① （明）张璁撰，张宪文校注：《张璁集》奏疏卷3《应制陈言》。
② 《明世宗实录》卷81，嘉靖六年十月辛未。
③ （清）谈迁：《国榷》卷53，嘉靖六年十月甲子。
④ （清）张廷玉等：《明史》卷202《赞曰》。
⑤ （清）张廷玉等：《明史》卷218《申时行传》。

性指标。学界一味描绘张居正个人的权力和放大"第一权相"的暂时作用，则是偏颇的。如在对待阁权的问题上，张居正始终保持低调，刻意掩饰，既不敢正视张璁以来的阁权扩张，更不敢进一步公开强化阁权。他在隆万之际就小心地说道："窃照阁臣之职，专一视草代言，故其官谓之知制诰。若制词失体，以致轻亵王言，则阁臣为不职矣。"① 万历三年（1575），他仍基本沿袭此说，认为："顾今阁臣之职，不但参与密勿，票拟章奏，且又办理制敕文字，总裁纂修事务，改定经书讲章，日侍内殿进字，其责至重，其事至繁。"② 直到万历六年（1578），他还在说："照得阁臣列在禁近，以备顾问，代王言，其职务最为繁重。"③ 同年，面对户部员外郎王用汲的批评，张居正又说："今各衙门章奏，无一不经圣览而后发票，及臣等票拟上进，亦无一不请圣裁而后发行，间有特出宸断、出于臣等智虑所不及者。今谓皇上谩不经意，一切委之于臣，何其敢于厚诬皇上耶？"④ 从张居正的这些言辞中根本看不出"第一权相"张居正的实际权力，也根本无法理解批评者所谓"迨张居正时，部权尽归内阁，逡巡请事如属吏，祖制由此变"⑤ 的实情。张居正不敢像张璁那样直截了当地表明内阁选择九卿甚至领导九卿的权力，而是拿一百多年来的翰林身份为内阁定位，为自己辩护，不敢表露自己的权力真相，避免反对者抓住把柄来反击自己。这种自我掩饰只对张居正个人眼前的权位有利，而对进一步强化阁权却是极为有害的。所以，御史

① （明）张居正：《张太岳集》卷 38《明制体以重王言疏》。
② 南炳文、吴彦玲：《辑校万历起居注》，万历三年八月十一日丙子。
③ （明）张居正：《张太岳集》卷 42《请简用阁臣疏》。
④ 南炳文、吴彦玲：《辑校万历起居注》，万历六年六月二十二日壬寅。
⑤ （清）张廷玉等：《明史》卷 225《杨巍传》。

魏允贞理直气壮地对神宗说："自居正窃柄，吏、兵二部迁除必先关白，故所用悉其私人。陛下宜与辅臣精察二部之长，而以其职事归之。使辅臣不侵部臣之权以行其私，部臣亦不乘辅臣之间以自行其私，则官方自肃。"① 为此，首辅张四维反驳道：不能因为"前臣（指张居正）行私，而欲臣不与闻吏、兵之事！"② 但由于张居正在阁权的问题上不像张璁那样态度明确，故攻击者以其人之道还治其人之身，使后张居正时代的阁臣特别是首辅没有足够的理由发起有效的反击。阁臣特别是首辅渴望继续拥有较大行政权的要求，既不会得到神宗的真心支持，也不会得到舆论的普遍响应，"阁臣与言路日相水火矣"③，内阁在多方质疑和反对声中失去重心，走向没落便成为必然之势。

张璁为了确保阁权的有效扩张，防止反对者攻击自己图谋专权，不得不屡次离开内阁，以表明自己不会贪图权位。如此既消除了世宗的疑虑，加深了对张璁的信赖，又堵塞了反对者的无端攻击，确保了阁权在嘉靖时期的有序扩张。而张居正以种种借口不愿也不敢离开内阁，更不敢公开宣称自己主导的内阁已事实上拥有人事权和行政决策权，故不仅没有打消神宗的疑虑，反而加深了神宗对他的不信任感；不仅没有真正从制度上推动阁权的持续加强，反而公开宣传违背张璁强化阁权的主张，授人以柄，为反对者提供了否定阁权的口实，葬送了几十年来阁权扩张的成果。

除了李太后的支持，张居正还有太监冯保的襄助。与宦官的勾

---

① （清）张廷玉等：《明史》卷 232《魏允贞传》。
② 南炳文、吴彦玲：《辑校万历起居注》，万历十一年三月四日丙戌。
③ （清）张廷玉等：《明史》卷 218《申时行传》。

连，既是张居正暂时有所作为的主因之一，也是张居正厄运的根源之一。可以说，离开了宦官，张居正将寸步难行。沈德符对此进行了详细的梳理：

> 江陵之得国也，以大珰冯保力海内能讼言之。至其前后异礼，皆假手左貂。即就夺情一事而言，其始闻丧也，上遣司礼李佑慰问于邸第，两宫圣母则遣太监张仲举等赐赙，近侍孙良、尚铭、刘彦保、李忠等赐酒馔。其子代归治丧，则司礼魏朝偕入楚营赐域。其身给假归葬，上遣司礼张宏郊饯，司礼王臻赍"帝赍忠良"银记赐之。圣母则太监李用赐路费牌子，李旺赐八宝充赏人之用。其还朝也，上遣司礼何进迎劳郊外。其太夫人就养也，则上所先遣魏朝伴之入京，上又命司礼李佑郊迎。圣母则遣谨柯、陈相赐衣饰珍异，又命太监李琦等郊迎之。至其除服即吉，上使司礼张宏引见于慈圣、仁圣两宫，旋使宏侍赐宴。其满十二年也，又遣司礼张诚赍敕褒谕。至其殁也，又遣司礼陈政护丧归。盖一切殊典，皆出中贵人手，而最后被弹，以至籍没，亦以属司礼张诚。岂所谓君以此始，必以此终乎！①

而张璁不仅与宦官隔绝，而且还在严厉惩治宦官，成功革除镇守中官，有效限制宦官权力，使嘉靖朝的宦官干政程度处于明代中后期的最低位。② 在嘉靖以来限制和整肃宦官权力的大背景下，张居正为

---

① （明）沈德符：《万历野获编》卷9《江陵始终宦官》。
② 参见田澍《嘉靖前期革除镇守中官述论》，《文史》1999年第4期。

了自己的权位，与宦官冯保打得火热，将"仕无中人，不如归耕"①展示得淋漓尽致，使宦官势力再次抬头，全面干政，使其对政治的侵害进一步加重，这为神宗清算张居正找到了很好的理由。先处理冯保，后清算张居正，便成了神宗最佳的路径选择。同时神宗按照张居正对内阁职权的表述，竭力遏制自张璁以来日益扩大的权力，下决心限制内阁首辅的权力，杜绝再现第二个"专擅自恣""乾纲独断""蔽主专权"的张居正。考察反张活动的成效，神宗完全实现了这一预想的目标。

张璁所遇到的世宗在位 45 年，张居正所遇到的神宗在位 48 年。世宗利用自己长期执政确保了张璁对内阁权力扩张的改革成果，使内阁首辅权力保持稳定和持续的增长。同时世宗也真心保护着张璁，使他在生前死后能够免遭一些居心不良者的攻击和诬陷。而张居正恰恰相反，具有"小世宗"之称的神宗长期执政对死后的张居正来说是灾难性的。神宗对张居正生前的极度尊重和死后的无情鞭挞，使其判若两人。他的长期执政使清算张居正得到了真正的落实，并因此彻底扭转了嘉隆万改革的走向，完全葬送了嘉隆万改革的成果。

就张璁和张居正各自所处的时代而言，差别是明显的。张璁的时代是新旧力量交替中最具活力的时期。出于打击杨廷和势力以及重建嘉靖政治新秩序的需要，世宗必须依靠张璁等新兴势力，也必须趁机进行改革。世宗和张璁与前朝势力和弊政都没有关联，各自也就没有顾虑和负担，故使张璁的时代具有极为难得的革新机遇和较大的改革空间。与张居正相比，张璁"得君最专"，真正得到了皇

---

① （明）沈德符：《万历野获编》卷 9《江陵始终宦官》。

帝的倾心委任，也真正得到了皇帝的真心尊崇和爱护。他和世宗"君臣道合"，对政治的革新能够达成一致，故变革是君臣的共识，而不是张璁一人的自编自导和自言自语。这就保证了改革能够持续进行，不会因张璁离世戛然而止。在张璁时代，扶持世宗登基的杨廷和其实就是他的一面镜子。从张璁的行为中可以看出，他对皇权的特性有着清醒的认识，并真正接受了杨廷和恃功跋扈的教训，没有步其后尘。

　　而张居正所处的时代并不具备真正变革的条件，只是嘉靖和隆庆改革的余续和享受嘉隆改革成果的时期。尽管明代新皇帝即位后都要推行所谓的"新政"，但作为前朝遗留的辅政旧臣，首先关心的是如何保位而不被新君抛弃。张居正合法担任首辅的理由就是因为皇帝年幼而受先帝嘱托的"顾命大臣"。对神宗来说，张居正是父皇安排的老臣，只能被动接受，谈不上真心依靠，更谈不上真正的尊重。与张璁和世宗在反对杨廷和集团的斗争中自然形成的相知相依相比，张居正在嘉隆万时期的权力斗争中摸爬滚打，极为圆滑、智谋和老练。对神宗来说，张居正何时离开和怎样离开万历政坛，他时有闪念。但由于母后的时时干预和冯保的上下其手，君臣双方碍于情面而无法一时分手。最后是张居正的突然去世才打破了这一局面，真正结束了单一"顾命大臣"的时代。张居正是自成化阁臣李时以来在职最久的一位前朝老臣。在神宗看来，张居正的死意味着旧时代的结束和新时代的开始，故试图要在张居正之后"励精图治"，大展身手，"事事惩张居正专权之辙，章奏亲览，处分亲断"①，

① 《明神宗实录》卷 267，万历二十一年闰十一月壬辰。

要真正开创属于自己的万历时代。正如万历十一年（1583）申时行所言："皇上聪明天纵，躬听万机，一时政治聿新，百废具举。"① 但事实证明，由于缺乏对张居正施政得失的理性分析，清算过于冒失，加之没有可依靠的才干和能臣，神宗要在全面反对张居正浪潮之中开创新局面是根本不可能的。

正是两人所依靠的皇权不同，故他们身后的历史走向也就大不一样。张璁身后尽管有这样那样的矛盾和问题，但政治活力未减，世宗的政治态度没有发生根本性变化，革新局面仍在延续，继任首辅皆能延续内阁的强势权力，支撑着国家机器的有效运转。但在张居正身后，内阁首辅成了张居正专权的代名词，反对"专擅"的张居正其实就是反对内阁扩张的权力。御史钱一本就说："我国家仿古为治，部院即分职之六卿，内阁即论道之三公。未闻三公可尽揽六卿之权，归一人掌握，而六卿又俯首屏气，唯唯听命于三公，必为请教而后行也。"② 在无视张居正之功而一味放大其过的反对声中，阁臣特别是首辅个个灰头土脸，相互推诿，不敢继续扩大阁权，不愿做第二个张居正，使张璁开创的内阁强势化趋势快速发生逆转。在张居正死后，其党羽被迅速清除，朝政为之大变，掀起了反张浪潮。《明史·张四维传》认为：

> 初，四维曲事居正，积不能堪，拟旨不尽如居正意，居正亦渐恶之。既得政，知中外积苦居正，欲大收人心。会皇子生，颁诏天下，疏言："今法纪修明，海宇宁谧，足

---

① 南炳文、吴彦玲：《辑校万历起居注》，万历十一年四月八日己未。

② （清）张廷玉等：《明史》卷 231《钱一本传》。

称治平。而文武诸臣，不达朝廷励精本意，务为促急烦碎，致征敛无艺，政令乖舛，中外嚣然，丧其乐生之心。诚宜及此大庆，荡涤烦苛，弘敷惠泽，俾四海烝黎，咸戴帝德，此固人心培国脉之要术也。"帝嘉纳之。自是，朝政稍变，言路亦发舒，诋居正时事。

于是居正党大惧。王篆、曾省吾辈，厚结申时行以为助。而冯保欲因两宫徽号封己为伯，恶四维持之。篆、省吾知之，厚贿保，数短四维；而使所善御史曹一夔劾吏部尚书王国光媚四维，拔其中表弟王谦为吏部主事。时行遂拟旨罢国光，并谪谦。四维以帝慰留，复起视事。命甫下，御史张问达复劾四维。四维窘，求保心腹徐爵、张大受贿保，保意稍解。时行乃谪问达于外，以安四维。四维以时行与谋也，卒衔之。已而中官张诚谮保，保眷大衰，四维乃授意门生李植辈发保奸状。保及篆、省吾皆逐，朝事一大变。①

在这一浪潮中，反对者只是指责张居正的专权和阁权的扩张，而无人能够理性思考阁权真要弱化之后的体制变革和应对策略，以确保行政的良性转轨和平稳过渡。在后张居正时代，内阁改革迷失了方向，行政中枢疲软，使真正失去强势内阁支撑的神宗皇权难以应付日益复杂的政局，"留中"现象日益严重，决策能力迅速下降，君臣怠政废事成为常态，万历政治很快走向歧途而不可收拾。

要真正了解张居正，首先必须要全面了解张璁；研究晚明历史，

---

① （清）张廷玉等：《明史》卷219《张四维传》。

必须要正视张居正。只有深化对张璁的研究，切实肯定张璁在明代历史上的独特地位，才能更加清楚地看清嘉靖以后明代的政治走向，也才能真正认清张居正的作用。离开皇权的参照，就无法理解他们两人的命运、行为、事功及其影响。就张璁与世宗而言，世宗皇权的行使是主动的，是一种常态；就张居正与神宗而言，神宗皇权的行使是被动的，是一种变态。正因为如此，两人的命运各不相同，对明代政治正面影响的效果也就大不一样。

第四章　张璁与孔子祀典改革

　　孔子祀典大体定型于唐代，确切地说是开元二十七年（739），唐玄宗追封孔子为文宣王，笾豆、乐舞等也都提到了相应的礼秩。[1]这是孔子称王的开始。但到理学大兴的宋代，孔子祀典成为攸关道统的大事，甚至可以说是道统的现世寄托。孔子祀典作为一个"多目的的礼仪"，在思考和它相关的问题时，自然也不能只有"政治理由"的理解[2]，而应当把它放在多维视角下进行考量。一般而言，学术思想都是特定时间、空间的产物，这就免不了它具有阶段有效性。宋代理学也是如此。宋明理学基本上是一种践履之学，受这一思想影响的士人，往往会形成一种特殊的内心结构、态度、评价，对此深信不疑者便会在此种模态之下生活着。[3]明代尚处于此预设的涵盖范畴之内，此期间程朱理学仍具备相当程度的有效性。因此，本部

---

　　① （唐）杜佑：《通典》卷53，浙江古籍出版社2000年版。

　　② 朱鸿林：《儒者从祀孔庙的学术与政治问题》，《孔庙从祀与乡约》，生活·读书·新知三联书店2015年版，第4、22页。

　　③ 王汎森：《思想是生活的一种方式——兼论思想史的层次》，载《思想是生活的一种方式》，北京大学出版社2018年版，第8—9页。

分所要说明的主旨，便是在此情境之下的讨论。

宋明理学家口中的"圣人"是世俗社会中的传道者，作为其后继者的历代大儒所传的自然也是"圣人"所传之"道"，而"圣人之权"实际不是"圣人"个人而是其所传之"道"之权，是"道"在世间的显现。历代大儒传道之统序，即为道统；世俗君权传承之统序，是为君统（又称治统），且前者尊于后者。作为"分道统之任"①的孔子，唐玄宗却封以臣子的爵位，这必然会引来宋明理学家的严厉批评，如元儒熊禾就斥责唐开元年间所定之礼，是当时"礼官无识之轻议"，为"汉唐千载弊政"之遗留；同时他还坚持"尊道有祠，为道统设"的理念，以"洙泗之正传""一洗汉唐之陋习"②。在他之后，明儒宋濂、王祎、吴沉、丘濬等对此也都提出严厉批评。③ 张璁是继他们之后又一个坚持这种理念的儒家士大夫，他对唐玄宗追封孔子为文宣王一事持否定态度，并借助"大礼议"这一难得的历史契机，最终把这理念落实于制度层面，使孔子重回圣师本貌。

一、张璁的抉择："大礼议"创造的机遇

"大礼议"是深刻影响明代中后期政治的重大事件。不能充分认识其对嘉靖政治的全面影响，就不可能真正认清嘉靖朝的历史变革。

---

① （明）刘宗周：《三申皇极之要疏》，《刘蕺山先生奏疏》卷 10，《四库禁毁书丛刊》史部第 38 册，北京出版社 2000 年版。

② （元）熊禾：《祀典议》，《熊勿轩先生文集》卷 3，《丛书集成初编》本，商务印书馆 1936 年版。

③ （明）徐学聚：《文庙》，《国朝典汇》卷 121，书目文献出版社 1996 年版。（明）王祎：《孔子庙庭从祀议》，《王忠文公集》卷 12，《丛书集成初编》本，商务印书馆 1936 年版。（明）张璁著，张宪文校注：《张璁集》奏疏卷 7《议孔子祀典第一》，上海社会科学院出版社 2003 年版。（明）丘濬：《大学衍义补》卷 65，京华出版社 1999 年版。

礼制改革是嘉靖革新的重要内容之一，也是嘉靖革新的主要特征之一。其中对以去"王"化为核心的孔子祀典更定是重要的革新举措，影响深远。"大礼议"是孔子祀典改革的政治前提，只有正视"大礼议"的积极意义，才能全面理解嘉靖时期孔子祀典改革的可能性、必要性和正当性。

孔子祀典是中国古代国家治理中的重要内容之一。随着形势的演变，孔子祀典处于不断的变化之中。以孔子封号为例，就可以明显看出这一特点。如西汉平帝正式封孔子为"褒成宣尼公"，此乃孔子封号之始。此后，北魏孝文帝追封孔子为"文圣尼父"，北周静帝追封为"邹国公"，隋文帝追封为"先师尼父"，唐太宗先后追封为"先圣"和"宣父"，唐高宗追封为"太师"，武则天追封为"隆道公"，唐玄宗追封为"文宣王"，从此，孔子开始称"王"。[①] 北宋真宗追封为"至圣文宣王"（始称"玄圣文宣王"），元武宗追封为"大成至圣文宣王"，明世宗改封为"至圣先师"，从此便取消了孔子祀典中的王号。[②] 对于嘉靖时期这一重大变化，学界的研究还很不够。一些学者对"大礼议"的巨大影响和积极意义认识不足，仅将其视为世宗个人强化权力的事件，认为"嘉靖朝的礼制改革，其根本动力来自于事件背后的政治利益的驱动，非礼制和观念的文化意义所能简单涵盖"[③]。有的甚至简单地将孔子祀典改革看成世宗和张

---

① （明）陈镐撰，（明）孔弘幹续修：《阙里志》卷 6《谥号》，《北京图书馆古籍珍本丛刊》史部第 23 册，书目文献出版社 1998 年版。

② （明）陈镐撰，（明）孔弘幹续修：《阙里志》卷 6《谥号》，《北京图书馆古籍珍本丛刊》史部第 23 册。

③ 胡吉勋：《"大礼议"与明廷人事变局》，社会科学文献出版社 2007 年版，第21 页。

璁个人的行为，认为世宗"以外藩入继大统，实属侥幸……或许是在皇宫礼仪规矩的洗礼过程中受到了刺激，新帝反守为攻，成为议礼的主持者。孔子谥号，也在此帝的嗜好范围之内"。又言："改制计划是授意大学士张璁去做的……张璁因议礼骤贵，立身处世已见恶当时。此番惊扰，再陷众怒。"① 这里就提出了一个严肃而必须回答的问题，即明世宗与张璁变革孔子祀典难道就是他们个人一时的冲动或随心所欲？果真如此，后世却又为何没有恢复孔子的王号，而是延续了嘉靖改革时期的更定？如果跳不出褒杨（廷和）贬张（璁）的传统怪圈，仅仅拘泥于世宗个人的好恶和所谓张璁对世宗的"迎合"来片面地认识这一时期孔子祀典的改革，就不可能对此问题予以理性的回答，相关论述都是含混不清的。只有充分肯定"大礼议"的积极意义并以此为背景来重新认识孔子祀典改革，才能清晰地理解这一改革的必要性和重要性，才能充分认知这一改革在中国历史上的重大意义。

自汉魏以降，孔子祭祀逐渐成为朝廷重要典制，且祀典规制越来越高，似乎追谥越高就越能显示对孔子的尊崇，难免乱象迭现，无人敢于纠正，"畏天下之罪己也"②。正如张璁所言："孔子封号自唐以来行之已久，安常袭故，仍谬踵讹，其谁辨之？非惟不能言，然亦不敢言也。"③ 洪武三年（1370），明太祖"改正"诸神封号，唯独孔子例外。他规定"凡岳、镇、海、渎并去其前代所封名号，止以山水本名称其神，郡县城隍神号一体改正，历代忠臣烈士，亦

---

① 董喜宁：《孔庙祭祀研究》，中国社会科学出版社 2014 年版，第 96 页。
② （明）张璁撰，张宪文校注：《张璁集》奏疏卷 7《议孔子祀典第一》。
③ （明）张璁撰，张宪文校注：《张璁集》奏疏卷 7《议孔子祀典第二》。

依当时初封以为实号，后世谥美之称，皆宜革去。惟孔子善明先王之要道，为天下师以济后世，非有功于一方一时者可比，所有封爵，宜仍其旧"①。直到嘉靖九年（1530），世宗与张璁才正视孔子祀典中的积弊，并着手进行变革。如此重大的问题之所以在嘉靖前期能够改革，是与"大礼议"所引发的观念变化分不开的。换言之，不能正确认识"大礼议"的积极意义，要在否定"大礼议"中试图对孔子祀典改革做出理性的评价，是根本不可能的。所以说，孔子祀典改革与"大礼议"有着极为密切的关系，其改革的成功性是建立在"大礼议"所带来的观念变革和新旧势力成功更替基础之上的。

"大礼议"中争论的问题其实很简单，就是世宗能不能改换父母的问题。争论只能有两种结果，即能或不能。众所周知，争论的结果是世宗不能改换父母。对于"大礼议"的这一结果，人们应该予以理性接受，而不是冷嘲热讽。对于所有人来说，不愿改变父母是常情。作为君主，世宗根据事实拒绝改换父母，亦属于常理，故必争之，无须大惊小怪。世宗这样做，既是实事求是的态度，又是维护自己尊严的正当诉求。他对其父母的尊崇，绝不是什么"私情"，更不是"以己意行之"②，而是人伦之大经。而世宗在"大礼议"中的胜利，就是法律的胜利、求实的胜利和孝情的胜利。世宗在"大礼议"中一方面显示了敢于面对现实和勇于担当的可贵素质，另一方面练就了敢于决断和不怕困难的领导能力。而作为新科进士张璁，头脑清楚，善抓机遇，直抒胸臆，配合世宗向庞大的前朝旧势力发

---

① 《明太祖实录》卷 53，洪武三年六月癸亥。

② 董喜宁：《孔庙祭祀研究》，中国社会科学出版社 2014 年版，第 79 页。

起毫不妥协的进攻，向死气沉沉的官场中投入了一块巨石，掀起了狂风巨浪，代表着强大的新生力量。正如明人支大纶所言："张文忠其徇国之纯臣，振古之人豪哉！当议礼时，举朝元老、公卿、百执事三百余人，群然一词，而上援孝庙，近庇昭圣，口执程朱之成说，至撼门伏阙，哭声动地，其景象何似。而以一新进郎佐屹立于其中，不慑不悚，词严气壮，卒破千古之谬，成圣主之孝。张寅大狱，尽剖法吏之成案，活一家数十无辜之命，以摧蔽主植党之奸，岂世俗隐隐伈伈者垺哉？"[1] 清人赵翼论道："世宗生于孝宗崩后二年，孝宗初未立为子，而欲使之考孝宗而抹其本生之亲，情理皆不协，故愈争而愈激成事变也。"[2] 要让与世宗对抗的杨廷和集团从事嘉靖革新并将嘉靖朝带入新的时代，是根本不切合实际的幻想！试想，杨廷和集团连世宗所面临的能否更换父母的问题都不能妥善解决，还能指望他们能从事更为复杂的政治改革！他们在武宗时期没有特别的表现，还能指望他们在与新皇帝的对抗中有意外的成就！所以说，杨廷和集团的失败是历史的必然，符合嘉靖新朝的最大政治利益。"大礼议"的风浪让张璁等人经受住了围攻和谩骂的考验，代表着新兴势力的迅速崛起。在"大礼议"中，杨廷和集团将中国古代士人党同伐异的恶劣表现发挥得淋漓尽致，他们视张璁等人为洪水猛兽，一味地斥之为"小人""奸佞"，极尽诬蔑诋毁之能事，甚至试图从肉体上消灭他们，而把自己打扮成永远的"正人""君子"。

---

① （明）支大纶：《明永陵编年信史》卷3，《四库全书存目丛书补编》第76册，齐鲁书社2001年版。

② （清）赵翼：《廿二史札记》卷34《成化嘉靖中百官伏阙争礼凡两次》，中国书店1987年版。

对张璁等人来说，只要他们认定的"公议"，就敢于公开表达，不会因为杨廷和集团的谩骂而退缩。"人言不足恤"是对改革者的基本要求，凡是正确的、符合实际的政治理念，就必须冲破阻力，决不可迎合时下的舆论。对于杨廷和的"陋议"，张璁等人不会因为其人多势众而畏首畏尾。他们在"大礼议"中如此，在"大礼议"之后也是如此。在钦定"大礼议"之后，张璁对明代之前君臣失德违理行为予以严厉的批评："由汉至唐至宋，议论多而道德隐。魏诏起于偏安之际，濮议鼓于聚讼之余。事拂经常，言非定论。究其流弊之滋蔓，皆缘析礼之弗精。"① 在"大礼议"中的磨炼，使张璁等人能够经受住他人的无端攻击，为了国家社稷的利益，他们无所畏惧，敢于担当，勇于创新。换言之，"大礼议"所营造的批判精神和政治革新的氛围，为解决长期以来孔子祀典中的各种弊端提供了绝佳时机，也是孔子祀典改革得以顺利推行的关键之所在。

"大礼议"的最终结果是世宗不能更换父母，与兴献王仍是父子关系，故兴献王被追尊为帝就是必然之事，不可阻挡。所以，钦定"大礼议"之后，世宗与张璁推行包括孔子祀典在内的一系列礼制变革，也是情理之中的事。而这些变革绝不能完全从世宗的个人好恶的角度寻求答案。在"大礼议"中，世宗否定了杨廷和等人的主张，与此同时，还提出了其皇位合法性的理论依据，即"天命"。世宗说道：

> 夫自羲、农、黄帝、尧、舜、禹、汤、文、武及汉、唐、宋，王天下者，皆本奉天命……仰惟我太祖圣神文武

---

① （明）张璁撰，张宪文校注：《张璁集》文稿卷4《进〈明伦大典〉》。

> 钦明启运俊德成功统天大孝高皇帝，上应天命……至于我
> 仁宗昭皇帝、皇高祖考宣宗章皇帝、皇曾祖考英宗睿皇帝、
> 皇祖考宪宗纯皇帝、皇伯考孝宗敬皇帝、皇兄武宗毅皇帝，
> 皆圣圣相承，克绍先烈，光前裕后，骏功大德，以至
> 于今。①

世宗历数自伏羲至唐、宋历代君统之传，认为得天下之正统者，"皆本奉天命"，而非为某帝或某人所能给予。明太祖亦是"上应天命"，接续三代以来君统之传，使天下重归于正；太宗等七宗谨奉天命，"圣圣相承"，直到自己。世宗之意在于进一步突出自己所拥有的是太祖之天下，而非孝宗之天下，自己与孝宗一样都是太祖的继承者，所以，世宗以宪宗之孙、兴献王长子的身份继承皇位就决定了世宗继承皇位的合法性，而不必依附于孝宗。正如明儒叶幼学所言："武宗皇帝之无嗣也，献皇帝之为孝宗皇帝之亲弟也，圣天子之为献皇帝之子也，皆非人所能为也。武宗舍我圣天子，其谁与天下哉？我圣天子之有天下，既有命自天，而非人所能为，则凡父子兄弟之间，亦莫非天叙天秩，而非人所能改易也。"② 可见，这种衔接天命不断的链条，便是先天的血缘关系，也即世宗与兴献王的父子关系。世宗与张璁等人对父子伦序的强调，旨在依据客观事实建立宪宗—兴献王—世宗的新帝系，故那些与此伦序相悖的朝廷礼制，则必然要进行更革。只有全面认识"大礼议"的积极作用和充分肯定"大礼议"对嘉靖政治的深刻意义，才能理性地审视世宗与张璁等人对孔

---

① 《明伦大典·御制明伦大典序》，美国国会图书馆藏嘉靖间司礼监刊本。
② 《明伦大典》卷1。

子祀典改革的必要性和可能性。

嘉靖革新之所以与一般新帝所推行的"新政"完全不同，就在于其不仅仅是针对前朝弊政而言的，而是针对洪武以来甚至是明代之前的弊政所进行的革新活动。改革孔子祀典就是其典型的代表，世宗与张璁敢于对太祖所诏定的孔子祀典进行必要的改革，反映了敢于改革的勇气。

二、尊天、父子与尊孔：孔子祀典改革的缘起

张璁在"大礼议"中把世宗继承皇位的合法性归到"天命"，而"天命"在现实政权中的指归之一，便是敬天保民。在帝制时代，人君是现世的至尊，是无人能够超越其上的存在，更没有任何人能节制人君的权力。唯一能够让人君产生敬畏的是上天，这是世宗和张璁所共持的态度。世宗曾说："夫人君之所敬畏者，上天最重。"① 又说："朕惟人君代天理物，庶官所治，莫非天事。"② 在世宗心中，统驭天下万物的是上天，人君也无非是"代天理物"，没有私有天下的权利。又说："夫天下之民，皆我皇天与祖宗之民。"③ 在这里，世宗没有把万民归为"己私"，而把万民划归上天和祖宗。这几句话至关重要，完全可以看出世宗的天下观：天下、臣民皆不属于人君，三者是相互独立的个体，人君居于上天与臣民之间，即"天之立君，本以为民"④。这个观念是与张璁所谓"敬天本以为民"⑤ 是一贯的，

---

① （明）张孚敬：《谕对录》卷 12，《四库全书存目丛书》史部第 57 册。
② （明）张孚敬：《敕谕录》卷上，《四库全书存目丛书》史部第 57 册。
③ （明）张孚敬：《谕对录》卷 5，《四库全书存目丛书》史部第 57 册。
④ （明）张孚敬：《谕对录》卷 29，《四库全书存目丛书》史部第 57 册。
⑤ （明）张孚敬：《谕对录》卷 23，《四库全书存目丛书》史部第 57 册。

足见传统儒学中"立君为民"的观念，已成为两人的共识。此外，世宗又说："天子亦人，庶民亦人，故称天子庶得统驭臣民，奉天行道者也。"① 这句话的言外之意是，如果抛去人君的身份，天子与庶人并无区别，但天子之所以称为天子、"统驭臣民"，其前提是人君必须"奉天行道"②。人君唯有做到"奉天行道"，才能"统驭臣民"，否则将会失去这个权力。如果人君做了违背天意（民意）的事，上天便会降灾异以警示之，要是"屡教不改"，甚至会失去天命，王朝将会覆亡。因此，人君首务便是敬天，而世宗尊天、敬天的最终落脚点却在于"勤民"。

"天命"在现实政权中的指归之二，是父子血亲的代际承袭。借助于"大礼议"，世宗与张璁强调父子伦序的重要性。而要"尊亲"，就是要说明"天命"的延绵不断，而这又要求他们必须尊天。那这个可操控皇位传承的"天"，势必要在朝廷祭典中处于独尊的地位。世宗说道："朕惟孔子享于堂，而使亲附食于两庑，神灵诚有大不悦者，岂为安乎？夫尊亲如是，其尊天又可知也。"③ 既然"天"处于至尊地位，而作为尊天理念的郊天礼则理当享有最高礼秩，但凡是妨害这个核心理念的典制都要经历不同程度的隆杀变革。世宗认为自洪武十年（1377）起，太祖把天地、日月等合祀一处，上天的至尊地位在制度层面渐被隐没，难以显露出来。为此，世宗改天地合祀为四郊分立，使郊天脱离合祀，尊于日月、岳渎等祭祀，处于至尊地位。另外，朝廷某些祭礼所用的名物度数与郊天礼秩同等，有

---

① （明）张孚敬：《谕对录》卷3，《四库全书存目丛书》史部第57册。
② （明）张孚敬：《谕对录》卷3，《四库全书存目丛书》史部第57册。
③ （明）张孚敬：《谕对录》卷22，《四库全书存目丛书》史部第57册。

碍于尊天理念的落实，应当予以适当减省。世宗在给张璁的敕谕中说：

> 大明坛之专祭，欲增十二笾豆，亦不过尊阳之义也。其他用和羹、羊豕已，自未敢同上帝耳。况今社稷、孔子亦俱用十二数，社稷同宗庙，自昔未然。孔子之加，原非皇祖之制，又牲用熟，此则全同上帝，略无尊逊之义。朕每思此，亦恐孔子有不安于神欤！①

世宗的讨论共涉及大明坛、社稷、孔子祀典等内容，之所以将它们放在一起讨论，主要是它们存在共同的问题，即它们所用礼秩与上帝同等，且"原非皇祖之制"。这也是世宗修定孔子祀典的初衷。在明代朝廷祀典中，"天、地至尊，次则宗庙，又次则社稷"②。作为人师的孔子，礼秩本低于社稷，所用祭祀仪制却与天同等，显然有违朝廷礼制。

在张璁给世宗的回奏中，他也只是把世宗提到的内容在有明百余年间的升降，作一简要的陈述；又把它不合礼之处点予世宗，却终也未明言是否应当更正。张璁说：

> 先师孔子用十二笾豆，国朝成化十三年方准行，故当时论者以为十二笾豆、八佾，唯太学可行，此天子所自祭也。若十三布政司各府行之，则祭礼僭矣。夫周公有大功，鲁用天子礼乐，孔子亦不欲观，以其僭也。圣谕：恐孔子有不安于神。诚为至论。但崇德报功之典，行之已久，臣

---

① （明）张孚敬：《谕对录》卷19，《四库全书存目丛书》史部第57册。
② 《明世宗实录》卷109，嘉靖九年正月庚申。

等未敢轻议。①

张璁认为孔子所用的十二笾豆、八佾乐舞，不是"皇祖初建之制"，而是宪宗时追加的内容，并认为将此制推行天下学校，"则祭礼僭矣"。不难看出张璁的态度更偏向于更正孔子祀典，但还是持谨慎态度。这并不是张璁在此虚与委蛇，而是有他较为周全的考虑。这里所说的"行之已久"，不是指祖宗成法而言，而是指自宪宗开始，历经孝宗、武宗两朝，均以此礼秩祭祀孔子，具有一定的认同度。在帝制时代，"议礼制度"是人君之大权。② 在张璁看来，孔子祀典虽然存在诸多问题，且其个人又倾向于解决这些问题，但他却无权擅自决定孔子祀典当更与否。因此，张璁说"未敢轻议"的深意，便是等待世宗履行"议礼制度"之权，即如他所说："惟为人君者，力行何如耳。"③

这个时机并没有让张璁等待太久。嘉靖九年（1530）十月，随着郊祀制度改革的成功，世宗决定编纂《祀仪成典》，将更定中的礼文规制、相关诏令和群臣奏章汇编成册。于是，世宗任命张璁为正总裁官，要求其将"云雨风雷等以及先圣先师祀典俱当以序纂入"④。从字面上看，这句话也不过是希望张璁扩充此书的涵盖面，并未涉及其他内容，尤其没有提及要更正孔子祀典的问题。但这已足够表明了世宗的态度，因此张璁随即便说："但先圣先师祀典尚有当更正

---

① （明）张孚敬：《谕对录》卷19，《四库全书存目丛书》史部第57册。
② （明）张璁撰，张宪文校注：《张璁集》奏疏卷8《谢宗庙工完钦赉》。
③ （明）张孚敬：《谕对录》卷4，《四库全书存目丛书》史部第57册。
④ （明）张孚敬：《谕对录》卷22，《四库全书存目丛书》史部第57册。

者。"① 对于孔子祀典中存在的诸多问题，张璁希望利用这一难得的
机会予以厘正，但他清楚不能操之过急，于是他先向世宗提出比较
容易理解和改革的从祀问题。张璁说：

> 夫叔梁纥乃孔子之父，颜路颜回之父，曾皙曾参之父，
> 孔鲤孔伋之父也。今孔子享祀于堂，颜回、曾参、孔伋配
> 之，叔梁纥、颜路、曾皙、孔鲤皆从祀两庑。虽云论道统
> 之传，夫父子，人之大伦也，紊父子大伦，尚可得谓道统
> 乎？假使孔子与颜回、曾参、孔伋尚在，肯使父居两庑，
> 而各自安享于堂乎？此祀典未及正者也，宜有所处。合无
> 于大成殿后另立一堂，祀叔梁纥居中，尊孔子之父，颜路、
> 曾皙、孔鲤配之。见今阙里祀孔子，叔梁纥亦列礼于后堂。
> 宜出圣意，传谕礼部议行改正，纂入《成典》。此非臣一人
> 之见，天下之公议也。②

这段话主要在讲孔庙中受祭者的位序关系：孔子居堂上正中之位，
四配立于孔子左右，十哲等序列于堂下；而这些人的父亲如叔梁纥
等则从祀两庑，处于从属的地位。也就是说，孔子祀典的配享制度
存在父子伦序紊乱的问题。世宗非常认同张璁的意见，支持对孔子
祀典进行改革，他对张璁说："圣人尊天与尊亲同。今笾豆十二牲用
犊，全用祀天仪，亦非正礼。其谥号章服，悉宜改正。"③ 为了凸显
上天的至尊地位，孔子所用十二笾豆、八佾乐舞，以及父子伦序颠
倒的祭祀位次等僭越现象，自然都在更革之列。父子乃是人伦之大

---

① （明）张孚敬：《谕对录》卷22，《四库全书存目丛书》史部第57册。
② （明）张孚敬：《谕对录》卷22，《四库全书存目丛书》史部第57册。
③ （清）夏燮：《明通鉴》卷55，嘉靖九年十一月癸巳。

者，而孔庙中的配位却是子尊于父，正与此相悖。这种失序难保不会把人导向功利而不顾父子孝情。孔子曾讲"教民亲爱莫善于孝"①，若臣民无孝敬之心，其后果便是道德的败坏甚至沦丧，而这又谈何教化呢？在张璁之前，每每有学者提出要更正这种失序时，反对者便以"论道统之传"②为由，予以拒绝。但事实上，道统谱系与父子伦序并不是有你无我的关系，而是可以共存于孔子祀典中，张璁提出"于大成殿后另立一堂"的办法，便是明证。

其实，张璁向世宗提及父子伦序的问题，还有一个原因，就是他曾与世宗讨论过这个问题，且世宗持"子不先父食"的观点。他们讨论人子是否"先父食"的问题时，正值二祖配位争议的关键时期。世宗在敕谕中讨论道：

> 因阅唐韩愈《文集》，偶揭至论上禘祫之奏，中论虽太祖亦献、懿之子孙也，岂可崇太祖而忽二祖乎？此意与今日徒知尊太宗……岂不可不尊我太祖乎？③

这里的献祖是唐高祖李渊的高祖，懿祖是其曾祖，太祖是其祖。韩愈的讨论是针对唐贞元十九年（803）禘祫向位争议，当时朝议多数坚持以太祖居东向之位，献祖、懿祖当祧；而韩愈则反对此说，并引据《左传》："子虽齐圣，不先父食。"以佐证自身的看法，即以献祖东向，懿祖以下据昭穆排位次。④ 这里讨论的是禘祫礼中位序的尊

① （唐）李隆基注，（宋）邢昺疏，金良年整理：《孝经注疏》卷6，上海古籍出版社2009年版。

② （明）张孚敬：《谕对录》卷22，《四库全书存目丛书》史部第57册。

③ （明）张孚敬：《谕对录》卷15，《四库全书存目丛书》史部第57册。

④ （唐）韩愈撰，马其昶校注，马茂元整理：《韩昌黎文集校注》卷2《禘祫议》，上海古籍出版社1986年版。

卑问题。韩愈于《禘祫议》中认为，唐太祖虽然功勋卓著，为唐王朝肇基之祖，但在宗庙中的位序，不能依据功劳大小，而要以尊卑先后判定彼此的位次。明代自仁、宣开始，郊天之礼均以太祖、太宗并配；世宗想要依据古礼，改为由太祖独配，并取消太宗的配位。这一提议遭到了多数朝臣的反对，最终世宗只得采取委屈折中的做法，于南北郊礼以太祖独配，而大祀殿行祀上帝之礼，则以二祖并配。[①] 世宗用韩愈的言论，旨在说明太宗纵使对大明有再造之功，也不能与其父太祖比肩，并下了"子先父食，尤不通"[②] 的判语。

正因为世宗此前对"子先父食"明确表示过否定态度，张璁这才把孔子祀典中父子伦序的问题推到了台面，并希望借以能和世宗在修定孔子祀典的问题上达成共识。不得不承认，张璁的这个做法确实非常奏效，随后世宗便在给张璁的敕谕中说："前日卿所奏先师之父之祀典，可明本奏来，下部议行。朕惟孔子享于堂而使亲附食于两庑，神灵诚有大不悦者，岂为安乎？夫尊亲如是，其尊天又可知也。所有十二笾豆、牲用熟，此逼拟大祀，理决无疑者，当更正以尊天也。"[③] 这里必须说明，张璁与世宗商讨问题时，于所选的议题确实颇花心思，但这种心思并非出于歹心，而是基于顺利推行礼制改革的考虑，更能体现出张璁的政治智慧。世宗在这里虽说仅是针对"子先父食"及笾豆、用牲之数，而不旁及其他内容的修定，但毕竟已经流露出更正孔子祀典的意向，其意义已非一般。于是，张璁提出了全面的改革方案，即："今宜称先圣先师，而不称王。祀

---

① （清）张廷玉等：《明史》卷48《礼志》。

② （明）张孚敬：《谕对录》卷15，《四库全书存目丛书》史部第57册。

③ （明）张孚敬：《谕对录》卷22，《四库全书存目丛书》史部第57册。

宇宜称庙，而不称殿。祀宜用木主，其塑像宜毁撤。笾豆用十，乐用六佾。叔梁纥宜别庙以祀，以三氏配。公侯伯之号宜削，只称先贤、先儒。其从祀申党、公伯寮、秦冉、颜何、荀况、戴圣、刘向、贾逵、马融、何休、王肃、杜预、吴澄宜罢祀，林放、蘧瑗、卢植、郑玄、服虔、范宁宜各祀于其乡，后苍、王通、欧阳修、胡瑗、蔡元定宜增入。"①

三、爵位抑或圣师：何为尊孔

张璁的改革建议提出后，有人反对变革也是不可避免的，必然招来所谓"毁圣之议"的攻击。在孔子祀典改革中，孔子能不能称王是争论的焦点，也是改革的难点。在明代，除了孔庙神位是文宣王，朱元璋在其他方面则只称先师孔子，而不称文宣王。朱元璋十分注重孔子之师的身份对世人的教化作用，强调"祀事在诚敬，不在仪文也"②，并明确指出尊孔之意在于"明教化以行先圣之道"③。张璁据此认为：孔子"以德则师也；以位则臣也"④。其所以"享祀万世，在有王道，而不在有王号也"⑤，尊孔的关键是"在明其道，不在乎王不王"⑥，因此"称帝称王，皆未为当"⑦。换言之，尊孔为王，"实诬孔子"。他用孔子讥贬诸侯的僭越行为来说明孔子封王之

① 《明世宗实录》卷 119，嘉靖九年十一月癸巳。
② 张德信、毛佩琦主编：《洪武御制全书·宝训·节俭》。
③ 《明太祖实录》卷 30，洪武元年二月丁未。
④ （明）张璁撰，张宪文校注：《张璁集》奏疏卷 7《先师孔子祀典或问》。
⑤ （明）张璁撰，张宪文校注：《张璁集》奏疏卷 7《议孔子祀典第二》。
⑥ （明）张璁撰，张宪文校注：《张璁集》奏疏卷 7《议孔子祀典第一》。
⑦ （明）张璁撰，张宪文校注：《张璁集》奏疏卷 7《议孔子祀典第一》。

谬，认为"孔子作《春秋》，首书春王正月，所以尊周王也。他凡列国诸侯有僭称王号者，必特书诛削之。故孟轲氏曰：'孔子作《春秋》而乱臣贼子惧'"①。明确指出："自夫唐玄宗加孔子以王号，至元武宗又加以大成之号，国朝因之，未之厘正。使孔子受此诬僭不韪之名。后世读孔子之书者，全不体孔子之心，但知孔子之称王为尊孔子，而不思使孔子僭王实诬孔子也。"② 张璁一语点中孔子祀典中存在的最大问题，即"孔子祀典之紊，实起于谥号之不正也"③，只有把这个核心问题解决了，其他仪规的变革就会迎刃而解。

孔子第一个被长期沿用的谥号，是唐玄宗于开元二十七年（739）追封的文宣王。除了孔子本人以外，他的门人颜回、曾子、闵子骞等均追封公、侯、伯爵位，与各自谥号、爵位相匹配的章服、乐舞、礼器等都形成了一定规制。宋代统治者仍沿用唐代制度，并在此基础上，加谥孔子为至圣文宣王，增孔子所用冕旒为十二，形成了四配、十哲、七十二贤等附祭系统，较前代典制更加完备。经过宋代的增益与调整，孔子祀典的等级有较大提升，这就暴露了孔子祀典中的内在矛盾。唐、宋两代皇帝只是把孔子追封至王爵，而孔子祀典所用礼秩却与天子同等，这就使封号与相应礼秩之间出现失衡的状况。为解决这个问题，当时不少士人想通过进一步追封孔子为皇帝的办法，协调这种不和谐的礼制。到宋神宗时，常秩、李定、黄履等人便上奏疏，请加孔子帝号，遭到杨绘、李清臣等人反对，认为此举非礼，论争的结果是保持孔子原有谥号。孔子谥号称

---

① （明）张璁撰，张宪文校注：《张璁集》奏疏卷7《议孔子祀典第二》。
② （明）张璁撰，张宪文校注：《张璁集》奏疏卷7《议孔子祀典第二》。
③ （明）张璁撰，张宪文校注：《张璁集》奏疏卷7《议孔子祀典第二》。

帝的升格运动没有就此结束，直到明代时仍有周洪谟、郑纪、吴世忠、杨子器、何孟春等人提出这样的主张，也都被一一否决。经过几次建议，他们的目的都没有达成，便将追封失败的责任推卸给李清臣等人，认为他们"得罪圣门，至今人心不能无笔诛之忿"①。

实际上，张璁也想解决这个历史遗留问题，只是没有选择给孔子"加官晋爵"的途径，而是循着儒家礼学秩序让孔子重回应有之角色。在他的认知当中，上天在朝廷祭典中始终处于独尊的地位，其他神祇、人鬼都没法和上天同等礼秩。在那些反对改革者心中却不是如此。王汝梅说："存大成，正以见孔子之道大如天，合华夷而并尊之，益见其盛也。"② 张衮又说："《纲目发明》有曰：孔子之道，合德于天，必称天以谥之，斯足以尽言。此所以深病唐人之未尽也。"③ 这两句话本是在解释孔子尊号中"大成"二字的含义，却透露出对祭祀孔子礼秩的看法，即孔子之道德高如上天，也唯有用与上天同秩的礼，方可凸显后世对孔子的尊崇。

如果抛开张璁的看法，仅以孔子学说来看，张衮等人的说辞也无法说得通。孔子所说的"三畏"中，排在首位的便是"天命"，如今却要使孔子与上天礼秩同等，显然与孔子学说相悖；且由其中所体现出的"敬天之心"来看，孔子也定不会"安然享之"④。孔子祀

---

① （明）何孟春著，刘晓林、彭昊、赵勖、蔡莹校点：《馀冬录·祀典》，岳麓书社2012年版。

② （明）陈镐撰，（明）孔弘干续修：《阙里志》卷12《奏表》，《北京图书馆古籍珍本丛刊》史部第23册。

③ （明）张衮：《张水南文集》卷3《题为申末议慎祀典以隆圣德疏》，《四库全书存目丛书》集部第76册，齐鲁书社1997年版。

④ （明）张璁撰，张宪文校注：《张璁集》奏疏卷7《议孔子祀典第一》。

典为何等礼秩，不仅要依据受祭者爵位，还要求其与主祭者的爵位相当。所以，以主祭者为视角的讨论，也是孔子祀典争议的重要话题。对于这个问题，张璁引夏寅的话说道：

> 笾豆增为十二，六佾增为八佾，臣当时论奏，以为十二笾豆、八佾唯太学可行，此皇上所自祭也，若十三布政司各府行之，则祭礼僭矣。①

在没对夏寅的观点讨论之前，这里尚有一事要交代。张璁为声明孔子祀典改革并非出于私意，而是"天下之公议"，特意在他的奏疏中博采"今昔诸儒之论"②，论证自身的观点。夏寅的这段话是暂且抛开笾豆、乐舞之数是否合礼，而是立足于通行天下所面临的问题。如果祭祀孔子用笾豆十二、乐舞八佾，人君亲自致祭是合乎礼制的，但地方府州县官也用此数行礼，明显僭越了天子礼。

夏寅紧接着又说了另一个例证，就是周公。他说：

> 盖天子之礼，所以用于太庙、郊天，古之诸侯，唯杞、宋王者之后得用先代礼乐。他虽周公有大功，鲁用天子礼乐，孔子亦不欲观，以其僭也，况于今各府可用天子礼乐乎？③

杞、宋两国虽为侯爵，但因他们是"二王之后"，周武王特许他们可用天子礼。但除此以外，任何诸侯国都不得僭越天子礼秩，即使功劳大如周公，也只能用其本爵之礼。纵使有周王之命，鲁国以天子礼乐祀之，"孔子亦不欲观"，就是因为祭周公之礼僭越天子礼秩。

---

① （明）张璁撰，张宪文校注：《张璁集》奏疏卷7《议孔子祀典第一》。
② （明）张璁撰，张宪文校注：《张璁集》奏疏卷7《议孔子祀典第二》。
③ （明）张璁撰，张宪文校注：《张璁集》奏疏卷7《议孔子祀典第一》。

如果把孔子论周公之语与"王祀孔子"① 相对堪，不难看出孔子始终
坚持礼制的客观性，即使有天子之命也不能脱僭礼之实。所以，后
世人君"王祀孔子"，孔子必定不会"安然享之"。夏寅对周公的讨
论，实际是承自程颐。程颐曾言：

> 世儒有论鲁祀周公以天子礼乐，以为周公能为人臣不
> 能为之功，则可用人臣不得用之礼乐，是不知人臣之道也。
> 夫居周公之位，则为周公之事，由其位而能为者，皆所当
> 为也，周公乃尽其职耳。②

这段话本是关于军将"专制其事"的讨论，但程颐由此而引申至
"人臣之道"，强调人臣事君"无所敢专""而职当为"③。他把周公
的例子置于此，便是要阐述这个问题。这句话的意思是说，周公在
他应当的位置，做了他应当做的事，本是谨遵其职位所规定、当为
的责任，未有丝毫僭越本职的行为。将周公与孔子之事相比，便可
知以天子礼乐祀孔子，绝非尊崇孔子之举，"但知孔子之称王为尊孔
子，而不思使孔子僭王实诬孔子也"④。

这些人还试图从《春秋》笔法上寻找孔子称王的合理性。张
衮说：

> 孔子当周衰之末，尝作《春秋》以诛乱臣贼子矣。夫
> 既名之为乱为贼，盖皆当时诸侯戕君弑父，据国窃号，称

---

① （明）张璁撰，张宪文校注：《张璁集》奏疏卷7《先师孔子祀典或问》。
② （宋）程颢、程颐著，王孝鱼点校：《周易程氏传》卷1，《二程集》第3册，中华
书局1981年版。
③ （宋）程颢、程颐著，王孝鱼点校：《伊川易传》卷1，《二程集》。
④ （明）张璁撰，张宪文校注：《张璁集》奏疏卷7《议孔子祀典第二》。

兵肆出，荡然不禁于法，在所不赦。孔子惧焉，故托《鲁
史》笔削而诛之，所以立僭窃之防，其旨严矣。乃若孔子
仁义礼乐，巍然万世道德之宗，既没而追谥之，是可同于
麟经之旨耶！①

这句话在解释《春秋》笔削"僭王称者"之义。他的意思是说，
《春秋》贬黜的对象是"戕君弑父，据国窃号，称兵肆出，荡然不禁
于法"者，但孔子乃"万世道德之宗"，与《春秋》所贬黜者绝不
可同日而语，后世追谥为王，乃是与"麟经之旨"一致的。其言外
之意是，判断某人是否为"僭王称"，无须绳之以礼，但凭其功德即
可，更不待言"为万世道德之宗"的孔子，追封为王无疑是合礼的。

不得不说，张衮讨论的这个问题，在当时属于老生常谈了，明
初的吴沉对此就讨论过。他说：

春秋之时，列国有僭王称者矣，麟经之笔，削而黜之。
盖名者，实之著也。无其实，有其名，谓之淫名。夫子之
生也，不获有尺寸之土，今而以有天下之号归之，在天之
灵，其肯歆之哉？嗟夫！有德必有位，理之常也。有其德
而无其位，此则夫子之不幸也。曾谓以无实之称，而足以
为圣人荣乎？②

这段话主要在辨析德、位的相关问题。吴沉在这里讲得很清楚，孔
子能否有王号，不是有德与否的问题，因为德、位本是分于不同场
域，不能合并来看。易言之，"有德必有位，理之常也"，孔子有德

---

① （明）张衮：《张水南文集》卷3《题为申末议慎祀典以隆圣德疏》，《四库全书存
目丛书》集部第76册。

② （明）张璁撰，张宪文校注：《张璁集》奏疏卷7《议孔子祀典第一》。

而无位，虽是不幸却也是事实，不能违心而追谥为王。况且，这种有名而无实的尊号，乃属"淫名"，是《春秋》笔削的对象。

这样一来，德位的问题便成追尊孔子为王，无法逾越的鸿沟。所以，要想证明孔子用天子礼乐为合礼，就必须解决孔子有德无位的问题。黎贯说：

> 至于臣子有大勋劳如魏国公徐达等，身没之后，进爵为王，亦或追封及其祖考，是皆生未有王号，没而追封之也。盖所以酬其勋劳，而非所谓僭也。今以孔子生无王位而有王号为僭，则大王、王季之封亦可谓僭乎？盖王号，身自称之则为僭，如《春秋》吴、楚之类是也。在天子追而尊之，则为礼，如追尊推恩亶父称大王之类，皆是也。此而非僭，则尊先师以王号，又得谓僭乎？①

这里把后世追尊孔子为王，与周公推尊其祖、太祖推尊诸祖为王或帝作比，是想借此说明虽然推尊对象不同，但其背后所体现的"推本之意"则并无差异。

不过，我们也得承认，如果把孔子拉下"神坛"，置于现世的权力世界中，人君的命德之权或许可以弥缝孔子有德无位的缺陷。张衮说：

> 夫祀典之不得不正者，谓其不经也，僭也，诬也。德如孔子，命之曰王，不可谓之不经；受命于天子，不可谓之僭；有功而报，既没而谥，不可谓之诬。执是三者而皆

---

① （明）陈镐撰，（明）孔弘幹续修：《阙里志》卷12《奏表》，《北京图书馆古籍珍本丛刊》史部第23册。

无疵焉，可以思过半矣。①

在此之前，黎贯就划定了僭越典制的限域，并称"身自称之则为僭"，若"天子追而尊之则为礼"。张衮的这段话便是建立在这个前提之下，指出人君封爵臣下"惟以德以功耳，未闻以生死论可否也"，更不"可以臣礼拘之"。也即是说，孔子王号只要是人君之命，那便是在有德之上满足"有位"，而孔子的王号自此便名正言顺了。

徐阶也极力反对变革祀典，并提出了所谓"孔子之王号不必去者三，不可去者五"的种种理由，思想僵化，安于现状，囿于旧例，极力要求收回更新之令。以思想渊源而言，王号在他们的意识中才是尊崇孔子的唯一标准。但对这一标准的解说，其他人都略显晦涩，唯徐阶讲得直接明白："孔子之尊与不尊，诚不系王号之有无，陛下所以尊孔子，诚亦不在王之一字。然而非此则无以致尊崇之意，如以为诬，而必欲去王号以为尊，其无乃矫枉而过正乎？"② 这段话的意思是，唯有孔子称王才是真正的尊崇孔子，其他一切称号都不足以尊崇孔子。相较而言，徐阶在此不再拖泥带水，而是直指问题的核心，给予问题最为直接的评判。不过，这句话并非意无所指，而是针对吴沉的讨论而来。他说："夫子之泽不被于当时，而其教实垂于万世，褒之以王之贵，曷若事之以师之尊乎？"③ 吴沉在这句话中将王与师对举、"贵"与"尊"对称，旨在说王与师的侧重点不同，

---

① （明）张衮：《张水南文集》卷3《题为申末议慎祀典以隆圣德疏》，《四库全书存目丛书》集部第76册。

② （明）徐阶：《世经堂集》卷6《论孔子祀典》，《四库全书存目丛书》集部第79册。

③ （明）张璁撰，张宪文校注：《张璁集》奏疏卷7《议孔子祀典第一》。

而孔子冠以这两个称号所彰显出的内涵也异。换句话说，孔子若称王，所凸显的是孔子地位之"贵"；若是称师，所表现出的蕴意则是"尊"，因此，若问哪个称号更能尊崇孔子，那自然是师而不是王。

徐阶又拿孔子祀典改革有违"太祖之初制"来加以反对，试图给张璁加上"变乱祖制"之罪。徐阶认为用王礼祭祀孔子，历代通行已久，"经生学士习于见闻，野父编氓侈于尊戴。一旦奉不王之诏，众人愚昧，不能通知圣意所存，将互相惊疑，妄加臆度，以为陛下不务抑其他而轻夺爵于孔子，人心易惑难晓"①。同时认为洪武时期孔庙制式本就降天子礼秩一等，乐舞笾豆之数与诸侯之礼相同，今再废去孔子王号，"将复鲁司寇之称而用大夫之祭，夷宫杀乐，减损笾豆，以应礼文，窃恐妨太祖之初制"②。对此，世宗态度明确，自著《正孔子祀典说》，颁赐群臣，全力支持张璁的变革主张："孔子曰：'三年无改于父之道'，朱子释之曰：祖父所行之事，不但三年，虽万世亦不可改也。小有可变，岂可待之三年。夫成法固不可改，其于一切事务未免法久弊生，不可不因时制宜，至于事关纲常者，又不可不急于正也"③，对徐阶予以回击。

黎贯也援引太祖推尊先祖的例子，说明追封孔子为王与"周公推本之意"相似，不在于孔子是否为臣。他说："尊莫尊于天地，亦莫尊于父师。陛下举行敬天尊亲之礼，可谓极盛，无可加矣。至于孔子，则疑其王号为僭，而欲去之。昔太王、王季未尝王也，周公

---

① （明）徐阶：《世经堂集》卷6《论孔子祀典》，《四库全书存目丛书》集部第79册。
② （明）徐阶：《世经堂集》卷6《论孔子祀典》，《四库全书存目丛书》集部第79册。
③ （明）明世宗：《御制正孔子祀典申记》，《纪录汇编》卷9，全国图书馆文献缩微复制中心影印本，1994年版。

成文、武之德，追王之，天下未尝以为僭。我圣祖登极之初，即追尊德祖、懿祖、熙祖、仁祖为皇帝，是亦周公推本之意，而不以位论也。"① 又说："圣祖初正祀典，天下岳渎诸神皆去其号，惟先师孔子如故，良有深意存焉。"② 他又逆推所举史例，声称若孔子生无王位而被追封王号为僭越，那周公推尊大王、王季之号亦为僭越。照此推理，如果孔子追封为王是僭越，那太祖追尊诸祖、世宗追尊兴献王，也都属于不合礼的行为。不难看出，黎贯的话中不无讽刺世宗追崇兴献王之意，难怪世宗批评他"妄引追崇之典，犹存诋毁大礼之情"③。

　　总的来说，这些人的讨论都是权本位视角下的说辞。在明代，孔子是道统的代表者，太祖及其后诸人君是治统的传承者，两者归属不同。张璁和徐阶、黎贯等人争论始终围绕孔子谥号的议题展开，更深层次的问题是怎么称谓孔子更契合儒家信仰本身，而这次争论背后的隐意则是现世人君是否有权封拜孔子。在宋明理学那里，孔子只是周天子的臣子，是后世人君之师而不是臣，后世人君没有权力和资格用爵位封拜孔子。这些人要想通过追封王号来推尊孔子，明面上好像是孔子能因在爵位上的转换而获得更高的尊崇，但实际上是变相认可了现世人君封拜孔子的权力，使孔子的地位低于现世政权的人君，甚至可以说孔子代表的道统被人君代表的治统吞并，而孔子封王正是这种结果在制度层面的外显。

　　黎贯所谓如果孔子去王号而称先师，即使乐舞为六佾、笾豆各

---

① （明）徐学聚：《国朝典汇》卷 121《文庙》。
② 《明世宗实录》卷 119，嘉靖九年十一月乙未。
③ （明）徐学聚：《国朝典汇》卷 121《文庙》。

为十，依然是对朝廷礼制的僭越，亦为妄论。明朝建国之初，太祖更定孔子祀典，便定为乐舞用六佾、笾豆各为十，此后历朝遵循此制。至成化年间，宪宗采纳祭酒周洪谟的建议，增乐舞六佾为八佾、笾豆各为十二，用天子礼来祭祀孔子，至此祖制始遭妄改。弘治初年，还有人提议给孔子加以帝号，孝宗最终没有许可，但也增祭孔乐舞生二十六人，与天子乐舞七十二人同等。① 至此，孔子虽无帝号，却享天子之祀，名实不副，乱象迭现。可见，张璁对孔子祀典中乐舞、笾豆之数的调整，并非如黎贯所言是对明朝礼制的破坏，恰恰是对祖制的恢复。随后，礼科都给事中王汝梅亦言："我祖宗成法，列圣世守百六十余年于兹矣。总使少不如古，循而行之，亦不为过。"世宗斥之为"逆论"②，不为所动。

对于徐阶、黎贯、王汝梅等人反对孔子祀典改革的言行，张璁通过对《祖训》的解读，直指其妄。他说："夫胡元祀神，渎礼极矣，名之不正甚矣。圣祖一切革去，独存孔子祀典者，实以孔子明先王之道，为天下师也。曰为天下师，圣祖实尊之以师也，非以王号也。祖训凡传制遣官、代祀历代帝王、孔子庙，于帝王则直曰帝王，于孔子则直曰孔子，故凡祭祀遣命，俱称先师孔子，实未尝有以王号称之者也。"假使太祖以王看待孔子，必定会以王称之，并祀于历代帝王庙中。但《祖训》中不仅将历代帝王庙与孔子庙作明显区分，又称孔子足"为天下师"，可见太祖确实"尊之以师"，而非以王爵。张璁认为："洪武二十年，礼部奉请如前代故事，立武学，

---

① 《明孝宗实录》卷62、109，弘治五年四月丁未、弘治九年二月壬子。
② 《明世宗实录》卷119，嘉靖九年十一月乙未。

仍祀太公，建武成王庙。圣祖曰：'太公，周之臣，封诸侯，若以王祀之，则与周天子并矣，加之非号，必不享也。太公之祀，止宜从祀帝王庙。'遂命去王号，罢其旧庙。观此，则孔子专庙祀之，实圣祖尊之以师之故，其不王孔子之意亦自可见矣。"① 张璁明确指出："自夫唐玄宗加孔子以王号也，末世因之，若将使孔子有天下者也，以为尊孔子也。噫！欺天甚矣。"② 世宗完全认同张璁的建议，称赞其"议论详正"，要求礼部按照其意讨论实施方案，尽快上报。③

在激烈的争辩中，精通礼学的张璁坚持己见，不为所动，决意推动孔子祀典改革。对于阻挠改革的徐阶、黎贯、王汝梅等"倡议之人"，世宗以贬谪、免职等方式予以严肃惩戒，对其"妄议""轻率""惑众欺罔"之言行予以严词批驳，"明正其罪"，并再三申明改革孔子祀典在于"尊师重道之意"④。在世宗的强力支持下，最后礼部在征求各方意见的基础上依据张璁的主张更定了孔子祀典中的相关仪规，主要有：

1. 孔子神位题"至圣先师孔子"，去其王号及"大成""文宣"之称。

2. 改大成殿为先师庙，大成门为庙门。

3. 四配分别称复圣颜子、宗圣曾子、述圣思子和亚圣孟子；十哲以下凡及门弟子，皆称先贤某子。左丘明以下，皆称先儒某子。不再称公、侯、伯。

---

① （明）张璁撰，张宪文校注：《张璁集》奏疏卷7《先师孔子祀典或问》。
② （明）张璁撰，张宪文校注：《张璁集》奏疏卷1《议孔子祀典第三》。
③ （明）徐学聚：《国朝典汇》卷121《文庙》。
④ （明）徐学聚：《国朝典汇》卷121《文庙》。

4. 按照洪武时期首定南京国子监的规制，制木为神主。仍拟大小尺寸，著为定式。其塑像，即令屏撤。

5. 春秋祭祀，按照洪武旧制，十笾十豆。天下各学，八笾八豆。乐舞六佾。

6. 各学别立一祠，中叔梁纥，题启圣公孔氏神位，配以颜无繇、曾点、孔鲤、孟孙氏，俱称先贤某氏。

7. 调整从祀之贤，公伯寮、荀况、何休等十三人罢祀，林放、郑玄等七人各祀于其乡，后苍、欧阳修等四人增入。①

四、"孔子之心"：张璁对孔子"本意"的回归

孔子祀典是尊崇孔子的制度外显，这是任谁也无法否认的事实，然而在千余年孔子祀典"流变史"中却没有几个人在意过孔子的"本意"；相反地，孔子祀典的礼秩、仪节度数都是随着时君的心意升降、增减。在张璁的讨论中，反复强调要体味"本意"，便是要争回孔子的话语权；与此相对，张衮等人则不顾及这一层面，而使他们的意愿凌驾于孔子"本意"之上。因此，在相关问题的处理上，往往会有反客为主的情况。这里倒不是说张衮等人有何不良之居心，只是说他们在尊崇孔子上不得入门之径，以致用力愈深方向却愈偏，结果是空有一颗尊孔的心，而实际效果却与此相背而行。这里所说的"本意"，是借用文学上的术语，本指某文学作品中作者所要表达

---

① 《明世宗实录》卷119，嘉靖九年十一月辛丑。

的意思。① 与此相对的是，读者于作品中"创造"出的意思。这两层意思常会有严重错位，但相对而言，探知作者本意的鉴赏，才是更得本旨的审美。这里将其借用至此，意在说明只有符合孔子个人意愿的称谓，方可称得上名副其实的尊称。如果做不到这一点，而只是在局外反复说某种方式或称号是尊崇孔子，便永远无法探讨清楚是否尊崇孔子，也更不知道孔子本身对这个问题的看法，与盲人摸象无异。但需要说明的是，这里讨论张璁对孔子"本意"的推断，不是要关注孔子学说本身，而是为了对孔子祀典争议做出合理判定。

那么，张璁如何探寻"孔子之心"呢？他曾在奏疏中说过这样一句话："后世读孔子之书者，全不体孔子之心，但知孔子之称王为尊孔子，而不思使孔子僭王，实诬孔子也。"② 这句话很短，但所传达出的信息却至关重要。它交代了一个非常关键的问题，就是判断何种称号是尊崇孔子的标准，即"体孔子之心"。这句话的高明之处在于，它提出了一个不为时代所囿的解答。若将其抽离于他所在的时代，而置于其他历史区间，纵使是摆在今天，它同样具有"超时代"的说服力。不过，张璁在这里也只是抛出了一个结语性的话，却未谈及对"孔子之心"的推定。那下面再来看下，张璁是怎样

---

① 关于"intentions"一词，刘象愚等人翻译为"意图"，有学者翻译为"本意"。这里采用后者，特此说明。不过，文学理论领域中的"新批评"学派认为，文本背后的作者意图在文学文本研究意义上说，既不可得又不可取。但斯金纳发挥语境论，对此种观点提出质疑，并认为从现实社会与语言语境的角度来说，读者对作者本意的把握是可达且必要的。勒内·韦勒克、奥斯汀·沃伦：《文学理论》，刘象愚、邢培明、陈圣生、李哲明译，浙江人民出版社 2017 年版，第 137—138 页。彭刚：《叙事的转向：当代西方史学理论的考察》，北京大学出版社 2017 年版，第 119—136 页。

② （明）张璁撰，张宪文校注：《张璁集》奏疏卷 7《议孔子祀典第二》。

"回到孔子的意思"的。他说：

> 孔子作《春秋》，首书"春，王，正月"，所以尊周王
> 也。他凡列国诸侯有僭称王号者，必特书诛削之。故孟轲
> 氏曰："孔子作《春秋》，而乱臣贼子惧。"观此，可以知孔
> 子之心也。①

这句话的讨论核心是对"孔子之心"的体味，其实现路径则是
《春秋》之义。这里的"春，王，正月"，是《春秋》经文的简端之
句。这里的"王"，是指周王，而不是鲁国的国君；而"正月"，则
是国君即位之年，且此年系于周王所用建子之下。这句话是在说，
"唯天子乃得称元年，诸侯不得称元年"②。若确切一点说，张璁依照
孔子作《春秋》于"诸侯有僭王者，皆笔削而心诛之"，推知孔子对
"僭王者"的批判态度，以及孔子"尊君之心"③。世人在孔子卒后
"漫加其号"，且不说他们全然"不体圣人之心"，更严重的是他们还
把孔子推到贼臣的边缘，成为《春秋》所笔诛的对象。而世宗批评
他们说："至于称王，贼害圣人之甚。"④ 也不失为中肯之论。

不过，张璁在这里只说《春秋》笔诛"僭王者"，却没有举
《春秋》条例，因此这里打算举胡安国对此例中一字褒贬的阐释，以
说明张璁讨论的归趋。《春秋》笔削之义有八，而书"公即位"便是

---

① （明）张璁撰，张宪文校注：《张璁集》奏疏卷7《议孔子祀典第二》。
② （汉）何休解诂，（唐）徐彦疏，刁小龙整理：《春秋公羊传注疏》卷1，上海古籍
出版社2014年版，第6页。
③ （明）李之藻：《頖宫礼乐疏》卷1，《景印文渊阁四库全书》史部第651册，台湾
商务印书馆1986年版。（明）张璁撰，张宪文校注：《张璁集·奏疏》卷1《议孔子祀典
第一》。
④ （明）李之藻：《頖宫礼乐疏》卷1，《景印文渊阁四库全书》史部第651册。

其中之一。① 胡安国曾论道：

> 国君逾年改元，必行告庙之礼，国史主记时政，必书即位之事，而隐公阙焉，是仲尼削之也。古者诸侯继世袭封，则内必有所承；爵位土田受之天子，则上必有所禀。内不承国于先君，上不禀命于天子，诸大夫扳己以立而遂立焉，是与争乱造端，而篡弑所由起也。《春秋》首绌隐公，以明大法，父子君臣之伦正矣。②

要讨论张璁对孔子祀典的修定，须将其置于宋明理学尤其是程朱学术的情境之下。程颐《春秋传》仅存两卷，缺略太过；朱熹于《春秋》又无成书，而胡安国之学出自程颐③，由此而溯源至程颐《春秋》学，当是不差的。这里需要简单介绍下这段话的史实背景。鲁隐公与鲁桓公都是鲁惠公之子，但前者为庶长子，而后者为嫡长子。鲁惠公薨时，君位理当由桓公继承，但桓公年纪尚幼，因此鲁国卿大夫共奉隐公为君。孔子在鲁隐公为王一事上用了笔削之法，即凡是人君即位，都需要行告庙之礼，太史"必书即位之事"。但此处却不书"公即位""是仲尼削之也"。世子或诸子享有君位，必须"承国于先君""禀命于天子"，而鲁隐公却无这两个前提，不过是大夫拥立，实属名不正而言不顺，与礼相悖。所以，孔子不书"即位""而隐公阙焉"，便是要"明大法"，正君臣、父子之大伦；其意在严

---

① （清）皮锡瑞：《论赵汸说春秋策书笔削近是孔广森深取其书而不免有误》，《经学通论·春秋》，中华书局1954年版。

② （宋）胡安国撰，王丽梅点校：《春秋传》，岳麓书社2011年版。

③ （清）永瑢等：《四库全书总目提要》第6册，商务印书馆1931年版。

防"争乱造端，而篡弑所由起也"。张璁所谓诛削"僭称王号者"①，便是指隐公之类而言。至于张璁所引孟子的话，是出自《孟子·滕文公下》。其意欲说明，孔子对"诸侯有僭王号者"的谴责态度，进而推出孔子"尊君之心"，及其对后世追称王号的否定态度。

需要指出的是，在孔子"本意"上，后人认为王号是对孔子的尊崇是一回事，而它能否达到尊崇孔子的预期，以及在孔子的主观愿望上是否认定这是对他的尊崇，则又是另外一回事，这是完全不同层次上的两个问题。张璁引吴沉的话说道：

> 考之经，在当时圣门高弟之称其师，有曰孔子，有曰
> 夫子，其孙子思直字之曰仲尼。盖夫子既无爵谥，则称之
> 者不曰仲尼，必曰夫子。观其门人、弟子之不敢过号其师，
> 则知以无实之谥加于圣人，必非圣人之意也。②

可以看出，吴沉在讨论孔子尊称时也非常看重孔子的"本意"。与后面的讨论不同，他在这里关于"圣人之意"的推定，把讨论重点放在"圣门高弟"与孔子后人对孔子的称谓上。这些人肯定深知"孔子之心"，若连他们都"不敢过号其师"，自是不愿"以无实之谥加于圣人"，这就可从侧面透露出孔子的"本意"。由此便可推见，后世追加孔子为王爵，"必非圣人之意也"。所以，从这一角度来讲，后世人君所追封的谥号，都无法称得上是对孔子的尊崇。若孔子泉下有知，面对人世间诸多花样的封号，恐怕也不会首肯的。简言之，在"孔子之心"这点上，称孔子为王，确实"不足以尊孔子，适足

---

① （明）张璁撰，张宪文校注：《张璁集》奏疏卷1《议孔子祀典第二》。
② （明）张璁撰，张宪文校注：《张璁集》奏疏卷1《议孔子祀典第一》。

渎孔子耳"①。

张衮等人却完全不能顾及至此，直以唯有称王才是真正尊崇孔子。徐阶就曾说："孔子以道则王，以德则王，以事功则王，特无其位耳。举而加之，在孔子无愧色，而在后世帝王不为过。且孔子作《春秋》命德讨罪、赏善罚恶，道之所在，固尝以布衣行天子之事矣。而于既没之后，加之以王之虚名，又何不安之虑乎？"② 这几句话是针对世宗的讨论而发。世宗曾于《御制正孔子祀典说》中称："朕惟孔子之道，王者之道也；德，王者之德也；功，王者之功也；事，王者之事也。特其位也，非王者之位焉。"③ 在这里，世宗认可的是张璁关于德、位的划分，两者区别严格。这句话的意思是说，自道、德、功、事而论，孔子言行均属于王者之业，但以职位言，孔子也仅为周之人臣。这是承接张璁关于《春秋》笔法的讨论而来。徐阶的话便要驳斥世宗孔子无位的论调，试图填平此间的鸿沟。其话外之音是，孔子作《春秋》诛讨奸恶，乃是"以布衣行天子之事"，本身就是僭礼行为，因此只有人君"加之以王之虚名"，方可使"制与位宜"④；况且，孔子乃"万世道德之宗"，与奸恶之徒绝异，而冠孔子以王号，也是当之无愧的。不过，这种似是而非的观点，含有一个不可调和的内在逻辑冲突，是此前学者未曾关注到的，足以否定它成立的可能性。关于这一点，将在后文讨论，这里且把

---

① （明）陈镐撰，（明）孔弘幹续修：《阙里志》卷12《奏表》，《北京图书馆古籍珍本丛刊》史部第23册。

② （明）徐阶：《世经堂集》卷6《论孔子祀典》，《四库全书存目丛书》集部第79册。

③ （明）李之藻：《頖宫礼乐疏》卷1，《景印文渊阁四库全书》史部第651册。

④ （明）俞汝楫：《礼部志稿》卷94《拟加孔子名号》，《景印文渊阁四库全书》史部第598册。

关注点放在张璁身上。

若仅有《春秋》一例，纵是再有说服力，也属孤证。因此，还要关注张璁对"孔子之心"的理解。他引吴沉的话说：

> 谓夫子有王者之道则可，谓夫子有王者之号则不可。
> 昔夫子病，子路使门人为臣，夫子责之曰："久矣哉！由之行诈也，无臣而为有臣。"夫无臣不可以有臣，非王而可以师称王乎，圣人不敢欺天也，人其可以欺圣人乎？①

这里所说的孔子责备子路的典故，是摘录于《论语·子罕》。孔子生重病几近危旦，子路命门人为孔子之家臣，以"治其丧"。孔子病时对此事并不知情，待孔子渐复意识，"乃知其事"，于是"言我之不当有家臣，人皆知之，不可欺也。而为有臣，则是欺天而已。人而欺天，莫大之罪"②。这里需要解释一下，孔子为何自称不得有家臣。观孔子一生，所出任之职位不过鲁司寇，仅为大夫爵。孔子此时已"避位弗仕"，若卒"则不得以大夫礼"，而"宜以士礼葬也"③。据《仪礼·士丧礼》所记，士一阶层的丧礼，"虽有夏祝、商祝、御者、彻者、摈者、奠者之属，皆暂时司其事者，谓之有司，本不为臣，今用大夫礼，是伪有臣也"④。在这里，子路也只是"欲用大夫丧葬之礼"，以示"尊荣夫子"，并无他意。但孔子对他的斥责却如此严厉，并批评道："吾谁欺？欺天乎？且予与其死于臣之手也，无宁死于二三子之手乎？且予纵不得大葬，予死于道路乎？"⑤ 这里既然说

① （明）张璁撰，张宪文校注：《张璁集》奏疏卷1《议孔子祀典第一》。
② （宋）朱熹：《论语集注》卷5，中华书局1983年版。
③ （清）刘宝楠：《论语正义》卷10，中华书局1990年版。
④ （清）刘宝楠：《论语正义》卷10。
⑤ （宋）朱熹：《论语集注》卷5。

治丧，肯定是孔子死后的事。但庆幸的是，孔子病重并没有去世，在得知子路用大夫礼葬自己后，极其愤慨。从孔子引以"欺天""自归"为说来看，足见"其责子路深矣"。[1] 在这件事上，不难看出孔子的真心，即他从生至死都不愿做丝毫违礼的事。这段话中，子路只是在孔子身后僭用大夫之礼，孔子尚且如此愤怒；若得知后人追封为王，恐怕用"是可忍也，孰不可忍"[2] 来形容孔子当时的心境，也诚不为过。至于张衮等人所谓不"以生死论可否"，而仅需以功德为准绳的说法，是孔子万万不能同意的。

五、尊儒崇道：称师的思想史意义

在前文的讨论中，"欺天"一词尤为耀眼，这里也由此断定孔子对子路违礼的愤怒程度，但同时还可见孔子对天的敬畏之深。张璁当然明白这层意思，只是不曾说透。他随后便据此推定孔子"敬天之心"，说明孔子不会僭天礼秩。张璁对待孔子德、位关系极其严肃。在他看来，与德相对的位，绝不可是虚号，而指现实世界中的君位。在他的心中，天是高于世间一切的至尊无上的存在，君位本"天与之"，人君也不过是"代天理物"。因此，不管是天子之位还是王位，都是天直接或间接的授予，而非现世人君所有之权力。世宗曾说："昔不观鲁僭王之礼，宁肯自僭祀天之礼乎？果能体圣人之心，决当正之也。"[3] 这是承前文所引夏寅的讨论而来，意在声明孔子"尊天之心"。随后，张璁又说：

---

① （宋）朱熹：《论语集注》卷5。
② （宋）朱熹：《论语集注》卷2。
③ （明）李之藻：《頖宫礼乐疏》卷1，《景印文渊阁四库全书》史部第651册。

孟轲氏曰："匹夫而有天下者，德必若舜禹，而又有天子荐之者，故仲尼不有天下。"夫昔者尧荐舜于天矣，舜荐禹于天矣，故舜、禹之有天下，天与之也。孔子之德虽无愧于舜、禹，而无天子荐之者，故不有天下。自夫唐玄宗加孔子以王号也，末世因之，若将使孔子有天下者也，以为尊孔子也。噫！欺天甚矣。①

张璁在这里强调与德相对之位，不得为虚而必当实名，而实名的授予仅为上天之权，他人不得侵夺。张璁又解释说，有德是有位的前提，但并不意味着有德就一定有位。唐玄宗妄加孔子以虚号，使孔子有德"有位"，与子路的做法相较，有过之而无不及，"欺天甚矣"。

这里需要说明的是，张璁把孔子之位授予权归于上天，却又引孟子所谓"天子荐之"，是否就意味着现世天子的命德之权在此处也可以行使呢？其实不是的。通观全文可知，这里所说的天子，是指时空限定在孔子"生存"时的天子，而不是后世的人君。但张衮的理解却正与此相反，即孔子"有位"的理据是后世人君命德之权。他讨论道：

夫谓孔子生为人臣，没不宜有王者之号，似矣。臣愚以为僭王不可也，出于人君而命之，于有德可也。古今国家封拜臣下，或裂土于生前，或崇谥于既没，惟以德以功耳，未闻以生死论可否也。苟论其初，岂非身皆草莽之臣耶？《记》有之"当其为尸，则弗臣也"，夫既为尸，则以

① （明）张璁撰，张宪文校注：《张璁集》奏疏卷 1《先师孔子祀典或问》。

神礼之矣。况生犹异世，而可以臣礼拘之乎？①

这段话先讲了一个任何人都无法反驳却又与孔子尊号无关的事实，即朝廷对有功德之臣的封赏，属于"有功而报""不可谓之僭"。②这些勋臣在受封之前也不过是"草莽之臣"，与其是否为布衣无关，"惟以德以功耳"。随即他话锋一转，便说："德如孔子，命之曰王，不可谓之不经。"③ 意思是说，"命德"本即是天子之大权，加之孔子乃"万世道德之宗"，不当有生前、身后之别。

这种鼓吹封王是对孔子的尊崇，并将其视作对孔子及其学说的无上荣耀的观点，是有很大问题的。其问题就出在他混同了孔子与"草莽之臣"之别，也径直认定孔子为当世人君的臣子，还对程朱理学中君道、师道关系缺乏最基本的认知。后世所谓的道统，是最终形铸于朱熹及其弟子黄榦。在上古三代至治时代，尧、舜等圣王即为君也为师，兼有双重职责；自周公以降，道统与治统始由一而分为二，道统自此便不在人君手中，而是在孔、孟、程、朱等历代圣贤那里；至于治统，则基本处于断续相间的状态，汉、唐诸君仅"以法把持天下"，"无人知明德、新民之事，君道间有得其一二，而师道则绝无矣"④。也就是说，上古三代圣王不再时，先王之道传于

---

① （明）张衮：《张水南文集》卷3《题为申末议慎祀典以隆圣德疏》，《四库全书存目丛书》集部第76册。
② （明）张衮：《张水南文集》卷3《题为申末议慎祀典以隆圣德疏》，《四库全书存目丛书》集部第76册。
③ （明）张衮：《张水南文集》卷3《题为申末议慎祀典以隆圣德疏》，《四库全书存目丛书》集部第76册。
④ （宋）程颢、程颐，潘富恩导读：《二程遗书》卷1《二先生语第一》；（宋）黎靖德，郑明等点校：《朱子语类》卷13，《朱子全书》第14册。

孔、孟等圣贤，随后"圣学失传千五百年，至程、朱出而后孟氏之统始续"①。这里所呈现的道统传承关系，也正可以扫清徐阶对孔子"以布衣行天子之事"的质疑。

孔子是古代中国核心文化的缔造者，和释迦牟尼、苏格拉底、耶稣一道被日本学者称为"世界四圣"，被誉为"人类的教师"。②孔子之学可以说是深邃且弘大，弘大到历代大儒都能从他的学说中开拓出新的领域。恰如日本学者和辻哲郎所说："汉代的儒学是基于其所理解的孔子，创造了汉代文化，宋学也是基于其所理解的独特的孔子，创造了宋代文化。"③郝大维也说："一方面……孔子一直被用来作为隐藏无数创造性个体的新思想的媒介；另一方面，他或许实际上就是一个'集体人'，在文化价值传承从未间断的过程中，由于后来思想家的参与而不断需要从新的路向来看待。"④汉代孔子被称为素王，其学说被称为经学，是这个朝代的学术特色。但宋代理学大兴，孔子也不再有素王之称，而是被重新定位为圣师，其学说也被后世定名为"道学"，是这个朝代的学者开出的新的思想领域。

"圣人之权"和"帝王之权"是帝制时代的儒家士大夫常提的两个相对概念⑤，这两者很像当初欧洲基督教世界中的教权与世俗王权的关系，既互争高下又相互依存。合起来看，儒家士大夫和基督徒

①　(明) 张璁撰，张宪文校注：《张璁集》奏疏卷1《议孔子祀典第一》。

②　[日] 和辻哲郎著，刘幸译，陈玥校：《孔子》，上海古籍出版社2021年版，第1—2页。

③　[日] 和辻哲郎著，刘幸译，陈玥校：《孔子》，第21页。

④　[美] 郝大维、[美] 安乐哲著，何金俐译：《通过孔子而思》，北京大学出版社2005年版，第26—27页。

⑤　(明) 吕坤著，王国轩、王秀梅注释：《呻吟语》卷1《谈道》，学苑出版社1993年版。

争的都是各自终极信仰与世俗权力的高低，其内核有些许不同，外展形式基本不异。帝制社会本身就是依靠权本位的思想核心构建起来的等级秩序，现世人君在其管控范围内的一切事物都有"命德之权"，其中就包括孔子。而在儒家思想体系中，"道"是超越世俗社会的绝对真理性存在，儒家士大夫追求的不是依靠权力而是循着"道"的理路构建现实社会的合理秩序，作为传"道"的圣人孔子，是不能被掌握世俗权力的人君冠以任何臣子爵位的。但总有一些像唐玄宗一样的人君，为了凸显自身权势的至尊无上，用当朝官爵封拜孔子，而一些长期在权本位社会中生活的儒家士大夫，也会受到这种思维逻辑的浸染，并循着"爵位尊孔"的思路去追崇孔子，最终陷入孔子爵位越来越高，但从来不会达到"帝"级别的怪圈。现世人君封拜孔子，相当于把儒学纳入权本位的思想逻辑中，缺少了独立于世俗权力之上的信仰体系，整个社会难有合理的秩序。

在宋明理学那里，道统是尊于治统的，孔子为道统（师道）的象征，自不能卑躬于时君的君权之下。但这些人却明目张胆地把孔子视作一般的人臣，将孔子置于现世君权之下，如此一来，孔孟之道难免降为"自尽其臣子之常经"①。此外，纵使从朝廷的长治久安上看，这些人的思路毫无疑问地把人君导向以治统吞并道统的歧路。这段话的讨论并不能仅归于张衮个人的看法，而是当时站在张璁对立面者所共持的态度。不过，此处讨论的意图，并不是说张衮等人有意贬抑孔子及其所代表的道统，只是想说他们尊崇孔子的路径是

---

① （清）雍正帝撰：《大义觉迷录》卷2，《近代中国史料丛刊》第36辑，文海出版社1973年版。

错误的。他们从权本位逻辑出发，坚持孔子为王，其初衷也是想尊崇孔子。但从实际效果来说，他们的初衷并不是大打折扣这么简单，而是直接使孔子沦为现世君权的附庸，径直走向了他们所意想的对立面。

或许有人会问，在唐以降的近千年中，难道就没有人看出其中的问题吗？其实一些人也清楚唐代封王是对孔子的贬抑，试图补救者也不乏其人。就明代而言，周洪谟就是其中一个。他曾向朝廷建言：

> 宋真宗欲封孔子为帝，下有司议，或言孔子周之陪臣，周止称王，不当加以帝号。殊不知夏、商、周之称王，犹唐虞之称帝，因时制宜，非有隆杀，是前代之王，天子之称王者也；后世之王，藩国而称王者也。若谓孔子周人，当用周制，止宜称王，不必称帝，犹之可也。若谓孔子陪臣，不当称帝，则非崇德报功之意矣。①

这是周洪谟于成化十二年（1476）所上奏疏。当时朝中正在议论孔子增谥、礼秩等问题，而这次讨论的发起者正是周洪谟。他坚持追封孔子帝号，"要见本朝尊崇先圣之意，以备一代之制"②，但被邹干等人所阻，终于也没能落实。这里提到的宋真宗故事，是宋人关于孔子增谥、礼秩等问题的讨论。这次讨论发生于大中祥符元年（1008），当时宋真宗拜谒曲阜孔庙之后，便说："唐明皇褒先圣为

---

① （明）俞汝楫：《礼部志稿》卷94《奏崇孔子封号》，《景印文渊阁四库全书》史部第598册。

② （明）俞汝楫：《礼部志稿》卷94《奏崇孔子封号》，《景印文渊阁四库全书》史部第598册。

王，朕欲追谥为帝，可乎?"于是"令有司检讨故事以闻"，但朝臣以孔子为"周之陪臣，周止称王，不当加以帝号，遂止增美名"①。不难看出，在宋真宗这里，孔子是何封号以及此封号是否是尊崇孔子，并不是他所关心的内容，他所关心的只是追封孔子为帝是否预示着自身超越了唐玄宗；但这个"无心插柳"之举，却无端牵出部分士人对"柳成荫"的向往。② 周洪谟就是其中之一。他或许洞悉到了宪宗不愿追封孔子为帝的心思，故而他在提出"加以帝号"之后，又抛出一个退而求其次的方案，即重新诠释"王"字含义，而这个方案却是以批评宋代故事为前提的。这都源于宋人以孔子为"周之陪臣"为由，拒绝追加孔子帝号。他称孔子"圣化神化，流被万代"③，就是要挣脱宋人言辞的羁绊，因此他的讨论自然就落到了"不以周之陪臣视之"④ 的问题上。然而，这所有的讨论都是为另一个方案的提出做了准备，于是他把孔子王号与"藩国而称王者"严格划分，而把"王"字重释为"天子之称王者也"。周洪谟如此耗费心力地迂回解读，其意图就是要提升孔子地位，摆脱为时君之臣的境遇，而与人君"平起平坐"。

平心而论，周洪谟的初衷是不错的，但所选的路径却是有很大问题的，根本无法令人信服。与他同时代的杨守陈就曾说："今言者

---

① （宋）范祖禹：《范太史集》卷22《进幸学故事札子》，《景印文渊阁四库全书》集部第1100册。

② 董喜宁：《孔庙祭祀研究》，中国社会科学出版社2014年版，第100页。

③ （明）俞汝楫：《礼部志稿》卷94《奏崇孔子封号》，《景印文渊阁四库全书》史部第598册。

④ （明）杨守陈：《皇明名臣经济录》卷12《论尊孔子帝号》，《四库禁毁书丛刊》史部第9册。

迁就有司之说，谓孔子周人当用周制，王乃天生之王，非国王之王，故不帝犹可。夫用周制，则当称鲁大司寇耳，安可王之。王之者，后世尊崇之典，非周制也。"① 这句话的后半部分明显是针对周洪谟的讨论而发，认为周洪谟把"王"附会成周代爵制，是难以取信于人的；若按周代爵制，孔子不过大司寇，"安可王之"。换言之，这个"王"只是后世的典制，"非周制也"，不过"国王而已"。随后杨守陈又说："帝为君号，王为臣爵，而帝王始悬绝矣。君于臣礼，当其为师，则不臣也。况异代之圣师，而可臣耶？王孔子而不帝，是犹臣之也，其可乎？"② 他讲这段话旨在说明，后世人君封孔子为王，"是犹臣之也"，但若追封为帝，便可获得与人君对等的地位。也就是说，周洪谟的诠释并没有让孔子摆脱后世人君臣子的地位。此二人都明白一个道理，就是自唐玄宗封孔子为王之日起，孔子"先师之名遂泯""而师道废矣"③。这恐怕是当时相当一部分士大夫的集体态度。但不管怎么说，后世人君用王爵封孔子，是待孔子以臣子之礼。换言之，作为君道代表的人君，用王爵化师道为臣道，君道终于吞并了师道。这样一来，且不说师道要尊于君道，就连要与时君同等地位，都是不可想象的。

从历史上看，与周洪谟、杨守陈持类似看法的人并不在少数，仅宋明两朝就有数次"孔子升帝运动"，但均以失败告终，主要原因

---

① （明）杨守陈：《皇明名臣经济录》卷 12《论尊孔子帝号》，《四库禁毁书丛刊》史部第 9 册。

② （明）杨守陈：《皇明名臣经济录》卷 12《论尊孔子帝号》，《四库禁毁书丛刊》史部第 9 册。

③ （明）陈镐撰，（明）孔弘幹续修：《阙里志》卷 12《奏表》，《北京图书馆古籍珍本丛刊》史部第 23 册。

在于时君不愿道统与自身所代表的治统有平等之地位。坚持以师道
还孔子的世宗，在敕谕中曾一语戳破他们的心思。他说："自秦而
后，王天下者称皇帝，汉方以王号封臣下，玄宗之封谥孔子何不以
皇帝加之，是不欲与之齐也。时一王号，犹封拜臣下耳，尊崇之意
何在哉？"① 世宗认为唐玄宗之所以用臣爵封孔子，而"不以皇帝加
之"，是不想与孔子有平等地位，于是"特一王号"，与人君"封拜
臣下"无别，根本没有尊崇孔子之意。尤其是"封拜臣下"四字，
将前代人君的心思暴露无遗。在世宗心中，"孔子为帝王师，特以道
与德为帝王所师法耳"②。因此，还孔子以圣师之名，便见世宗对
"先师传道之至情"的体会，及其"不敢违道"之至意。③ 也就是
说，不管是公、王还是始终追求而未得逞的帝号，无一例外地背离
了孔子本该担任的角色，而与孔子的原貌渐行渐远。况且，这不过
是为了彰显其时君个人的某种倾向，而这种倾向所在意的是他们自
身意愿的表达，全然未曾"问及"孔子个人的意思。这都不可避免
地与"孔子之心"有严重错位，但这种错位却是建立于泯灭孔子个
人意志的前提之下。

　　必须说明的是，以王爵称孔子，绝不是对孔子的尊崇而是贬抑；
至于以帝号称孔子，虽说孔子可与时君平起平坐，但与圣师相比，

---

① （明）陈镐撰，（明）孔弘幹续修：《阙里志》卷12《奏表》，《北京图书馆古籍珍
本丛刊》史部第23册。

② （明）陈镐撰，（明）孔弘幹续修：《阙里志》卷12《奏表》，《北京图书馆古籍珍
本丛刊》史部第23册。

③ 佚名：《嘉靖祀典考》卷5，《傅斯年图书馆藏未刊稿钞本》史部第23册，"中研
院"历史语言研究所2015年版。（明）张璁：《谕对录》卷23，《四库全书存目丛书》史
部第57册。

却又不知降了多少层次。吴沉论道：

> 夫子之泽不被于当时，而其教实垂于万世，褒之以王之贵，曷若事之以师之尊乎？《书》曰："天降下民，作之君，作之师。"古者治教之职不分，君即师也，师即君也。二帝三王，尽君师之责者也。若夫子则不得君而为师者也。师也者，君之所不得而臣者也。故曰："虽诏于天子无北面，所以尊师也。"①

此话是针对孔子尊号的讨论，而不是单纯地讨论两者的关系。自周公以降，君道与师道一分为二，且师道尊于君道，而孔子乃是师道之所在。孔子祀典本是尊崇孔子的典制，实质"为隆道统而设"②。而孔子作为其中的受祭者，自然要尊于时君，而时君则绝不可待之以臣礼，即所谓"君之所不得而臣者也"。张璁征引此文，意在说明称孔子为王、帝都不足以尊崇孔子，而唯有称圣师，才真正是对孔子的尊崇。依此，在孔子的自我身份认定上，使孔子摆脱《公羊》家塑造的"为汉制法"的素王，以及叩拜于君权之下的"文宣王"，而还孔子以先圣先师身份，才真正符合孔子的个人意愿。

在孔子去世后的两千年中，孔子尊号的争议从未休止过，但归根结底，这些争论都是诸种势力的角逐。在孔子祀典改革中，去"王"存"师"是关键。"王"既可以理解为帝王之"王"，也可以理解为诸侯之"王"或藩王之"王"，甚至有人提出追封孔子为

---

① （明）张璁撰，张宪文校注：《张璁集》奏疏卷 1《议孔子祀典第一》。
② （宋）熊禾：《熊勿轩先生文集》卷 3《三山郡泮五贤祠记》，《丛书集成初编》本，商务印书馆 1936 年版。

"配天广运大成至圣万世帝王宗师"① 等称号。尽管"王位尊孔"的本意毋庸置疑，但从实际的效果上讲，"王位尊孔"不仅没能起到尊孔的效用，反而使孔子沦为君权的附庸。后世人君追封孔子以臣爵，已无师道可言，认为唯有称圣称师，才是对孔子真正的尊崇。经过嘉靖时期的改革，孔子得以从"爵位尊孔"中解放了出来，明确否定了只有称"王"称"帝"才是尊崇孔子的怪论。只有以师尊孔，才能符合孔子作为"天下之师"或"帝王之师"的身份，使"天地君亲师"各正其位。这是"大礼议"之后对孔子地位和作用的清醒认识和最佳选择，当然更是对孔子的真正尊崇。换言之，只有将"万世一人"的孔子从"王"的束缚中解脱出来，突出孔子的"王道"，才使孔子变成了名副其实的孔子，这不仅不会矮化孔子，反而使孔子更加伟大，"可为极崇祀之道矣"②。

六、革新的魅力：张璁留下的礼制遗产

世宗与张璁改革孔子祀典的着力点在于纠正唐代以来的弊端，重塑孔子的形象。张璁对世宗说："臣窃惟孔子祀典，自唐、宋以来，溷乱至今，未有能正之者。""臣悉人情溺于故习，必肆加讪毁。伏乞皇上丕显文谟，主张斯道，断然行之。然后能一洗千载之陋习，为万世之令典也。"③ 要完成这一历史性的难题，他们面对的阻力是不难想象的。但世宗与张璁不畏艰难，利用"大礼议"后形成的难

① （明）沈德符：《万历野获编补遗》卷 2《孔庙尊称》。
② （明）俞汝楫：《礼部志稿》卷 85 下《改正先师祀典》，《景印文渊阁四库全书》史部第 598 册。
③ （明）张璁：《谕对录》卷 22，《四库全书存目丛书》史部第 57 册。

得的变革契机，在极短的时间里完成了这一历史性变革，完全改变了汉唐以来不断追尊孔子的做法，以极大的历史担当对孔子祀典进行了全面而又系统的改革。

要革除孔子祀典的弊端，世宗与张璁一方面要面对汉唐以来日渐形成的历史积弊，另一方面要正视洪武以来本朝出现的弊端。而要有效解决这两方面的问题，如何运用洪武祖制便是对世宗君臣的一大考验。不可否认，祖制也是一定历史阶段的产物，不可能是完美无缺的。其与一般的制度一样，亦随着时代的变迁也要有所扬弃。但在中国古代，祖制却具有特殊的政治作用，不能因为祖制的不足而全盘否定祖制，更不可能绕过祖制而另起炉灶，"祖宗不足法"绝不是一位务实、理性的政治家的行政选择。一位精明的政治家，要想成就一番事业，推动历史在可控中稳定而有序地向前发展，就必须要正确对待和适度灵活地利用祖制。祖制有"不易""变易"两层含义："不易"是指祖制之要旨，"变易"是指不合时宜的弊端，在行政中要妥善处理祖制与现实的关系，既不能一味地美化祖制，使祖制成为僵化的教条而束缚自己的手脚，又不能全盘否定祖制，无视祖制巨大的社会影响，引发不必要的政治纷争乃至民心动摇。孔子祀典的改革，其实就是世宗和张璁在继承朱元璋尊崇孔子先师定位基础上的变革，是对祖制的进一步完善。世宗明确提出，孔子祀典改革的依据无他，"且以我皇祖之命直断之"①。张璁在"大礼议"中明确指出世宗所拥有的天下乃"祖宗之天下"，而不是孝宗或武宗的私人恩赐，这就要求太祖必须处于独尊地位，通过孔子祀典等礼

① （明）张璁：《谕对录》卷22，《四库全书存目丛书》史部第57册。

制改革，他们强化了祖制的权威性，是孔子祀典改革中的一大特点。

孔子祀典改革既符合制礼原则，又顺应当时的历史潮流，是一次成功的礼制变革。礼制不是一成不变的，也不是"旧纸堆"里的学问，而是经世之学。没有不变的礼法，也没有永恒的典制，任何礼制都要与当时的政治与社会发展相适应，所以，因时变礼是常态，是礼制所固有的属性。在革除孔子祀典中的弊端时，世宗与张璁不被前人的做法所禁锢和束缚，而是理性地认识孔子所具有的价值和作用，以充分的自信让孔子回归本位。嘉靖时期对孔子祀典的改革，是中国历史发展到 16 世纪前期的必然要求，是对如何尊孔的深度思考和理性回答，而"大礼议"创造了必要的改革前提条件。这一改革绝非世宗和张璁的心血来潮，而是他们顺应时代要求而深思熟虑的结果，因而影响深远，深得人们高度评价。如明人徐三重论道："至嘉靖间，肃皇帝稽古法先，始毅然诏天下文庙，尽撤塑像，易以木主，数百年陋妄敝事一旦尽革。遵典章以光大祀，明神道以崇圣灵，乃宇宙不易之定论、定制。神圣复起，必无能别有异议者。"[1]葛守礼认为：张璁改革孔子祀典，使"千古陋风，一旦赫然丕变，而吾夫子之名益尊，道益重，圣朝隆师之礼益卓绝无以尚"[2]。《明经世文编》的作者论道："在圣祖已有酌议先师封号之意矣。至于世庙乃决意改正二圣，实同揆也。"[3] 《御定资治通鉴纲目三编》认为："自唐以后，加孔子号为文宣王，盖亦不免史迁作《世家》之见。张

---

[1] （明）徐三重：《采芹录》卷 2，《景印文渊阁四库全书》子部第 867 册。

[2] 张宪文、张卫中：《张璁年谱》，上海古籍出版社 1999 年版，第 180 页。

[3] （明）陈子龙等辑：《明经世文编》卷 4《定岳镇海渎名号诏》。

璁请更正祀典，改称'至圣先师'，其议颇当。"① 在世宗与张璁改定之后，孔子祀典再没有多大改变，特别是"去王称师，易像为主，垂之万世，不可易矣"②。

尽管一些人对嘉靖朝孔子祀典改革中的一些细节吹毛求疵，时有不满，但最终都无法改变嘉靖变革的基本结果。意大利传教士利玛窦看到晚明孔庙情形时说："每个新月和满月到来时，大臣们以及学士一级的人们都到孔庙聚会，向他们的先师致敬。"③ 明亡清兴，曾有人提出恢复孔子祀典中的"文宣王"称呼，但未被采纳。顺治时的史科都给事中张文光再次明确说道："以孔子生不为王，殁而王之，于理未妥。且以文宣之号，未足以尽孔子。曰至圣，则无所不该；曰先师，则名正而实称，不可易矣。"④ 美国人威廉·埃德加·盖洛在清末进入杭州孔庙时看到："一大群官吏穿着朝服，口称至尊至圣先师，把孔子如同上天本身那样供奉起来。"⑤

明人沈德符在述及张璁将孔子塑像改为木主时，轻描淡写。他说："天顺六年三月，苏州知府林鹗，因文庙圣像颓坏，乃并诸贤像皆易为木主，然未敢闻之朝也。至成化十七年，国子监丞祝澜者，遂上疏欲以木主改塑像，上不允，斥为云南府幕而去。至弘治十二年己未，南京兵科给事中杨廉遇阙里灾，乃上疏宜趁庙宇一新，更

---

① （清）夏燮：《明通鉴》卷55，嘉靖九年十一月辛丑。

② （明）张璁：《正孔子祀典》，《普门张氏文献综录》。

③ ［意］利玛窦、金尼阁著，何高济、王遵仲、李申译：《利玛窦中国札记》，中华书局1983年版，第103—104页。

④ 《清世祖实录》卷107，顺治十四年二月己丑，华文书局1969年版。

⑤ ［美］威廉·埃德加·盖洛著，沈弘、郝田虎、姜文涛译：《中国十八省府》，山东画报出版社2008年版，第17页。

易木主，以革夷教。又大成二字，乃譬喻之语，于谥法不合，亦宜革去。上虽不从，而不加谯让。至嘉靖初，张永嘉用事，而普天塑像被毁矣，盖其说非始于张也。"① 问题的关键在于没有"大礼议"中张璁的崛起和全力的推动，就不可能在嘉靖前期把以前零星的建议变成真正的现实。而在其笔下，亦有不以为然之感，认为张璁"当国，议易先圣孔子塑像为木主。时徐文贞为编修，抗言其非，坐是外贬，天下翕然称贤"②。沈德符以徐阶的不同观点来否定孔子祀典的改革，是没有意义的。

孔子祀典改革是嘉靖革新的重要内容之一，亦是成功改革的案例，在孔子祭祀典礼的发展史上具有划时代的里程碑意义。世宗与张璁以务实的态度，把握时机，理性分析得失，严肃更定仪规，使反对者难以否定孔子祀典改革的成果，避免了"人亡政息"的现象，对后世产生了深远的影响。

孔子祀典改革与嘉靖时分建的天坛、地坛、日坛、月坛以及变更朱棣庙号等一系列重大礼制变革，都与"大礼议"有着极为密切的关系。正是"大礼议"所带来的极大自信，才使世宗与张璁敢于面对孔子祀典中的弊端，并能对孔子的地位和作用做出理性的认知和清醒的定位。面对越来越失控的孔子祭祀之仪规，世宗与张璁要予以遏制甚至降杀，让孔子回归"先师"本位，面临着巨大的政治风险与压力。但他们不畏困难，顺应历史潮流，勇于担当，敢于变革，实属难能可贵。在"官本位"思想的影响下，大多数人重"王"

---

① （明）沈德符：《万历野获编》卷14《孔庙废塑像》
② （明）沈德符：《万历野获编》卷14《先圣木主》。

而轻"师",根本看不上"至圣先师"所具有的合理性和积极作用,认为只有称"王"才是对孔子真正的尊崇。"王"隆而"师"轻的结果必然是师道废弃,师名湮没。世宗与张璁废除孔子祀典中的王号而突出"至圣先师",是对孔子真正的尊崇。这是嘉靖革新的重大成果之一,具有重要的历史意义,应旗帜鲜明地予以肯定。

第五章　张璁与嘉靖阁权的强化

　　随着明史研究的不断深入，把明代内阁简单地比附为传统相权的观点被越来越多的学者所否定，相当一部分学者以动态的眼光来认识明代阁权的演变与政治的互动关系，分阶段认识阁权的变动趋势。总体而言，有明一代阁权经历了由弱变强和由强到弱的过程，但两头的"弱"，其形式与内涵完全不同。前一个"弱"，是废相之后内阁形成初期的必然现象。不难理解内阁在废相后的政治挤压中艰难地适应新的政治生态，在各种政治势力的夹缝中不断利用特殊的机遇来试图扩张权力。所以，此时的阁权之"弱"是常态，而非变态。后一个"弱"是相对于阁权在不断强化之后的一种状态而言，是一种变态，而非常态。明朝就在阁权由强变弱的变态中活力减弱，逐渐走向衰亡，其亡国模式具有自身的独特性。

一、嘉靖至万历前期内阁的特点

　　明朝的阁权在嘉靖初年至万历初年的五十多年间达到了高峰，

这是学界的主流看法。① 具体而言，就是从阁臣张璁到张居正在职时阁权的表现形态。② 在这一阶段，张璁、夏言、严嵩、徐阶、高拱和张居正等人在阁期间都与各该时期的皇帝关系密切，得到了各该时期皇帝的支持，成为明代历史上阁臣特别是首辅与皇帝密切关系持续时间最久的时期。尽管这一时期有这样那样的问题，甚至是巨大的政治或军事危机，但最终都能化险为夷，转危为安。其根本的原因就在于政治中枢具有活力，内阁与皇帝之间的互动关系较为密切。

在这一时期阁权的强势扩张中，尽管有些人对阁权突破祖制而不断强化表示了担忧，但难以对内阁的强化趋势有所影响。在严嵩被罢免之后，善于骑墙的徐阶，在与世宗的密疏来往中，"商及斋醮及服食秘亵，俱未免迎合。即建储大典，圣意欲迟迟，亦不敢显谏。大抵依违居多"③。为了迎合舆论，徐阶提出了所谓"以威福还主上，以政务还诸司，以用舍刑赏还公论"④ 的"三语政纲"，试图借此来笼络人心，改变形象。但由于惯性强大，难以在短期内改变强势阁权的走向。一些学者一再凸显此时的徐阶，自觉或不自觉地把徐阶看成嘉靖、隆庆之际的栋梁！事实上，这种观点是在自觉或不自觉地承认此时内阁的依然强大。徐阶之后的高拱和张居正将阁权继续向前推进，首辅权力不断扩大，这应该是学界主流的看法。

对这一时期阁权的显著变化，长期以来大多数学者用"混斗"来描述，而不顾及阁权的强化必然会引起政治系统的不适应和由此

---

① 参见田澍《八十年代以来明代政治中枢模式研究述评》，《政治学研究》2005 年第 1 期。

② 参见田澍《张璁与嘉靖内阁》，《中国史研究》2008 年第 4 期。

③ （明）沈德符：《万历野获编》卷 8《谀墓》。

④ （清）张廷玉等：《明史》卷 213《徐阶传》。

引发的系统内部的剧烈震荡，指望阁权的强化不经过内部的巨变而一步到位或朝夕完成显然是不切实际的。而阁权强化的态势是一个渐进的过程，同时也是由不平衡到平衡的过程。在这一过程中，不仅仅是非阁臣的朝臣乃至一部分士人会有异议，亦即阁臣之间也有不同的看法。出现这些现象，都是极其正常的，不足为奇！

但是，核心的问题是嘉靖、隆庆、万历之际的阁权最终要往何处发展？学界对此问题的探索还远远不够！总体而言，从张璁到张居正，阁权是不断扩张的，但扩张毕竟还是有限的。从现有的认知水平来讲，学界一致的看法是在这一过程中首辅张居正时期的阁权达到了峰值，甚至超出了内阁的职权范围。如王天有所言："张居正推行考成法，虽然当时提高了行政效率，但是以内阁控制六科，监督六部，就超出了内阁议政的权限，明显地把权力延伸到监督百官执行权的领域。所以张居正改革以失败告终，死后被抄家，罪名就是'侵权'。"[1] 张居正被大多数人所肯定，被人们自觉或不自觉地誉为"宰相之杰"，事实上就是对明代阁权峰值的另外一种表达。如果这种认识能够成立，那就必须回答"后张居正时代"阁权的走向，或者说张居正的权力峰值是不是明代阁权内在合理的发展方向。这是研究晚明历史必须正视的首要问题。

在学界一味地凸显嘉靖时期内阁的"混斗"的同时，部分学者充分注意到了嘉靖内阁在明代内阁发展史中所具有的特殊地位，认为从嘉靖开始至万历初年是明代内阁发展过程中的"鼎盛"时期[2]，

---

[1]　王天有：《王天有史学论集》，北京大学出版社 2018 年版，第 115 页。

[2]　王天有：《明代国家机构研究》，北京大学出版社 1992 年版；谭天星：《明代内阁政治》，中国社会科学出版社 1996 年版。

这应该是认识嘉靖内阁的主要视角。把杨廷和视为嘉靖内阁鼎盛开始的代表人物是不妥的。在世宗于嘉靖三年钦定"大礼议"之后，张璁入阁并担任首辅。其后，他利用"大礼议"中与世宗所建立起的比较牢靠的君臣关系而进一步强化了内阁作用，使内阁在嘉靖至万历前期的明代政治中释放了巨大的政治能量并发挥了重要作用。自张璁之后，首辅夏言、严嵩、徐阶、高拱、张居正等相继在内阁中起着主导作用，这是其他时期所不具有的现象。张璁是嘉、隆、万内阁"鼎盛"时期的真正开启者，他所起的特殊作用是不容忽视的，必须予以正视。

学界在论及正德、嘉靖之际政局演变时，几乎异口同声地指出世宗打压杨廷和集团是为了强化皇权，或者突出世宗借助"大礼议"来不断强化皇权。事实上，这是一个伪命题。需要正视的是，明朝的皇权从来就没有过"弱化"，始终稳当非凡。在朱元璋之后，除了分封的宗亲对皇权造成一定的威胁外，其他势力不可能觊觎皇权。在一些人的想象当中，内阁还能制约皇帝，这也是错误的看法。明代内阁是适应皇权的产物，本身是皇权的一部分，不可能对抗皇权。不能把阁臣与皇帝因在某一事件上的意见相左甚至是激烈的争论看成阁权制约皇权，也不能看成对抗皇权。因为在决策选择过程中，有争论是极其正常的，专制政治并不拒绝争论。否则，明朝就不会有廷议制度。事实上，阁臣只有在皇帝的许可和支持下才能有一定的作为。一旦其行为超越了制度的规定，不但皇帝不允许，而且明代社会也不答应，故阁臣一般也不会突破这一红线。

在明代历史上，杨廷和在皇位空缺时期的确有点特殊，但这一特殊性并没有改变内阁的属性，更没有给杨廷和凌驾于皇权之上的合法理由。因为新皇帝不是"阿斗"，更不是傀儡。当世宗即位后，杨廷和的特殊性也就不存在了。至于嘉靖皇帝如何行政，那是新皇帝考虑的问题，而非杨廷和考虑的事情。既然把朱厚熜推到皇位上去，那就必须尊重新皇帝。世宗登极之后，杨廷和便成了世宗领导下的阁臣，必须听命于世宗和效忠于世宗。否则，就不可能有杨廷和的行政空间。但事实是，在选定新君之后，杨廷和并没有认真思量与即将入京的新君如何确立新型关系这一重大问题，更没有想着以臣子的身份认真听取世宗的施政理念。学界所挖掘和放大杨廷和在正、嘉之际的"功劳"，其实只是些皮毛，不是当时的主要问题。换言之，正、嘉之际，不在于杨廷和抢抓机遇想干点具体的什么事情，而在于他如何取得皇帝的信任，获得干实事甚至从事变革的前提条件。他设计的大礼主张在世宗即位伊始就已经将自己置于世宗的对立面，使自己完全失去了与世宗建立互信关系的可能性。明乎此，即可知世宗于即位后最想做的事就是清除杨廷和集团。这是认识嘉靖政治特别是嘉靖革新的起点。①

"大礼议"是杨廷和为自己退出嘉靖政坛所选择的华容道，是"忠于孝宗"还是"忠于世宗"的决斗场。杨廷和在"大礼议"中的失败是必然的，其失败完全符合明代政治利益。学术界应该正视杨廷和集团失败的积极意义，并改变悲观意识，恢复信心，明白离开了杨廷和，嘉靖政治运行得更好。世宗借助"大礼议"彻底清除庞大的杨廷和集团，这是一个奇迹，足以说明他的政治才能。通过"大礼议"，这位来自民间的皇帝认识了村夫出身的新科中年进士张

---

① 田澍：《明代政治转型：正德嘉靖政局的走向》，《西北师大学报》2009 年第 6 期。

璁，新型的君臣关系因此形成。张璁"科第仅逾八年，官阶蹦登一品"①。在其笔下，描述新型君臣关系的诗句随处可见，如："君臣自古难相遇，宠异如斯报益难"②；"君臣原一体，上下尽通情"③；"君臣岂是难相遇，只恨恩深未杀身"④；"君臣共休戚，远近可分忧"⑤；"深恩岂忍孤明主，老病侵凌莫可当。"⑥ 这样密切的君臣关系在明代大臣中并不多见，特别是与杨廷和被武宗和世宗冷落时的哀怨形成了明显的对照！在明代，只有大臣特别是阁臣得到皇帝的倾心委任，才能有所作为。张璁通过"大礼议"崛起并取代杨廷和⑦，使明武宗因拒绝立嗣造成的政治震荡基本结束，嘉靖变革时代才真正到来。

要突破洪武祖制而实现阁权的扩张，主要取决于皇帝的容忍程度，而不可能在与皇帝的对抗中完成，更不可能通过挟持皇帝而侥幸成功。张璁与明代阁权的演变有着密切关系，对其与内阁关系的探讨，有助于加深对明代内阁特性的认识，特别是有助于理解嘉靖乃至隆庆、万历内阁的特点。

二、嘉靖初年阁臣的更迭

一朝天子一朝臣。在明代，新皇帝即位，都要选择任命新的阁臣，以确保其对内阁的有效控制。在父死子继的常态即位模式下，

---

① （明）张璁撰，张宪文校注：《张璁集》奏疏卷 4《辞免加秩》。
② （明）张璁撰，张宪文校注：《张璁集》诗稿卷 4《斋宫谢恩二首》。
③ （明）张璁撰，张宪文校注：《张璁集》诗稿卷 4《庆成赐宴二十韵》。
④ （明）张璁撰，张宪文校注：《张璁集》诗稿卷 4《天津二首》。
⑤ （明）张璁撰，张宪文校注：《张璁集》诗稿卷 4《括苍舟中留别竹居兄四首》。
⑥ （明）张璁撰，张宪文校注：《张璁集》诗稿卷 4《病中偶成》。
⑦ 田澍：《张璁与嘉靖内阁》，《中国史研究》2008 年第 4 期。

新即位的皇帝一般会选任自己做太子时的东宫旧僚进入内阁，并参用前朝遗留的个别阁臣。而作为武宗暴亡后以藩王身份入即皇位的世宗，即位伊始在朝中没有自己的亲信，既与前朝阁臣没有交往，也无东宫旧僚，故在短时期内难以找到合适人选替代原有阁臣。这种特殊的政治背景实际上有利于原有阁臣杨廷和等人。只要他们以积极务实的态度设法与世宗处理好关系，赢得世宗的信任，就能确保其在世宗内阁中较长时段发挥政治作用。但这种看似对杨廷和等旧臣有利的政治局面，却因"大礼议"而很快使其由主动变为被动。

就"大礼议"本身而言，它不是简单的礼议之争，而是对世宗即位合法性的争论，特别是对武宗遗诏能否切实执行的重大的政治论战。在这一争论中，杨廷和集团以议礼为名，完全不顾世宗即位的特殊性和武宗遗诏的明文规定而任情发挥，肆意演绎，以所谓万世不变的"礼"来强迫世宗屈服认可杨廷和的主张。然而，自七岁起熟读《孝经》的少年天子明世宗为了自己的孝情，也为了维护武宗遗诏的法律地位，与杨廷和集团斗智斗勇，最后取得了"大礼议"的胜利，既捍卫了武宗遗诏的尊严，也确立了自己独立的姿态。

作为藩王的朱厚熜，入京时势单力薄，孤立无援，要与杨廷和集团周旋，并非易事。尽管洪武体制稳当非凡，杨廷和集团不可能一手遮天，但要彻底清除在非常时期形成的这一特殊势力，绝非朝夕之间所能完成。明武宗死后，明代政治秩序不可能在一夜之间恢复正常，"大礼议"之所以能够持续较长的时间，就在于身为皇帝的世宗暂时并未拥有全部的皇权。换言之，"大礼议"是明代皇权由武宗流向世宗的必要路径，也是恢复明代政治秩序的必要步骤，世宗在"大礼议"中一步步的胜利，其实就是皇权一点点的获得和秩序一步步的恢复。这一争论跟明代其他时期的廷议有着本质的不同。仅仅从礼制方面引经据典，各抒己见，都不可能真正认清"大礼议"的本质特征及其所发挥的政治作用。有些学者把"大礼议"中世宗的胜利和杨廷和的失败看成世宗皇权强暴的结果。持此论者本末倒置，把杨廷和集团当成明朝政治的核心代表和嘉靖时代当然的主导力量，并完全无视武宗皇权如何全部转移到世宗手中这一基本问题和明代政治的现实规定。事实上，杨廷和等人借助孝宗和慈寿皇太后并以议大礼之名压制世宗，是对世宗完全拥有皇权设置障碍，进行干扰。对此，世宗心里十分清楚，他事后曾在多个场合表露议大礼期间被人所欺的愤慨。这一现象看似世宗个人的感受，其实是皇权体制受到强烈冲击的体现。有明一代，任何一位君主都不可能成为大臣手中的玩物，在世宗前后都没有这样的权臣，自然杨廷和也不可能成为明朝历史上玩弄皇帝的第一权臣。杨廷和等人不敢也不能趁机明确提出限制皇权的政治主张，世宗名义上在"大礼议"中为其父母争取名分，实际上是为了自己的皇权而战。他明确表示，要他顺从杨廷和不合人情的主张而改换父母，就放弃皇位，这等于是向杨廷和等人发出最严厉的警告和最后通牒。但杨廷和等人已骑虎难下，只有硬着头皮顶下去，等待着最后覆没的到来。

杨廷和集团在"大礼议"中的失败，说明他们不可能成为嘉靖初政的主导力量。面对已经继统的明世宗，他们高喊继统必先继嗣的口号，给人的直觉就是世宗不先继嗣，就不得继承皇位，但世宗已经按照武宗遗诏即位，成为合法皇帝，显然他们不可能把世宗借此赶下台去。在世宗看来，杨廷和集团借助"大礼议"是想否定自己皇位的合法性，甚至是无视自己的存在。"大礼议"传递的一个显著的信号就是阁臣与皇帝不可调和的矛盾。而那些为杨廷和大礼观辩护者根本不考虑明代的政治实情，也根本无视阁臣与皇帝公开对抗对明代政治所产生的巨大的负面影响。尽管杨廷和集团人数较多，但在明代政治体制中，他们根本无法与皇权抗衡。对内阁首辅杨廷和来说，与皇帝的对抗是其政治生涯中的最大败笔，他的迂腐和僵硬再次证明他缺乏与皇帝协调关系的基本能力。正因为如此，世宗不可能在武宗乱政之后依靠杨廷和等人来重建嘉靖政治新秩序。换言之，"大礼议"已经严重地伤害了君臣关系，要杨廷和等老臣协助世宗有效清理武宗乱政是不可能的。杨廷和等人在"大礼议"中与世宗不可调和的矛盾，使世宗清醒地认识到要有效革除前朝的弊政，必须首先清除杨廷和集团。大礼之争不能超越世宗所面临的现实的明代政治利益，相反必须要服从这一利益。杨廷和集团在"大礼议"中抱着鱼死网破的决心与世宗对抗到底的做法，使其没有回旋的余地，自觉或不自觉地将自己送上绝路。就当时的政治情形而言，"大礼议"客观上为世宗积聚能量和杨廷和集团失去优势并迅速走向败灭提供了一个绝好的交互平台，世宗利用"大礼议"将杨廷和集团全部逐出政坛，为其全面控制朝政和行使真正的皇权铺平了道路。也就是说，在"大礼议"中同时存在两个过程，即一方面是杨廷和集团败灭、自取灭亡的过程，另一方面是世宗全部收回武宗皇权的过程。这一过程对世宗来说是至关重要的，只能成功，不能失败。这种借助"大礼议"来彻底清洗前朝旧势力的做法在明代乃至中国古代历史上极具典型意义，在中国政治史上是一个极为突出的人事更迭和恢复政治秩序的范例。

杨廷和等人挑起"大礼议"并在"大礼议"中与世宗的对抗是

其政治极不成熟的表现。他们在武宗时期无甚突出的政绩，在世宗初政中也不会有令人刮目相看的举措。明代的政治体制绝不允许大臣特别是阁臣公然藐视皇帝，但杨廷和等人错误地估计了形势，无视明代政治体制全方位维护皇权的基本理念，对自己没有一个准确的定位，不知道与新皇帝如何打交道。尽管世宗在朝中暂时没有自己的亲信，但他是明朝合法的皇帝，不会成为孤家寡人，权力重心绝不会也绝不可能偏向杨廷和一边，皇权的向心力会在世宗周围迅速形成新的力量。这是明代政治的一般规律，杨廷和等人不可能对此有丝毫的改变。杨廷和内阁是武宗旧内阁的延续，世宗要真正全部接受武宗的皇权，必须清除与其对抗的杨廷和内阁，组建自己能够掌控的新内阁。"大礼议"绝不仅仅是礼仪本身的争论，其显著的政治功能长期被学界所忽视，那就是通过议礼，世宗来发现和培植自己的亲信。尽管世宗不可能像东宫太子那样有自己的旧僚，但他必须要有自己倾心的委任之人。而以特殊方式即位的世宗，更迫切地需要自己所能倚信的阁臣，故他选择阁臣的方式也就与众不同。长期以来，在"大礼议"中支持世宗大礼观的张璁、桂萼等人被人们视为"迎合"世宗的"佞人""小人"，而忽视了"大礼议"对世宗选拔新阁臣所具有的特殊作用。杨廷和等人借助"大礼议"来挑战世宗、截留皇权的行为使这位少年天子真心意识到尽快将其赶出内阁的紧迫性。以杨廷和为首的前朝老臣能够在世宗即位后的三年多时间内对抗世宗，时间不是太短，而是太长。其主要原因就是世宗还未真正找到替代杨廷和等旧臣的合适人选。"大礼议"看似纷乱，但武宗皇权全部流向世宗的这一主线却是明确的。那种把杨廷和在"大礼议"中对抗世宗的行为上升到阁权扩张的看法是值得商椊的，如云：世宗即位之初，"发生了内阁首辅杨廷和为'议礼'事而公开顶抗世宗的事件"，"这种情况，在有明一代的政治生活中确属少有，它显然是阁权复张的一种直接反映"①。事实上，杨廷和等旧臣与世宗的对抗是武宗皇权断裂后的变态反应，不能据此来说明阁权的强化。

在借助"大礼议"逐渐击垮杨廷和集团的同时，世宗选择阁臣的鲜明政治标准就是其能否支持自己的大礼观，即在"大礼议"中不怕杨廷和集团的肆意谩骂和不顾生命安危而公开支持世宗的大礼主张；或保持中立，不与杨廷和集团为伍。在杨廷和被罢免后阁臣费宏继续留任，并担任首辅。其原因就在于他在"大礼议"中能够看清形势，没有紧随杨廷和而与世宗明显对抗，是"大礼议"中的骑墙派。史载：在世宗即位之初，费宏"与杨廷和、蒋冕、毛纪同心协赞，数劝帝革武宗弊政。'大礼'之议，诸臣力与帝争，帝不能堪。宏颇揣知帝旨，第署名公疏，未尝特谏，以是帝心善之。及廷和等去位，宏为首辅，加少师兼太子太师、吏部尚书、谨身殿大学士，委任甚至"②。但费宏等人得不到"大礼新贵"的认可，《明史·席书传》言："时执政者费宏、石珤、贾詠，书心弗善也，乃力荐杨一清、王守仁入阁，且曰：'今诸大臣皆中材，无足与计天下事。定乱济时，非守仁不可。'"③ 王守仁虽一度受到重用，但终未能入阁，而席书所荐杨一清不久得以入阁，并继费宏为首辅。杨一

---

① 关文发、颜广文：《明代政治制度研究》，中国社会科学出版社1995年版，第35—36页。

② （清）张廷玉等：《明史》卷193《费宏传》。

③ （清）张廷玉等：《明史》卷197《席书传》。

清内阁又向张璁内阁靠近了一大步。与费宏相比，杨一清在大礼议中明确支持张璁。据《明史·杨一清传》载："初，'大礼'议起，一清方家居，见张璁疏，寓书门人乔宇曰：'张生此议，圣人复起，不能易也。'又劝席书早赴召，以定大礼。璁等既骤显，颇引一清。"后来，世宗欲严惩贪贿的杨一清时，张璁三上密疏，请求宽宥，认为"保全一清，实所以保全臣等也"①。杨一清被罢职后，张璁为内阁首辅，使世宗重用张璁并进而控制内阁的目的基本实现。世宗曾对张璁说："卿学博才优，忠诚素著，朕所简任，非止以议礼一端。且父子天性，方朕冲年寡昧，为人所欺，皇天垂鉴，俾卿开朕心志，赞成大礼，即以此用卿，亦朝廷报功之公典。"②后来又说："朕念彼等（指张璁等人）忠于王事，授以重职，擢居辅导，欲其全君臣始终之义之美。"③

就嘉靖前期内阁而言，世宗利用"大礼议"击碎了与其对抗的杨廷和旧内阁，并通过任用"大礼议"中倾向自己的费宏、杨一清等人向完全支持自己的张璁新内阁过渡。这种趋向是明晰的，符合明代政治的内在要求。正如明人郑晓所言："论大礼入内阁者，席文襄、张文忠、桂文襄、方文襄四人。霍文敏以礼书掌詹事府事。若杨文襄再入阁，以称张疏，李文康以谕德是张说入阁。"④

三、张璁多次被迫离开内阁

张璁是鼎力支持世宗大礼观的中坚人物。在当时胜负难料且在

---

① （明）张璁撰，张宪文校注：《张璁集》奏疏卷5《再请》。
② 《明世宗实录》卷103，嘉靖八年七月乙卯。
③ 《明世宗实录》卷104，嘉靖八年八月戊寅。
④ （明）郑晓：《今言》卷4《三百七》。

杨廷和集团全面把持朝政的政治环境中，作为新科进士的张璁没有相当的学识和胆量是不可能勇敢地站出来挑战杨廷和的。作为"大礼议"中的风云人物，不论在当时，还是在后来，张璁都是一个极具争议的人物。争论的焦点主要体现在如何看待张璁的议礼动机和人品问题上。翻阅各类文献和论著，攻击张璁等"大礼新贵"为"小人""佞人""迎合"之词俯拾皆是。由否定张璁等人的品行进而否定张璁等人的革新行为，对其倡行的重大变革视而不见。作为身处权力巅峰的明世宗熟知官场百态，特别是钦定"大礼议"后的政治特点，能够力排众议，全力重用张璁等人。但世宗的皇权不是万能的，面对复杂的政治环境，世宗不得不以屡罢屡召的方式保全张璁等人，成为明代内阁政治史中极具特色的一幕情景。为了便于了解这一过程，特将世宗召复和罢免阁臣张璁的相关信息列表说明如下①：

诏令入阁时间	实际入阁时间	离阁时间	备注
六年十月	六年十月	八年八月	七年正月，加少保兼太子太保；七年六月，加少傅兼太子太傅，晋吏部尚书谨身殿大学士。
八年九月	八年九月	十年七月	八年九月，进内阁首辅。
十年十一月	十一年三月	十一年八月	十年三月，晋太子太师华盖殿大学士。
十二年正月	十二年四月	十四年四月	十三年正月，晋少师兼太子太保吏部尚书武英殿大学士。
十五年七月	因病未至		十八年二月，卒。

① 依据《明世宗实录》的相关资料编制而成。

张璁第一次被罢阁职与大礼余波有密切关系，其间也夹杂着张璁与杨一清之间的矛盾。《明史·张璁传》言："一清再相，颇由璁、萼力，倾心下二人。而璁终以压于一清，不获尽如意，遂相龃龉。"① 尽管杨一清在"大礼议"中曾明确支持过张璁，但对新生代张璁等人的迅速超擢和大胆变革并不认同，难以与张璁等人同心同德，和衷共济，新旧之间的矛盾客观存在。对此，杨一清也不隐讳，说道："今持论者尚纷更，臣独主安静；尚刻核，臣独主宽平。"② 加之"大礼议"中言官群起攻击张璁等人，后遭重治，故张璁与言官的关系始终处于紧张状态，言官亦伺机报复，说其好话者少，说其坏话者多。在张璁第一次罢职时，言官充当着急先锋。如兵科给事中孙应奎在论及当时的阁臣品行时，认为张璁"博而性偏，伤于自恃，犹饬励功名，当抑其过而任之"③。不久，礼科给事中王准则以张璁所举通州参将陈璠、桂萼所举御医李梦鹤为私人，"乞戒璁、萼勿私偏比，以息人言"④。随后，工科给事中陆粲言辞更加激烈，认为张璁、桂萼"凶险之资，乖僻之学，曩自小臣，赞议大礼，蒙陛下拔置近侍，不三四年，位至极品，恩宠隆异，振古未闻。虽捐躯陨首，未足以报。乃敢罔上行私，专权纳贿，擅作威福，报复恩仇"⑤。面对言官的接连攻击，世宗没有挽留张璁，而是令其离职反省。世宗说道："朕习以大礼未明，父母改称，时张璁首倡正议奏闻，更复后桂萼赞议。自礼成之后，朕授官重任，盖以彼尽心救正忠诚之故。今

① （清）张廷玉等：《明史》卷196《张璁传》。
② （清）张廷玉等：《明史》卷198《杨一清传》。
③ 《明世宗实录》卷103，嘉靖八年七月乙未。
④ 《明世宗实录》卷103，嘉靖八年七月癸丑。
⑤ 《明世宗实录》卷104，嘉靖八年八月丙子。

彼既顿失前志，肆意妄为，负君忘义，自取多愆，朕不敢私。张璁仍以本职令回家深加省改，以图后用。桂萼革去散官及学士职衔，以尚书致仕。"① 同时，世宗警告朝臣不得趁机掀起攻击张璁等人的浪潮。在世宗严词责备张璁之时，向天下明示让张璁暂时离开内阁是为了让其"回家创悟，以资后用"②，为重新起用张璁留有余地。从议大礼到超擢入阁，张璁的仕途过于顺畅，这本身会招致已习惯于论资排辈的官僚阶层的怨恨。而张璁等人不顾人情的变革必然会损害部分官僚的切身利益，他们借机发泄私愤在所难免。面对世情，世宗批评张璁是"肆意妄为""自用自恣"，并通过免职以消磨张璁的锐气，使其适应官场的主流。

张璁、桂萼离职后，内阁仅剩老臣杨一清和新进之臣翟銮，被世宗因议大礼而重用的霍韬感到势单力薄，难以应付局面，故提出辞呈，说："璁、萼既去，臣岂宜独留！乞赐罢黜。"③ 张璁离京后，世宗因内阁缺人欲即刻召回张璁，便秘密征求杨一清的意见。杨一清建议推迟召还，认为"甫榜其罪，宜待其至家召之"④。世宗不听，急令行至天津的张璁还阁理事，其敕言："卿以通博之才，贞一之学，首建正议，赞朕冲人以成大礼，擢卿辅弼之任，裨益良多。近因人言，乃令还籍，实朕保全之意。今辅导缺人，赞理机务，卿宜疾速返途，勿得推延辞避。"⑤ 世宗此言，与罢职时的责备形成了鲜明的对比，可以看出是他的肺腑之言。从第一次罢职的整个过程来

---

① 《明世宗实录》卷 104，嘉靖八年八月丙子。

② 《明世宗实录》卷 104，嘉靖八年八月戊寅。

③ （明）徐学聚：《国朝典汇》卷 32《辅臣考》。

④ （明）谈迁：《国榷》卷 54，嘉靖八年九月癸巳。

⑤ 《明世宗实录》卷 105，嘉靖八年九月癸巳。

看，张璁的罢职既是其与老臣杨一清之间矛盾的反映，又是世宗调整阁臣结构的必要步骤。世宗让张璁暂时离职其实是为了将来使其在内阁中占据更加有利的地位。而要达到这一目的，必须清除杨一清。在张璁离阁后，霍韬"力攻一清，微为璁白。璁行抵天津，帝命行人赍手敕召还。一清遂罢去，璁为首辅"①。可见，世宗对张璁所说的"以图后用""保全之意"等并非虚语，而是以退为进，给张璁以首辅之权。从中可以看出世宗用人的政治技巧，这一本领是在"大礼议"中他与杨廷和等老臣的斗争中练成的。

张璁第二次罢职则是与夏言的矛盾。《明史·夏言传》言：张璁"颐指百僚，无敢与抗者。言自以受帝知，独不为下……言既显，与孚敬、献夫、韬为难，益以强直厚自结"②。《明史·张璁传》亦言："夏言恃帝眷，数以事讦孚敬。孚敬衔之，未有以发。纳彭泽言构陷行人司正薛侃，因侃以害言。廷鞫事露，旨斥其怵阁。御史谭缵、端廷赦、唐愈贤交章劾之。帝谕法司令致仕，孚敬乃大惭去。"此次离阁后，世宗之母蒋太后多次问及张璁，加之内阁无得力之人，四个月后，世宗又诏复张璁入阁："自卿去后，切轸朕思。人谁无过，朕勿类心，必得卿始终以佐之，而后可慰我圣母之怀，副我思托之至。"③ 嘉靖十一年（1532）三月至京后，张璁由太子太傅谨身殿大学士进为太子太师华盖殿大学士，仍为首辅。世宗要求张璁恪尽职守，敢于任事，不要因罢职而气馁。

张璁前两次的离阁，表面上看对张璁不利，但事实上更进一步

---

① （清）张廷玉等：《明史》卷196《张璁传》。
② （清）张廷玉等：《明史》卷196《夏言传》。
③ （明）谈迁：《国榷》卷55，嘉靖十年十一月丁丑。

确立了张璁在内阁中的地位。当然，仇恨张璁等"大礼新贵"的势力客观存在，他们不断寻找机会，小题大做，伺机掀起风浪。嘉靖十一年（1532）八月，针对彗星出现东方一事，世宗令群臣修省，礼科给事中魏良弼趁机上疏攻击张璁："彗晨见东，君臣争明。彗孛出井，奸臣在侧。孚敬窃弄威福，骄恣专横，妖星示异，惟其所召，乞亟罢免。"兵科给事中秦鳌亦言："不去孚敬，天意终不可得而回也。"① 南京御史冯恩利用这一机会将张璁等人视为奸臣，认为张璁为"根本之彗"，汪鋐为"腹心之彗"，方献夫为"门庭之彗"。② 魏良弼等人把天象与人事比附起来，振振有词，津津乐道，对张璁等人穷追猛打。然而弄不好也是自打嘴巴，损害言官的形象和声誉。世宗亦迷信天象，误从言官之意，故迅速对张璁做出了致仕的决定，且免去了吏役、月饩、敕书等恩典，其对张璁的愤怒一度达到了极点。然而罢免张璁，彗星并未退去。当世宗面对天象依旧而冷静下来时，感到自己如此对待张璁形同闹剧，并对其冲动深感懊悔，便下令召复其入阁，敕言："自卿归，星芒未见速退。应软否软，他不必费笔札矣。今朕三召卿复任，卿若能悉朕意，则作速前来，期使功名不自昧，用全君臣之道。"③ 世宗不被所谓的"人言"所迷惑，知错就改，依然重用张璁。

张璁第四次离阁的主要是身体原因。张璁于嘉靖十四年（1535）三月自言："臣因力薄任重，事烦心劳，遂致痰火上冲，喉吻常痛，去年三月内，在阁举发，昏晕几仆，曾已上闻；今年正月四日在朝

---

① 《明世宗实录》卷141，嘉靖十一年八月辛丑。

② （清）张廷玉等：《明史》卷209《冯恩传》。

③ 《明世宗实录》卷146，嘉靖十二年正月丙辰。

房斋宿，病又举发，昏晕不省人事者逾日，举朝知之。"① 由于病情未见好转，张璁多次上疏乞休，世宗不允，只答应休假在京疗养。同时，世宗赐张璁药方，令其服用："朕惟近古之君有剪须疗大臣疾者，朕居常合药数味自饮，辄效。兹为卿择清心宁神驱火保肺者为一服，以此得愈，庶慰朕念。"② 但由于张璁病情急剧加重，世宗被迫许其致仕，并对张璁说："卿辅朕有年，朕所倚任，兹以感疾累疏乞休，情词恳切，特允所请，给驿以归。仍赐敕奖谕，遣行人、御医伴送还乡，有司月给米八百，岁拨人夫八名，时加存问，以示朕优眷之意。"③ 可以看出世宗对张璁的眷顾之情。此次离阁后，现有阁臣无人能够充任首辅之职，世宗只得召回老臣费宏，但居阁不足三月，费宏物故。嘉靖十五年（1536）七月，世宗要求张璁病情好转后急速入阁，并多次催促其还朝任事。张璁不顾病情，曾两次离家赴京，但皆因病情恶化而匆匆返回，未能面见世宗，最后于嘉靖十八年（1539）二月卒于故乡。世宗以张璁能够"危身奉上"，亲自确定其谥号为"文忠"。此前支持张璁的世宗之母章圣皇太后于嘉靖十七年（1538）十二月逝世。张璁的去世，标志着"大礼议"对嘉靖内阁的影响基本结束。

张璁四入内阁，反映着嘉靖初年权力斗争的复杂性。张璁"以外吏骤取相位"④ 必然引发官场的巨大震动，各种声音纷至沓来，难以应对。但每次复职，都是原有的位置。沈德符对此进行了描述：

① （明）张璁撰，张宪文校注：《张璁集》奏疏卷 8《陈乞休致》。
② 《明世宗实录》卷 174，嘉靖十四年四月辛卯。
③ 《明世宗实录》卷 174，嘉靖十四年四月甲午。兹据本书《校勘记》改之。
④ （明）沈德符：《万历野获编》卷 7《词林大拜》。

"嘉靖十年，张永嘉（孚敬）去位，李任邱（时）代居首。次年，永嘉再起，李仍居次。十四年永嘉致仕，李又居首。未几，费铅山（宏）从田间起再当国，李仍居次。甫三月而费卒于位，任邱始称首揆。"① 可见，首辅一旦复起，仍居首位。

四、张璁对明代内阁的影响

从上述可以看出，张璁离阁的原因表面上有与朝臣杨一清、夏言等人的矛盾，也有天象与身体等方面的因素，但本质上反映了当时朝中一部分人对张璁等"大礼新贵"迅速崛起和快速掌握重要权力的不适应性和由此所引起的不满情绪。王世贞论道：张璁"在公车最久，而其成进士仅六载而拜相，天子之所以礼信之者，自明兴无两焉"②。但论资排辈已成为当时官场僵化的观念，世宗大破常格重用张璁等人的做法，必然会引发官场的震动，世宗和张璁都必须为此付出代价。正如夏燮所言："时士大夫多恶张孚敬。"③《明史·费宏传》亦言：张璁，桂萼"由郎署入翰林，骤至詹事，举朝恶其人"④。这一现象，在世宗看来就是对自己借助张璁等人巩固皇权的蔑视，而对张璁等人的辱骂，事实上是对自己的愤恨。如前述冯恩上疏诅咒张璁等人时，世宗清醒地认识到：冯恩"非专指孚敬三臣也，徒以大礼故，仇君无上，死有余罪"⑤。尽管世宗对借机攻击张璁等人的朝臣给予严惩，但他毕竟不能像明成祖登基后采取暴力手

---

① （明）沈德符：《万历野获编》卷7《首辅再居次》。
② 潘源源等编：《张璁年谱》，人民日报出版社2004年版，第116页。
③ （清）夏燮：《明通鉴》卷55，嘉靖十年九月壬申。
④ （清）张廷玉等：《明史》卷193《费宏传》。
⑤ （清）夏燮：《明通鉴》卷56，嘉靖十二年正月壬寅。

段那样来大肆镇压异己力量。换言之，除对极少数公然蔑视君命者采取强硬措施外，世宗还是能从现实和大局出发，尽可能利用行政手段来调节因皇位异常更迭而必然引起的人事变动。在"大礼议"中，世宗能与张璁等人密切配合，主导着"大礼议"的走向。在钦定大礼之后，面对部分朝臣对张璁等人的不服不满，世宗采取屡罢屡召的方式来不断地化解矛盾，以此来强化自己对内阁的控制，并主导着内阁的走向。也就是说，对张璁的屡罢屡召，既有利于保全张璁，又有利于世宗皇权的加强。这是考察张璁阁权时必须要把握的一条主线。

对于自己的屡次罢职，张璁能够平静对待。除给予必要的辩解外，对于罢免之旨，张璁绝对服从，以表明自己并非贪恋权势之辈。"其去就之义极明白。去则沛然莫御，不越月抵家，略无希望再召之意。来则欣然就道，亦不越月抵京师。以天下为己任，略无全躯保妻子之私。"① 严防各种势力擅政专权是明代政治体制的显著特点，任何人只要有专擅之名，必将身败名裂。张璁深知明代政治的这一特性，当然更了解明代内阁的本质。他认为"内阁之官，处机密之地，尤不可不自慎爱"②。故自入阁后，严于律己，通过自己廉洁自重的行为来树立自我形象。他曾对世宗说："臣自简命内阁，一切陋习，窃欲革之，而未之能焉已。尝奏请严私门之禁，绝请托之交，凡臣之所不为，皆彼之所不便也。故必鼓动谗口，设为阴挤之计，不陷臣于危疑之地不已也。皇上试召吏部官问之曰：张孚敬自入阁

---

① （清）孙衣言：《瓯海轶闻》卷23《张孚敬》，上海社会科学院出版社2005年版。
② （明）张璁撰，张宪文校注：《张璁集》奏疏卷3《严禁约》。

以来，曾专主行取某官，升某官，为私人开侥幸门，坏祖宗选法否乎？召户部官问之曰：张孚敬自入阁以来，曾专主盐引，卖窝买窝，为奸商作盗贼主，坏祖宗边储之法否乎？召兵部官问之曰：张孚敬自入阁以来，曾专主某钻求将官任某镇，某钻求将官任某营，坏祖宗择将之法否乎？有一于此，臣罪当诛也。"① 他之所以能够被屡次召复，就在于事后证明张璁并未有严重的品行过失，也没有或明或暗地做过有损于皇权的不法之事。张璁曾要求世宗宣谕内阁："凡阁中一应事务，各以公平正大之心处之，论公者然后拟旨，间有执私犯法，公论不同者，不许阿从，必请自上裁；阁中所进揭帖，论同者连名，有不同者不许捏名妄奏。至于两房官不许勾引外官，交通贿赂，败坏法度。……若仍怙终不悛，尧舜之世所不容也，请即加诛斥。"② 不论阁臣有多么显赫，在任何时候都不能忘乎所以，否则就是自取灭亡。尽管明代阁权呈曲线性变化，但这种对阁臣的基本要求却是一以贯之。而世宗对张璁的屡罢屡召，也集中反映了皇帝对阁臣绝对控制的属性没有丝毫改变。

就张璁而言，其屡次罢职，与其刚倔的性格也有直接的关系。张璁之所以在世宗即位之初以渺小之力敢于挑战杨廷和的大礼观，除了其对礼学有精深钻研外，他所具有的政治胆识亦是一个极其重要的因素。而这种胆识取决于他刚直的性格。史载张璁"赋性正直，光明作事，轰轰烈烈"③。而攻击张璁者认为他"性偏""狠愎自用"。在进入内阁后，世宗希望张璁能够刚柔相济，以免招致怨言，

---

① （明）张璁撰，张宪文校注：《张璁集》奏疏卷4《请宣谕内阁》。
② （明）张璁撰，张宪文校注：《张璁集》奏疏卷4《请宣谕内阁》。
③ （清）孙衣言：《瓯海轶闻》卷23《张孚敬》。

对张璁说："卿性刚速，或伤于过，宜思所以济者，以协恭辅朕，赞理化机。"① 但张璁依然如故，世宗只有用增加阁臣人数来约束张璁。夏燮在论及嘉靖十年世宗令张璁复入阁时说："时（礼部尚书）夏言益用事，李时、翟銮在阁，未几方献夫复入，孚敬亦不能专恣如曩时矣。"② 此论有一定道理，但这一人事安排还不足以约束张璁。嘉靖十四年（1535），世宗就张璁的敢作敢为询问"谦和""宽平"的阁臣李时："孚敬阁中专决，卿不与时争？"李时言："机务至重，臣岂敢不争！第孚敬性刚，一时难入，比委曲讲究，卒亦未尝不从。"世宗说："昔杨一清言彼性是如此，且如庄肃皇后谥号即用十二字，何害？乃至与礼部争辩如此！"李时答道："孚敬止以弟嫂与子母不同，亦是忠爱。"世宗言："忠爱固然，不无执拗耳！"③ 就世宗而言，"大礼议"的时代还未结束，同时推行革新和巩固皇权还离不开张璁。他对张璁"执拗"的不满，说明张璁的行为时有冒犯皇权，故试图借助罢职让其回家反省的方式来挫其锐气，使其适应逐渐稳固的嘉靖政治。吴瑞登论道：张璁"再去再还，世庙盖欲挫其性而使之改也，然至死不改"④。张璁非"迎合"之辈，不论其与世宗见识相同与否，都出于他本心的认知和流露，而不会随波逐流，议大礼时如此，身处内阁时亦如此。

　　明代内阁是在朱元璋废相之后逐渐形成的一种特殊的辅政机构。在日常的政治生活中，皇帝已离不开阁臣，但也经常提防阁臣的专

① （明）徐学聚：《国朝典汇》卷32《辅臣考》。
② （清）夏燮：《明通鉴》卷55，嘉靖十年十一月丁丑。
③ 《明世宗实录》卷173，嘉靖十四年三月辛巳。
④ （清）谈迁：《国榷》卷54，嘉靖八年八月丙子。

权。皇帝与阁臣如"家人父子""股肱"之类的比附只是明朝人的一种理想而已，不可能真正实现。皇帝日夜提防阁臣，明代朝臣特别是言官也在监视阁臣，一有风吹草动，他们便一哄而上，动辄以"专擅"之名攻伐不已。与其他阁臣相比，张璁在"大礼议"中鼎力支持世宗，故最得世宗倚信。史载：世宗"终始眷礼，廷臣卒莫与二，尝称'少师罗山'而不名"①。史书谓张璁"得君最专"是符合实际的。《明世宗实录》的编纂者论道：张璁"在内阁，自以受上特知，知无不言，密谋庙议，即同事诸臣多不与闻者……其眷遇之隆，始终不渝……终嘉靖之世，语相业者，迄无若孚敬云"②。相对于张璁之后的夏言、严嵩、高拱、张居正等阁臣的种种遭遇，世宗对张璁给予了极大的宽容和尽可能的保护，使其在嘉靖前期的政治旋涡中能够化险为夷。张璁与世宗之间形成的这种特殊的君臣关系，在明代阁臣中是独具特色的。何乔远论道："知臣莫若君，使其三揖以进，一辞而退，开诚布公，集思广益，岂不赫然名臣哉！"③ 不充分了解张璁的阁权，就不可能理性地认识夏言、严嵩、高拱、徐阶、张居正等先后相继阁臣的权力特点及其施政行为的得失。

在明代阁权演变过程中，嘉靖时期是阁权迅速强化的时期。其显著标志是张璁鲜明地提出了强化阁权的主张。尽管张璁的这一建议很难变成现实，但嘉靖内阁却在这一理念的支配下在明代皇权体制所能允许的最大空间内发生着急剧的变化，集中表现在内阁对部院的有效控制方面。嘉靖十年（1531），吏科给事中雒昂疏言："陛

---

① （清）夏燮：《明通鉴》卷57，嘉靖十八年二月丁卯。
② 《明世宗实录》卷221，嘉靖十八年二月乙巳。
③ （清）谈迁：《国榷》卷57，嘉靖十八年二月乙巳。

下之待辅臣既亲且信，辅臣张孚敬者奉命而不违，任事而不辞，可谓以身许国矣，但心术未光大耳。其九卿大臣亦能供事，第多依违，不自裁决，必请于辅臣，听其指使。将来国政不无掣肘，固非祖宗设官分职之意也。"① 王世贞论道："永嘉之为卿佐，则击内阁而破相之体；居内阁，则排六卿而成相之尊。其为次，则出首之上；为首，则恶次之近。然而直者犹能奋而与之，抗健者犹能挟而掣其肘。"② 又言："公为相，务以明天子尊，信国威，重辅臣体。"③《明史》的作者亦论道："世宗朝，璁、萼、言、嵩相继用事，六卿之长不得其职，大都波流茅靡，渶涩取容。"④ 以上评论虽非确切，但对内阁地位变化和行政职能强化的直觉则是符合实际的。其实，内阁地位的提高，并不完全是以压制或侵夺部权为前提的。内阁地位不提高或职能不强化，六部也难以尽其职。如正德年间，阁臣杨廷和与部臣王琼等在重大问题的决断中各不相让，互不服气，事后又彼此争功或推诿责任的现象就集中地反映了阁部大臣之间因权责混乱不清而给明代政治所带来的极大危害性。张璁所提出的强化内阁权力的主张和言论，以及其入阁后所做的强化内阁权力的实践，在明代阁臣中无人能够比拟。正如张居正之后内阁首辅申时行所言："正德之季阁臣不得称重矣，自永嘉相而君臣始亲机务，始一人谓永嘉夺馆阁之官，而不知馆阁得永嘉始重也。"⑤

---

① 《明世宗实录》卷126，嘉靖十年六月丁卯。

② （明）王世贞：《嘉靖以来内阁首辅传·序》，中华书局1991年版。

③ （明）王世贞：《太师张文忠公传》，《普门张氏文献综录》。

④ （清）张廷玉等：《明史》卷202《赞曰》。

⑤ （明）张萱：《西园闻见录》卷26《宰相上》，《中华文史丛书》卷42，华文书局1969年版。

第六章　张居正与顾命政治

　　由于皇帝年幼，万历初政只能是顾命政治。根据穆宗临终的安排，这一顾命政治是集体顾命，而不是一人顾命。但在皇位更替之际，张居正与内廷势力通过政变改变了这一模式，最终形成了张居正一人独当顾命之任的局面，其压力陡然增加，其任务更为艰巨，其手段必然特殊。所以，对这一时期的张居正的政治行为，就必须以顾命政治的视野来认知。可以说，在十年的顾命生涯中，张居正就根本没有顺利而又圆满地完成这一特殊的政治任务：他没有将皇权顺利移交到神宗手里，没有将神宗培养成"圣君"，没有组建强干精明的内阁和九卿班子。随着他的病逝，顾命政治轰然崩塌，由其主导的顾命政治便以失败而告终，所谓张居正"人亡政息"其实就是指万历初年顾命政治的结束。

一、顾命政治的形成

　　万历初政因张居正担任内阁首辅而被学界广泛关注。对张居正在万历前十年的行政如何看待，人们的认识很不一致。张居正生前就充满争议，其去世之后，也一直被神宗所否定，直到明朝天启年间，才按照惯例被迟迟恢复名誉；但其自身不正，始终为后世所诟病。在清代，张居正仍然是毁誉参半的人物，且不被人们所重视。在清朝行将崩解之际，梁启超将其与管子、商鞅、诸葛亮、李德裕、王安石并称，主编成《中国六大政治家》之书，张居正再次引起学界的关注。近数十年来，张居正更是以"改革家"的身份为人们所熟知。正如嵇文甫所言："自从梁任公将他列为中国六大政治家之一，近年来论述他的很多。"① 朱东润在 1943 年对张居正的认知是：在中国历史上"像居正那样划时代的人物，实在数不上几个。从隆庆六年到万历十年之中，这整整的十年，居正占有政局底全面，再没有第二个和他比拟的人物。这个时期以前数十年，整个的政局是混乱，以后数十年，还是混乱：只有在这十年之中，比较清明的时代，中国在安定的状态中，获得一定程度的进展，一切都是居正底大功"②。毋庸置疑，张居正是一位敢于担当的政治人物，至于张居正是不是"改革家"、如何认识张居正的事功等问题，以目前的认识模式和认知水平还难以自圆其说，还需要做更深度的研究。对此，一些学者已有洞察，如黄仁宇认为：张居正"专政"十年之后，"各地税额并没有调整，地方政府仍然无法管理农村，官吏薪给之低，依然如故。总之，这种维新不过是局部的整顿，而非体制上的变革"③。刘重日明确指出：张居正担任首辅时，"积习已成，腐朽已

---

① 嵇文甫：《晚明思想史论》，东方出版社 2013 年版，第 71 页。
② 朱东润：《张居正大传》，一九四三年序第 5—6 页。
③ 黄仁宇：《万历十五年》，第 63 页。

深，革除成效甚少。时也势也，非一二人力可以挽救!"① 毛佩琦也认为："张居正改革被夸大了，张居正的历史作用被夸大了。"② 这些都是对研究张居正的理性警告，应引起人们的重视。

要理性认清张居正的地位与作用，首先必须要厘清嘉靖、隆庆及万历时期的历史脉络。在万历之前，明代历史有两次内部剧变，一次是"靖难之役"，一次是"大礼议"。前者使明代历史进入永乐时期，后者使明代历史进入嘉靖时期，或者说嘉靖时期是永乐时期的升级时代。两个时期各 120 年左右。相对于嘉靖时期，万历初政乃至整个万历时期都是从属于该时期的，其特殊性在于神宗年幼，难以独立行使皇权，需要旧臣辅政。对此，穆宗在弥留之际便有明确安排，故万历初政的特点就是顾命的政治，而不是改革的政治。只有以顾命政治的视角来重新审视万历初政和张居正的行为，才能真正认清张居正的政治责任之所在。纵观其作为，张居正并没有完成顾命之任，使万历初政长期处于特殊的顾命状态而无法正常化。他的病逝和随之遭受的清算，标志着万历初年顾命政治的崩塌。张居正没有自觉地结束顾命格局，未能将皇权有计划地顺利转移到神宗手中，因而是一个失败者。长期以来，学界一再凸显张居正"人亡政息"，但并没有搞清其中的缘由，而只是以改革的视角对此现象予以批评，并惋惜不已。这一认知模式导致张居正的相关研究裹足不前，使人们无法认清张居正的行政得失和经验教训，更难以理解张居正与晚明政治的密切关系。只有以顾命政治为视角来审视万历初

---

① 刘重日：《濒阳集》，黄山书社 2003 年版，第 287 页。

② 毛佩琦：《张居正历史定位再议》，《明史研究》第十一辑，黄山书社 2010 年版，第 90 页。

年的张居正，才能明白其"人亡政息"的真正含义和必然结果。

明穆宗共有四子，嫡长子四岁夭折，庶出次子不足一岁而亡，庶出第三子朱翊钧于嘉靖四十二年（1563）八月十七日出生，因其两位兄长早夭，故为穆宗事实上的长子。隆庆六年（1572）五月二十六日，穆宗去世。六月初十日，神宗朱翊钧即位，改次年为万历元年。

神宗即位时，还不满十岁。不难理解，年少的神宗不可能独立行使皇权，需要有人辅佐。就明代政治特点而言，实际能够参与辅佐的不外乎三种力量：太后、太监和阁臣。由于政情的变化，这三种力量在不同时期互有消长，对政局的影响大小不一，不能一概而论。就神宗即位时的情势而言，因为经过嘉靖和隆庆时期的政治变革，后妃和太监对政治的影响力大大减弱，阁权迅速上升，与英宗即位时的情形完全不同。故穆宗临终时将朱翊钧主要托付于阁臣，而未像宣宗那样托付于太后。穆宗在弥留之际，在皇后、贵妃和皇太子以及太监在场的情况下，按照惯例将在职的高拱、张居正和高仪三位阁臣全部召至病榻之前，让他们竭尽忠心翊赞幼主，确保政局稳定。对当时冯保是否为顾命之臣，相关记载截然不同。如《明穆宗实录》所记遗言是："朕嗣祖宗大统，今方六年。偶得此疾，遽不能起，有负先皇付托。东宫幼小，朕今付之卿等。三臣宜协心辅佐，遵守祖制，保固皇图。卿等功在社稷，万世不泯。"[1] 张居正是《明穆宗实录》的总裁官之一，在顾命之臣中没有专门提及冯保或司礼监，应有一定的道理。尽管张居正离不开冯保，但让他与阁臣一

_____

[1] 《明穆宗实录》卷70，隆庆六年五月己酉。

同顾命，不符合当时的政治情形。由于此时后妃和太监对政治的干预已大不如前，阁权的政治影响力逐渐增大，如果一味凸显宦官的政治影响，则会给张居正自己带来更大的舆论压力。他在万历二年（1574）给冯保自建墓穴作记中也持这一看法："穆宗不豫，召辅臣至御榻前，受顾命。公宣遗诏，音旨悲怆。"① 朱东润认为冯保不可能出现在顾命现场："高拱、居正、高仪同受顾命，并无他人在内，这是事实。穆宗逝世的时候，孟冲尚为掌印太监，亦无越过孟冲、托孤冯保的理由。所以冯保矫遗诏是有的，但是只是矫遗诏为司礼掌印太监，并不是矫遗诏同受顾命。"② 韦庆远也认为冯保不可能与阁臣一同受命，而是在两宫面前制造高拱对皇权的威胁，获得两宫的信任，使两宫特别是神宗之母违背祖制，利用穆宗"垂危的关键时刻，破格矫诏任用冯保'同受顾命'"③。与张居正所载不同，高拱的记录则有司礼监顾命的内容：

> 朕嗣祖宗大统，今方六年。偶得此疾，遽不能起，有负先皇付托。东宫幼小，朕今付之卿等三臣同司礼监协心辅佐，遵守祖制，保固皇图。卿等功在社稷，万世不泯。④

《国榷》所载穆宗对太子的遗旨中亦有让司礼监顾命的内容：

> 朕不豫，尔即皇帝位，一切礼义，自有部复。尔依阁臣并司礼监辅导，进学修德，用贤使能，毋事怠荒，保守帝业。⑤

---

① （明）张居正：《张太岳集》卷9《司礼太监冯公预作寿藏记》。

② 朱东润：《张居正大传》，第128页。

③ 韦庆远：《张居正和明代中后期政局》，广东高等教育出版社1999年版，第433页。

④ （明）高拱：《高拱全集》病榻遗言卷1《顾命纪事》，中州古籍出版社2006年版。

⑤ （清）谈迁：《国榷》卷68，隆庆六年五月辛亥。

万历六年（1578），李太后亦说：冯保"亲受先帝顾命，中外倚毗，已非一日"①。冯保在万历八年（1580）向神宗表白：

> 隆庆六年五月内，圣躬不豫，特召内阁辅臣同受顾命，以遗嘱二本令臣宣读毕，以一本恭奉万岁爷爷，一本投内阁三臣。次日卯时分，先帝强起，臣等俱跪御榻前，两宫亲传懿旨："孟冲不识字，事体料理不开，冯保掌司礼监印。"蒙先帝首允，臣伏地泣辞。又蒙两宫同万岁俱云："大事要紧，你不可辞劳，知你好，才用你。"迄今玉音宛然在耳。②

万历十年（1582）在从严清算冯保时，神宗也说：冯保"欺君蠹国，罪恶深重，本当显戮，念系皇考付托，效劳日久，姑从宽，着降为奉御，发南京新房闲住"③。据胡丹考证，"《穆宗实录》记穆宗托孤于内阁，未及内臣，然司礼监实预顾托，故太监冯保后以'顾命大臣'自视"④。不可否认，穆宗临终时冯保在场，争论的焦点只在于他是不是顾命之臣。对此，《明史纪事本末》所述更详：穆宗"大渐，召阁臣高拱、张居正、高仪至乾清宫受顾命。上倚坐御榻，皇后及皇贵妃咸侍，东宫立于左。上困甚，太监冯保宣顾命曰'朕嗣统方六年，今疾甚，殆不起，有负先帝付托。东宫幼冲，以属卿等。宜协辅，遵守祖制，则社稷功也。'"⑤

以上不同的记载只是对现场情景的不同理解罢了，其实有无冯

---

① 南炳文、吴彦玲：《辑校万历起居注》，万历六年二月二日癸未。
② （明）王世贞：《弇山堂别集》卷100《中官考十一》。
③ （明）王世贞：《弇山堂别集》卷100《中官考十一》。
④ 胡丹：《明代宦官史料长编》，凤凰出版社2014年版，第1696页。
⑤ （清）谷应泰：《明史纪事本末》卷61《江陵柄政》。

保顾命之语已无关紧要，冯保的干政是不可避免的。因为张居正和李太后一时都无法离开冯保，尤其是李太后为了确保儿子皇位的稳定，更是离不开冯保。陈生玺认为：对于司礼监与阁臣同受顾命之说，"即使穆宗昏迷不省，也必是取得穆宗皇后和李贵妃认同的。在穆宗死后四小时，又宣布冯保掌司礼监印，这当然是冯保做了手脚，但也应是得到皇后和皇贵妃认可的，因为在穆宗死后，当时最有发言权的就是皇后和皇贵妃。陈皇后无子，李贵妃的儿子是太子，这两个年轻妇女（三十多岁）眼下唯一的期望就是让太子安安稳稳地即皇帝位。因为这个皇帝才十岁，还需要太监的看护和照管，冯保利用这一机会进行乞请，自然会得到允许"①。故在穆宗去世之后，其设想的顾命模式很快就被张居正、冯保和李太后所破坏，只是"顾命"的身份对张居正和冯保两位来说在维护自身权力时起着保护伞的作用，而张居正更倾向于自己独享顾命的身份，以彰显自己顾命权力的合法性。而神宗、李太后强调冯保的顾命身份，意在用内廷牵制内阁，在于尽可能遏制张居正的权力。

当然，在当时的政局还不明朗之时，顾命的主要责任人是阁臣而绝不是司礼监。从顾命遗言可以看出，穆宗重点强调的是要他们三位阁臣"协心辅佐"，试图建立一种相互协作的集体顾命模式，共同辅佐幼主。这是符合明代政治常态的。穆宗再糊涂，也不可能把冯保与阁臣相提并论，而将其明指定为顾命之臣。当时高拱为首辅，自然是顾命首臣，是阁臣这一顾命集体的主心骨。高拱因此也"以

---

① 陈生玺：《张居正与万历》，载南开大学历史学院、北京大学历史系、中国社科院历史所编《中国古代社会高层论坛文集：纪念郑天挺先生诞辰一百一十周年》，中华书局2011年版，第554—555页。

为我当国，凡事当自我同众而处"①的担当精神而负起了第一顾命之臣的责任，表示"臣受皇上厚恩，誓死以报。东宫虽幼，祖宗法度有在。臣务竭尽忠力，辅佐东宫。如有不得行者，臣不敢爱其死。望皇上无以后事为忧"②。可以看出，顾命政治使高拱具有更大的责任和担当，而对于处于次辅地位的张居正来说其权力并无多大变化。高拱比张居正年长13岁，穆宗去世时虽年届花甲，但身体尚可，能够担当顾命之任。然而，在穆宗病逝之后，高拱所依靠的皇权已经丧失，故穆宗想要以高拱为中心而建立集体顾命的模式就难以实现。面对张居正密谋驱赶高拱一事，作为顾命之臣的高仪只有叹息而已。据《明史》所载：当高拱"为张居正所逐，仪已病，太息而已"③。

在高拱竭力挑起顾命之责的同时，次辅张居正与李太后在宦官冯保的秘密勾连中集结，迅速形成了驱赶高拱的强大势力。他们试图改变穆宗的人事安排，决定赶走高拱。据《明史·冯保传》载：

> 冯保，深州人。嘉靖中，为司礼秉笔太监。隆庆元年提督东厂兼掌御马监事。时司礼监掌印缺，保以次当得之，适不悦于穆宗。大学士高拱荐御用监陈洪代，保由是疾拱。及洪罢，拱复荐用孟冲。冲故掌尚膳监者，例不当掌司礼。保疾拱弥甚，乃与张居正深相结，谋去之。会居正亦欲去拱专权，两人交益固。穆宗得疾，保密属居正豫草遗诏，为拱所见，面责居正曰："我当国，奈何独与中人具遗诏。"

---

① （明）高拱：《高拱全集》病榻遗言卷1《顾命纪事》。
② （明）高拱：《高拱全集》病榻遗言卷1《顾命纪事》。
③ （清）张廷玉等：《明史》卷193《高仪传》。

居正面赤谢过。拱益恶保，思逐之。①

不难看出，穆宗和高拱对冯保都无好感，只要穆宗在位一日，就不会让冯保得势一时。但没有了穆宗的支持，要高拱独自向以冯保为代表的内廷开战，无异于痴人说梦。明代的阁臣向来就没有这种能力与手段。如果没有内廷特别是皇帝的支持，阁臣要单独对宦官动手，无疑是自找死路。当高拱没有与新皇帝建立可靠的信任关系之前，试图依据一纸顾命空文是不可能发号施令和改变秩序的。正德、嘉靖之际的杨廷和就犯过类似的错误，高拱并没有从中认真汲取历史的教训。当他还在谋划驱赶冯保而力图辅助幼主施展抱负之时，张居正与冯保和李太后已经在背地里紧密地联合起来，密谋上演一出驱赶顾命首臣的政变，试图干净利落地剥夺顾命首臣的权力，中止高拱的顾命之任。正如《明通鉴》所载："会帝不豫，居正欲引保为内助。帝疾再作，居正密处分十余事，遣小吏投保。"② 谷应泰也论道："方夫穆宗凭几，显帝冲龄，居正、拱、仪同受顾命，而内臣冯保窃丛于侧。斯时逐刁之议未行，吊让之谋潜固。卖交附珰，漏言市重。"③ 由于张居正与冯保结盟，所以胸有成竹，驱赶高拱易如反掌。也正由于此，当穆宗去世的消息传出，高拱"哭于阁中"，而张居正"虽哭，乃面有喜色，扬扬得意"④。高拱的真哭和张居正的暗笑反映着夏言以来首辅之间相互暗算的继续，预示着穆宗顾命模式的必然瓦解。张瀚以经历者的身份对此现象有一论述：

---

① （清）张廷玉等：《明史》卷305《冯保传》。

② （清）夏燮：《明通鉴》卷65，隆庆六年五月庚戌。

③ （清）谷应泰：《明史纪事本末》卷61《江陵柄政》。

④ （明）高拱：《高拱全集》病榻遗言卷1《顾命纪事》。

华亭柄国，新郑为亚相。余自关中入为理卿，过访新郑。渠云："昨华亭询公，余以至明答之，若未满其意。窃谓今之居官任职，多昏昏者耳，故明止一二分。明至四五分，称明已。若公，可谓至明也。"盖彼自负其明，故其言若是。后开隙华亭，罢归。复起柄国，乃欲恃权修怨于华亭。不知窥伺之江陵，已阴挤而力排之，祸且不测矣。明亦难言哉！余秉铨日，走使新郑。彼答书云："方仆之在朝也，公时在野，曾无一字见贻。今公在朝，仆已在野，乃不远数千里下问。于前日之不相闻也，足以见公之高；于今日之下问也，足以见公之厚。"是不可谓不明。而乃陷危机不悟，何哉？盖权势所在，当局即迷，抑利令智昏，人自迷耶？余所睹记，如分宜、贵溪至相倾危以死不悟。后来者复蹈覆辙，何迷之甚也。[1]

这种风气一直延续到张居正，并以张居正所付出的惨痛代价而告结束。

由于政局的特殊性，在皇位更迭之际宦官冯保与首辅张居正的公然勾结，是嘉靖以来政局的一大显著变化，甚至可以说是明代二百多年来未有之事，标志着宦官干政的再次出现，而且对晚明政治与社会造成了巨大的负面影响。在冯保和张居正的宽纵下，宦官数量猛增，六年之内，两次广招宦官将近七千名，"倖门日启，觊泽者多"[2]，对政治的渗透日渐加深，为"后张居正时代"埋下了不可逆

---

① （明）张瀚：《松窗梦语》卷7《权势纪》。
② 胡丹：《明代宦官史料长编》卷9，万历六年戊寅七月壬申。

转的祸端。夏燮就此论道："《三编》御批曰：嘉靖时秕政甚多，独其裁抑中官，颇得制驭近习之道，故涓人奉法，不敢恣肆者几数十年。神宗承其遗制，正当申严禁令，何以复广加遴选，竟至三千五百人之多！盖由冯保居中用事，吹嘘引进，使党类复致蔓延。而若辈气焰既滋，势即难于钤束。未几而蛊惑日甚，矿珰税监，四出征求，元气由兹削尽。驯至茄花委鬼，窃弄威权，贻毒遂倾国祚。履霜坚冰，此其渐矣。"① 换言之，由于神宗年幼、高拱与张居正的貌合神离以及张居正个人急迫地想取代高拱，客观上助长了宦官势力的全面干政。穆宗去世之时，由张居正暗中支持的冯保从幕后窜到前台，"言于后妃，斥孟冲而夺其位，又矫遗诏令与阁臣同受顾命。及帝登极，保升立宝座旁不下，举朝大骇。保既掌司礼，又督东厂，兼总内外，势益张"②。当内阁内部分裂，次辅心怀二意，首辅地位不保，一方面必然弱化内阁的整体力量，另一方面势必给宦官以可乘之机。张居正为了获得首辅的权位，不惜与高拱决裂，背弃穆宗遗命，无视祖制，公然与高拱有隙的宦官勾结，使冯保成为自己可靠的内应和得力的打手，成为自己排挤高拱的马前卒。因为李太后与张居正的沟通全靠冯保一人，三者缺一不可，暂时构成了一个紧密的联合体。冯保"势虽张，然一唯江陵指麾。所以胶漆如一人者，仅以通慈圣一路耳"③。可以说，万历时期的顾命政治其实就是通过政变而确立的暂时的太后、内阁和宦官的联合执政，其中珰阁联合形成了顾命政治的鲜明特色。朱东润论道："神宗即位的第六天，这

---

① （清）夏燮：《明通鉴》卷67，万历六年七月丙子。
② （清）张廷玉等：《明史》卷305《冯保传》。
③ （明）沈德符：《万历野获编》卷9《相公投刺司礼》。

是大政变的一日，没有冯保事前底活跃，根本不会发生政变"①。萨孟武认为：张居正"只是能臣，而非贤相，其能取得权柄，乃倚中人冯保为内助"②。黄仁宇亦言：张居正与冯保"两人结合在一起，对今后的政治形势产生了相当深远的影响"③。

在嘉靖、隆庆皇位更迭之际，宦官干政苗头出现，阁臣与太监的勾结随之显现。据叶权在《贤博编》中记载：

> 太监李芳，穆宗皇东宫旧人也。既即位，芳从龙掌司礼监。时钱塘江人叶先春居门下，官至锦衣正千户。徐阁老当国，其子琨求迁秩，事须关司礼监，因以名马大宅赂先春为言芳，琨始得转官都给事中。钱塘孙枝奏本字样错误，从先春求援，候门三日乃得见。语以故，先春自芳所索本袖还枝。高少师拱罢去时，途中以五书寄先春，竟不答一字，高深怨之。既徐阁老谢归，芳亦被谴，高还朝，兼掌吏部，遂中以他事，杖杀先春于狱。④

但隆庆朝宽纵宦官的风气并没有改变，李芳被赶走了，冯保又起来了。在穆宗弥留之际，与高拱势不两立的冯保在穆宗死后三四个小时内地位的突变则意味着宦官势力的迅速膨胀，并标志着顾命首辅高拱末日的到来。尽管在赶走高拱的过程中会出现一些风波，但绝不会改变结果，包括高拱效法此前权力斗争中的种种作为以图自保

---

① 朱东润：《张居正大传》，第127—128页。
② 萨孟武：《中国社会政治史》（宋元明卷），生活·读书·新知三联书店2019年版，第386页。
③ 黄仁宇：《万历十五年》，第9页。
④ （明）叶权：《贤博编》。

的努力都无济于事。高拱虽有以死报国的决心和担当，但很快失去了舞台，无力打破张居正与冯保"内外盘结已固"①的局面。

在这一权力的异常更迭中，穆宗的临终托付已无约束力，张居正、冯保和后妃蔑视穆宗诏令，将其视为一纸空文，为了各自眼前的权位和利益，他们在极短的时间里结成了牢固的联盟，否定了先帝的安排，以毫不留情的手段和迅雷不及掩耳之势将高拱逐出政坛，使张居正很快夺取了首辅权位，创造了明代历史上先帝尸骨未寒而极速夺权的最短纪录，并因此形成了万历时期言而无信、阴险难料的政治生态。据明人于慎行记载，在被驱逐当日，自以为是的高拱误判形势，以为宣诏是要惩治冯保，故"甚有喜气"。而善于伪装的张居正"方卧病，令二人掖之而入，皆伏门下，中使捧诏，新郑以手仰接，中使不也，以授成国。新郑色变，及发读之，乃逐新郑旨也"②。张居正则认为高拱的失位是天意，是罪有应得。他说："主少国疑，艰难之会，正宜内积悃诚，调和宫壸，外事延接，收揽物情，乃可以扶危定倾。而玄老一切皆易其道，又旋比谗佞，弃绝石交，语之忠告，不惟不纳，反致疑怒，竟至于此，岂非天哉！"③ 从中可以看出张居正在权力斗争中颠倒是非、肆意诬陷的险恶面目。刘重日认为张居正在"争权夺位中也绝非善类"④ 是有道理的。特别需要指出的是，在成功驱赶高拱的同时，并没有发生大规模清洗朝臣的现象，使政局的演变仅仅表现在首辅权位的转移和太监权力加大两

---

① （明）高拱：《高拱全集》病榻遗言卷 1《顾命纪事》。
② （明）于慎行：《谷山笔麈》卷 4《相鉴》。
③ （明）张居正：《张太岳集》卷 24《答王鉴川》。
④ 刘重日：《濒阳集》，第 286 页。

方面，即政变的受益者只是张居正和冯保二人而已。这说明一方面皇位交替之际并不是断裂式的转变，另一方面高拱与张居正之间的政策亦无明显差别。正如朱东润所言："这一次的政变，高拱底政权推翻了，居正底政权树立起来，一切只是人事的变动，不是政策的变动。"① 也就是说，尽管二人"心计"不同，高拱"急切"，张居正"谨慎"，但"二人在治世上或难有优劣高下之分"②。明确地讲，就是顾命政治的特征基本未变，不论高拱还是张居正，万历初政只能是顾命政治，首辅的权力只是暂时的顾命权力。甚至可以说，在顾命政治的视野下，张居正取代高拱之举，事实上进一步强化了顾命政治的特性。这是认识万历初政和张居正首辅权力的基本出发点。

需要强调的是，高拱对宦官的相对强硬和张居正对宦官的过分依附则反映着长期以来内阁与宦官打交道时如何把握分寸的难题，而这又取决于皇帝的态度。三者之间的关系是相互影响的，也是不断变化着的。正是由于神宗年幼，皇权弱化，才使内阁倒向宦官，发生了政治的异变。而就高拱与张居正的行政能力而言，两人并无多大差别。朱东润就此论道："高拱是一个强干的'政治家'，自兼吏部尚书，上午到内阁，下午到吏部，没有一件积案，这是他办事的能力。居正不兼部，但是对于内阁和六部底事情，没有一件不曾洞察，他底精明，正抵上高拱底强干。高拱对于同僚，不免高亢，居正稍为谦抑；高拱对于政敌，照例是不能容忍，有仇必报，居正稍知容忍，甚至量材录用。不过这个分别，这是一个大概。最初掌

---

① 朱东润：《张居正大传》，第 136 页。
② 商传：《走进晚明》，商务印书馆 2014 年版，第 34 页。

握政权的时候，居正还有一些笼络人才的意味，以后便日渐高亢，到了万历六年以后，简直和高拱一样。在这方面，他们中的区别，只是年龄的区别；等到居正过了五十以后，他底行为，便和高拱没有区别。在应付宫庭和内监方面，居正比高拱高明多了，他知道敷衍和迁就，他知道走曲线，然而他永远认清政治目标，宫庭和内监对于实际的政治，没有过问的余地。"① 此言总体评价有一定的道理，但说张居正在应对内廷方面要比高拱"高明"，则是没有说服力的。当张居正完全依靠宦官来维系自己的权力时，本身就是一场必然失败的赌局。在这个问题上，近代以来一些学者的认识往往是含混的。

事实上，随着高拱被驱逐和高仪的去世，顾命的权力被张居正和冯保所拥有。在张居正独享外廷顾命权力的同时，冯保也不会拱手相让，让张居正一人独享此等荣耀，而也将自己视为顾命之臣，在朝廷和后宫中借此树立自己的权威。因为冯保与张居正一样，也需要借助穆宗的遗言来巩固自己的地位。他与张居正共享顾命之权，不仅互不影响，反而相得益彰，故得到了张居正的默认。而对于李太后来说，更乐见其成，让冯保分享顾命权力，在客观上可以起到约束张居正的奇特效果。所以，在张居正活着的时候，冯保也打着顾命之臣的招牌狐假虎威，以展示自己的权威，在后宫为所欲为，压制其他宦官，就像张居正拿顾命大臣的身份压制朝臣一样。但在张居正死后，盗用顾命大臣自然成为冯保的一大罪状。万历十二年，左副都御史丘橓指出："夫保，内官也，可谓顾命大臣乎？"② 毕竟在

① 朱东润：《张居正大传》，第136页。
② 《明神宗实录》卷147，万历十二年三月癸巳。

公开的场合，抬高宦官的地位，是不符合明代的政治主流的。故张居正对于冯保的顾命身份，只做不说，不愿给自己留下骂名。在这一点上，张居正是清醒的。

二、张居正顾命专擅

神宗即位后的第七天，高拱被赶走。高拱被赶走后的第八天，高仪病故，顾命三臣中只剩下了张居正一人，张居正的身份因此发生了根本性的变化，从此便成为"顾命之元臣"[①]。穆宗临终对三位阁臣的嘱托便成了对张居正一人的托付，并因此成为张居正权力合法性的唯一依据，也自然成为张居正迟迟不予归政的唯一理由。这样，穆宗生前安排的阁臣三人的集体顾命模式在穆宗死后不到一个月内就变成了张居正一人的单一顾命模式。

从张居正的言行来说，他善于伪装，在没有能力整倒高拱时，能够隐忍不发，表面上与高拱积极合作，以便使其失去戒心；然后在背地里与同样权力欲极强的冯保串通，利用穆宗去世的难得机遇扳倒高拱，实现与冯保各自利益的最大化。谢国桢就此论道："自神宗冲年即位，内监冯保以两宫的诏旨，赶走了高拱，张居正遂居了首辅的地位。居正人品的好坏，我们不去管他，但他很有政治主张，手段也非常的老辣。"[②] 可以说，隆庆、万历之际政局的剧变，其实就是张居正的胜利和高拱的失败。尽管高拱被赶走，但顾命政治的特点没有丝毫改变，改变的只是由多人顾命为一人顾命。正如章钦

---

① 《明神宗实录》卷55，万历四年十月丙子。

② 谢国桢：《明清之际党社运动考》，辽宁教育出版社1998年版，第11页。

所言："拱去，居正遂为首辅，益以弄权。"① 一些研究者不明白这一特点，简单地夸大张居正此时的权力。这就引出张居正研究中必须回答的一个问题，那就是顾命权力就是首辅的正常权力吗？或者说顾命时期能够扩张阁权吗？纵观张居正的相关研究，没有人对此问题做一专门的研究，当然也就不可能得出令人信服的答案。事实上，在这一特殊时期，张居正的阁权不可能得到真正的扩张，这就如同明武宗暴亡后在皇位空缺时期杨廷和的阁权不可能扩张一样。② 在明代的政治体制之内，要利用皇位的更替来想当然地扩张阁权是不可能的。不可否认，每当在这一特殊时期，阁臣的确能够发挥一些特殊作用，但不能随意地将这一特殊作用视为阁权的扩张，更不能把张居正与宦官的勾结看成阁权的扩张。只有以顾命政治的视角来理性地审视张居正在这一特殊时期的言行，才会避免长期以来学界过分夸大张居正权势且放大张居正个人作用的通病。

在密谋赶走高拱之后，张居正自然走到了前台。如果按照穆宗临终的安排，在万历顾命之政中张居正只是一个配角，只能从属于高拱。高拱于万历六年（1578）去世，张居正四年后也因病而亡，倒在职位上。假定高拱作为顾命首臣至去世之日，那么也就随着他的去世而能够较早地结束顾命格局。但当张居正取代高拱作为唯一的顾命之臣，顾命政局的结束就取决于张居正的寿命了。同时，只要张居正真心配合高拱，不怀二心，与其共同维持阁臣的集体顾命政局，皇权的移交就能平稳过渡，万历初政将会更加稳固。而当张

---

① 章嵚：《中华通史》，商务印书馆1948年版，第1227页。

② 参见田澍《大礼议与杨廷和阁权的畸变》，《西北师大学报》2000年第1期。

居正一人以顾命之臣的身份来支撑顾命政治时，压力陡然加大，风险也必然增大。不能说张居正成功而顺利地赶走高拱之后就万事大吉、高枕无忧了。相反，张居正一人独撑顾命政局时将面临更大的困难和危险。对此，张居正倒是很清楚的，他在万历元年（1573）对操江御史张岳说："仆以绵薄，受顾托之重，今内外所倚，惟仆一人，谊当以死报国。"①

高拱的失败有很多因素，关键在于没有与新皇帝确立可靠的倚信关系。在穆宗时期，由于深得皇帝倚信，"练习政体，负经济才"的高拱"所建白皆可行"②，其成功的奥秘就在于得到了当朝皇帝的信赖。而在神宗时期，高拱立足未稳，便被剥夺顾命权力，就在于张居正离间下失去了皇权的支持。当穆宗去世时，高拱大哭道："十岁太子，如何治天下！"③ 明显感到了阁权支柱的倒塌。换言之，此言除对幼主能力怀疑之外，更多的是对内廷干政的极度担忧。尽管他是顾命首臣，但敌不过张居正与内廷的联合，被赶走是不可避免的。后继的张居正暂时通过冯保在表面上与新皇帝建立起了全新的依赖关系，弥补了高拱的不足。但是，张居正的权力支柱是不可靠的。与嘉靖时期的张璁和隆庆时期的高拱与当朝皇帝同心同德相比，张居正与幼主神宗根本就谈不上真正的依靠关系④，高拱的担心在张居正时代依旧存在，始终是悬在张居正头上的一把利剑。高拱被赶走的缘由是："专权擅政，把朝廷威福都强夺自专，不许皇帝主管，

---

① （明）张居正：《张太岳集》卷 34《答张操江》。
② （清）张廷玉等：《明史》卷 213《高拱传》。
③ （清）张廷玉等：《明史》卷 305《冯保传》。
④ 参见田澍《皇权视阈下的张璁与张居正》，《西南大学学报》2016 年第 4 期。

不知他要何为？我母子三人惊惧不宁。高拱便著回籍闲住，不许停留。你每大臣受国家厚恩，当思竭忠报主，如何只阿附权臣，蔑视主上，姑且不究。今后俱要洗心涤虑，用心办事。如再有这等的，处以典刑。"① 从中可以看出，对高拱的罪名就是莫须有的"专权擅政"，这是明代政治斗争中经常使用的罪名，当然是致命的罪行，张居正在起草中起了关键的作用。在六年后高拱去世时，张居正仍然指责他"赋性愚戆，举动周章，事每任情，果于自用。虽不敢蹈欺主之大恶，然实未有事君之小心。以此误犯天威，死有余僇"②。无视事实而放大高拱的欺君之罪并因此否定高拱，是张居正必须坚持的基调。否则，张居正顾命的合法性就失去了依据，自己也无法立足于万历政坛。当然，该诏令除对高拱的"专权擅政"的笼统指责外，事实上更多的是对在职朝臣的申饬，自然也包括张居正。此诏的实际意义在于警告不能再次出现像高拱一样"蔑视主上""任情""自用"的"权臣"，否则将遭到更为严厉的"典刑"处置。可以说，该诏的政治意义远远超过了穆宗的遗言，是新皇帝重建顾命新秩序的宣言书，其前提就是维护皇权的绝对安全性，不能因为皇帝年少而蔑视皇帝，甚至危害皇权。然而，对皇帝的忠心与否，不在于朝臣如何理解，而在于皇帝的亲身感受。没有人怀疑高拱对神宗怀有二心，但在张居正等人的挑唆下，高拱硬是被随意强加上了侵害皇权的专擅之臣，并被轻易地剥夺了顾命权力。所以，要真正理解万历初政的特点，对此诏应有新的、精深的研读。张居正能否避

① 《明神宗实录》卷2，隆庆六年六月庚午。
② （明）张居正：《张太岳集》卷43《为故大学士高拱乞恩疏》。

免高拱的罪名，将是考察其有无智慧和能力的关键之处。

众所周知，最终的结果是张居正不仅没有跳出高拱的怪圈，反而遭到比高拱更为严厉的惩处。换言之，对高拱的惩处就是为日后报复张居正所举行的一次成功预演。张居正等人可以随意地诬陷高拱，但自己也无法跳出这一诬陷整人的怪圈。张居正等人可以给高拱随便加上"专权擅政"的罪名而将其扫地出门，使其毫无尊严可言，但他就是没有想到别人也会同样随便地给他加上比高拱更严重的罪行而将自己搞臭！张居正像历史上那些愚蠢的权臣一样高估了自己，幻想只有自己可以给对手落井下石，而自身不会遭此厄运，所以他根本不会想到高拱所受的羞辱在自己身上重演。张居正目光短浅，政治嗅觉不灵，没有意识到对高拱的侮辱其实就是对自己的警告，更不会想到与内廷勾结密谋加害高拱其实就是在教唆年幼的神宗将来如何更加恶毒地整治自己。他一直沉浸在神宗所谓"一诚辅国，自古忠臣，如先生者罕"[1] 之类的甜言蜜语之中而不能自省。在赶走高拱之后，他认为已把神宗牢牢地控制在自己手中。张居正对王崇古自信地说道："幸主上虽在冲年，已具大有为之度。近又日御便殿讲读，因而商确政事，从容造膝，动息必咨，仆亦得以罄竭忠悃，知无不言，言无不信。"[2] 如果张居正把这一情形视为常态，始终把神宗看成十岁的幼主，一味地操弄皇权，不论动机如何，必将付出更为惨重的代价。

在张居正去世两年之后，神宗通过较长时间的调查，公布了张

---

① （明）张居正：《张太岳集》卷38《谢御札奖励疏》。

② （明）张居正：《张太岳集》卷24《与王鉴川言房王贡市》。

居正的罪状："诬蔑亲藩，侵夺王坟府第，钳制言官，蔽塞朕聪，专权乱政，罔上负恩，谋国不忠。"① 与高拱相比，张居正的罪行要严厉得多，而且是经过充分的调研且通过司法程序公布的，不像当时在极短的时间里张居正与冯保、李太后等几人秘密给高拱定罪那样草率，说明神宗整治张居正更加成熟和更有智慧，将顾命之臣予以彻底否定，惩处力度远远超过高拱，再次说明张居正并没有真正接受高拱的教训而走上平顺的顾命之道，他十年的顾命生涯不仅没有改善所处的政治生态，反而使其更加恶化。在神宗看来，张居正依旧是侵夺皇权的不忠之臣，而且比高拱更加可怕！也正因为如此，张居正要比高拱遭受更为惨烈的惩处："诏以罪状榜示天下，谓'当剖棺戮尸而姑免之'。其弟都指挥居易，子编修嗣修，俱发戍烟瘴地。自是终万历世，无敢白居正者。"② 在此之前，张居正"太师等官已削，原给诰命及特降谕札都追缴，石兽等物并应拆牌坊变价解京"③。如此严苛地处理张居正应该说是在预料之中的，研究者对此不必大惊小怪！张居正可以以莫须有的罪名加害于高拱，仇恨张居正的人当然也可以用同样的手段加害于他；张居正可以用诬陷的方式轻易地赶走高拱，仇恨他的人当然也可以用同样的方式随便地否定张居正。

在皇权面前，张居正和高拱都是失败者，都为万历初年的顾命之政付出了惨重的代价。本来的集体顾命模式在张居正的密谋下变成了单一顾命模式，使其一人承担了内阁所有的顾命之责，故遭遇

---

① 《明神宗实录》卷152，万历十二年八月丙辰。
② （清）夏燮：《明通鉴》卷68，神宗十二年八月丙辰。
③ 《明神宗实录》卷150，万历十二年六月戊午。

的惩处就更为严厉。与张居正相比，被驱赶的高拱又是幸运的，使其及早地解除了顾命首臣的责任而无更大的灾难。就张居正而言，成功赶走高拱只是暂时的，阁臣与皇帝的矛盾没有因高拱的离开而丝毫减少，反而因高拱的离开而进一步加大，且要由他一人承担，没有推卸的一点余地。特别是依靠冯保来控制幼主，使张居正从此走向不归之路。张居正无法摆脱冯保的羁绊，过度依赖冯保使张居正难以自拔，无法脱身。随着时间的推移，风险越来越大，其结果必然是以悲剧收场。张居正对这种结果也是清楚的，他早就说过："事明主易，事中主难；事长君易，事幼君难"①，但他并没有找到破解之法。

黄仁宇无视明代权力斗争中的诬陷之风，完全相信张居正等人对高拱编造的不实之词，将高拱辅佐幼主的责任感错误地理解为对皇帝的不忠，一味地贬高抬张，其所谓高拱的"狂妄跋扈是和人臣的身份决不能相容的。幸而上天保佑，还有忠臣张居正在"和"张居正在艰危之际保障了皇室的安全，建立了如此的殊勋，其取高拱而代之自属理所当然"②之言，纯属无稽之谈，说明其对万历初政和明朝的政治特点认识不清而任情解读。对于高拱的忠心，刘台早在万历四年（1576）就明确说道：高拱"擅则有矣，逆未闻也"③。面对两人基本相同的下场，不能说否定高拱就是对的，而否定张居正就是错的。

---

① （明）张居正：《张太岳集》卷 18《杂著》。
② 黄仁宇：《万历十五年》，第 10 页。
③ 《万历邸钞》万历四年正月，江苏广陵古籍刻印社 1991 年版。

三、张居正严防第二个张居正的出现

对于嘉隆万时期阁权由强变弱的时间，大多数学者认为是在张居正之后。这种认识只是看到了问题的表象，简单地将张居正与其身后的万历政治割裂开来。事实上，由于惯性和特殊机遇使然，张居正时代既是阁权所能达到的高峰时代，又是阁权必然开始弱化的时代。

很多学者用"宰相之杰"来形容张居正的权势和地位，从阁权的高峰状态来讲是有一定道理的，但在理解时并没有看清问题的真相。与张璁、严嵩、徐阶、高拱等首辅相比，张居正执掌内阁的确有其自身的特殊性。从表面上看，此时首辅张居正如同摄政者，确实发挥着独特而又显著的作用。神宗的年幼使首辅张居正事实上具有辅政的权力和地位，与皇帝能够独立行使皇权时的内阁作用确实有明显的不同。换言之，万历初年的内阁就是"顾命内阁"，在特殊的时期具有特殊的使命。而这一顾命内阁本来的设计是集体顾命模式，而不是张居正一人的顾命模式。这样，穆宗临终时安排的三人顾命模式瞬间就变成了张居正一人的顾命模式。特别是"顾命元臣"高拱"以片言谴罢，如叱一奴"①，是明代从未有过的政治现象，自然也是从未有过的变局。内阁集体的权力就变成了张居正一人的权力，这也是明代内阁演变中极为特殊的一幕。② 毋庸置疑，有内廷支持且以顾命名义执掌内阁的张居正自然也就成为明代阁臣中空前绝

---

① （明）于慎行：《谷山笔麈》卷 6《阉伶》。
② 田澍：《顾命政治视野下张居正的行政轨迹——张居正"人亡政息"新解》，《西南大学学报》2019 年第 5 期。

后的权势显赫之人了。但必须指出的是，张居正的这种权势绝不是阁权的常态，恰恰相反，是阁权的变态。在这一看似风光的政治权力背后，如果把握不好，将给万历政治带来灾难性的后果。

不论阁权或大或小，也不论首辅和次辅地位有多大的差异，明代内阁不变的特征就是集体讨论，集体决策。尽管阁权的运行过程中有个别强势首辅出现，但在万历之前，这一基本格局没有发生根本性变化。只是到了神宗即位之时，自张璁以来不断强化的阁权才因特殊的政情而发生了显著变化，正如《明史》所言："迨张居正时，部权尽归内阁，逡巡请事如属吏，祖制由此变。"[1] 张居正以极为特殊的身份控制了内阁，掌控着朝政。长期以来，人们一再凸显的就是张居正所拥有的这一非常态的权力模式。但张居正的这一权力是特殊时期的特殊产物，或者说是一种变态，而非常态。黄仁宇对张居正利用顾命地位如何弄权做了专门考察：

> 张居正作为大学士并没有权力提出政策，只容许他发布命令。但是他通过私人的交往避开了这种约束。这位大学士给他那些在帝国政府中身居要职的下属主管官员们写长信，敦促他们提出他所赞成的提案。然后，他作为皇帝的主要顾问，代替皇帝草拟诏书批准那些就是他所提出的政策。他在信中利用笼络、劝告、抱怨以及温和的谴责等手段以达到他的意愿。他有时预先告知接受者随之而来的任命或晋级，让人明白他对接受者的擢升负责。[2]

---

[1] （清）张廷玉等：《明史》卷 225《杨巍传》。
[2] ［美］牟复礼、［英］崔瑞德编：《剑桥中国明代史》，第 567 页。

这一分析是有道理的。张居正利用书信方式向百官传递信息来达到自己的政治目的，将书信决策发挥到淋漓尽致的地步。在考察张居正时，无视书信决策的重要作用，是难以认清其权力特点的。

事实上，对于自己的阁权，张居正并没有充分的自信。在他担任首辅之前，阁臣之间的权力争夺让张居正刻骨铭心，牢记教训，所以他要韬光养晦，藏而不露。一旦时机成熟，他就毫不犹豫，迅速出手，将对手置于绝地，使其难以东山再起，无法对自己构成威胁。张居正对高拱前后态度的变化就集中反映着他的这一性格和作风。尽管张居正获得了暂时的成功，但其内心的恐惧并没有因此而减少，反而在增加。他担心像他一样的人在暗地里注视着自己，算计着自己，在力量聚集到足以下手时将自己置于死地，使自己又变成了第二个高拱。换言之，要使自己不再成为第二个高拱，就必须防止出现第二个张居正。这是张居正确保自己权力稳定而必须要全力实现的目标，也是张居正在获得首辅权力后所有行政行为的核心工作。

纵观万历之前的阁权演变，对现任首辅权力造成最大威胁的无外乎两种力量：一是比其资历深、被当朝皇帝看重的致仕阁臣；二是像张居正自己一样觊觎首辅权位、伺机取而代之的现任阁臣。

就第一种情况而言，在张居正夺得首辅之后，健在的致仕阁臣有69岁的徐阶，68岁的吕本，64岁的赵贞吉，61岁的严讷、李春芳、郭朴和陈以勤，60岁的高拱，50岁的殷士儋等人，一共9位。其中对张居正最大的威胁来自高拱，所以，他要竭力防止高拱的复出，严防朝臣与高拱来往。据王家屏所记，张四维与高拱和张居正二人都不错，"新郑、江陵两公，皆以才识交公欢。两公既辅政，凡国家大事皆以咨公，公亦尽言无所讳。新郑公之去国也，公方拜宫詹之命，自获鹿取道，与会于栾城。入都，江陵公谓曰：'新郑以得罪君父去，公奈何见之？'公曰：'畴昔之交高公，犹今事公也。去而远之，谓交谊何？'江陵公乃释然。"① 张四维的智对，才使张居正免除了对自己的疑心。可见，张居正对朝臣与高拱的交往十分在意。与高拱相比，其他 8 位对张居正威胁不大，要么年事已高，要么魄力不足。但即便如此，防范意识极强的张居正也不会掉以轻心。万历初年，在一次朝讲结束之后，神宗"顾辅臣，问阁臣吕本在家安否，江陵大怒，退召其子中书兑至朝房，问曰：'主上问尊公起居，何缘受知？'兑大恐，即上疏自罢，旋被内察。盖见上问及，恐其复用，故排抑之如此"② 。从中可以看出张居正对致仕老臣内心的极大恐惧，故必须严加防范，不能有所闪失。万历六年（1578），张居正在前往湖北葬父之际，"念阁臣在乡里者，高拱与己有深隙，殷士儋多奥援，或乘间以出，惟徐阶老易与，拟荐之自代。已遣使报阶，既念阶前辈，己还，当位其下，乃请增置阁臣"③ 。张居正的严防死守，没有出现嘉靖前期起用谢迁、杨一清、费宏和隆庆年间召复高拱等现象。可以说，在防止起用退休阁臣方面，张居正取得了极大的成功，使这一势力对张居正的阁权没能出现丝毫的威胁，确保了张居正始终以唯一的老资格身份掌控着万历初年的内阁。

第二种情况，是张居正防范的重点。当三人集体顾命的阁臣变

---

① （明）张四维撰，张志江点校：《张四维集》条麓堂集卷 34《张文毅公行状》，上海古籍出版社 2018 年版。

② （明）于慎行：《谷山笔麈》卷 4《相鉴》。

③ （清）张廷玉等：《明史》卷 219《马自强传》。

为张居正一人顾命时，如何构建万历新朝的内阁，将是考察张居正是否具有政治远见的关键之处。换言之，在确保张居正权力稳定的前提下，如何组建"后张居正时代"的万历内阁，应该是张居正必须妥善解决的重大政治问题，当然也是首要问题。人们应该清楚张居正之所以能够有所作为，前提在于有较大空间的独断权力，即在内廷支持下能够独享阁权。所以说，独享阁权既是张居正有所作为的主要原因，也是张居正将对万历政治造成深度影响的主要原因。而要使自己避免成为第二个高拱，就必须选择性格柔弱的朝臣进入内阁。朱东润论道："不明白实际政治的人，也许因为他们不能合作，发生诧异，其实整个的政权不能容许两个'政治家'共同掌握，正和整个的家庭不能容许两个主妇共同主持一样。"① 这样便使张居正走进怪圈，对万历政治及其以后的政局产生了难以厘清的负面作用。

　　与明代所有阁臣不同的是，张居正在选用阁臣时完全是在白纸上写字，自己能够一手操控。不可避免的是，张居正在这一关键环节的表现让人大跌眼镜，将其自私、短视的一面暴露无遗。为了防范现任阁臣对其阁权的危害，张居正用尽了心机，利用自己独掌内阁的特殊时机，独自选任阁臣，将性格柔弱、不敢担当甚至善于伪装且能讨好自己的人选入内阁，避免像张璁、夏言、高拱和自己那样的强臣进入内阁，完全改变了选用阁臣的传统，成为明代内阁设置以来最大的变化，对万历政治带来了难以估量的负面影响。隆庆六年（1572）六月二十三日，顾命阁臣高仪去世，第六天，即二十

---

① 朱东润：《张居正大传》，第137页。

八日，礼部尚书吕调阳入阁。万历三年（1575），礼部尚书张四维入阁。万历六年（1578），礼部尚书马自强和吏部左侍郎申时行入阁。张居正临终时又密荐致仕的礼部尚书潘晟和现任吏部侍郎余有丁入阁。下诏此二人入阁的第二天，张居正病故，远在浙江的潘晟因"秽迹昭著""舆情共恶"而遭到严厉的弹劾，未能入阁①，故被张居正推荐入阁者共五人。现将这五位阁臣的行事风格列表说明如下：

姓名	籍贯	入阁时间	行事风格	资料出处
吕调阳	广西临桂	隆庆六年	张居正当国，"同列吕调阳莫敢异同"。	《明史》卷213《张居正传》
张四维	山西蒲州	万历三年	高拱为首辅时，张四维"干进不已，朝士颇有疾之者"。因张居正推荐入阁，"谨事之，不敢相可否，随其后，拜赐进官而已"。	《明史》卷219《张四维传》
马自强	陕西同州	万历六年	虽持正，亦不能有为，守位而已。	《明史》卷219《马自强传》
申时行	江苏吴县	万历六年	以文字受知张居正，蕴藉不立崖异，居正安之。	《明史》卷218《申时行传》
余有丁	浙江鄞县	万历十年	性阔大，喜宾客，不设城府。	《明神宗实录》卷155，万历十二年十一月己丑

从上表中不难看出，与首辅张居正在万历前期共事的这五位阁臣中，没有刚强之人，不可能与张居正相抵牾。《明史·张居正传》

---

① （清）谈迁：《国榷》卷71，万历十年六月庚戌。

认为："当是时，太后以帝冲年，尊礼居正甚至，同列吕调阳莫敢异同。及吏部左侍郎张四维入，恂恂若属吏，不敢以僚自处。"① 张居正的个人意志因此能够得以推行，故《明史·申时行传》论道：张居正"揽权久，操群下如束湿，异己者率逐去之"②。《明史·张四维传》亦言："当是时，政事一决居正。居正无所推让，视同列蔑如也。"③ 在回湖北葬父之时，小事由张四维"代拟旨，大事则驰报居正于江陵，听其裁决"④，被边缘化的吕调阳则"坚卧，累疏乞休不出"⑤。张居正因此开创了首辅个人独断的新例，明朝的决策中心便由北京转移到了湖北江陵，为明代空前绝后之事。可以说，万历前期的内阁，表面上是集体内阁，实为张居正一人的独裁内阁。

长期以来，人们所赞誉的张居正的权力，其实就是这种极不正常的独裁阁权。在这一政治生态中，与张居正共事的阁臣为了自保，职如纸糊，形同泥塑，在张居正面前唯唯诺诺，不敢吱声，故皆能在表面上与张居正暂时和谐相处，确保自己权位的稳当，以防被张居正赶出内阁。孟森为了突出张居正的事功，不顾这一基本的历史事实，把张居正身后阁臣软弱无力的责任全部推到神宗身上，其言："至居正卒后，帝亲操大柄，洩愤于居正之专，其后专用软熟之人为相。"⑥ 朱东润的看法则与此完全不同，能够承认张居正在选任阁臣时的"私心"，认为不会推举干练之才如吏部尚书杨博，而是推荐温

① （清）张廷玉等：《明史》卷213《张居正传》。
② （清）张廷玉等：《明史》卷218《申时行传》。
③ （清）张廷玉等：《明史》卷219《张四维传》。
④ （清）张廷玉等：《明史》卷219《马自强传》。
⑤ （清）张廷玉等：《明史》卷213《张居正传》。
⑥ 孟森：《明清史讲义》，第246页。

顺可驾驭的礼部尚书吕调阳，因为张居正"知道内阁里除了自己，只需要一位忠厚老实，和衷共济的长者，并不需要一位雄才大略、器度恢宏的重臣"①，并指出："内阁里面张四维、申时行，都是自己引进的人，谅意不至于反噬"②。黄仁宇亦论道："张居正名为首辅或称元辅，其他大学士的任命则出于他的推荐，皇帝在圣旨中也明确规定他们的职责是辅助元辅办事。大学士之中有了主次之分，造成了今后朝臣之间的更加复杂的纠纷局面。"③ 商传明言：张居正"是强势的，在他把持的内阁中，实在容不得任何强者的苗头"，"伴随着居正而去的，还有内阁的权威的丧失，留下的只是举朝的茫然"④。

张居正自以为是，自我吹嘘，沾沾自喜，认为自己选人用人都出于公心。他在万历八年（1580）对大同巡抚贾春宇说："仆平生好推毂天下贤者。及待罪政府，有进贤之责，而势又易以引人，故所推毂尤众。有拔自沉沦小吏，登诸八座，比肩事主者，不可胜数。"⑤ 但事实并非如此。如潘晟致仕后，张居正就将与对自己"事之谨"的徐学谟超擢为礼部尚书，廷臣敢怒不敢言。《明史·徐学谟传》认为："学谟径拜尚书，廷臣以居正故，莫敢言。"⑥ 王家屏在给张四维的行状中写道："初，江陵公病时，其帏幄私人日夜聚谋，惮公等二三当轴臣皆正人，且杜群枉路，乃诈为江陵公遗疏，荐起新昌公于家以自代，俟其至首去公，约三御史次第为排公疏，而绍介遄逃罪

---

① 朱东润：《张居正大传》，第 142 页。
② 朱东润：《张居正大传》，第 346 页。
③ 黄仁宇：《万历十五年》，第 18 页。
④ 商传：《走进晚明》，第 95 页。
⑤ （明）张居正：《张太岳集》卷 32《答大同巡抚贾春宇》。
⑥ （清）张廷玉等：《明史》卷 243《邹元标传》。

人徐爵者往来关说于权珰冯保所，保从中可之。"① 《明史·张居正传》亦言：潘晟，"冯保所受书者也，强居正荐之。时居正已昏甚，不能自主矣"②。商传对张居正临终前的人事安排做了系统梳理，认为"他临终前荐举的潘晟曾经是太监冯保的老师，是太监冯保勉其所为；梁梦龙、曾省吾是居正的学生；王篆是儿女亲家；只有徐学谟，是当年居正归葬父亲时任郧阳巡抚的旧人"③。可以看出，处于弥留之际的张居正并不糊涂，推荐的都是沾亲带故之人。

对于张居正时代奔竞夤缘之风，赵翼有以下描述：

> 明天启中，魏阉生祠遍天下，人皆知之。而万历中，张居正卧病，京朝官建醮祷祀，延及外省，靡然从风，则已开其端。盖明中叶以后，士大夫趋权附势，久已相习成风，黠者献媚，次亦迫于避祸，而不敢独立崖岸，此亦可以观风会也。④

当时，就连言官也被张居正压服，"迨居正病，科道并为之建醮祈祷"⑤。

毋庸置疑，在防范第二个张居正的缜密设计和刻意实践中，张居正利用或明或暗的方式，完全实现了自己的预定目标，暂时确保了自己阁权的绝对安全，没有出现此前他人取而代之的常例。与高拱的失败相比，尽管张居正较好地解决了与后宫和太监的关系，但

---

① （明）张四维撰，张志江点校：《张四维集》条麓堂集卷34《张文毅公行状》。
② （清）张廷玉等：《明史》卷213《张居正传》。
③ 商传：《走进晚明》，第95页。
④ （清）赵翼：《廿二史札记》卷35《张居正久病百官斋祷之多》。
⑤ （清）赵翼：《廿二史札记》卷35《明言路习气先后不同》。

同样没有解决好与皇帝的关系。《明神宗实录》的编纂者论道：神宗"冲年在疚，拱默受成于两宫，权不自制，惟恐外廷之擅。而顾命之臣，自负付托之重，专行壹意，以致内猜外忌，同列阴行其谋，而内竖黠者，亦谋间旧以自固，相比伺隙，骤移两宫之意，而权复偏有所归。后先同辙，相寻以败。专擅之疑，深中圣心。魁柄独持，以终其世。晚虽倦勤，而内外之间无复挟重恣行如初年者。主术所操，犹为得其大也。"①谢国桢论道："居正令人失望的地方，就是大权独揽，用高压的手段，权威都归到内阁，言官等于木偶，来取媚于内阁。居正到了晚年，位高望尊，傲慢的态度，更觉暴露无遗。"②与世宗即位之初必须围绕新帝建立新秩序一样，万历初年也必须围绕神宗建立新的政治秩序，这是当时的头等大事，高拱与张居正等阁臣必须处理好与新皇帝的关系，否则下场与杨廷和等旧臣一样，甚至更惨。但他们二位都没能很好地解决这一问题，是他们最大的政治失误。而张居正为了维持自己的首辅权力只能与太监勾结，政治风险更大，故比高拱付出的代价更高，受到的清算更严厉。正如黎东方所言：张居正"在世，大权在握，没有人奈何得了他。他一死，仇家对于他的家属，对于他的身后令名，就可以为所欲为，弄得他在死后的第一年官爵被'追夺'，在死后的第二年家产被充公，家属被充军，在家属之中，有若干人死在牢狱，长子张敬修被逼得自杀"③。

---

① 《明神宗实录》卷2，隆庆六年六月庚午。

② 谢国桢：《明清之际党社运动考》，第11页。

③ 黎东方：《细说明朝》，第292—293页。

四、张居正的去世与顾命政治的中止

穆宗的临终安排过于仓促，存在着极大的漏洞，主要有：一是对高拱的顾命首臣没有更加刻意的说明，以防张居正等人暗中捣鬼；二是对阁臣的顾命权力没有明确的界定，以免导致"乾纲独揽""太阿倒持"；三是对顾命格局延续多久没有清晰的交代，以便杜绝历史上反复出现的尾大不掉的政治现象发生。考察高拱、张居正的表现可知，他们在此问题上也是糊涂的，从未有过清晰的思路，难以把握好分寸。

高拱因为"专擅"而被瞬间赶走，后继的张居正为了应对一人顾命的格局，不择手段，只能加大维持阁权的成本，顺势强化与太监的关系，为顾命政治埋下了更大的隐患。在依靠冯保斥逐高拱之后，为了支撑顾命之任，张居正只能继续依靠冯保，将高拱的对手视为自己政治上最可靠的盟友。正如沈德符所言："当时江陵曲媚冯（保），以固权宠。"① 又说："江陵之得国也，以大珰冯保力，海内能讼言之。至其前后异礼，皆假手左貂。"② 张居正之子张懋修亦言："先父之与冯司礼处也，亦宫府相关，不得不然。"③ 黄仁宇说得更明白：当时的决策就是神宗"把大伴冯保的指示告诉元辅张先生，又把元辅张先生的票拟按照大伴冯保的建议写成朱批"④。在神宗登极后，高拱"以主上幼冲，惩中官专政，条奏请诎司礼权，还之内阁。

① （明）沈德符：《万历野获编》卷6《冯邦宁》。
② （明）沈德符：《万历野获编》卷9《江陵始终宦官》。
③ （明）张居正：《张太岳集》卷9《司礼太监冯公预作寿藏记》。
④ 黄仁宇：《万历十五年》，第18页。

又命给事中雒遵、程文合疏攻拱，而己从中拟旨逐之。拱使人报居正，居正阳诺之，而私以语保。保诉于太后，谓拱擅权不可容，太后颔之。"① 冯保成了张居正联系内廷的真正桥梁，既是张居正权力的真正依靠，又是张居正权力的必然祸端。

按照明代的基本制度，阁臣与皇帝之间建立互信关系是正常现象，但通过宦官来控制皇帝则被视为异常，为舆论所不齿，为制度所不容，不可能真正掌握主动权，绝非一些学者所谓内阁和司礼监是两驾并行的马车。当然，珰阁联合并不意味着他们只能干坏事而不能干好事。尽管一些人一再地发掘张居正与冯保一起所做的正面事项来为其联合的必要性而不懈地辩解，但不可能因此消除没有忘记祖制的人们对珰阁联合侵害明代政治的担忧，故必然引发攻击。正如朱东润所言："本来这一次政变，是一件突如其来的大事，以后居正当权，不免引起一部分人底反感，冯保更加是众矢之的。"② 不可否认，在赶走高拱之后，顾命政治必然使张居正更加需要冯保，但张居正的无奈在于能做不能说，无法放在桌面上来公开讨论，当然更无法讲明珰阁长期联合操纵政治的合理性。

面对年幼的皇帝，张居正的确不可能与其建立真正的信任关系，也不能进行正常的沟通，只能通过宦官和太后保持接触乃至控制。在利用冯保赶走高拱之后，张居正与冯保打得火热，根本没有逐渐削弱冯保权力而将顾命之政推向正常化的切实想法，张居正无法在制度的框架里行事，不敢像高拱那样公开要求削夺司礼监的权力，

① （清）张廷玉等：《明史》卷213《高拱传》。
② 朱东润：《张居正大传》，第129页。

更不敢明确要求增强内阁的权力。唯一能做到的就是依靠冯保和太后来控制幼主，而无交权的时间表。也就是说，如何在制度框架内创造性地开展顾命政治，张居正并没有找到两全其美的办法。张居正只能与冯保"宫府交通，更唱迭和。冯倚执政则言路无忧，张恃中涓即主恩罔替"①。尽管与冯保的公开合作对眼前的政治确实有利，但不可避免地对万历政治具有极大的伤害，其弊端是显而易见的。张居正无法摆脱冯保，因此为自己埋置了一个定时炸弹，只是他不知道何时爆炸。谢国桢论道：张居正与冯保勾结，"通行贿赂，官职的升降，都由他的爱憎，他的儿子嗣修等都中了高第。居正的势力，真是炙手可热，气盖一世，但是他的积怨，就潜伏其中了"②。

　　神宗十岁即位，而此前的英宗九岁登极，两者即位时的情形基本相似，但相差将近 140 年的时间，其间明代的政治形势发生了明显的变化，故不能做简单的类比。总体而言，由于明朝对后妃干政的严格限制，使她们大都能遵守规矩，不敢在特殊时刻贸然地垂帘听政，公然地指手画脚，而将阁臣抛弃一边。不可否认，在皇权更迭之际，高拱的强硬并没有得到后妃的支持，倒是善于心机的张居正通过冯保而获得神宗之母的好感。没有李太后的支持，张居正也无力赶走高拱。可以说在人事变动的问题上，最初真正掌握幼主的李太后起着关键的作用。在顾命时期，张居正与冯保、李太后的确组成了三角关系，张居正在前台，冯保和李太后在后台，相互支持、互相利用，看似亲密，但潜伏着极大的风险！神宗之母不像英宗时

---

①　（清）谷应泰：《明史纪事本末》卷 61《江陵柄政》。

②　谢国桢：《明清之际党社运动考》，第 11 页。

期的张太后那样对宦官势力予以高度的警觉，而是忘记家法，随波逐流，听任冯保专权擅政，是明代历史上最没有政治原则的一位太后。在万历六年（1578）神宗大婚后，李太后还视冯保为"重臣"，叮嘱冯保要把神宗培养成圣君：

> 念皇帝冲年，皇后新进，我今还本宫，不得如前时照管，所赖尔等重臣，万分留心。务引君与当道，志于仁义，傥一动静之间，不由于理，不合于义，俱要一一谏劝，务要纳之于正，勿得因而顺从，致伤圣德。尔等其敬承之勿替。①

而当举朝清算张居正时，她默不作声，似乎与己无关，其麻木不仁，令人发指！三者当中的阁臣和太监两种力量被惩处，反映着明代政治体制对有可能专权的内阁和宦官两大最危险势力防范的有效性，其制度活力仍然起着关键作用。

在这一三角关系中，幼主神宗被视为可有可无，处于配角地位。不论张居正依靠冯保和李太后干了些什么事，在神宗看来，那都不是最要紧的问题，如何在顾命时期确保皇帝的尊严才是最大的政治。如何迅速改变一人的顾命格局，尽快向神宗交权，这是张居正要考虑的头等大事，而不能借口皇帝年少而一再拖延时间。但张居正非常珍惜从高拱手中夺得的权力，拖延交权是他的本意。如张居正稍有一点历史反思能力，明白在他出生前四年发生的"大礼议"中从湖北前来即位的十四岁的世宗将庞大的杨廷和集团击败并清洗殆尽，表现出了超凡的能力，可以说幼主不幼，幼主不弱。而世宗之前的

---

① 南炳文、吴彦玲：《辑校万历起居注》，万历六年二月二日癸未。

武宗十五岁即位，很快就把其父孝宗安排的刘健、李东阳和谢迁三位顾命大臣不放在眼里，顾命首臣刘健和谢迁一年多后被迫辞职。张居正主持的顾命之政要延续到何时，张居正根本没有认真思量，优柔寡断，心存侥幸，迟迟不愿交权。到神宗二十岁时，要不是张居正的突然死亡，顾命之政还要延续。这是神宗绝不会答应的事，但张居正至死都对此没有一个清醒的认识，他的悲剧是不可避免的。

在张居正顾命的十年当中，他没有分步实施交权的明确计划和坚定态度，而是一味地以皇帝年幼回避这一核心问题。万历四年（1576），没有阁臣背后指使的辽东巡按御史刘台就上疏攻击张居正"擅作威福"，开启了对张居正专权擅政的强大攻势。张居正按照惯例只能上疏乞罢，他名为请求辞职，实为向神宗施加压力，要求严惩刘台，并以顾命之臣的身份说道：

> 臣受先帝重托，既矢以死报矣。今皇上圣学尚未大成，诸凡嘉礼尚未克举，朝廷庶事尚未尽康，海内黎元尚未咸若，是臣之所以图报先帝者，未罄其万一也，臣岂敢言去！古之圣贤毫杰，负才德而不遇时者多矣。今幸遇神圣天纵不世出之主，所谓千载一时也，臣又岂可言去！皇上宠臣以宾师不名之礼，待臣以手足腹心之托，相亲相倚，依然蔼然。无论分义当尽，即其恩款之深洽，亦自有不能解其心者，臣又何忍言去！①

神宗最后的答复当然在张居正的预料之中，以"即出视事，勉终先

---

① （明）张居正：《张太岳集》卷39《被言乞休疏》。

帝顾托"① 来安抚张居正。

凡遇攻击张居正者，神宗代表内廷都以顾命为由来挽留张居正。如万历五年（1577）张居正之父去世，神宗挽留道：张居正"非寻常辅臣之比，亲受先帝付记，佐朕冲年，安定社稷，一身关系，委为至重"②。又说：先生"亲承先帝付托，辅朕冲幼，社稷奠安，天下太平。莫大之忠，自古罕有"③。次年，面对员外郎王用汲的攻击，神宗安慰道："朕践祚之初，方在冲幼，赖卿受遗先帝，尽忠辅佐，以至于今，纪纲振肃，中外乂宁，此实宗社神灵所共昭鉴。惟是奸邪小人，不得遂其徇私自便之计，假公伺隙，肆为谗谮者，累累有之。"④ 万历八年（1580）三月，张居正提出"归政"，说道：

> 臣一介草茅，行能浅薄。不自意遭际先皇，拔之侍从之班，畀以论思之任。壬申之事，又亲扬末命，以皇上为托。臣受事以来，夙夜兢惧，恒恐付托不效，有累先帝之明。又不自意特荷圣慈眷礼优崇，信任专笃，臣亦遂忘其愚陋，毕智竭力，图报国恩，嫌怨有所弗避，劳瘁有所弗辞，盖九年于兹矣。每自思惟，高位不可以久窃，大权不可以久居，然不可遽尔乞身者，以时未可尔。今赖天地、祖宗洪佑，中外安宁，大礼、大婚、耕耤、陵祀鸿仪巨典，一一修举；圣志已定，圣德日新，朝廷之上忠贤济济。以皇上之明圣，令诸臣得佐下风，以致升平保鸿业无难也。

---

① 《明神宗实录》卷46，万历四年正月己未。
② 南炳文、吴彦玲：《辑校万历起居注》，万历五年九月二十六日己卯。
③ （明）张居正：《张太岳集》卷41《闻忧谢降谕宣慰疏》。
④ 南炳文、吴彦玲：《辑校万历起居注》，万历六年六月二十二日壬寅。

臣于是乃敢拜手稽首而归政焉。①

张居正自然明白类似的表白不会得到神宗的批准，得到的必然是留任的诏令。不出其所料，神宗再次明确告诉张居正："卿受遣先帝，为朕元辅，忠勤匪懈，勋绩日隆，朕垂拱受成，倚毗正切，岂得一日离朕？如何遽以归政乞休为请，使朕恻然不宁？卿宜仰思先帝丁宁顾托之意，以社稷为重，永固襄赞，用慰朕怀，慎无再辞"②，并转达李太后的意见，要让张居正辅佐神宗到三十岁。③张居正对大同巡抚贾应元说："仆久握大柄，天道忌盈，理须退休，以明臣节。况当典礼告成之日，正息肩税驾之时。抗疏乞休，甚非得已。乃圣恩留谕再三，未忍固求私便，辄复就列，徐俟再图。"④万历十年（1582），当张居正病重之际，神宗还在说："朕自冲龄登极，赖先生启沃佐理，心无所不尽，迄今十载，四海升平，朕垂拱受成，先生真足以光先帝顾命。"⑤张居正在何时向神宗交权的问题上，头脑糊涂，过于听从李太后，一再错失良机。正如朱东润所言："一位李太后，造成居正和神宗的决斗。这才是人生的不幸。"⑥

张居正一直把神宗当作后主，自比诸葛亮，甚至比诸葛亮还要重要，但他应该清楚明神宗绝非后主可比，是一位有个性、有主张的皇帝。权力蒙蔽了张居正的眼睛，他根本做不到急流勇退。这绝不是要求张居正明哲保身，而是要求他为万历政治的良性发展做好

---

① （明）张居正：《张太岳集》卷44《归政乞休疏》。

② 南炳文、吴彦玲：《辑校万历起居注》，万历八年三月二十二日辛酉。

③ 南炳文、吴彦玲：《辑校万历起居注》，万历八年三月二十四日癸亥。

④ （明）张居正：《张太岳集》卷32《答贾春宇》。

⑤ 南炳文、吴彦玲：《辑校万历起居注》，万历十年六月十四日庚子。

⑥ 朱东润：《张居正大传》，第346页。

有预见性的周密安排。张居正不能老是以"受非常之恩者，宜有非常之报。夫非常者，非常理之所能拘也"① 之类的思维来定位自己。在这个关键时候，人们再也不能以事务性的工作来认识和评价张居正。当然，张居正对未来的不测有隐隐约约的预感。他在万历八年（1580）对山东按察使徐元气倾诉道："不榖比者抗疏乞归，群情惊惑，不知鄙意固有在也。夫不得决去于宅忧之时，而乃乞骸于即吉之后，此岂寻常大臣所为进退者耶？顾此意不敢以告人，而世亦无知我者。"② 同时，又对云南的李元阳说：自己"稽首归政，恳疏乞骸，亦欲逖慕留侯，庶几得弃人间事矣。乃蒙圣谕谆切，朝议恳留，不得已辄复视事，以俟徐图。但恐世缠日锢，归宿无期，觖怅，觖怅！"③ 但他的这种认识水平远远不能顺应万历政治由神宗的顾命向亲政转变的大变局了，因为此时已经不是简单的张居正个人进退的问题了。张居正此时已无法解套，也不可能解套了，他已经处于身不由己、不能自拔的地步！他在夺情之后对神宗说："皇上如不以臣为不肖，外则操戈执锐，宣力于疆场；内则荷橐持筹，预议于帷幄。远迩闲剧，惟皇上之所使，虽赴汤火，死不敢避。"④ 此言只是当时说说而已，如真会想到自己的死，张居正绝不会下那么大的决心来夺情。

对于张居正如何主动交出权力、自觉结束顾命政局，沈德符则早有论述，他说：万历八年，"江陵已病，其求归甚恳，主上亦为心

① （明）张居正：《张太岳集》卷41《乞恩守制疏》。
② （明）张居正：《张太岳集》卷32《答宪长徐中台》。
③ （明）张居正：《张太岳集》卷32《寄有道李中溪言求归未遂》。
④ （明）张居正：《张太岳集》卷41《乞恩守制疏》。

动矣。时大婚已三年，慈圣亦久归政回宫，圣龄将弱冠，正太阿在握之时，使其得请，可谓君臣始终，两无负矣。而大小九卿，则吏部尚书王国光等，太常卿阴武卿等，各公疏留之；言路，则吏科都给事中秦耀等，山西道御史帅祥等，亦合衙门保留。何也？踰年后病不起。身后旋受大僇，亦岂非诸公再误之！"[1] 张居正未能抓住夺情后的最佳机会交出权力，来主动地结束顾命政治。

万历初政以夺取顾命权力开始，就必须以结束顾命权力结束。而如何尽快结束这一顾命模式，将神宗培养成一个"好人"，才是万历初年的最大政治。可惜的是，在张居正的有生之年，他根本没有采取有效措施设法结束顾命政局，总是以神宗年幼离不开自己而一再延长顾命格局。神宗十岁年幼尚可成立，二十岁还年幼吗？拿着"先帝"的招牌来控制日益成熟的神宗，不愿交权，不断延长顾命政治状态，是张居正最不明智的选择。对于已经成人的神宗，张居正一直把他当成刚即位的十岁幼主来对待，不仅不愿放权，反而对神宗的控制越来越严。冯保"在宫廷内可以逐渐排斥异己。居正直言干涉皇上宫壶起居等事，权限非常扩大，久已超越大学士票拟谕旨的本分"[2]。

尽管张居正有冯保和神宗之母做奥援，但他不可能永远依赖下去。张居正后来的遭遇就完全证明了这一点。只有他的病逝，才使得顾命格局不得不被动地中断，使顾命政治以人们没有想到的张居正病逝的方式戛然而止。黄仁宇不明此理，为张居正的病逝惋惜不

---

① （明）沈德符：《万历野获编》卷 8《保留宰相》。
② 朱东润：《张居正大传》，第 354 页。

已，还希望张居正不断获得更大的权势，说道："在他去世前九天，万历加封他以太师衔，这是文臣中至高无上的官衔，在本朝二百年的历史中从未有人在生前得到这个荣誉。但是由于疾病很快夺去了他的生命，他已经无法利用这个新的荣誉再来增加自己的权威。"①事实上，首辅张居正的权威和荣誉只能来自顾命之臣的身份，而不是简单的太师头衔。如果仅仅从阁权的角度认识张居正的手中的权力，必然会产生错误的认识。如朱东润认为："居正推荐吏部左侍郎张四维及马自强、申时行二人入阁。御批'张四维升礼部尚书兼东阁大学士，著随元辅等在内阁办事'，因此四维在内阁中，名为居正底同僚，其实只是居正底属员。首辅底权力，无形中又提高一层。"②其他如所谓张居正为明朝"第一权相"之类的说法都是没有认清这一时期政治特点的反映。

需要强调的是，万历初期顾命权力只属于张居正个人，是特殊时期的特殊权力，根本不是制度的变化，也故任何人都不可能效法，更不可能继承。张居正一死，顾命政治一结束，一切都化为泡影。黄仁宇论道："要影响全体文官，申时行必须首先提供自己的诚意。他宁可被目为大和事佬，甚至被批评为牺牲原则的政客，但他坚持他调剂折衷的原则。他确实看透了国家为解决问题而设立文官，但国家的最大问题也就是文官。而奇怪的是，以张居正的精明练达，竟忽视了这样基本而简单的事实。"③ 人们在批评申时行时，不能拿张居正的权威和风格来要求他。无视张居正顾命的角色而强求申时

---

① 黄仁宇：《万历十五年》，第 28 页。
② 朱东润：《张居正大传》，第 199 页。
③ 黄仁宇：《万历十五年》，第 53 页。

行等后继者延续张居正时的政治局面，是毫无道理的。这是后张居正时代万历朝政治研究停滞不前的根本原因。

人们对张居正事功的无限夸大和对张居正死后神宗的无情指责，事实上是在有意无意地指责张居正顾命政治的彻底失败！而张居正的去世必然是"人亡政息"，不可能将早该结束的顾命模式还要延续下去，"世间已无张居正"便是必然之势。换言之，张居正"把所有的文官摆在他个人的严格监视之下，并且凭个人的标准加以升迁或贬黜"① 的行政风格不可能继续下去，任何人也无法复制张居正的行政与行为，可以说是张居正一手"将内阁的权威跟自己一起埋葬了"②。但张居正并没有死，而是以反面的形象继续活在万历时期，成为人们口诛笔伐的对象，从揭露张居正的"罪行"中获取各自的政治利益。正如沈德符所言：自万历十年以来，"诸劾江陵者，多取显官去。尤而效之，争以建言自见。亦有知物议将及，先事而发者"③。

张居正一死，顾命政治自然结束，他便成为神宗不能亲政的替罪羊和出气筒。这是他迟迟未能"归政"的必然结局，也是张居正为曾经所拥有的顾命大权所必须付出的代价。在论及张居正主要过错的问题上，清人朱锜的观点是很有见识的，他说："江陵之过，在于功成而不知止，又不能荐达贤相以为之后。"④ 当然，这是张居正不可能做到的！

---

① 黄仁宇：《万历十五年》，第 70 页。

② 商传：《走进晚明》，第 96 页。

③ （明）沈德符：《万历野获编》卷 12《考察胁免》。

④ 转引于谢葵《荆州博物馆藏张居正画像题跋考》，荆州市张居正研究会主办《张居正研究》（第一辑），湖北人民出版社 2012 年版，第 140 页。

五、张居正与刘台冤案

刘台弹劾张居正是万历初年的一件大事，是正常的言路监督现象。将刘台的行为视为反对所谓"张居正改革"是毫无道理的。无论张居正身处何位，都必须接受言路的监督，而不能凌驾于言官监督之上。尽管刘台的弹劾没有充分考虑到张居正顾命身份的特殊性，难免有所偏差，但张居正对刘台的二次报复造成了严重的次生政治灾难，则是需要明确否定的，不能无视其弹劾的正当性而乱扣"保守派""反对张居正改革"等帽子。而张居正对刘台的陷害和株连集中反映着当时极不正常的政治生态。神宗对刘台的平反昭雪和对参与诬陷刘台相关人员的司法调查和惩治，集中反映着对张居正重大过失的纠正，值得肯定。

如何面对包括言官在内的百官的逆耳之言，在明代政治实践中是一大难题。对此，精明如张居正者，也未能找到理性的应对办法。在张居正担任首辅时，前有杨继盛因指斥严嵩"五奸十大罪"而遭诬陷致死的惨痛教训，后有海瑞因上《治安疏》批评世宗君臣而被投入牢狱的事例。对于海瑞之言，尽管世宗异常恼火，但并未妄加罪名，也没有一杀了之，足以说明世宗晚年对处理逆耳之臣还是手下留情的。对于这两起典型的案例，张居正应该不会毫无反思。与严嵩一样，张居正在万历初期又制造了刘台冤案。对于此案，学界的分歧较大，极大地影响着对张居正的理性认知。梁启超等人在《中国六大政治家》一书中认为：刘台"肆意"疏攻张居正，"纯属意气用事，自无足取"，其言"一面固足淆乱天下之听闻，一面尤足破坏江陵之政策，当非忠君爱国如江陵者所能忍受"①。这种全盘否定刘台而为张居正辩解的做法是不可取的。相比之下，朱东润的认识较为客观，他认为刘台的弹劾对张居正来说是"一个异常的刺激"，刘台"所提出的几点，不一定是对的，然而也不一定全无根据。是刘台底诬蔑呢，还是他底不能体谅？"②故张居正"对于刘台的怨愤，真是深刻万分"，在他看来，"攻击居正，便是攻击国家；摧毁居正，便是摧毁国家"③。随后认识上的分歧依旧，难以取得共识。如樊树志将刘台视为"守旧势力"的代表，认为刘台"写了长达五千字的奏疏，弹劾张居正，使反对新政的逆流达于顶点"④，"在神宗与张居正通力一致的反击下，终于被击退了。但付出了沉重的政治代价，留下了不可弥补的后遗症"⑤。蔡明伦认为：刘台的"正气加勇气并不等于理性，忠直加保守反而会成为障碍。拘泥于祖制的言官的政治理念过于陈腐，不能在舆论上正确引导统治集团朝救国济民的方向去用力"⑥。陈生玺则肯定刘台弹劾张居正一事："刘台这一奏疏，在当时朝野震动很大，可以说事事处处都打到了张居正的痛处，他无法正面回答，仍以已往的方式，诬指对方结党营私，进行报复。"⑦刘台弹劾张居正和张居正对刘台的打击报复是张居正研究中的一个重大问题，长期以来缺乏专门的研究。现特以顾命政

---

① 梁启超等：《中国六大政治家》，第731页。

② 朱东润：《张居正大传》，第222页。

③ 朱东润：《张居正大传》，第226页。

④ 樊树志：《万历传》，人民出版社1993年版，第94页。

⑤ 樊树志：《晚明史》，复旦大学出版社2003年版，第261页。

⑥ 蔡明伦：《明代言官群体研究》，中国社会科学出版社2009年版，第160页。

⑦ 陈生玺：《张居正与万历》，第584页。

治的视角对其做一探讨，以便对万历初年张居正的顾命权力、舆论环境和政治生态的认识有所裨益。

（一）刘台弹劾张居正与张居正的初步报复

在明代，言官弹劾包括阁臣在内的朝臣，是一项基本制度，当然也是一种正常现象。在实际的运行中，尽管言官因"风闻言事"而难以保证事事皆实，也会与权臣勾结而党同伐异，但理性的大臣还是能够坦然面对言官的监督，表现出"容言之量"的胸怀。特别是对于一些刺耳的言论，心胸开阔者能够在自我辩白中宽宥言官，以保护敢言之气，维护舆论监督的制衡功能。

尽管张居正身为顾命大臣，身份特殊，但这并不意味着张居正就可以游离于言路监督之外，故刘台对张居正的弹劾，应该是一种正常的、正当的行为，而绝非反对"张居正改革"的行为，更非什么阴谋活动。该事件之所以典型，只是说明他所弹劾的对象比较特殊，而不是说张居正不能被弹劾！这是客观认识该事件时所应持有的一个基本理念。

万历四年（1576）正月，刘台以张居正口口声声的"祖制"来对照其行为，以自己理解的"祖宗之法"来弹劾张居正，直指张居正的诸多软肋，极具攻击力。在刘台看来，张居正的诸多行为违反了"祖宗之法"，主要表现在以下几个方面：（一）违反明朝的根本制度，"擅作威福"，背离了太祖废除丞相后所设计的权力制衡体系；（二）创立考成法，改变了固有的内阁制度，以丞相自处；（三）违背穆宗遗诏，驱逐高拱并陷害之，实属无礼；（四）违背祖训，为成国公朱希忠赠以王爵；（五）打击言官，"仇视正士"，使言路不畅；（六）违犯祖制，私荐朝臣，任人唯亲，架空皇帝；（七）违犯法令，自身不正，贪赃枉法，败坏科举制度。①

刘台对张居正的弹劾，其实就是两个方面：一是张居正的"专擅"，二是张居正的不廉。就其"专擅"而言，刘台认为首辅张居正"每每自道，必曰吾相天下，何事不可作止，何人不可进退！大小臣工，内外远近，非畏其威，则怀其德。夫其进退人也，作威作福人也，宰相之实也"②。在刘台看来，张居正以宰相自处，就是公然违背祖制的乱政行为；就自身不廉而言，刘台在揭露张居正以权敛财享乐、"富冠全楚"的同时，指责其"为子弟连中乡试，而许御史某以京堂，布政使某以巡抚"③。而这两方面的问题在张居正活着的时候就开始争论了，其去世至今仍在争论之中，至今亦未达成共识。

在弹劾中，作为张居正的门生，刘台不隐瞒自己与张居正的特殊关系，表明自己不会因为私恩而装聋作哑，更不会因为惧怕报复而三缄其口。他说：

> 臣幼举进士，居正会试主考，臣中第七。臣廷试，居正同充读卷官，臣中二甲第四。臣列部属官三年，居正荐臣改选今职。自常人观之，居正之恩，于臣亦云厚矣。然仰惟陛下天覆地载大父母也，能效忠即所以孝于父母也，而区区举荐私恩不与焉。④

言官的职责使刘台敢于挑战张居正的权威，不怕付出生命的代价，可见他对张居正的必然报复有着清晰的认识。

---

① 《万历邸钞》，万历四年正月。
② 《万历邸钞》，万历四年正月。
③ 《万历邸钞》，万历四年正月。
④ 《万历邸钞》，万历四年正月。

　　在刘台弹劾的前一年，张居正的门生、御史傅应祯上疏将张居正比附为"误宋"的王安石，提出对王安石所谓"天变不足畏""祖宗不足法""人言不足恤"的思想要引以为戒。张居正"以疏中王安石语侵己，大怒，调旨切责"，并"谪戍定海"。①刘台不畏张居正的打压，将生死置之度外，清楚地认识到："谏人主易也，但言涉辅臣则祸在不测"②，并明言：对于张居正种种违背祖宗之法的举止，"远近臣工，皆闻且信之，而不敢明目张胆指摘其罪过者，积戚（应为威）之劫也"③。对于刘台弹劾张居正之举，沈德符论道：刘台"劾江陵诸不法，颇中肯綮"④，"其词峻，其事确"⑤。韦庆远认为：刘台等人"列举的事实，虽有夸大之处，但亦非纯粹捕风捉影之谈，居正亦间有失检之处，贻为敌对方面攻讦的口实"⑥。但将刘台与张居正视为敌对双方是没有任何道理的。刘台与张居正的关系是监督与被监督的关系，而不是敌对关系。长期以来，一些学者为了凸显张居正，而忘记了张居正属于被监督范围这一基本事实，一切以张居正的是非为是非，以张居正的标准为标准。以至于出现张居正不能被批评，张居正不能被质疑，甚至认为唯有张居正是忠诚的，而反对张居正者就是奸臣，就是守旧派，就必须被打倒、被否定。

　　对于刘台的批评，不能认为因张居正要从事所谓的"改革"就不该回应，也不能因张居正忙于所谓"改革"而无暇回应。面对刘

---

① （清）张廷玉等：《明史》卷229《傅应祯传》。

② 《万历邸钞》，万历四年正月。

③ 《万历邸钞》，万历四年正月。

④ （明）沈德符：《万历野获编》卷19《刘畏所侍御》。

⑤ （明）沈德符：《万历野获编》卷19《言官劾父》。

⑥ 韦庆远：《张居正和明代中后期政局》，第797页。

台的弹劾，与一般权臣的反应一样，张居正"怒甚"而已，缺乏容人之量。尽管刘台的奏疏没有像杨继盛、海瑞那样刺耳的语言，但难以明辨的事实已让张居正寝食难安，如临大敌。他把刘台与此前上疏攻击自己的言官傅应祯、余学夔等人联系起来，认为是对自己有预谋的陷害，故在第一时间向年幼的神宗求助："国朝二百余年，并未有门生排陷师长，而今有之"①，并"伏地泣不能起。上为下御座，以手掖居正曰：'先生起，吾行逮台竟其事。'"②不久，"捕台至京师，下诏狱，命廷杖百，远戍"③。面对严惩刘台而带来的巨大的舆论压力，张居正"不自安，复具疏为解，免杖，夺职为民"④。

不出刘台所料，张居正毫不留情地对自己进行了严惩。但这才是报复的开始，而不是结束。他得罪的张居正可不是一般的阁臣，也不是传统的丞相，而是能够上下其手的顾命辅臣。刘台的厄运还在后头，这是他根本没有预料到的。

（二）刘台对张居正顾命身份认识的偏差

张居正认为门生不能弹劾座主，否则就是与明代的体制规定相违背，故该说法是完全错误的。不论张居正与刘台存在何种关系，他都不能将自己凌驾于言路监督之上。如果拿这一视角来反击刘台，说明张居正心胸狭隘，站位不高，缺乏作为一个政治家应有的胸怀。此言是在证实张居正拿自己的主考官身份在编制自己的小圈子，用心不良，试图借此市恩贾义，拉帮结派。

---

① 《万历邸钞》，万历四年正月。
② （清）夏燮：《明通鉴》卷66，万历四年正月丁巳。
③ （清）夏燮：《明通鉴》卷66，万历四年正月丁巳。
④ （清）谷应泰：《明史纪事本末》卷61《江陵柄政》。

要理性分析刘台对张居正的弹劾，首先要认清张居正的身份和所处的环境，而仅仅拿"改革"的理由来为张居正开脱，是毫无说服力的。不能说"改革家"就不需要监督，或者说"改革家"就不需要批评。张居正自身并不清廉，他"不是一个淡泊的人"，"明代腐化的空气，已经弥漫了，腐化的势力，侵蚀一切，笼罩一切，何况一个全权在握的首辅，更易成为腐化势力底对象。北京只是张居正底寓所，他底家在江陵，居正可以洁身自好，但是居正有仆役，有同族，有儿子，有弟弟，还有父亲。腐化的势力在北京找不到对象，便会找到江陵。居正也许能管束子弟，他能管束父亲吗?"① 事实上，"以圣贤自居"的张居正"言行不一，他满口节俭，但事实证明他的私生活极其奢侈"②，"不能不贻人以口实"③。对于张居正自身不廉之事，是不需要怀疑的问题，故不能拿这一问题为张居正辩解，更不能说刘台弹劾张居正是"咎由自取"④。正如朱东润所言："刘台攻击居正底贪污，不是没有根据的诬蔑。"⑤ 所以，在论及刘台弹劾张居正一事时，必须认识到它的相对客观性，而不能为美化张居正而无视其自身的腐败问题，更不能认为刘台弹劾张居正是用心不良并反对"改革"。

面对刘台的弹劾，唯一能为张居正辩解的就是他的顾命身份。由于万历初政的特殊性，年幼的神宗需要老臣辅佐。刘台直指张居正的"专擅"可以视为特殊时期的异常现象。必须指出的是，刘台

① 朱东润：《张居正大传》，第 226—227 页。
② 黄仁宇：《万历十五年》，第 31 页。
③ 黄仁宇：《万历十五年》，第 64 页。
④ 樊树志：《万历传》，第 185 页。
⑤ 朱东润：《张居正大传》，第 226 页。

对张居正的权力描述，忘记了顾命这一特殊的背景。撇开这一背景，刘台的批评是能够成立的。但换成顾命的背景，其描述的则是张居正顾命的权力形态。张居正在多种场合说，自己是在代行皇权，指的就是这一权力。刘台发现张居正的这一权力形态是朱元璋废相以来未曾有过的现象，惊叹："成祖皇帝始置内阁，参预机密大事，当时拟议于内者，官阶未峻，则无专权之萌、干理于外者；职掌素定，则无总揽之弊。二百年来，其间遵守祖宗之法固多，而擅作威福之权者亦有。彼其作威作福也，犹曰恐人之议其后也，尚惴惴然，避宰相之名不敢当也。何者？以祖宗之法在也。"① 万历初年与英宗即位初期的情况完全不同，当时内阁处于创立初期，阁权有限，加之"三杨"的集体辅导和太皇太后的执政，所以他们根本不可能专权。而在张居正与内廷密谋赶走高拱之后，自己很快独享了顾命权力，所以，张居正的出现是没有先例的。当然，刘台要追究高拱被驱赶一事已无多大意义，因为参与驱赶高拱的不止张居正一人。

事实上，在未获得顾命权力之前，张居正对内阁的看法与刘台并无多大区别。与传统认识不同，张居正认为明代内阁始于洪武时期："自胡惟庸诛，虽罢丞相，分任六卿，而四辅实居论思之地，则虽无相名，实有相道也。"② 又说：

> 前此虽罢丞相，分任六卿，然设四辅官以为辅导，置诸大学士以备顾问，则师保内阁之职悉具矣。今著本朝志记诸书，谓内阁始于成祖时用解缙等七人者，殆未之

---

① 《万历邸钞》，万历四年正月。
② （明）张居正：《张太岳集》卷18《杂著》。

考也。①

由于阁臣高拱还兼任吏部尚书，故张居正将高拱的权力描述为："今少师中玄高公，相肃皇帝及今天子有年矣。入则陈王道之闳，启乃心，纳乎圣听；出则兼冢宰之重，鸠众才，庀乎主职。②

此论比较符合实际。但当张居正成为唯一的顾命之臣时，责任完全不同，任务异常艰巨，故对自己权力的描述与以前完全不同，与刘台的弹劾之言无多大区别。在赶走高拱之后，张居正自称"顾命元辅"或"顾命首臣"，把自己描述为皇帝的替身，甚至认为自己的权力就是皇权。他说：

> 盖臣之所处者，危地也；所理者，皇上之事也；所代者，皇上之言也。今言者方以臣为擅作威福。而臣之所以代王行政者，非威也，则福也。自兹以往……将使臣守其故辙，益竭公忠以事上耶？则无以逃于专擅之讥！况今谗邪之党，实繁有徒，背公行私，习弊已久。臣一日不去，则此辈一日不便；一年不去，则此辈一年不便。若取臣之所行者，即其近似而议之，则事事皆可以为作威，事事皆可以为作福。③

当王用汲疏攻自己时，张居正说道："至末后一段，谓皇上当独揽乾纲，不宜委政于众所阿附之元辅，此则其微意所在，乃陷臣之机穽也。"④

---

① （明）张居正：《张太岳集》卷18《杂著》。
② （明）张居正：《张太岳集》卷7《门生为师相中玄高公六十寿序》。
③ （明）张居正：《张太岳集》卷39《被言乞休疏》。
④ 南炳文、吴彦玲：《辑校万历起居注》，万历六年六月二十二日壬寅。

张居正便以顾命身份来解释自己的权势：

> 先帝临终，亲执臣手以皇上见托，今日之事，臣不以天下之重自任，而谁任耶？羁旅微贱之臣，一旦处百僚之上，据鼎铉之任，若不得明主亲信委用，又何以能肩巨负重、而得有所展布耶？①

又说："臣是顾命大臣，义当以死报国，虽赴蹈汤火，皆所不避，况于毁誉得丧之间？"② 万历五年（1577），张居正对神宗说："臣才品最下，学术尤疏，居台府已逾十年，总枢机又且六载。上不能燮调元化，佐明主以察玑衡；下不能振举宏纲，率群僚而修品式。"③ 万历六年（1578），张居正又说："照得阁臣列在禁近，以备顾问，代王言，其职务最为繁重。必博求贤哲，广集众思，乃足以仰赞一皇猷，弼成化理。"④

由于张居正独揽了顾命之权，所以张居正的权力无法用传统的内阁权力来约束，也无法用已有内阁权力模式来认识，其顾命权力其实就是代行皇权。这在明代历史上是空前绝后的，无人能够比拟。沈德符论道：

> 江陵以天下为己任，客有诮其相业者，辄曰："我非相，乃摄也。""摄"字于江陵固非谬，但千古唯姬旦、新莽二人。今可三之乎！⑤

正是在这种情形下，被张居正描述的高拱所兼任的吏部尚书则变成

---

① 南炳文、吴彦玲：《辑校万历起居注》，万历六年六月二十二日壬寅。
② 南炳文、吴彦玲：《辑校万历起居注》，万历六年六月二十二日壬寅。
③ （明）张居正：《张太岳集》卷41《谢免自陈疏》。
④ （明）张居正：《张太岳集》卷42《请简用阁臣疏》。
⑤ （明）沈德符：《万历野获编》卷9《三诏亭》。

了一个完全被张居正所控制的一般的办事机构。沈德符认为："江陵在事时，冢宰不过一主书吏而已。"① 黄仁宇对万历初年皇权的运行状态有如下描述："万历登极之初批阅本章，只是按照大伴冯保的指导，把张先生或其他大学士的'票拟'改用朱笔批写就算完成了职责。其中有些本章的批示极为简易，例如'如拟''知道了'，简直和练习书法一样。"② 而对于下级，张居正"为了贯彻自己的意图，他经常以私人函件的形式，授意于他亲信的总督巡抚，要他们如此如此地呈奏皇帝，然后他以内阁大学士的身份票拟批准他自己的建议。为了鼓舞亲信，他有时还在函件上对他们的升迁作出暗示。这种做法，实际上是以他自己作中心，另外形成一个特殊的行政机构"③。所以，刘台用传统的相权来弹劾张居正，还远远没有说清张居正真正的权力特点。

就张居正而言，他的困惑就在于自己所拥有的顾命权力无法得到当时朝臣的理解与认同。而刘台与绝大多数朝臣一样，依旧简单地拿祖宗之法来认知张居正的这一特殊权力。对于张居正手中的权力，朝臣难以认同，故不可能达成共识，对彼此的伤害也就不可避免。即便张居正的顾命权力很大，但事实上他依旧没有独立的决策权，不可能真正行使皇权。而顾命权力边界的模糊使张居正时时处于危险境地。黄仁宇认为：

> 在明朝的制度下，他没有政府承认的权力以制定政策或进行统治。同时，他扩大内阁对于吏部的影响并没有得

---

① （明）沈德符：《万历野获编》卷9《冢宰避内阁》。
② 黄仁宇：《万历十五年》，第15页。
③ 黄仁宇：《万历十五年》，第63页。

到他的同僚们的同意；而他和接近皇帝的中官，皇帝的私人办事人员的非正式联系，完全构成了对王朝皇室法令的违犯。①

刘台对张居正"专擅"的指责，其实就是张居正所面临的困惑和无奈，可以说是刘台对张居正发出了及时的预警，只是张居正没有意识到而已！

对于张居正权势的认识，是一个非常复杂的问题，所有对张居正的争论皆源于对其权力的不同认知。朱东润早在20世纪40年代就认为：张居正的一生，"始终没有得到世人底了解。'誉之者或过其实，毁之者或失其真'，是一句切实的批评。最善意的评论，比居正为伊、周，最恶意的评论，比居正为温、莽。有的推为圣人，有的甚至斥为禽兽。其实居正既非伊、周，亦非温、莽：他固然不是禽兽，但是他也并不志在圣人。他只是张居正，一个受时代陶镕而同时又想陶镕时代底人物"②。要真正认知张居正和他所处的万历时代，还有很多的问题需要精细的研究，而关键之处就在于改变长期以来将张居正权力定位为"宰相"的错误模式。张居正手中所握有的是部分皇权而非相权，所以张居正要退出万历政坛，面临的最大难题就是如何"归政"的问题。对此问题，刘台也是认识不清的。

在万历前期，张居正是一位独享顾命权力的权臣，而这一权力是通过政变所获得的，有其特殊性，但内阁的本质并未发生根本性的变化。黄仁宇论道："张居正是通过与太监冯保的合作和他自己作

---

① ［美］牟复礼、［英］崔瑞德编：《剑桥中国明代史》，第571页。
② 朱东润：《张居正大传》，一九四三年序第6页。

为万历皇帝老师的位置保持了他的显赫地位。皇太后李氏对他的信任同样也是必不可少的。但是，在明朝体制下，他要公然独揽大权是不可能的。"① 从其获得顾命首辅权力的那一刻起，张居正就已经成为具有极大争议性的人物。刘台的批评尽管反映了一部分人对张居正不满的情绪，但他并未考虑到顾命政治的特殊背景，对张居正的权责认识还不到位。

特别需要指出的是，刘台对张居正的权力认知，反映着相当一部分朝臣不能接受张居正"专擅"这一事实。而为了表达这一不满，他们只能拿"祖宗之法"向张居正开火。从斗争双方来看，张居正始终是被动的。在刘台弹劾之后的"夺情"之争中，背后的深层次原因仍然是对张居正顾命权力的不满。自从赶走高拱而获得独有的顾命权力之后，尽管张居正暂时得到了内廷的支持，但他始终没有真正取得外廷的普遍拥护。换言之，在张居正担任首辅期间，他面临的最大难题就是自己的顾命权力无法得到外廷的普遍认可和真正支持，故只能与内廷勾连。他生前就不可避免地受到各种攻击，死后更是无法收拾。

（三）张居正对刘台的第二次伤害

毫无疑问，在弹劾张居正之后，刘台的命运便掌握在张居正手中了。对于刘台革职为民的处理，已经过于严厉。面对刘台的弹劾，张居正要控制住自己的情绪，适可而止，不可再度伤害刘台，这既是对自己和子孙的保护，也是对万历政治的负责。然而，有仇必报的张居正并未因刘台革职为民而消停，而是变本加厉，要对刘台进

---

① 黄仁宇：《十六世纪明代中国之财政与税收》，第388页。

行更为恶毒的报复。对于刘台弹劾一事，张居正"词色间多露愤恚不堪意，诐者因思中之"①。樊树志论道："刘台既已革职为民，事情本该了结，张居正却穷追不舍。"②

对于保护言官的生命安全和言路畅通的重要意义，张居正在手中没有掌握生杀大权时，他的认识还是理性的，需要肯定。如在隆庆三年（1569），当时御史詹仰庇建议清查内官监钱粮时，便得罪了宦官，穆宗"命锦衣卫拏在午门前，打一百棍，发为民"③。身为一般阁臣的张居正上疏要求善待言官：

> 朝廷设耳目之官，正欲其每事匡正，有所裨益。即或有所触犯，亦必曲赐含容，以养其刚直之气，然后遇事敢言，无所畏避。若谴怒重加，摧折过甚，将使谏臣丧气，钳口不言。倘国家有大利害，朝廷有大奸恶，谁敢复为皇上言者乎？

并希望"今后凡臣下有建白条陈，悉发下臣等看详，有可采者，即望嘉纳施行；或有妄言无当，不知忌讳者，亦乞俯赐包容，以倡敢言之气，杜欺蔽之端。庶下情无壅，而治道可兴也"④。但当言官将矛头对准自己的时候，张居正则是另一副嘴脸，对言官恨之入骨，试图利用顾命之权制服言官，让其装聋作哑。夏燮论道："张居正当国，恶诸御史巡按在外每欺凌巡抚，欲痛抑之，事小不合，诘责随下，又饬院长严加考察，以故言路多不平。"⑤ 张居正的亲家刘一儒

---

① （明）沈德符：《万历野获编》卷19《刘畏所侍御》。
② 樊树志：《万历传》，第185页。
③ （明）张居正：《张太岳集》卷36《请宥言官疏》。
④ （明）张居正：《张太岳集》卷36《请宥言官疏》。
⑤ （清）夏燮：《明通鉴》卷66，万历四年正月丁巳。

对其"行法严刻，及刑辱建言者，辄苦口规之，遂大矛盾"①。可见，张居正不遗余力地要坚决钳制言路、制服言官。在这一特殊背景下，刘台的命运完全取决于张居正个人的态度。

在刘台上疏后，神宗传旨："刘台这厮，谗言乱政，着打一百，充军，拟票来行。"②神宗为了安慰张居正，将刘台斥为"畜物"，说道："先帝以朕幼小，付托先生。先生尽赤忠以辅佐朕，不辞劳，不避怨，不居功，皇天后土祖宗必共鉴知。独此畜物，为党丧心，狂发悖言，动摇社稷，自有祖宗法度，先生不必如此介意。只思先帝顾命，朕所倚任，保安社稷为重，即出辅理，朕实惓惓竚望。"③张居正在感动之余，表示留下来继续辅政：

> 念臣受先帝重托，既矢以死报矣。今皇上圣学，尚未大成；诸凡嘉礼，尚未克举；朝廷庶事，尚未尽康，海内黎元，尚未咸若。是臣之所以图报先帝者，未罄其万一也，臣岂敢言去。古之圣贤豪杰，负才德而不遇时者多矣。今幸遇神圣天纵不世出之主，所谓千载一时也，臣又岂可言去！皇上宠臣以宾师不名之礼，待臣以手足腹心之托，相亲相倚，依然蔼然。无论分义当尽，即其恩款之深洽，亦自有不能解其心者，臣又何忍言去！④

当顾命政治还未结束之时，张居正不可能因为刘台的弹劾而离开神宗。所以，严惩刘台也算给张居正一个台阶，让他体面地继续行使

① （明）沈德符：《万历野获编》卷9《刘小鲁尚书》。
② （明）张居正：《张太岳集》卷39《乞宥言官疏》。
③ （明）张居正：《张太岳集》卷39《谢恩疏》。
④ （明）张居正：《张太岳集》卷39《被言乞休疏》。

顾命大臣的权力。

在公开场合，张居正假意为刘台求情，要求神宗予以轻处，但在暗地里，张居正联合各级官员，密谋着更加恶毒的报复计划，以期杀一儆百，让大家明白攻击自己的悲惨下场。为了将刘台置于死地，张居正用两种手段来加害刘台：一是"诬其在辽时婪肆"，二是"令刘乡人告刘居乡诸不法状"①。

万历八年（1580）九月，江西安福守御千户所舍人谢耀向神宗举报被革职为民的刘台在乡里的"恶迹"，神宗将奏本发下内阁，让张居正提出处理意见，并传圣旨："刘台这厮，先年枉害忠良，朕意本要打死他，因先生谕救饶了。今却又这等暴横害人。本内说在辽东贪赃数万，著拏解来京，追究下落，拟票来行。"张居正回复道：

> 臣等看得，本犯先年肆为逸说，动摇国是，其罪本不容诛。臣居正但以其父母年老之故，曲为救解，仰蒙圣慈俯允，特宥生还。彼乃不知悛改，仍复肆恶，凌暴乡人。据谢耀本中所奏，残忍不义，适与素行相符。若果皆实，岂宜容于尧舜之世？至于辽东贪赃一节，人所共知，臣等亦习闻之矣。皇上赫然震怒，欲行拏问重处，诚仁人恶恶之公，国家惩奸之典。臣等敢不钦遵？但受害之家，俱在彼中，今若将本犯拏解，不免并逮干证之人，恐连累者众，或伤无辜。不如祇照常敕下都察院，咨札江西抚按官，将奏内事情及圣谕所指辽东贪赃实迹，一一鞠问明白具奏。

---

① （明）沈德符：《万历野获编》卷19《刘畏所侍御》。

若所犯得实，彼自难逃于宪典也。①

神宗从之。这一幕是由张居正一手策划的。据《明神宗实录》载：张居正"以夙憾，欲授意抚臣王宗载文致之，乃诡云台暴横闾里"②。

在启动调查以后，一切都按照张居正的导演有条不紊地进行。按照都察院的要求，辽东巡按周咏、于应昌"会勘刘台赃罪"，江西巡抚王宗载、巡按陈世宝"会奏台谗言乱政"和"合门济恶"诸事。都察院合议后，建议将刘台"边远充军，原领诰敕应追夺类缴"。神宗从之。③ 最后，刘台被流放广西浔州。在流放过程中，刘台奇妙地与张居正在同一天去世，死因不明。或言"病死"，或言为"戍长所酖"④，或言"因张居正的阴谋而被杀害"⑤。

在密谋陷害刘台的同时，张居正将刘台的父亲和弟弟也一并处置。其父刘震龙和弟弟刘国，"俱坐罪"⑥。刘台的姊夫曾同亨也受到牵连。在万历初年，曾同亨先后任大理寺少卿、顺天府尹，后以右副都御史巡抚贵州。在刘台得罪张居正之后，"给事中陈三谟欲并逐之，奏同亨羸不任职。诏调南京，遂移疾归。九年，京察拾遗，给事中秦耀、御史钱岱等复希居正指，列同亨名。勒休致"⑦。

在构陷刘台亲属之余，张居正对不配合自己的相关人员也予以

---

① 南炳文、吴彦玲：《辑校万历起居注》，万历八年九月十五日壬午。

② 《明神宗实录》卷104，万历八年九月壬午。

③ 《明神宗实录》卷110，万历九年三月庚辰。

④ （明）沈德符：《万历野获编》卷19《刘畏所侍御》。

⑤ ［日］小野和子著，李庆、张荣湄译：《明季党社考》，上海古籍出版社2013年版，第16页。

⑥ （清）张廷玉等：《明史》卷229《刘台传》。

⑦ （清）张廷玉等：《明史》卷220《曾同亨传》。

惩治。如刘台家乡安福县令倪冻，坚守气节，不与张居正同流合污。吏部左侍郎杨时乔认为："倪冻品节孤骞，才猷周练。初令安福。值故御史刘台以论劾故相张居正，杖黜归里。居正属其私人贺一桂擫台不法，密授意冻，唊以美官，使穷治之。冻誓死不从，顾为台雪冤，坐告者罪。居正尤此怒冻，谪冻山西照磨。"① 再如刑部员外郎邹德涵与刘台为同乡，张居正"疑为党，出为河南佥事。御史承风指劾之，贬秩归"②。御史丁宾因没有按照张居正安排诬陷刘台辽东赃罪，"忤居正意"而被迫辞官。③ 对倪冻、丁宾等人的报复，反映着张居正打击异己时无所不用其极的一贯做法。黄仁宇就此论道：令神宗不解的是，"权倾朝野的张居正，他的作威作福已经达到了这样的程度：凡是他所不满的人，已经用不着他亲自出面而自有其他的内外官员对此人投井下石，以此来讨好首辅。果然，在几年之后，万历皇帝获悉当日免受仗刑的这位官员，竟在流放的地方死去，其死情极端可疑"④。

像任何专权的大臣一样，张居正生前可以随意草菅人命，但死后自己又被别人蹂躏羞辱。深知明代政治传统的张居正应该清楚地认识到，因为政见不同，被自己今日打倒的人，明日又会平反，甚至被视为英雄，名声更大，影响更广。海瑞就是张居正的一面镜子，但张居正就没有这样基本的反思能力，继续重演着权臣为所欲为的闹剧。张居正一死，由其一手炮制的刘台冤案便成为神宗清算和搞

---

① 《明神宗实录》卷426，万历三十四年十月丙申。
② （清）张廷玉等：《明史》卷283《邹德涵传》。
③ （清）张廷玉等：《明史》卷221《丁宾传》。
④ 黄仁宇：《万历十五年》，第16—17页。

臭张居正的一个绝好案例。

（四）神宗对刘台冤案的调查与处理

调查刘台冤案是清算张居正的一项主要内容，也是向世人揭露张居正违法乱纪的典型事例。神宗用了近二十年的时间来处理刘台冤案。通过持续的调查，挖出了张居正迫害刘台的整个关系网，并将此案大白于天下。

万历十一年（1583），御史江东之为刘台诉冤，弹劾王宗载和于应昌"杀人媚人"和"共陷刘台"之罪。江东之论道：

> 初，御史刘台劾张居正褫职，仇家诬台赃私，下江西巡抚王宗载、巡按陈世宝、辽东巡按于应昌勘问。台按辽东，实不持一钱，应昌捏报虚赃。宗载唻世宝曰："了此狱，政府乃以巡抚处公。"世宝辱台苦楚万状，戍浔州，台死于戍所，衣衾棺木俱无，而人谓仇家诬奏，亦宗载唻之也。世宝呕血暴卒，宗载、应昌宜抵罪。①

同年二月，巡按江西御史贾如式又报告了更多的细节：

> 原任御史刘台之劾居正，居正未必欲致之死也。有台同宗原任国子监监丞刘伯朝、举人刘寿康与台有宿憾，欲中台奇祸，以结居正欢心。适值台买谢耀地，偿价未厌其心，耀恨之。伯朝等唻耀讦奏，谋之吉安推官刘绅。绅为备资促之行。勘问时，伯朝对理，台有口何能辩？至于辽东赃银五千两，台贫不能完，徒累富室代纳。乞敕都察院将伯朝、绅究处，臣并提刘寿康、谢耀勘问。

---

① 《明神宗实录》卷132，万历十一年正月戊辰。

得旨："着抚按官提问。"① 同年九月，刑部上报了调查结果，认为："该江西巡抚曹大埜勘得，原任巡抚王宗载先以密帖，示署安福县事推官陈绅嗾谢耀诬奏台。台族人博士刘伯朝、举人刘寿康合谋构之。绅出赀助耀赴京讦奏。事下，宗载与巡按陈世宝问，共相诬捏，以成其罪。又，该辽东巡抚李松勘得，原任御史刘台各赃，俱无指证。原奉勘承委各官，巡按御史于应昌勘详，矢于明允；分守参政张崇功、分巡副使周于德会审断案，殊欠精详；管粮通判陈柱、薛思敬虚坐赃私，勘报不实，均属有罪。"神宗看后大怒，说道："这厮每挟私枉法陷害无辜，险狠可恶。"②

随着调查的深入，一些参与者不断浮出水面。刑科给事中刘尚志对原任大理寺寺丞贺一桂提出弹劾，认为："御史刘台之死，王宗载能先得谢耀奏稿，授意陈绅者，一桂之为也，亟宜罢斥究问。"③工科给事中王毓阳弹劾原吏部左侍郎王篆，认为其凭借张居正的姻戚身份与王宗载结党，"陷害忠良"，为"元凶巨蠹"。④ 南京给事中冯景隆认为辽东巡抚周咏与于应昌"共陷台"，应罢官。⑤

在刘台冤案调查处理过程中，谢耀被处以绞刑，其财产一半作为刘台一家的赡养之费⑥，对其他涉案的"邪媚"之官，依据情节轻重而予以严惩，兹列表说明如下：

---

① 《明神宗实录》卷133，万历十一年二月戊申。
② 《明神宗实录》卷141，万历十一年九月癸未。
③ 《明神宗实录》卷141，万历十一年九月甲午。
④ 《明神宗实录》卷141，万历十一年九月丁酉。
⑤ （清）张廷玉等：《明史》卷229《刘台传》。
⑥ 《明神宗实录》卷141，万历十一年年九月癸未。

姓名	时任职务/身份	处理结果	资料出处
王宗载	江西巡抚	边卫充军	《明神宗实录》卷141，万历十一年九月癸未
于应昌	辽东巡按	革职为民	《明神宗实录》卷141，万历十一年九月癸未
陈　绅	安福县事推官	革职为民	《明神宗实录》卷141，万历十一年九月癸未
刘伯朝	博士	革职为民	《明神宗实录》卷141，万历十一年九月癸未
周　咏	蓟辽总督	革职为民	《明神宗实录》卷141，万历十一年九月丁酉
贺一桂	大理寺寺丞	革职为民	《明神宗实录》卷141，万历十一年九月甲午
王　篆	吏部左侍郎	革职为民	《明神宗实录》卷141，万历十一年九月丁酉
刘寿康	举人	革去举人，终身边卫充军	《明神宗实录》卷141，万历十一年九月癸未
陈世宝	巡按	因死而追夺诰敕	《明神宗实录》卷141，万历十一年九月甲午
张崇功	分守参政	降一级调用	《明神宗实录》卷141，万历十一年九月癸未
周于德	分巡副使	降一级调用	《明神宗实录》卷141，万历十一年九月癸未
陈　柱	管粮通判	由辽东抚按官提问	《明神宗实录》卷141，万历十一年九月癸未
薛思敬	管粮通判	由辽东抚按官提问	《明神宗实录》卷141，万历十一年九月癸未

神宗一方面调查处理涉案当事人，另一方面为刘台平反优恤。万历十一年（1583）二月，恢复刘台原官御史，并赠光禄寺少卿。[①]万历十三年（1585），录荫其子刘孟铣为国子生。[②] 万历三十一年（1603）七月，礼部言："刘台抗节敢言，杀身遐壤。"[③] 万历三十七年（1609），礼部议定刘台的谥号为毅思。[④]《明史》就此论道："刘台诸人，皆以论张居正得罪。罚最重者，名亦最高……平心论之，居正为相，于国事不为无功；诸人论之，不无过当。然闻谤而不知惧，忿戾怨毒，务快己意。亏盈好还，祸酿身后。《传》曰：'惟善人能受尽言。'于戏难哉！"[⑤]

对刘台的平反昭雪，一方面说明亲政后的明神宗敢于面对现实，能够据实解决张居正所造成的冤案，扶持正气；另一方面反映了首辅张居正时期吏治的败坏。事实上，平反刘台是迟早的事，不可能被永远掩盖下去，但"威福自专"的张居正就是不明白这样一个最基本的道理，继续制造着经不起历史检验的冤案，一再地重复着历史上反复出现的闹剧。樊树志论道：刘台后来所遭的厄运，"虽出于无耻官吏向张居正献媚之举，根子却在张居正，他容不得刘台，必欲置之死地而后快"[⑥]。张居正对刘台的严酷报复，反映着万历时期的监察系统遭到了极大的破坏，深刻影响着晚明政治的走向。萨孟武指出：张居正"'意之所向，不论是否，无敢一言，以正其非，且

① 《明神宗实录》卷133，万历十一年二月辛卯。
② 《明神宗实录》卷179，万历十四年十月庚午。
③ 《明神宗实录》卷386，万历三十一年七月壬申。
④ （明）鲍应鳌：《明臣谥考》卷下，《景印文渊阁四库全书》史部第651册，第455页。
⑤ （清）张廷玉等：《明史》卷229《赞曰》。
⑥ 樊树志：《万历传》，第185页。

有先意结其欢，望风张其焰者。'及居正丁父忧，夺情之议起，'疏劾者转出于翰林、部曹，而科道（六科给事中、十三道御史），且交章请留。及居正归葬，又请趣其还朝。迨居正病，科道并为之建醮祈祷'，由此可见，明代言路风纪已坏，不足以肃正纪纲"①。王其榘认为：张居正"权势欲太甚，有时见利忘义，甚至不择手段地诬陷人以死地，又使朝内奔竞之风日益炽涨起来"②。何宗美进而论道："张居正对言路的压制，对晚明政治、思想等方面产生了直接的影响。"③

在万历初年的特殊时期，张居正具有不同已往的顾命权力。如何言事，对言官来说是需要考虑这一特殊背景的。换言之，对张居正的弹劾，需要把握一定的分寸和尺度，而不是随意地发泄。作为言官，可以风闻言事，但也要尽可能理性地发表自己的言论。如对张居正驱逐高拱一事，不能将全部责任推到张居正一人身上。因为当时的两宫太后、太监冯保和神宗都参与了驱逐活动，他们与张居正一样都脱不了干系。刘台拿此事来攻击张居正，得罪的显然是以上所有参与人员。正因为如此，张居正才敢于将刘台置于死地并株连无辜。对于如此重大的政治事件，刘台并没有找到张居正的软肋并有针对性地向张居正个人单独发起攻击，而是得罪了所有的当权者。又如考成法，刘台将其视为张居正的创制，但认真研读张居正的奏疏，就可以发现，此制不是新法，而是祖宗旧制，只是湮没已久，被拿出来重新执行，而被刘台等人视为新制用来攻击张居正。

---

① 萨孟武：《中国社会政治史》（宋元明卷），第 386 页。

② 王其榘：《明代内阁制度史》，第 246 页。

③ 何宗美：《明末清初文人结社研究》，南开大学出版社 2003 年版，第 77 页。

对于张居正第二次陷害刘台一事，完全是张居正的挟私报复，是需要严厉谴责的。作为辅佐幼主的顾命之臣，作为并不廉洁的首辅，张居正要有自知之明，不能称快一时，贻害后世。刘台对张居正自身不洁的弹劾，并非空穴来风，靠惩处言官特别是通过制造冤案来掩盖自己的腐败问题，是最愚蠢的做法。张居正可以暂时消灭刘台的肉体，但不可能永远一手遮天，更不可能将刘台永久搞臭。张居正不择手段地打击言官和封堵言路，必然造成巨大的政治隐患，使自己无法跳出历史的怪圈。张居正一死，为刘台平反必然成为清算张居正的一项重要内容。正如樊树志所言："皇帝朱翊钧对于刘台案的处理，带有明显的平反昭雪意义，不论动机如何，承认过去的错误，不再文过饰非，总是值得赞许的。"①

面对刘台的弹劾，一直主张"省议论"的张居正在具体的实践中也始终没有找到有效的对策，无法解决阁臣与言官之间固有的矛盾。一方面，他无法改进制度，限制言官的权力，制止言论的攻击；另一方面，沿用已往的办法一味地惩处批评自己的人，一味地用强权压制言论，使自己在这一怪圈中难以自拔，自掘坟墓。对于明代政治生活中如何处理不同声音的难题，张居正束手无策，只能用打击迫害的老套来暂时维系自己的权势，制造自己死后被清算的把柄，重演着历史的悲剧，其负面影响难以估量。

六、后张居正时代防范第二个张居正的出现

在张居正成功防范出现第二个张居正之后，后张居正时代无缝

---

① 樊树志：《重写晚明史：新政与盛世》，中华书局 2018 年版，第 350 页。

对接，对防范出现第二个张居正不遗余力采取公开和严厉的手段，也完全达到了预期的目的。

长期以来，相当一部分学者对张居正的政治作风不能延续深表不满，并对反对张居正势力大加挞伐。其实这种看法是没有任何道理的。因为问题的根本在于张居正的权势只属于张居正个人，张居正的行事作风也只属于张居正个人，其他人根本不可能效法，也根本没有条件效法。除了前述被张居正推荐选拔的阁臣自身软弱之外，张居正的死，意味着万历初政即顾命政治的结束，这是万历政治的一大变化。要在张居正死后还要延续其行政风格和特点，即要延续顾命政治，完全是不切合实际的臆想，既是对万历前十年的误读，也是对后张居正时代的误读，当然归根结底是对明代政治的误读。如黎东方就幻想着出现第二个张居正来挽救明朝的衰败，认为在张居正"未死以前，便已有很多人想藉他丁忧而'夺情'（不去职）的一件事，造成轩然大波。其实，'夺情'是两位太后与神宗叫他如此，不许他因丁忧而沿例去职，要他留在任上办事。他自己未尝没有一再恳请去职'守制'。那时候，万历五年，他的改革的大事业刚刚作了一半；如果两位太后与神宗真让他走了，这大事业一定半途而废，明朝也决不会能够再撑上六十二年。反过来说，倘若在他死后，继起有人，像他一样地综核名实，替国家办事，明朝也不致于在六十二年以后便亡"[1]。正是因为强势的张居正选择的都是弱势的阁臣，所以在他之后就根本不可能再出现第二个张居正来推进自张璁以来不断强化的阁权。也就是说，是张居正自己阉割了万历初期

---

① 黎东方：《细说明朝》，第293页。

的内阁，使其后继者既无心也无力来延续张居正式的阁权。正如刘志琴所言：在张居正身边的次辅张四维、申时行是"居于六部之上的内阁重臣，是主导政务的政治家，也是能不能继续坚持新政的关键人物，对这要害人物，张居正一个也没有看准"①。特别是为了与张居正彻底划清界限，避免使自己成为第二个张居正，张四维、申时行等阁臣坚决站在张居正的对立面，向天下表明自己绝不做张居正式的阁臣，自然也就不会成为第二个张居正。如此，张居正身后的万历政治发生显著的变化，由张居正时的"刚"向后张居正时代的"柔"转变。正如沈德符所言："张殁而事体大变，申吴门以柔道御天下。"② 如张四维"曲事居正，积不能堪，拟旨不尽如居正意，居正亦渐恶之。既得政，知中外积苦居正，欲大收人心"③，"力反前事，时望颇属焉"④。其与申时行"务为宽大"，"罢居正时所行考成法"⑤，"以次收召老成，布列庶位，朝论多称之"⑥。摆脱顾命束缚的神宗也"乐言者讦居正短"⑦，"居正诸所引用者，斥削殆尽"⑧。正如夏燮所言：张四维"曲事张居正，然心不善其所为。居正卒，四维始当国政，知中外积苦居正，欲大收人心，因上疏言事，'请荡涤烦苛，弘敷惠泽。'上纳其言，朝政为之稍变"⑨。而申时行"在阁

---

① 刘志琴：《张居正评传》，第 358 页。
② （明）沈德符：《万历野获编》卷 9《阁部重轻》。
③ （清）张廷玉等：《明史》卷 219《张四维传》。
④ （清）张廷玉等：《明史》卷 219《张四维传》。
⑤ （清）张廷玉等：《明史》卷 218《申时行传》。
⑥ （清）张廷玉等：《明史》卷 218《申时行传》。
⑦ （清）张廷玉等：《明史》卷 218《申时行传》。
⑧ （清）张廷玉等：《明史》卷 213《张居正传》。
⑨ （清）夏燮：《明通鉴》卷 68，万历十一年四月丁巳。

九年，政令务承上指，不能有所匡正。又惩居正综核之弊，一切务为简易。由是上下恬熙，法纪渐至不振云"①。赵翼亦论道：张居正死后，"继以申时行、许国、王锡爵先后入相，务反居正所为，以和厚接物，于是言路之势又张"②。

神宗君臣对张居正的清算在于试图结束张居正高压的顾命时代，不论张居正生前利用手中的顾命权力做出了多大的政绩，在朝野上下皆要求结束其顾命政治的期望和呼声之中，清算张居正在短时期内都符合民意，是张居正死后必然所招致的政治报复。如对申时行沿用张居正密荐阁臣的做法，吏部尚书陆光祖就提出了尖锐的批评："旧制，阁臣必由廷推，若令一人密荐，恐开植党之门。"③ 而从申时行密荐的赵志皋和张位两位阁臣上任后平淡的政治表现中，人们进一步看清了密荐阁臣的弊端，所以，朝野强烈要求摒弃张居正的做法，杜绝"植党树援""挟私"用人的再次出现。御史钱一本对张居正死后强势阁权的延续提出了批评："夫朝廷之政，辅臣安得总之？内阁代言拟旨，本顾问之遗，遇有章奏，阁臣宜各拟一旨。今一出时行专断。皇上断者十一，时行断者十九。皇上断谓之圣旨，时行断亦谓之圣旨"，进而指出："我国家仿古为治，部院即分职之六卿，内阁即论道之三公。未闻三公可尽揽六卿之权，归一人掌握，而六卿又颃首屏气，唯唯听命于三公，必为请教而后行也……国家命相之大任，仅为阁臣援引之私物。"④ 由于张居正自身不正被攻击，故

---

① （清）夏燮：《明通鉴》卷69，万历十九年九月甲戌。
② （清）赵翼：《廿二史札记》卷35《明言路习气先后不同》。
③ （清）夏燮：《明通鉴》卷69，万历十九年九月丁丑。
④ （清）张廷玉等：《明史》卷231《钱一本传》。

一些朝臣将其与严嵩败政行为相提并论，如钱一本认为："以远臣为近臣府库，又合远近之臣为内阁府库，开门受赂自执政始"，"故自来内阁之臣一据其位，远者二十年，近者十年，不败不止。嵩之鉴不远，而居正蹈之；居正之鉴不远，而时行又蹈之。继其后者庸碌罢驽，或甚于时行；褊隘执拗，又复为居正。"①

　　要结束顾命政治，清算张居正是不可避免的，这是专制政治的正常现象。学界需要理性探究的问题应该是为何被后人夸大能耐的张居正难以幸免。人们在讨伐反张的各种势力的同时，难道就不能正视张居正本人的责任吗？在担任首辅之时，他一方面把其他阁臣不放在眼中，颐指气使，盛气凌人，视为无有；另一方面挑选的阁臣都是忍气吞声、逆来顺受的怯懦之人，无振兴之意，无担当之能。人们对后继阁臣无能的讽刺挖苦，事实上是对张居正所选阁臣的嘲弄。如张四维就是张居正与冯保联手选入内阁的。据《明史·张四维传》记载："四维家素封，岁时馈问居正不绝。武清伯李伟，慈圣太后父也，故籍山西，四伟结为援。万历二年复召掌詹事府。明年三月，居正请增置阁臣，引荐四维，冯保亦与善，遂以礼部尚书兼东阁大学士入赞机务。"② 张四维的入阁，集中反映着万历初年的政治生态，其与当时掌握最高权力的三方都有良好的关系。但让张居正根本想不到的是，他是在选拔自己的掘墓人。人们对后张居正时代的一再讥讽，事实上就是在揭露张居正的无能。目前学界对万历朝研究的最大问题就在于人为地割裂首辅张居正时代与"后张居正

① （清）张廷玉等：《明史》卷 231《钱一本传》。
② （清）张廷玉等：《明史》卷 219《张四维传》。

时代"的关系，无限度地肯定前者而否定后者，并因此导致张居正的研究止步不前。

张居正刻意推选的阁臣确实在其生前给足了面子，既没有冒犯张居正，也没有像张居正那样在背后捣鬼而暗算张居正，使张居正的首辅地位得以稳定。这样一种只顾自己权势的短视目的和行为，是张居正最大的政治失误。张居正只顾自己的行政，而忽视身后政策的延续；只顾自己的权位，而不防后继者的背叛；只顾自己为所欲为，而无视后继者的厌恶与疏远。神宗为什么能够轻易地发动对张居正的持久清算，根本原因就在于张居正无力平衡各种关系，无力凝聚人心，无力培养忠于自己的政治势力，无力延续自己的风格。他应该明白，自己的权势不可能被其后继者所沿袭或复制，他的离世必然标志着政局的巨变和顾命政治的结束，无人能够填补他的空白。日本学者小野和子论道："张居正施行了以强化内阁对六科管理体制为内容的考成法，想封住批判政治的言论。但是，在张居正死后，考成法被接掌内阁的申时行事实上废止了。因为以他的政治力量，怎么也难以维持这样的体制。"① 商传认为：

> 明朝的帝国大厦本来就是要靠内阁支撑的。我们看，从宣宗的时代，便是内阁英才辈出的时代，无论是老成持重者，还是咄咄逼人者，无论是仁德忠厚者，还是心术不端者，都是无一例外的精英。他们以自身的能力取代前辈，开创自己当政的时代，而任凭他人评说。然而此刻的内阁

---

① ［日］小野和子著，李庆、张荣湄译：《明季党社考》，第105—106页。

之中，我们又何尝还能看到半个精英的身影！[①]

并明确指出："自居正去世，内阁再无权威所言。一个失去内阁权威的明帝国，也就失去了它应有的政府管理。治国方面先天不足的明神宗们无法在短时间内担负起国家管理的责任。"[②]

反对和清算张居正，客观上就是在削弱阁权。此前高拱虽以"专擅"之名被驱逐，但张居正并没有开展对高拱"专擅"的清算，也没有像徐阶之于严嵩提出所谓的"三语政纲"来糊弄舆论，而是喜欢高拱式的"专擅"，而且是越"专擅"越好。但在张居正之后，清算首辅的"专擅"再不是虚晃一枪，走走过场，而是全面的、切实的、持久的政治运动。特别是在这一政治运动中，各方势力的认知高度一致，连张居正所选的阁臣都集体背叛，主张削弱阁权，避免再次出现张居正式的人物。万历十二年（1584），申时行向神宗疏言：

> 照得阁臣之设，所以备顾问，赞枢机，其务至繁，其职至重，必登延哲义，广集众思，乃可以裨翼皇猷，弼成治理。仰惟皇上聪明天纵，总揽权纲，万化聿新，百废具举，臣等才疏识闇，莫能仰佐下风，近又该臣余有丁病故，止臣等二人在阁，一应事务，窃恐办理不前，有负任使。今在廷诸臣人品学术，俱莫逃于圣览，伏乞皇上断自宸衷，简求贤哲，以充是任。或查照旧例，敕下吏部，会同九卿科道官推举，上请圣明简用，以昭公道，以服舆情。

---

① 商传：《走进晚明》，第95页。
② 商传：《走进晚明》，第186页。

神宗允准，"着便会推堪是任的五、六员来看。吏部知道"①。这样，就完全改变了张居正秘密推荐的做法，恢复公推使被推阁臣有了独立感，不再因对首辅心怀感激而不敢发表不同意见，亦即不再属于首辅的附属者。然而由于对张居正的过度清算，内阁地位和作用的迅速下降是不可避免的。对此，阁臣叶向高倾吐了自己尸位素餐的尴尬处境：

> 自不肖受事以来，六曹之政，绝未尝有一语相闻，甚至上疏之后，揭帖亦无，直至发拟，然后知之。仓卒之间，无从商榷，直以意为之票答而已。至于事有壅格，则无人不相委罪，即六曹亦云："吾疏上已了矣，其得旨与否，阁臣事也。"故尝谓今日人情，论事权，则共推阁臣于事外，惟恐有一毫之干涉；论利害，则共扯阁臣于事中，惟恐有一毫之躲避。其难易苦乐已大失其平矣。而又事无大小皆须催请。催请稍迟，便相督过。每日阁揭，常数十上，至有一事用二三十揭，而谭者犹病其缄默也。岂不困哉！不肖无聊之中，每思高皇帝罢中书省，分置六部，是明以六部为相也，阁臣无相之实，而虚被相之名，所以其害一至于此。②

与所有阁臣特别是首辅不同的是，张居正遇到的神宗是明朝在位最久的皇帝，在张居正去世后神宗又有 38 年的在位时间。由于神宗同样对张居正恨之入骨，所以张居正不可能被神宗平反。"终万历

---

① 南炳文、吴彦玲：《辑校万历起居注》，万历十二年十一月二十四日丙申。
② （明）陈子龙等辑：《明经世文编》卷 461《与申瑶老第二书》。

世，无敢白居正者。"① 在反张运动持续而又深入地进行之中，明代中枢政治受到致命打击，在张居正之后，再无强势阁臣出现，政治环境为之大变。于慎行说道：张居正死后，"太后惮上威灵，不复有所谕，辅导诸臣，亦不敢极力匡维，而初政渐不克终矣。江陵自失臣礼，自取祸机，败在身家，不足深论，而于国家大政，有一坏而不可转者，何也？凡天下之事持之过甚，则一发而溃不可收，辟如张鼓急则易裂，辟如壅水决则多伤。"② 万历三十六年（1608），阁臣叶向高因难有作为而提出辞职：

> 臣求去之意，以受事数月莫展一筹。政本何地，辅弼何官，而可苟且度日！铨臣问臣曰："庶官旷矣，职何以修？"计臣问臣曰："边军噪矣，饷何以处？"台臣问臣曰："宪署空矣，要紧各差急何以应？"诸如此类，臣皆不能置对，举天下止危至急之事，尽责之臣等，而臣等实无以副。
>
> 疑端一启，悠悠之谈，何所不至！③

利玛窦目睹了当时神宗与阁臣的疏远，认为"现在皇上不象以前的习惯那样，公开和阁老一起参与讨论国家大事了，所以阁老们整天呆在宫里，批复呈给皇帝的无数奏折"④。皇帝与阁臣的疏远，意味着阁臣对政治影响力的减弱，张居正之后阁权的疲软于此可见一斑。

尽管防范出现"专擅"的第二个张居正的目标实现了，但在这

---

① （清）张廷玉等：《明史》卷213《张居正传》。

② （明）于慎行：《谷山笔麈》卷2《纪述二》。

③ 《明神宗实录》卷445，万历三十六年四月壬午。

④ ［意］利玛窦、金尼阁著，何高济、王遵仲、李申译：《利玛窦中国札记》，第52页。

一过程中，明朝也就同步走向衰亡。看似热闹的晚明其实就像迷失方向的破船漫无目的地乱撞，"当事者痛饮于危墙之下，歌笑于漏舟之中"①。孟森先生认为：

> 熹宗，亡国之君也，而不遽亡，祖泽犹未尽也；思宗，自以为非亡国之君也，及其将亡，乃曰有君无臣。夫臣果安往？昔日风气未坏，正人君子，屠戮之而不能遽尽，故无君而犹有臣；至崇祯时，则经万历之败坏，天启之椓丧，不得挽回风气之君，士大夫无由露头角矣。思宗而在万历以前，非亡国之君也；在天启之后，则必亡而已矣。②

此言虽有一定道理，但"无臣"并不是缺少人才、缺少能臣，而是朝臣失去了发挥作用的机制，其根本原因就在于内阁制度的破坏和由此导致的人心涣散。

天启元年（1621），御史袁化中认为当时的政治是"宫禁渐弛""言路渐轻""法纪渐替""贿赂渐章""边疆渐坏""职掌渐失""宦官渐盛""人心渐离"③，可谓一针见血。在熹宗折腾之后，要凭崇祯皇帝一人的单打独斗根本不可能阻挡明朝灭亡的趋势。对此，崇祯五年（1632）兵部员外郎华允诚就有清醒的认识：

> 窃见三四年来，皇上焦劳于上，群百工执事鞅掌拮据于下，勿勿孜孜，日不暇给。而法令滋章，臣民解体，人才荡尽，根本受伤，此臣所谓可惜可忧者也……而庙堂不

---

① （清）梁份著，赵盛世等校注：《秦边纪略》卷1《西宁卫》，青海人民出版社2016年版。

② 孟森：《明清史讲义》，第283页。

③ （清）张廷玉等：《明史》卷244《袁化中传》。

以人心为忧，政本不以人才为重，四海渐成土崩瓦解之形，
诸臣但有角户分门之见，意见互斛，议论滋烦，遂使偬劗
偬抚，等于筑舍，忽用忽舍，有若举棋，以兴邦启圣之日
时，为即聋从昧之举动。①

正是由于内阁的疲软和阁权的流失，明朝政治中枢失去了支柱，其
他力量没有能力填补空缺，导致议论纷扰，"书生误国"，无人担责。
黄仁宇论道：万历时期"大明帝国却已经走到了它发展的尽头。在
这个时候，皇帝的励精图治或者宴安耽乐，首辅的独裁或者调和，
高级将领的富于创造或者习于苟安，文官的廉洁奉公或者贪污舞弊，
思想家的极端进步或者绝对保守，最后的结果，都是无分善恶，统
统不能在事业上取得有意义的发展，有的身败，有的名裂，还有的
人则身败而兼名裂"②。高寿仙亦言："皇帝权威的下降和党社运动的
活跃，也未能促进政治体制的变革，反而干扰了朝廷解决问题的能
力。"③ 在这种政治和社会生态中，指望明朝在自身不保的情况下带
领 17 世纪中叶的中国进入新时代，是根本不可能的。任何对晚明社
会"新因素"的放大和鼓吹都是只见树木不见森林。

　　在晚明史的研究中，一些学者过多地注意了明代新因素的出现，
而极少关注明代政治的真正走向。事实上，16—17 世纪的明代社会
变迁是缓慢的，传统政治仍然起着极大的作用。明代政治中枢与社
会如何互动，是研究晚明社会变化的核心问题。后张居正时代阁权
的衰落使朝廷控制社会的能力迅速下降，即明代国家的领导力越来

---

① （清）孙承泽：《春明梦余录》卷 24《内阁二·纶扉药石》，北京出版社 2018 年版。
② 黄仁宇：《万历十五年》，第 238 页。
③ 高寿仙：《变与乱：明代社会与思想史论》，人民出版社 2018 年版，第 337 页。

越弱，而当时社会的发展不可能产生新的力量来弥补这一权力巨变中的真空，相反依然需要强有力的中央集权。也就是说，晚明时代并不意味着需要一个弱化的中央集权，否则，面对日益繁杂的内外情势，无法做出正确的选择和强有力的政治引导。在晚明时代，强力的行政中枢决策仍然是第一位的。而在防范出现第二个张居正式的"专擅"阁臣的集体无意识的喧嚣中，除了张居正个人及家族遭遇无情的打击和羞辱之外，明朝政治也因此付出了惨重的代价，影响深远，教训深刻。可以说，这一集体无意识的喧嚣与争闹，反映出晚明社会的迷茫与无奈。在防范第二个张居正所导致的政治中枢弱化的背景下，各种政治势力都不会成为赢者，没有任何一种力量来承担挽救明朝颓废衰亡的历史重任。黄仁宇论道：在张居正之后，"具有张居正这样才干的政治家在明代再也没有出现第二个。没有人具有张的早期对手高拱和徐阶的才干，或者即使是像15世纪40和50年代严嵩那样得力"①。内阁的弱化意味着明代中枢权力的弱化，反张的持续性，使内阁的弱化不可逆转。但不能因此说，内阁的弱化是在张居正去世以后才出现的。必须指出的是，这一弱化是从张居正时期就开始了。换言之，张居正既是张璁以来阁权强化的终结者，又是晚明阁权弱化的开启者。

在神宗以来的明代历史演变中，不能因为张居正有功和付出代价而完全忽略张居正个人的责任。在张璁之后，明代内阁功能的弱化从张居正夺取首辅的那一刻就开始出现了，只是张居正本人根本没有意识到自己的行为对未来政局的巨大影响。张居正生前与身后

---

① ［美］牟复礼、［英］崔瑞德编：《剑桥中国明代史》，第572页。

两个阶段防范第二个张居正的出现，其实反映的是同一个问题，都是在不自觉的政治活动中完成的，而且都真正达到了各自的目的。换言之，张居正赶走高拱而防范第二个张居正的出现，标志着晚明政治的开始，自然也是晚明政治的最大特点，这是明代独有的政治现象。长期以来，学界以"改革"的视角来认识张居正的思维模式又极大地掩盖了这一现象，导致对张居正认识过于片面，使对晚明政治缺乏深度认知和理性反思。

从政治制度的角度来讲，明朝"亡于神宗"其实就是亡于该时期内阁制度的破坏，而这个起点并不是在张居正去世之后，而是在张居正夺取首辅之时。不论是首辅张居正，还是亲政后的明神宗，他们严防第二个张居正的出现，事实上都是在有意或无意地冲击着内阁制度，使嘉靖以来不断增强的内阁中枢化进程被打断，并发生逆转，不可收拾。"明亡于万历"表明明朝的灭亡是一个渐进的过程，其亡国的根本原因在于中枢政治出现了严重的故障，自身又无力修复。长期以来，学界以张居正个人来命名万历新政，一再凸显所谓"张居正改革"，从另一个侧面说明张居正在万历初政中的绝对影响力，年幼的皇帝处于被架空的状态，使万历初政在张居正个人权力的异化中逐渐走向不可控制，延至崇祯时彻底崩溃。

长期以来，一些学者无视顾命政治的特点，不断放大张居正个人的事功，随意夸大张居正个人的作用，对其简单地冠以"改革家"的名头，将万历初政仅看成张居正一人的舞台，把顾命大臣非要说成改革家不可。事实上，辅佐幼主维持万历政治的正常运转并将权力尽快交予神宗是顾命政治的首要任务，而绝不是利用孤儿寡母的特殊时刻依靠宦官势力来启动极为艰难的改革运动。事实上，张居正也根本不可能进行什么全新的改革活动。正是由于顾命政治的特点，张居正的核心任务就是遵守祖宗之法，"综核名实"，尽可能地落实已有的部分政策，并利用暂时的威权部分地推进已有的革新，如在清丈的基础上进一步完善"一条鞭"法等。而被一些学者凸显的所谓"考成法"，并没有得到神宗的真正支持，也没有进行系统的变革，只与张居正暂时的顾命权力有关，不可能代表内阁改革的走向。朱东润所谓"高拱提高内阁政权的目标，在居正手里完成"①也是没有任何道理的。搜罗张居正行政的点点滴滴，并冠之以改革举措，绝非考察张居正的紧要问题。

万历初政的特点决定了观察这一时期的关键点在于张居正等人能否尽早结束顾命格局，将神宗培养成明君，并顺利地将权力移交给神宗。这就如同正德、嘉靖之际杨廷和等人的首要任务就是如何将武宗皇权顺利移交世宗一样，而不是趁机截留权力，将内阁打造成新的政治中心，阁臣自己要领导什么改革。只有得到新皇帝的信任，杨廷和才有可能施展抱负，而绝不可能在与新皇帝关系恶化之下用自我表演的方式来彰显个人的事功。张居正也是如此。如何将幼主神宗尽快培养成明君，并配备好阁部大臣，尽快结束顾命状态，是张居正首要的和核心的政治任务。他与冯保截留皇权，迟迟不向神宗交权，这是明代政治之大忌。他向高拱夺权时毫不迟疑，善抓机遇；但在自己需要交权时，扭扭捏捏，欲罢不能，直到病逝。特别是为了避免新选阁臣效法自己整倒高拱悲剧的重演，张居正主导选择的阁臣都是没有担当意识的懦弱之人。即便如此，张居正既不

① 朱东润：《张居正大传》，第 136 页。

相信他们，又不让他们参与要务的决策，自己始终独享顾命之权，使其他阁臣如同傀儡。在张居正死后，要让被张居正和冯保长期边缘化的没有决策能力的阁臣像张居正那样来担负治理国家的重任，就如同天方夜谭！换言之，万历政治最大的特点就是严防出现第二个张居正。对张居正来说，绝对要防止出现像自己一样的阁臣，以免对自己的阁权造成危害；对亲政后的神宗而言，也要全力防止出现像张居正一样的阁臣，以免危害皇权。就这一点而言，张居正和神宗的目标都实现了，但对万历政治的巨大伤害是显而易见的。

万历初政以内阁和太监的联合执政而开始，也必然以击碎内阁和太监的联合执政而结束。张居正无法主动地、自觉地完成这一政治转变而使万历政治步入正常运行的轨道，缺乏杰出政治家所应有的眼光和魄力。当神宗变为傀儡，使万历初政变成张居正一人唱独角戏时，便是走偏路线的政治，当然也是失败的政治；万历初政系于张居正一身，便是冒险的政治，更是没有前途的政治。由于张居正与内廷的勾结别人无法复制，故其行政不可能延续，只能随着他的死亡戛然而止。黄仁宇论道："由于张的严格说来是'违制'的应变措施，以许多职能上分离的行政部门为特征的洪武皇帝型的政府又再次成为可以运转的了。但是，当其协调人，这位大学士，一旦去职，整个事业就又不存在了。"① 在其身后，朝廷上下试图在全面否定张居正中建立正常化的新秩序，但由于过度反张而未能达到目的，使晚明政治在新一轮的怪圈中又迷失了方向，走向歧途，衰亡便是唯一的出路。

---

① 　［美］牟复礼、［英］崔瑞德编：《剑桥中国明代史》，第 571 页。

早在神宗即位之初，张居正就对神宗说："臣闻古所称为辅弼大臣者，在于赞成君德，乂安海内，责任甚巨，固非臣愚所能称塞上意。"① 就其所担负的"赞成君德"之责而言，张居正就根本没有真正完成，评价张居正，对此问题是绝不能故意回避的。

---

① （清）张居正：《张太岳集》卷37《谢召见疏》。

第七章　张居正效法祖宗的思想与实践

在建立明朝之后，朱元璋"依靠文人儒士，参照往古经典、制度沿革状况，结合大明王朝实际，一一制订，有沿袭，有改革，有创制，终成一代典制"①。在创立全新的国家治理体系中，朱元璋能够在继承中勇于创新，认为"今之不可为古，犹古之不能为今。礼顺人情，可以义起。所贵斟酌得宜，必有损益"②。又言："取法于古，必择其善者而从之。苟惟不善而一概是从，将欲望治，譬犹求登高冈而却步，渡长江而回楫，岂能达哉!"③ 同时，朱元璋再三强调创业之君在建章立制方面有着不可动摇的神圣地位。他说："朕观自古国家建立法制，皆在始受命之君。当时法已定，人已守，是以恩威加于海内，民用平康。盖其创业之初，备尝艰苦，阅人既多，历事亦熟。比之生长深宫之主，未谙世故，及僻处山林之士，自矜己长者，甚相远矣。"故要求其子孙严格遵守《皇明祖训》，"无作聪

---

① 张德信：《明史研究论稿》，社会科学文献出版社 2011 年，第 245 页。
② 《明太祖实录》卷 29，洪武元年正月丙子。
③ 《明太祖实录》卷 29，洪武元年正月戊寅。

明，乱我已成之法，一字不可改易。"① 正因为如此，"洪武祖制"对明朝有着巨大的影响，使固守"祖制"便成为明朝政治的一个鲜明特色。如成祖认为："我朝大经大法，皆太祖皇帝所立，以传子孙。"② 宣宗也言："朕祗奉祖宗成法，所以诸司事有疑碍而奏请者，必命考旧典。盖皇曾祖肇建国家，皇祖、皇考相承，法制详备，况历涉世务，练达人情，谋虑深远，子孙遵而行之，犹恐未至。世之作聪明、乱旧章，驯致败亡，往事多有可鉴。"③ 世宗后来也说："朕恭承天命，入继祖宗大统，君临天下。凡致治保邦之道，远稽古典，近守祖宗成法，夙夜祗慎，罔敢违越。"④ 这是张居正"法后王"和"法祖宗"的政治背景和思想基础。针对张居正一系列的法祖议论，钱穆论道："盖中国自宋以下，贵族门第之势力全消，宋儒于科举制度下发挥以学术领导政治之新精神。尊师相，抑君权，虽亦有流弊，要不失为历史之正趋。明太祖、张居正则皆此潮流下之反动也。"并进一步认为："黄宗羲明夷待访录置相篇，谓明'阁下之贤者，尽其能事则曰法祖，非为祖宗必足法，其位既轻，不得不假祖宗以压后王，以塞宫奴。'若张居正此论，则又假祖宗以抗朝议矣。既不敢以师相自居，即不得为大臣。无论何事，非托王命，则只有上述祖旨也。"⑤ 不论此说是否客观，但从中可以看出祖制对张居正的重要影响。

① 张德信、毛佩琦主编：《洪武御制全书·皇明祖训序》。
② 《明太宗实录》卷24，永乐元年十月癸丑。
③ 《明宣宗实录》卷17，宣德元年五月甲午。
④ 《明世宗实录》卷100，嘉靖八年四月戊辰。
⑤ 钱穆：《国史大纲》，商务印书馆2015年版，第669页。

一、"法后王"的要义

张居正是一位务实的政治家，"综核名实"是张居正行政的显著特点，他不会像王安石"对宋朝建国以来所施行的有关财政、经济、军事、教育、选举等方面的规章制度，几乎全都采取了否定态度"①那样全盘否定明朝制度。张居正能够吸取王安石的教训，直面现实，注重历史的继承与发展，在稳定政局的前提下务实地追求国富民安的实效。需要指出的是，王安石在明朝是一个被基本否定的人物。如明太祖认为："宋神宗用王安石理财，小人竞进，天下骚然，此可为戒。"② 明宣宗认为"靖康之祸"源于改变法度，说道："盖自熙宁至宣和五六十年，小人用事，变易法度，民若征徭，军无纪律，国家政事日陵月替，遂为夷狄所侮，致有此祸。"③ 防范第二个王安石的出现，是明代君臣的共识。在这一政治氛围中，张居正不会也不可能效法王安石，自然也就不会成为第二个王安石。梁启超等人认为张居正"为一实行家，而非理想家，为一躬行实践之大政治家，而非高谈主义之政治学者"④。朱东润也认为：张居正与王安石不同，"宋神宗的时候，安石充满了一头脑的理想，他要改革，要创制；但是明神宗的时候，居正只是充满了一头脑的'成宪'，他只要循名，要核实。安石是理想的政治家，而居正是现实的政治家"⑤，并反复

① 邓广铭：《北宋政治改革家王安石》，生活·读书·新知三联书店 2017 年版，第101 页。
② 《明太祖实录》卷 135，洪武十四年正月丁未。
③ 《明宣宗实录》卷 21，宣德元年九月辛亥。
④ 梁启超等：《中国六大政治家》，第 804 页。
⑤ 朱东润：《张居正大传》，第 138 页。

强调：张居正"不是王安石，他只是一个现实的大臣"①。李华瑞认为："在张居正的文集中竟没有留下片言只句论述王安石的文字，也许这是因为张居正大致不愿落一个被人指为'又一王安石也，或者其他什么话把'。"② 特别是由于宋代的积弱积贫，明代君臣包括张居正在内，皆对宋代政治评价不高，甚至持否定态度，自然就不可能效法王安石。

张居正之所以务实，主要在于其思想是建立在"法后王"的学说基础之上的。对于张居正"法后王"的内涵，一般认为张居正主要就是效法明太祖。如嵇文甫认为张居正对"本朝的制度""极力表章"，具有"鲜明的贵今主义"③ 色彩。尽管其没有明言张居正"法后王"的内涵，但从文中可以看出，主要指的还是效法明太祖。朱东润则明确指出，张居正"所称的祖宗旧制，便是太祖底旧制"④。高寿仙也说"张居正近法明太祖"⑤。与此略有不同，黄仁宇认为张居正富国强兵的目的是"恢复洪武帝和永乐帝的理想"⑥。刘志琴亦言：张居正所效法的"祖制"，不是"远在几千年前的三代之业，而是近在一、二百年前明代的开国皇帝和中兴君主。'法祖'并非如汉

---

① 朱东润：《张居正大传》，第 251 页。

② 李华瑞：《王安石变法研究史》，人民出版社 2004 年版，第 269 页。按：尽管由于张居正对宋代历史评价不高，故极少提及王安石，但并非不提王安石。他在《辛未会试程策一二三》中就论及王安石所行之"保甲、户马、经义取士"之为"前代所谓陋习敝政"（《张太岳集》卷16，第 193 页）。

③ 嵇文甫：《晚明思想史论》，第 76 页。

④ 朱东润：《张居正大传》，第 138 页。

⑤ 高寿仙：《治体用刚：张居正政治思想论析》，荆州市张居正研究会主办《张居正研究》（第一辑），第 15 页。

⑥ 黄仁宇：《十六世纪明代中国之财政与税收》，第 390 页。

代王莽回复到难以捉摸的上古，而是人人可感知的本朝盛世"①。由于此类说法未能正视嘉靖时期的革新活动，所以只能简单地认为张居正"法后王"或"法祖宗"就是效法明太祖。笔者就此问题曾做过初步的探讨，明确认为张居正效法祖制的特征是远法明太祖和明成祖，近法明世宗，其中效法世宗是张居正法祖思想的核心内涵。②如果将明世宗排除在张居正"法后王"的范围之外，既不可能真正认清张居正的思想特征和行政特点，也不可能正视万历初年张居正依照世宗"旧制"或嘉靖"事例"维持政治秩序的独特现象。正如朱东润所言："大家知道居正综核名实，但是要他们举出名实是怎样地综核，他们便有些茫然。"③只有搞清楚张居正"法后王"和"法祖宗"的内涵，才能客观认识张居正的行政特点。

对于张居正的思想特点，梁启超等人在《中国六大政治家》一书中认为：其政治主张"系以儒者之立场，采法家之精粹，毅然以革旧维新为职志，而以综核名实、信赏必罚为旨归"④。通常认为，张居正的思想特点是儒法杂用，有"外儒内法""内儒外法""儒表法里""儒体法用"等各种表述。⑤高寿仙通过专门研究，认为"在张居正那里，儒法两家已经融会贯通，形成了一种崇尚实学的实用

---

① 刘志琴：《张居正评传》，第 335 页。
② 田澍：《张居正效法明世宗新探》，《求是学刊》1999 年第 3 期。
③ 朱东润：《张居正大传》，一九四三年序第 6 页。
④ 梁启超等：《中国六大政治家》，第 743 页。
⑤ 高寿仙：《治体用刚：张居正政治思想论析》，荆州市张居正研究会主办《张居正研究》（第一辑），第 14 页。

主义政治理论，很难分清何者为体，何者为用，何者为表，何者为里"①。事实上，张居正"法后王"思想是其儒法并用的代名词。他将"法后王"与"法祖宗"统一起来，充分利用祖宗之"良法"的政治资源，维护政治秩序，确保政治稳定，约束政治势力，解决现实困局，推动政治变革。

在张居正看来，治国之道，无外乎制定法令和执行政策。而法令关乎王朝的精神，外化为"祖宗之法"，但在实践中，"祖宗之法"日侵月削，流于形式，得不到真正的执行。他认为，国家法令必须严格执行，不能有令不行，更不能视法令如儿戏，否则，就会国将不国。张居正认为：

> 君者，主令者也；臣者，行君之令而致之民者也。君不主令，则无威；臣不行君之令而致之民，则无法，斯大乱之道也。②

进而论道："盖天下之事，不难于立法，而难于法之必行；不难于听言，而难于言之必效。"③故守成的任务不是如何"立法"，而是如何"行法"。他明确指出：

> 车之不前也，马不力也。不策马而策车，何益？法之不行也，人不力也。不议人而议法，何益？下流壅则上溢，上源窒则下枯，决其壅，疏其窒，而法行矣。④

---

① 高寿仙：《治体用刚：张居正政治思想论析》，荆州市张居正研究会主办《张居正研究》（第一辑），第15页。
② （明）张居正：《张太岳集》卷36《陈六事疏》。
③ （明）张居正：《张太岳集》卷38《请稽查章奏随事考成以修实政疏》。
④ （明）张居正：《张太岳集》卷16《辛未会试程策一二三》。

对此，御史汪文辉在隆庆年间说得很明白："祖宗立法，至为精密，而卒有不行者，非法之弊也，患不其人耳。"①

尽管万历初年张居正通过非正常手段从高拱手中获得了首辅的权位，打乱了穆宗生前所安排的辅政秩序，但在隆庆、万历之际并未出现像嘉靖初年那样的政治裂变，故不具备提出政治变革的条件。特别是神宗年幼，如何维持政治秩序，确保政局的稳定，将穆宗皇权顺利移交到神宗手中，是万历初年最大的政治任务和最显著的政治特点。所以说，万历初政仍然是正常的父死子继的固有模式，是嘉靖政治的延续，不可能出现明代政治的巨变。朱东润就此论道："这一次的政变，高拱底政权推翻了，居正底政权树立起来，一切只是人事的变动，不是政策的变动。"② 阿瑟·沃尔德隆认为："张居正引人注目的并不是他的独创性。他并没有推出什么富有想象力的新政。相反，他仅仅是一个看到什么该做并且行使职权将其做好的政治家。"③

邓广铭认为孔子"从周"的言行"为后代的部分儒生所取法，他们也都把'法祖''守成'作为反对革新、反对进步的一个主要盾牌"④。但在明代君臣看来，"法祖宗"并不意味着守旧，"祖宗之法"也不可能束缚后世君臣的手脚。明成祖早就认为"法祖"与"因时损益"是统一的，说道："祖宗大经大法，万世不可改。其他若时有不同，后世当因时损益以便民，岂可执一而不知变通之道！

---

① （明）余继登：《典故纪闻》卷 18，中华书局 1981 年版。
② 朱东润：《张居正大传》，第 136 页。
③ ［美］阿瑟·沃尔德隆著，石云龙、金鑫荣译：《长城：从历史到神话》，第 241 页。
④ 邓广铭：《北宋政治改革家王安石》，第 100 页。

天下人既以为便，则当从之。"① 故不能简单地认为"法祖宗"就是照搬照抄。事实上，高举变法旗帜的王安石也不是全然否定祖宗之法，他深知祖宗之法对现实行政具有极大的约束力。邓小南就此论道："力图突破祖宗法度束缚的王安石，对于祖宗之法中注重制衡、防患于未然的原则精神，实际上持有一定的认同态度。"② 李华瑞亦言：

> 当王安石制定和推行新法时，只有在不太明显地触犯祖宗家法的项目，宋神宗才会肯全力予以支持，而凡触犯到祖宗家法的项目，宋神宗就会表现出犹疑以至深切的疑虑。从而使得王安石的变革工作经常从神宗那里得不到支持，有时甚至遭遇挫折。③

与宋代积弱积贫时期王安石的"祖宗不足法"观点正好相反，有着强烈自信的张居正则对无视祖宗之法而随意"纷更"的现象提出了严厉的批评。他在万历四年（1576）说道："近年以来，好事者喜于纷更，建议者鲜谙国体，条例纷纭，自相牴牾，耳目淆惑，莫知适从，我祖宗之良法美意几于沦失矣。"④ 这是张居正的由衷之言，而非敷衍之语。在张居正看来，要取得事功，要稳定政治，唯一可行的就是要从祖宗之法中获得思想上的灵感和行政上的支持，所以他要全力效法。正如刘志琴所言："五百年前王安石变法，法祖是反改

---

① 《明太宗实录》卷16，永乐元年正月甲辰。

② 邓小南：《祖宗之法——北宋前期政治述略》，生活·读书·新知三联书店 2014 年版，第440—441页。

③ 李华瑞：《探寻宋型国家的历史：李华瑞学术论文集》，人民出版社 2018 年版，第198页。

④ 南炳文、吴彦玲：《辑校万历起居注》，万历四年六月十八日己卯。

革的旗号，改革派同顽固派在这问题上展开过针锋相对的斗争，但这旗号到张居正手里却变成新政的法宝。"① 改革激进如海瑞者也是打着法祖的旗号的，他说：自己"莅任之始，所有一二条约，除积弊于相安，复祖宗之成法。不循常，不变旧，惟此民困可苏，舍此不可言治"②。

张居正对"祖宗之法"的遵从与敬畏，集中反映在隆庆五年（1571）其担任主考官时所写的《辛未会试程策》之中。当年二月，张居正以少傅兼太子太傅史部尚书建极殿大学士的身份作为主考官，当时的内阁首辅是李春芳，次辅为高拱，张居正排位第三。在该文献中，张居正对自己"法后王"的思想进行了详细的阐述。他明确反对孟子的"法先王"思想，极力肯定荀子的"法后王"思想：

> 夫法制无常，近民为要，古今异势，便俗为宜。孟子曰："遵先王之法而过者，未之有也。"此欲法先王矣。荀卿曰："略法先王而足乱世术，不知法后王而一制度，是俗儒者也。"此欲法后王矣。两者互异，而荀为近焉。何也？法无古今，惟其时之所宜，与民之所安耳。时宜之，民安之，虽庸众之所建立，不可废也；戾于时，拂于民，虽圣哲之所创造，可无从也。后王之法，其民之耳而目之也久矣。久则有司之籍详，而众人之智熟，道之而易从，令之而易喻。故曰：法后王便也。③

在张居正看来，不顾历史的继承与演变，无视自己面对的客观实际，

---

① 刘志琴：《晚明史论：重新认识末世衰变》，江西高校出版社2004年版，第104页。
② （明）海瑞：《海瑞集·督抚条约》。
③ （明）张居正：《张太岳集》卷16《辛未会试程策一二三》。

而以空洞的"法先王"之名行政理事，一味地否定本朝历史，难免食古不化，闹出笑话，害政害民，并进而认为即便"圣哲"所言所行，如不合时宜，则可弃之不用；纵使"庸众"所言所行，若合乎现实，则必身体力行。针对推广"一条鞭"法的反对意见，张居正明确指出："法当宜民，政以人举，民苟宜之，何分南北？"① 是故，张居正坚决反对无视现实的任何空谈。

万历五年（1577），张居正针对"愿学孔子"和"生今反古"的士习，主张"法后王"，明确反对不顾实际而一味拿"圣人"言论高谈阔论的不良士习。他说：

> 夫以孔子之圣，平生所志。惟在东周，生今反古，深用为戒。老不得行其道，犹修《春秋》以存周典，此岂以周之法独善于前代哉？盖为下之礼宜尔也。今世俗皆曰"愿学孔子"，乃不务遵祖宗之典，以服官寡过。而好言上古久远之事，以异趣为高；动循衰世苟且之政，以徇情贾誉。此岂圣人所谓"为下不倍"哉！恶在其为遵孔氏也。②

他认为作为殷人的孔子之所以不行商礼而行周礼，就在于他生在周代，为周之臣，就必然"从周"之礼，而不敢违背周礼。张居正由此明言："假令孔子生今之时为国子司成，则必遵奉我圣祖学规以教胄，而不敢失坠。③ 同时指出："孔子论政，开口便说'足食足兵'。"④ 从中可以看出，张居正能够正确认识孔子与时俱进的思想，

---

① （明）张居正：《张太岳集》卷29《答总宪李渐庵言驿递条编任怨》。
② （明）张居正：《张太岳集》卷29《答楚学道金省吾论学政》。
③ （明）张居正：《张太岳集》卷29《答南司成屠平石论为学》。
④ （明）张居正：《张太岳集》卷31《答福建巡抚耿楚侗谈王霸之辩》。

坚决反对抱残守缺和空谈心性的不良学风，极力倡导务实守法，坚定追求富国强兵。

需要指出的是，张居正强调"法后王"，并非否定"法先王"。而是强调"后王"是"先王"的延续，注重历史的继承性。他说："陆象山言：唐虞之时，道在皋陶。今观虞廷之臣，所为陈谟献说，唯皋陶之言至为精粹。'知人''安民'二语，乃万世治天下者之准则"①，并立志要践行尧、舜、禹以来的"大道"，他说："夫大道之行也，与三代之英，仆未之逮也，而有志焉。"② 他在神宗的培育计划中，就非常重视经史的教育，强调温故知新。万历元年（1573），他对神宗说：

> 臣等谨将今岁所进讲章，重复校阅，或有训解未莹者，增改数语；支曼不切者，即行删除。编成《大学》一本，《虞书》一本，《通鉴》四本，装潢进呈。伏望皇上万几有暇，时加温习，庶旧闻不至遗忘，新知日益开豁，其于圣躬，实为有补。③

张居正之所以强调"法后王"，就在于反对厚古薄今，讲求义利并重，肯定明代君主对传统文化的继承与发展，强调"二祖"立法创制的时代价值和积极意义，认为太祖和成祖"开基靖难，身致太平，则尧舜汤武功德兼焉"④。同时，"法后王"的思想在于树立神宗的自信，旨在通过效法近代帝王的嘉言懿行而将神宗培养成尧舜一样

---

① （明）张居正：《张太岳集》卷18《杂著》。
② （明）张居正：《张太岳集》卷25《与河漕万两溪论协和克让》。
③ （明）张居正：《张太岳集》卷38《进讲章疏》。
④ （明）张居正：《帝鉴图说》，第454页。

的君主。张居正对神宗说道:"我明世德,盖轶有周而特盛矣。今皇上睿哲挺生,膺期抚运,又将觐光扬烈,以远追二帝三王之治焉。臣等何幸,躬逢其盛!"① 在张居正的影响之下,神宗"可能是明朝诸帝中讲读经史典籍数量最多、种类最完整的一位"②。

二、效法祖宗法度的思想

张居正认为每个王朝的灭亡都是因为没有严格执行祖宗之法而胡乱作为的必然结果。他说:

> 大抵天下之事,其发始也常简,其将毕也必巨。日之方升,其光煜煜,其气苍苍,至中天而后光明炫曜,至于中则昃之始也……开国之初,庶事草创,人情朴古,大抵皆多质少文。凡制礼作乐、铺张繁盛之事,皆在国之中世。当其时,人以为太平盛美,而不知衰乱之萌肇于此矣,夏商皆然,不独周也。③

又说:"西汉之治,简严近古,实赖秦为之驱除。而贡、薛、韦、匡之流,乃犹取周文之糟粕,用之于元、成衰弱之时,此不达世变者也。"④ 在张居正看来,明太祖和明成祖的创制立法是明朝的根本大法,如日方升,熠熠生辉,需要严格遵守和不断落实。

世宗即位初年发生的"大礼议",引发了明朝政治的巨变,同时也引起了嘉靖朝对国史的重构,影响深远。世宗认为:"我国家之

---

① (明)张居正:《帝鉴图说》,第457页。
② 朱鸿林:《明太祖与经筵》,生活·读书·新知三联书店2021年版,第373页。
③ (明)张居正:《张太岳集》卷18《杂著》。
④ (明)张居正:《张太岳集》卷18《杂著》。

兴，始皇祖高皇帝也。中定艰难，则我皇祖文皇帝也。二圣同创大业，功德并焉，宜称祖号。"① 嘉靖十七年（1538），朱棣的庙号便由"太宗"改为"成祖"，而"成"之谥义就是"安民立政"和"礼乐明具"。② 朱棣庙号的改动是明代历史中的一件大事，也是嘉靖"中兴"的一个显著标志，从此明确肯定了朱棣在明代国家制度建设中所发挥的独特作用。明代"二祖之制"便因此成为新名词，影响深远。明人高岱论道：明朝"迄今二百年，海内得相安于无事者，则太祖开创之功、成祖戡定之略，并垂于不朽云"③。《剑桥中国明代史》的作者认为："永乐皇帝通常被人们称为明王朝的第二位创立者。这个称号暗指他恢复了祖先的制度，否定前一朝代的统治；它还暗示这位皇帝采取新的主动行动扩充了帝国的版图。"④ 在改定"成祖"庙号之前，除建文和景泰之外，明代皇帝有"一祖七宗"之称，此后便为"二祖六宗"。到首辅张居正时代，则变为"二祖八宗"。

张居正要论述明代的祖制，自然也要深受这一观念的影响。他认为在明朝的初创中，"高皇帝延揽英贤，廓清华夏，所与参密议而赞鸿猷者，时则有若基、若濂、若安、若祎、若溢、若琛、若彦良其人焉。文皇帝亲礼儒硕，绥靖邦家，所与商机务而从征讨者，时则有若缙、若广、若淮、若俨、若荣、若士奇、若幼孜其人焉。夫天造草昧，干戈不遑，家难勋勤，创夷初起，而君臣之相与如此，

---

① 《明世宗实录》卷 216，嘉靖十七年九月辛未。

② （明）王世贞：《弇山堂别集》卷 70《谥例》。

③ （清）谈迁：《国榷》卷 12，建文四年六月己巳。

④ ［美］牟复礼、［英］崔瑞德编：《剑桥中国明代史》，第 227 页。

是以神流气暢，天地太和，延及群生，施于方外，而一代之鸿图定矣"①。当然，在二祖之中，明太祖的开国创制之功是特殊的，无人能够替代。张居正认为："自古圣人受命艰辛苦楚，未有如我圣祖者也。当其困伏草泽，流离转徙，至无以糊其口。仁祖及淳皇后去世，皆不能具棺敛，藁葬而已，其困阨一至于此。"这一特殊的经历使朱元璋"在位三十余年，克勤克俭，犹如一日"②。为了让明朝传之久远，朱元璋用心创制，以求稳固与完备。张居正就此论道："明兴，高皇帝神圣统天，经纬往制，博稽逖采，靡善弗登。若六卿仿夏，公孤绍周，型汉祖之规摹，宪唐宗之律令，仪有宋之家法，采胜国之历元，而随时制宜，因民立政。取之近代者十九，稽之往古者十一。"③ 又言："愚尝伏读《大诰》，首君臣同游。曰历代君臣，同心一气，立纲陈纪，昭示天下，为民造福。是以感格天地，时和年丰，家给人足。大哉圣谟！我皇祖列圣之所以交群臣而昌泰运者，率用此道矣。"④ 又说："夏、商以后，议礼之详著，莫如成周。而我皇祖之制，实与之准焉。"⑤ 并特别强调："仆每思本朝立国规模、章程法度，尽善尽美，远过汉唐。至于宋之懦弱牵制，尤难并语。"⑥ 又说："明兴百八十余年，属国家隆运者，内无鸡鸣狗盗之警，民至老死不见兵革，可谓极盛矣。"⑦ 张居正将朱元璋的创制称之为"皇祖典

---

① （明）张居正：《张太岳集》卷16《辛未会试程策一二三》。
② 南炳文、吴彦玲：《辑校万历起居注》，万历二年十月十七日戊午。
③ （明）张居正：《张太岳集》卷16《辛未会试程策一二三》。
④ （明）张居正：《张太岳集》卷16《辛未会试程策一二三》。
⑤ （明）张居正：《张太岳集》卷7《重刊大明集礼序》。
⑥ （明）张居正：《张太岳集》卷32《答福建巡抚耿楚侗言致理安民》。
⑦ （明）张居正：《张太岳集》卷9《重筑松滋县城记》。

制""太祖定制""圣祖定制"等。在肯定明太祖重要作用的同时，张居正对成祖力挽狂澜的历史贡献也给予极高的评价："建文之时，国本挠弱，强宗并峙，非成祖之雄略，起而振之，天下之势岂不危哉？此非寻常之人所可语也。"①并进而认为"成祖文皇帝再造宇宙，功同开创"②。解扬认为"明代的祖制已经清晰地设定于洪武朝"③是有一定道理的，但在出现"成祖"且形成"二祖"观念之后，明代"祖制"的含义就不是单纯的洪武之制。张居正的这一认识是符合嘉靖朝改动朱棣庙号的政治意义的。

张居正强调效法明代二祖的重要性和必要性，为其后来担任首辅后践行祖制准备了坚实的理论基础。穆宗临终前，曾嘱咐高拱、张居正、高仪三位阁臣要"协心辅佐，遵守祖制，保固皇图"④。在获取首辅之后，张居正诗言：

> 赫赫我太祖，应运开鸿基。仗剑起豪梁，群雄摧若遗。
> 威德加四海，混沌分两仪。勋华信巍焕，典则仍贻垂。成
> 祖靖内难，桓桓东征师。奠鼎卜燕朔，犁庭扫凶夷。武功
> 既燀赫，文命乃丕釐。瑶图仰再造，万国歌重熙。⑤

他在《帝鉴图说》中以南朝宋高祖"留衲戒奢"为例，论道："继体之君，若能取法祖宗，自服御之近，以至一应费用，必考求创业时旧规，要见当初每年进出几多，后来每年进出几多，在前为何有

---

① （明）张居正：《张太岳集》卷18《杂著》。
② 《明神宗实录》卷44，万历三年十一月丁酉。
③ 解扬：《话语与制度——祖制与晚明政治思想》，生活书店出版有限公司2021年版，第32页。
④ 《明穆宗实录》卷70，隆庆六年五月己酉。
⑤ （明）张居正：《张太岳集》卷1《恭述祖德诗》。

余，后来为何不足，把那日渐加增之费，一一革去，则财用自然充积，赋敛可以简省，民皆安生乐业，爱戴其上，而太平可长保矣。"①他再三强调明代"典章法度，纲目毕举，经列圣之因革损益，美善兼该，比之周官唐典，信为超轶矣"②。张居正期望把神宗培养成法祖图治的守成明君。

张居正认为要真正"法后王"，首先就要承认祖制的合理性和时代性。他早在嘉靖时期担任翰林院编修时就对洪武制度予以积极肯定，说道：

> 高皇帝以神武定天下，承胡元极衰之敝，经制大坏，先王之典，无有存者。当是时，又攘除群雄，殄逆讨叛，迄无宁岁。而将相大臣皆武力有功之人，至于稽古礼文之士，莫有任其责者。高皇帝天纵神圣，兼总条贯，天下甫定，即命儒臣兴制度，考文章，以立一代之典。于是陶安定郊社，詹同定宗庙，刘基定百官，魏观定祝祭，陶凯定军礼，而曾鲁、徐一夔、董彝、梁寅又总其纲领，综其条目，汇为《大明集礼》一书。盖编摩缀拾，虽出于一时诸臣之手，而斟酌损益，皆断自圣衷，是以经纪无遗，巨细毕举。夏、商以后，议礼之详著，莫如成周。而我皇祖之制，实与之准焉。③

在张居正看来，由于朱元璋酌古准今，所定法度尽善尽美，故天下臣民必须奉行遵守，不得违越。他将那些认为洪武之制过时难守的

---

① （明）张居正：《帝鉴图说》，第222—223页。
② （明）张居正：《张太岳集》卷40《请重修大明会典疏》。
③ （明）张居正：《张太岳集》卷7《重刊大明集礼序》。

人斥之为"俗儒",说道:

> 然则今之欲求治理者,又奚以纷纷多事为哉?高皇帝
> 毕智竭虑,以定一代之制,非如汉祖之日不暇给也;列圣
> 相承,创守一道,非有武帝之纷更中变也。百官承式,海
> 内向风,非有许、史、霍氏之专制挠法也。成宪具存,旧
> 章森列,明君贤臣,相与实图之而已。毋不事事,毋泰多
> 事。袪积习以作颓靡,振纪纲以正风俗,省议论以定国是,
> 核名实以行赏罚,则法行如流,而事功辐辏矣。若曰:"此
> 汉事耳,吾且为唐、虞,为三代",则荀卿所谓"俗
> 儒"也。①

张居正希望"今之学者,以足踏实地为功,以崇尚本质为行,以遵守成宪为准,以诚心顺上为忠"②,并要求神宗全心法祖,说道:"我圣祖以天之心为心,故能创造洪业,传之皇上。在皇上今以圣祖之心为心,乃能永保洪业,传之无穷。"神宗答道:"朕不敢不勉行法祖,然凡事尚赖先生辅导。"③ 明乎此,也就不难理解张居正依据祖宗之法"袪积习""振纪纲""省议论""核名实"的言行了。

正是基于这一认识,张居正说道:"高皇帝时,用人之途最广。僧道皂隶咸得为九卿。牧守大臣荫子,至八座、九卿者不可缕数。"④他认为地方政事日坏的原因,就在于洪武时期的久任之法和多途并用未能得到认真的贯彻执行,使地方上"良吏"太少,民事不治,

---

① (明)张居正:《张太岳集》卷16《辛未会试程策一二三》。
② (明)张居正:《张太岳集》卷29《答南司成屠平石论为学》。
③ 南炳文、吴彦玲辑校:《辑校万历起居注》,万历二年十月十七日戊午。
④ (明)张居正:《张太岳集》卷18《杂著》。

解决的办法无外乎就是"复祖宗之旧"①。他反复强调国家治理的根本在于"安民生",抓手在于"核吏治",而学习的榜样就是明太祖。他对神宗说:"我太祖高皇帝,每遇各地方官来京奏事,常召见赐食,访问民间疾苦。虽县丞、典史有廉能爱民者,亦特差行人赍敕奖励,或封内帑金币以赉之",并认为这是明朝能够延续二百多年的根本原因。②万历五年(1577),他对神宗说:如果能将自己平日所称颂的"圣贤道理、祖宗法度此两言者兢兢守之,恃而勿失,则固可以端委庙堂,而天下咸理"③。黄仁宇据此认为,作为神宗的老师,张居正教导他"做皇帝的最为重要的任务是敬天法祖,也就是敬重天道,效法祖宗"④。这一评论是符合实际的。

对于非议祖制的言论,张居正予以明确的反驳。他把明朝放在中国历史更替兴衰中来说明其兴起的意义,认为夏商以来的历史演变到宋朝,"颓靡之极也,其势必变而为胡元,取先王之礼制,一举荡灭之,而独治之以简,此复古之会也。然元不能久,而本朝承之。国家之治,简严质朴,实藉元以为之驱除。而近时迂腐之流,乃犹祖晚宋之弊习,而妄议我祖宗之所建立。不识治理者也"⑤。又言:"腐儒不达时变,动称三代云云,及言革除事,以非议我二祖法令

---

① (明)张居正:《张太岳集》卷8《赠袁太守入觐奏绩序》。

② (明)张居正:《张太岳集》卷38《请定面奖廉能仪注疏》。

③ 南炳文、吴彦玲:《辑校万历起居注》,万历五年十月八日辛卯。

④ 黄仁宇:《万历十五年》,第11页。

⑤ (明)张居正:《张太岳集》卷18《杂著》。按:原文中的"先生之礼"据张舜徽、吴量凯主编的《张居正集》第三册(湖北人民出版社1994年版)第656页改为"先王之礼"。

者，皆宋时奸臣卖国之余习，老儒臭腐之迂谈，必不可用也。"① 他特别指出："又有一种腐儒，动引末季事以摇乱国是。不知本朝立国规模与前代不同。本之威德并施，纲目兼举，无论唐宋，即三代盛王，犹将远让焉。而宋时宰相卑主立名、违道干誉之事，直仆之所薄而不为者。"② 并一再强调："迂阔虚谈之士，动引晚宋衰乱之政，以抑损上德，矫扞文罔，不知我祖宗神威圣德，元与宋不同。"③ 与此同时，张居正用"祖宗之法不可废"④、"孝莫大于尊祖"⑤、"申明旧章"⑥ 之类的口号来消除杂音。隆庆三年（1569），他鼓励蓟辽总督谭纶冲破扰乱国是的言论，认为"我祖宗在天之灵，必阴鉴之"⑦。隆庆五年（1571），他明确说道："故善法后王者，莫如高皇帝矣。天府之所藏，掌故习之；所颁，有司守之。大小相维，鸿纤具备。自三代以来，法治之善，未有过于昭代者也。"⑧ 他一再强调："明兴二百余年，名卿硕辅，勋业煊赫者，太抵皆直躬劲节，寡言慎行，奉公守法之人。"⑨

在担任首辅之后，张居正更加强调祖宗之法的重要性。万历元年（1573），张居正说道："仆以草茅孤介，拥十龄幼主，立于天下臣民之上，国威未振，人有侮心。若不稍加淬励，举祖宗故事，以

---

① （明）张居正：《张太岳集》卷18《杂著》。

② （明）张居正：《张太岳集》卷25《与李太仆渐菴论治体》。

③ （明）张居正：《张太岳集》卷32《答福建巡抚耿楚侗言致理安民》。

④ （明）张居正：《张太岳集》卷40《论决重囚疏》。

⑤ 南炳文、吴彦玲：《辑校万历起居注》，万历七年三月二十日乙丑。

⑥ （明）张居正：《张太岳集》卷38《请稽查章奏随事考成以修实政疏》。

⑦ （明）张居正：《张太岳集》卷21《答总督谭二华论任事筹边》。

⑧ （明）张居正：《张太岳集》卷16《辛未会试程策一二三》。

⑨ （明）张居正：《张太岳集》卷29《答南司成屠平石论为学》。

觉寤迷蒙，针砭沉痼，则庶事日隳，奸宄窥间，后欲振之，不可得矣。"① 对于朱元璋废相之后的体制安排，张居正要求神宗严格执行。他对神宗说：

> 臣等尝伏读我太祖高皇帝实录，与侍臣论及古来女宠、宦寺、外戚、权臣、藩镇、夷狄之祸……宦寺便习，供给使令，不假以兵柄，则无宦寺之祸；不设丞相，六卿分治，使上下相维，大小相制，防耳目之壅蔽，谨威福之下移，则无权臣之患……渊哉睿谟，诚万世圣子神孙所当遵守而弗失者也。②

当御史傅应祯以王安石"三不足"批评自己时，张居正"以疏中王安石语侵己，大怒，调旨切责"，并下诏狱，谪戍定海③，他绝不容许他人破坏自己固守祖宗之法的形象。

正是对明代祖制所具有的自信，张居正认为自己的主要任务就在于尽可能地效法祖制，即"祗遵成宪"，或综核名实，或循名责实。万历初年，张居正对兵部右侍郎吴百朋说："仆以浅薄，谬肩重任，虽不足以当天下事，然一念公虚平直，则可以告于天地祖宗之灵，不敢措一毫私意于其间也。"④ 他对太仆寺卿陆光祖也说："凡事关宗社生灵，必斋心默告于上帝、二祖而后行，不敢告者，不敢为也。"⑤ 所以，张居正要真诚地拥抱祖宗之制，切实地将祖宗之制落

---

① （明）张居正：《张太岳集》卷25《与李太仆渐菴论治体》。
② （明）张居正：《帝鉴图说》，第669—671页。
③ （清）张廷玉等：《明史》卷229《傅应祯传》。
④ （明）张居正：《张太岳集》卷25《答阅视司马吴尧山》。
⑤ （明）张居正：《张太岳集》卷25《答问卿陆五台》。

实在日常的行政之中，再三强调所有行政的着眼点就在于对祖制的效法，而不是纷更。张居正说：祖宗"成宪具存，旧章森列，明君贤相，相与实图之而已。毋不事事，毋泰多事，袪积习以作颓靡，振纪纲以正风俗，省议论以定国是，核名实以行赏罚，则法行如流，而事功辐辏矣"①。他对神宗也表示："于凡大礼大政，皆遵率祖宗彝典，祇奉皇上英断，臣不过鞠躬仰成于下而已。"② 他以洪武时期所设起居注的旷废为例，认为"光复祖制，以备一代令典，在于今日，委不可缺"③。谷应泰认为：张居正"尝潜求国家典故，及时务之切要者剖晰之，遇人多所咨询。及揽大政，登首辅，慨然有任天下之志。劝上力行祖宗法度，上亦悉心听纳。十年来海内肃清"④。吴晗论道：张居正"当国时，综核名实，令出法行，所以国富民安，号称小康"⑤。

刘志琴一方面认为张居正把明朝的开国皇帝朱元璋作为"法后王的表率"，就在于"朱元璋对前朝而言是后王，对本朝来说是先王，这一提法将先王、后王熔为一炉，既伸张了'法后王'之义，又不违'法先王'之教，是很聪明的说法"⑥。另一方面又言："凡要改变现状的改革派们往往以法后王为武器，而法先王或法祖往往成为反对改革的依据。"⑦ 这种说法，一方面要把朱元璋定为明朝的

---

① （明）张居正：《张太岳集》卷 16《辛未会试程策一二三》。
② （明）张居正：《张太岳集》卷 37《再辞恩命疏》。
③ （明）张居正：《张太岳集》卷 39《议处史职疏》。
④ （清）谷应泰：《明史纪事本末》卷 61《江陵柄政》。
⑤ 吴晗：《读史札记》，生活·读书·新知三联书店 1956 年版，第 22 页。
⑥ 刘志琴：《张居正评传》，第 245—246 页。
⑦ 刘志琴：《张居正评传》，第 337 页。

"先王"和"祖宗",另一方面又把张居正视为"改革家",但又无法将朱元璋的"祖制"和张居正的"改革"自如地融为一体。假定朱元璋是张居正心目中的明代"先王",那谁又是明代的"后王"呢?而把"法祖宗"简单地等同于"法先王"也不符合张居正的思想。由于长期以来一些学者不把明世宗纳入张居正"法祖宗"的内涵之中,故在论及张居正"法后王"或"祖宗之制"时,不仅不把明世宗纳入其"法后王"的范围,反而明确将其排斥在外,并一再丑化世宗,无视嘉靖时期的政治巨变。但认真研读张居正的奏疏和信札,他对明世宗的关注远远超过明太祖和明成祖,而且予以极力肯定。事实上,张居正"法后王"的思想体系应包含两层含义:一是明初的"二祖之制",其中更多凸显的是太祖之制,张居正将其称为"圣祖之制";二是明世宗的革新之法,张居正将其称为"皇祖之制"。在张居正"法后王"思想中,明代皇帝再无"先王"和"后王"之分,故"法祖宗"与"法后王"是统一的,即"法后王"的政治指向就是"法祖宗"。

三、效法世宗的现实意义

张居正对"二祖"之后、神宗以前的明代皇帝并非一概肯定,而是有褒有贬。否则,日渐形成的各种弊政就会以"祖宗之法"的名义而得以延续下来,无法革除。他说:

> 法不可以轻变也,亦不可以苟因也。苟因,则承敝袭舛,有颓靡不振之虞,此不事事之过也;轻变,则厌故喜新,有更张无序之患,此太多事之过也。二者,法之所禁也,而且犯之,又何暇责其能行法哉!去二者之过,而一

求诸实，法斯行矣。①

他坚决反对因为弊政因袭而舍弃祖制、重新创制的错误认识，明确指出：

> 夫高皇帝之始为法也，律令三易而后成，官制晚年而始定。一时名臣英佐，相与持筹而算之，其利害审矣。后虽有智巧，蔑以逾之矣，且以高皇帝之圣哲，犹俯循庸众之所为。乃以今之庸众，而欲易圣哲之所建，岂不悖乎！②

为此，张居正主张向汉宣帝学习。他说：

> 夫汉宣帝，综核之主也。然考其当时所行，则固未常新一令，创一制。惟日取其祖宗之法，修饬而振举之……其所以振刷综理者，皆未尝少越于旧法之外。惟其实事求是，而不采虚声；信赏必罚，而真伪无眩。是以当时吏称其职，民安其业，政事、文学、法理之士咸精其能，下至技巧工匠，后世鲜及。③

在对明代历史的构建中，张居正在凸显"二祖"的同时，又提出了"三宗"的史观，将宣宗、孝宗和世宗并称。他在《恭述祖德诗》中言：

> 景陵躬睿质，披览复忘疲。敛衽接三辅，一德无猜疑。大渊间临幸，政务日畴咨。大哉《帝训》编，道法何纚纚。孝皇具至性，恭己秉谦祇。内庭远嬖幸，外围绝游嬉。崇俭尝却貂，听言犹转规。太平十八祀，万姓有遗思。肃祖

---

① （明）张居正：《张太岳集》卷16《辛未会试程策一二三》。
② （明）张居正：《张太岳集》卷16《辛未会试程策一二三》。
③ （明）张居正：《张太岳集》卷16《辛未会试程策一二三》。

起南服，龙飞会昌期。属当改絃初，制作命夷夔。论道阐
敬一，明伦垂典彝。九重握金镜，太阿恒自持。临御逾四
纪，恭己化无为。二祖肇皇纲，三宗奠天维。①

而在"三宗"中，张居正重点关注的是世宗。他认为当成祖以后的
历史发展到嘉靖之时，便是一大变局，认为世宗"以兴邸而启中兴
之业。后先辉映，千古一辙"②。他把世宗与"二祖"相提并论，认
为"明兴百八十余年，高皇帝作之于前，今天子述之于后"③，强调
世宗对"二祖之制"的发扬光大，论道：

> 高皇帝以神武定天下，其治主于威强。前代繁文苛礼，
> 乱政弊习，刬削殆尽。其所芟除夷灭，秦法不严于此矣。
> 又浑沌之再辟也。懿文仁柔，建文误用齐、黄诸人，踵衰
> 宋之陋习，日取高皇帝约束纷更之，亦秦之扶苏也。建文
> 不早自败，亦必亡国。幸赖成祖神武，起而振之。历仁、
> 宣、英、宪、孝，皆以刚明英断，总揽乾纲，独运威福，
> 兢兢守高皇帝之法，不敢失坠，故人心大定，而势有常尊。
> 至于世庙，承正德群奸臣乱政之后，又用威以振之，恢皇
> 纲，饬法纪，而国家神气为之再扬。④

张居正对嘉靖政治的认知与众不同，这是张居正的过人之处，
也是张居正能有所作为之主因。对于万历首辅张居正与嘉靖政治的
关系，传统的观点是将两者割裂开来。因为要突出万历初年张居正

---

① （明）张居正：《张太岳集》卷1《恭述祖德诗》。
② （明）张居正：《张太岳集》卷10《承天大志纪赞·宫殿纪》。
③ （明）张居正：《张太岳集》卷7《重刊大明集礼序》。
④ （明）张居正：《张太岳集》卷18《杂著》。

的"改革"亮点，只能抹黑嘉靖政治，而对嘉靖前期的革新视而不见。张居正成长于嘉靖时代，对嘉靖政治有自己独到的认识。张居正强调"法后王"的思想，并高举"法祖宗"的旗帜，说到底，就是要真正效法世宗，即在洪武、永乐的政治框架中，用世宗的言行来要求神宗、后妃以及朝臣。对此，张居正毫不掩饰。他对神宗说：

> 我世祖超世之见，同符二祖，非近代帝王所能仿佛其万一者……臣窃以为，我皇上当英妙之龄，事事皆祗遵先猷，宪章列祖，则太祖定制与世祖圣谕，正宜仰稽而效法者。①

又说："正德年间，政体紊乱。至世宗皇帝，以聪明至圣入继大统，将以前敝政一切改正，以复我祖宗之旧，正今日所当遵守者。"② 明人焦竑对嘉靖前期效法祖制所产生的活力予以积极肯定，认为张璁"久于科第，谙世故，得位，每事欲复祖宗旧制，行进士、举人、岁贡三途并进法，士风一变，人思奋庸，贤才辈出而无滞"③。这与张居正的认识是相一致的，充分说明在解决长期积弊中祖制所具有的独特作用。

与"二祖"之后的宣宗、孝宗相比，世宗被称为"中兴之主"是当之无愧的。嘉靖皇帝的庙号为"世宗"，"世"之含义，"汉取以次太与高"④；帝号为"肃皇帝"，其义为"刚德克就，执心决断，又正己摄下"⑤。礼部尚书高仪认为：作为中兴之主，嘉靖皇帝为

① 南炳文、吴彦玲：《辑校万历起居注》，万历七年三月二十二日丁卯。
② （明）张居正：《张太岳集》卷45《议外戚子弟恩荫疏》。
③ （明）焦竑：《玉堂丛语》卷6《事例》。
④ （明）王世贞：《弇山堂别集》卷70《谥例》。
⑤ （明）王世贞：《弇山堂别集》卷70《谥例》。

"圣子神孙所宜宪章而宗法者也"，并说："臣等稽之前代英君谊辟，有大功德于天下，则鸿称显号，世世尊之。故武帝尧弘炎祚，庙曰世宗；光武再造汉家，号称世祖。播之良史，以为美谈"①，故用中兴之意的"世"为庙号。嘉靖末年，张居正对世宗说："恭惟皇上心涵渊穆，道贯清宁。缔造惟艰，光启中兴之业。"② 在给世宗祝寿贺表中亦言："恭惟皇上应期时出，抚运中兴。"③ 张居正在主持编纂的《明世宗实录》中论道：世宗"起自藩服，光履帝位，实上天之所眷与，四海之所归心，非偶然者。故能觐扬前休，廓清区宇，制礼作乐，开四十五年中兴之业，而垂德泽于无穷，近代帝王盖鲜俪云"④。何乔远认为世宗"其谟猷合圣贤，动作掀天地，真中兴之主矣"⑤。谈迁亦言："世庙起正德之衰，厘革积习，诚雄主也。"⑥

需要指出的是，张居正对严嵩专权时期的嘉靖政治基本上是持否定态度的。在张居正的言论中，对嘉靖政治的批判，主要是对严嵩乱政的指斥。嘉靖三十三年（1554），张居正对严嵩专权极为不满，但又无能为力，便托病辞官，临行时对徐阶说："夫宰相者，天子所重也，身不重则言不行。近年以来，主臣之情日隔。朝廷大政，有古匹夫可高论于天子之前者，而今之宰相，不敢出一言。何则顾忌之情胜也。"⑦ 同时他对当时的学风予以批评："近时论学者，或言

---

① 《明穆宗实录》卷 2，隆庆元年正月甲子。
② （明）张居正：《张太岳集》卷 19《紫宸宫贺表》。
③ （明）张居正：《张太岳集》卷 19《圣寿节贺表四》。
④ 《明世宗实录》卷首语。
⑤ （清）谈迁：《国榷》卷 64，嘉靖四十五年十二月辛丑。
⑥ （清）谈迁：《国榷》卷 64，嘉靖四十五年十二月辛丑。
⑦ （明）张居正：《张太岳集》卷 35《谢病别徐存斋相公》。

行颇不相覆。仆便谓其言尽不足信，是以孤子迄于无闻。"① 在徐阶继任首辅之际，张居正认为时局是："长安棋局屡变，江南羽檄旁午。京师十里之外，大盗十百为群。贪风不止，民怨日深。倘有奸人乘一旦之衅，则不可胜讳矣。"② 他在《陈六事疏》中亦言："近来风俗人情，积习生弊，有颓靡不振之渐，有亟重难反之几，若不稍加改易，恐无以新天下之耳目，一天下之心志。"③ 神宗即位之后，张居正说道："自嘉靖以来，当国者政以贿成，吏胺民膏以媚权门。而继秉国者又务一切姑息之政，为逋负渊薮，以成兼并之私。私家日富，公室日贫，国匮民穷，病实在此。"④ 万历四年（1576），张居正又说："自隆庆以来，议论滋多，国是靡定，纪纲倒植，名实混淆。"⑤ 万历五年（1577），张居正利用重修北京贡院之机论道："室已圮而鼎新之，易也，鸠材庀工而已。惟夫将圮而未圮，其外窿然，丹青赭垩未易其旧，而中则蠹矣。匠石顾而欲振之，闻者必以为多事而弗之信，其势不至于大坏极敝不已也。明兴二百余年，至嘉隆之季，天下之势有类于此者多矣。纪纲法度且将陵夷而莫之救，有识者忧之。"⑥ 万历六年（1578），张居正又言："窃见嘉、隆以来，纪纲颓坠，法度陵夷，骎骎宋元之弊辙。"⑦ 万历八年（1580），张居正仍言："当嘉靖中年，商贾在位，货财上流，百姓嗷嗷，莫必其

① （明）张居正：《张太岳集》卷35《启聂司马双江》。
② （明）张居正：《张太岳集》卷35《答西夏直指耿楚侗》。
③ （明）张居正：《张太岳集》卷36《陈六事疏》。
④ （明）张居正：《张太岳集》卷26《答应天巡抚宋阳山论均粮足民》。
⑤ （明）张居正：《张太岳集》卷28《答奉常陆无台论治体用刚》。
⑥ （明）张居正：《张太岳集》卷9《京师重建贡院记》。
⑦ （明）张居正：《张太岳集》卷30《答司空雷古和叙知己》。

命。比时景象，曾有异于汉唐之末世乎！幸赖祖宗德泽深厚，民心爱戴已久，仅免危亡耳！隆庆间，仕路稍清，民始帖席，而纪纲不振，弊习尚存，虚文日繁，实惠益寡。"① 这些言辞无一例外都是针对严嵩在阁时期的情况所言，不能视为张居正对整个嘉靖朝政治的全盘否定，在引用时需要甄别。

张居正不愿与严嵩为伍，曾一度离职返乡。后来对严嵩的指斥，主要是为了凸显老师徐阶的政绩。换言之，张居正出于保护自己和徐阶的需要，也不会全盘否定嘉靖朝政治。万历四年（1576），他在祝贺徐阶七十四岁生日时说："伏惟老师昔以道匡扶世庙，翊戴穆皇，璭玮光明之业，既已震赫寰宇，炳耀史册矣。"② 万历十年（1582），徐阶八十岁寿辰之际，张居正请求神宗慰问徐阶，并对神宗说：徐阶"承严氏乱政之后，能矫枉以正，澄浊为清；惩贪墨以安民生，定经制以核边费；扶植公论，奖引才贤。一时朝政修明，官常振肃，海宇称为治平，皆其力也"③。在给徐阶的寿词中又说："当嘉靖季年，墨臣柄国，吾师所为矫枉以正，矫浊而清者，幸及耳目。其概载在国史，志在缙绅。里巷耆长，尚能道焉。此以身致治者也。"④ 基于与徐阶的师生情谊，张居正也不可能全面否定嘉靖后期政治。

由于洪武、永乐时代久远，而嘉靖时代离神宗最近，所以张居正只能拿世宗作为神宗效法的具体榜样，并屡屡用世宗来规范神宗

---

① （明）张居正：《张太岳集》卷32《答福建巡抚耿楚侗言致理安民》。
② （明）张居正：《张太岳集》卷34《答上师相徐存斋并附与诸公书》。
③ （明）张居正：《张太岳集》卷46《请乞优礼耆硕以光圣治疏》。
④ （明）张居正：《张太岳集》卷7《少师存斋徐相公八十寿序》。

的行为。万历五年（1577），神宗大婚将至，神宗母子要求暂免秋审死囚行刑，张居正用嘉靖前期的世宗诏令予以拒绝："至嘉靖末年，世宗皇帝以斋醮奉玄，始有暂免不决之令。或间从御笔所勾，量行处决。然此实近年姑息之弊，非我祖宗垂宪之典也。"① 万历七年（1579），张居正说："嘉靖年间，赏赉无时，每称缺乏，乃行文于该地方增织，谓之急缺段匹。然亦间一行之，非可为常例者也。"② 面对神宗将自己随意的赏赐视为"常例"时，张居正要求神宗量入为出，撙节费用，不得破祖宗旧例。他在万历九年（1581）劝谏神宗：

> 皇上所谓常例者，亦近年相沿，如今年暂行，明年即据为例，非祖宗旧例也。臣不暇远引，如嘉靖中世宗皇帝用度最为浩繁，然内库银两尚有积余。隆庆初年冬，库内尚积百余万。今每岁金花银百二十万，每按季预进，随取随用，常称缺乏。有限之财，安能当无穷之费乎？臣等职在辅导，为国家长久之虑，不敢不尽言，惟皇上留神省察。③

可以看出，张居正除了拿世宗来遏制神宗外，再无其他有效办法。

嘉靖政治长达 45 年，世宗是神宗之前明朝在位最久的皇帝，其间"礼乐文章，烂焉兴举。斋居数十年，图回天下于掌上，中外俨然如临，其英主哉！"④ 张居正对这一时期政治的认识，大体以嘉靖二十年（1541）为界，分前后两个时期。对于嘉靖前期，张居正以

---

① （明）张居正：《张太岳集》卷 40《论决重囚疏》。
② （明）张居正：《张太岳集》卷 44《请酌减增造段匹疏》。
③ 南炳文、吴彦玲：《辑校万历起居注》，万历九年四月十八日辛亥。
④ （清）谈迁：《国榷》卷 64，嘉靖四十五年十二月辛丑。

肯定为主，是张居正效法的关键内容；对于嘉靖后期，张居正批评较多，但也不是全盘否定。在世宗去世之后，隆庆时期对嘉靖政治予以高度肯定，将其与朱元璋和朱棣相提并论。穆宗说道："洪惟我皇考世宗肃皇帝，以至神至圣之资，缵二祖七宗之绪，明伦更制，振教敷仁，内殄奸欺，外平倭虏，盛德大业，照耀古今。真足以追二祖而超百王，宜有纪述，以备一代之制。"① 吕调阳等阁臣在张居正归葬时明确要求神宗效法世宗："我皇上春秋方富，如日初升，将隆尧舜之业，当以世宗初政为法。"② 在张居正这一思想基础之上，后继的首辅张四维又提出了明代"太祖、成祖、世祖三圣"或"三祖"的概念。③ 只有正视张居正对嘉靖政治特别是前期政治的充分肯定，才能把握张居正"法后王"思想的要义，也才能理解世宗在张居正"法祖宗"思想中所具有的特殊含义。

当然，张居正效法世宗并不是不加分析地全面承袭和简单照搬，而是在效法中保持着比较清醒的批判意识。对于世宗朝的一些做法，张居正也时有不同的看法。如关于世宗改天地合祀为分祀一事，张居正认为不甚合理，强调"礼因时宜""本乎人情"，认为"世宗虽分建圜、方之制，而中世以后，竟不亲行，虽肇举大享之礼，而岁时禋祀止于内殿，是斯礼之在当时，固已窒碍而难行矣，况后世乎？臣等愚昧，窃以为宜遵高皇帝之定制，率循列圣之攸行，岁惟一举合祀之礼，而奉二祖并配，斯于时义允协，于人情为顺。顾郊禋重典，今且未敢轻议，谨稽新旧规制礼仪，而略述其概，以俟圣明从

---

① 《明穆宗实录》卷6，隆庆元年三月甲申。
② 南炳文、吴彦玲：《辑校万历起居注》，万历六年四月二十五日丙午。
③ 《明神宗实录》卷132，万历十一年正月丁丑。

容裁断焉。"① 张居正之疏 "上不匝月，即有御史刘台参劾一事，江陵后亦因循不复谈及"②。尽管张居正未能改变天地分祀之礼，但可以看出效法祖制并不会束缚张居正的思想。

四、效法祖宗的决心

在担任首辅之后，独享顾命大权的张居正便将 "法祖宗" 理念最大限度地落实在具体的行政之中。神宗甫一即位，张居正就要求他严守祖宗之法，以树立 "法祖宗" 的坚定意识，不得随意变更祖制。他说："方今国家要务，惟在遵守祖宗旧制，不必纷纷更改"，并表示自己 "为祖宗谨守成宪，不敢以臆见纷更"③。隆庆六年（1572），张居正受唐太宗 "以铜为鉴，可正衣冠；以古为鉴，可见兴替" 的启发，为神宗编写《帝鉴图说》，并对神宗说：

> 臣等尝因是考前史所载治乱兴亡之迹，如出一辙。大抵皆以敬天法祖、听言纳谏、节用爱人、亲贤臣、远小人、忧勤惕厉即治；不畏天地、不法祖宗、拒谏遂非、侈用虐民、亲小人、远贤臣、般乐怠傲即乱。④

万历四年（1576），张居正说："自仆当事，始布大公，彰大信，修明祖宗法度，开众正之路，杜群枉之门，一切以尊主庇民、振举颓废为务，天下始知有君也。"⑤ 万历五年（1577），张居正说：

---

① 南炳文、吴彦玲：《辑校万历起居注》，万历三年十一月三日丁酉。
② （明）沈德符：《万历野获编补遗》卷2《江陵议分祀天地》。
③ （明）张居正：《张太岳集》卷37《谢召见疏》。
④ （明）张居正：《张太岳集》卷38《进帝鉴图说疏》。
⑤ （明）张居正：《张太岳集》卷28《答奉常陆五台论治体用刚》。

今天子茂龄抚运，嘉与海内更始，于是举二百余年之将坠而未仆者，一切振而举之。然众庶之见，溺于故常。令下一年而民疑，二年而民谤，不曰上之所以兴废起坠者，皆申饬旧章也，而曰创行新政也。浮言四起，听者滋惑。①

万历八年（1580）又说："窃以为远稽古训，不若近事之可征；上嘉先王，不如家法之易守……夫皇上所践者，祖宗之宝位；所临者，祖宗之臣民；所抚驭者，祖宗之舆图；所凭藉者，祖宗之威德。则今日之保泰持盈，兴化致理，岂必他有所慕，称上古久远之事哉？惟在皇上监于成宪，能自得师而已矣"，并再三强调："近事之可征，家法之易守。"②

对于张居正的"法祖宗"思想，年幼的神宗表示全盘接受。他对张居正等阁臣说："朕仰承祖宗列圣之鸿麻，获缵丕绪，夙夜祇惧，图惟治理，则亦惟我祖宗之旧章成宪是守是遵。"③ 在辅政时高举"敬天法祖"大旗，是张居正务实行政的集中反映，也是当时社会发展的必然要求。在张居正看来，万历初年皇帝年幼，唯一可行的就是将祖宗"良法"付诸实践，一来可确保政局的稳定，二来可以取得实际的政治效果。万历四年（1576），他对应天巡抚宋仪望说：对于整顿驿递一事，"为国者肯一留意于此，时时修明祖宗法度，精核吏治能否，由此富国富民，兴礼义，明教化，和抚四夷，以建万世太平之业，诚反手耳"④。万历五年（1577）又说："不穀

---

① （明）张居正：《张太岳集》卷9《京师重建贡院记》。
② （明）张居正：《张太岳集》卷44《请敷陈谟烈以裨圣学疏》。
③ 南炳文、吴彦玲：《辑校万历起居注》，万历四年六月二十一日壬午。
④ （明）张居正：《张太岳集》卷28《答应天巡抚论大政大典》。

素无学术，谬膺重任，思所以鼓弩钝、佐明主者，惟日取我祖宗之法度修明之，然十犹未二三也。"① 他渴望养成"诚务躬行，不事空谈"的务实学风，希望"今之学者，以足踏实地为功，以崇尚本质为行，以遵守成宪为准，以诚心顺上为忠"②。万历八年（1580），他对福建巡抚耿定向说：对于祖宗之制，"今不必复有纷更，惟仰法我高皇帝'怀保小民'一念，用以对越上帝，奠安国本耳。故自受事以来，凡朝夕之所入告，教令之所敷布，惓惓以是为务"③。

张居正的尊祖思想在神宗即位诏书中得到了充分的反映，其中言道：

> 我国家光启鸿图，传绪万世，祖宗列圣，创守一心，二百余年重熙累洽……祖宗成法，至精至备，所当万世遵守。近年以来，有司不考宪度，往往自作聪明，任意更变。其有称为祖宗成法者，又多迁移出入，殊非祖宗立法本意，致令事体纷纭，军民惶惑，岂成治理？今后内外大小衙门官，务要仰求祖宗之意，明考成法，一一遵行。违者以变乱成法论。其有从前更变者，俱行查复。若果系时宜不得不然，许详具事由，奏请准允乃行。④

作为即位诏书，如此旗帜鲜明地表示按照祖宗之法来开创新政局面，是独有的，充分表明万历初政的特点就是要依照祖宗之法来确定施政方向，这与万历初期皇帝年幼所呈现的顾命政治的特点是相一致

---

① （明）张居正：《张太岳集》卷29《答楚学道金省吾论学政》。
② （明）张居正：《张太岳集》卷29《答南司成屠平石论为学》。
③ （明）张居正：《张太岳集》卷32《答福建巡抚耿楚侗言致理安民》。
④ 《明神宗实录》卷2，隆庆六年六月甲子。

的。万历二年（1574），张居正明确要求神宗只有"以圣祖之心为心"，才能"永保洪业，传之无穷"。神宗认同张居正的主张，表示愿与张居正共守祖宗之法："朕不敢不勉行法祖，然凡事尚赖先生辅导。"[1] 张居正之子张懋修就此说道：

> 先公留心典故，在政府，凡大政事，非祖宗成法，不敢创一新政。惟率由旧章，以实行之。惟其行之以实而不便者，则见以为综核太过，遂束湿变政之肆讥，皆未考于典故也。[2]

谈迁论道："张居正既柄政，慨然任天下之重，专尊主权，课吏实。尝言：高皇帝真得圣之威者也，世宗能识其意，是以高卧深宫之中，朝委裘而不乱。今上，世宗孙也，奈何不法祖！"[3] 朱东润论道："居正是一个现实的政治家，他知道政务的办不通，不是机构底缺乏，所以他不主张增加政治机构。他也知道公文政治不能打倒公文政治，所以他不主张提出新的法令、章程，增加纸笔底浪费。"[4] 黄仁宇也说：张居正从未宣布改革，"只声称他的目的是恢复王朝创建者们的制度上的安排。这种姿态给了他一种合乎正统的气派，使他能够以万历皇帝的名义对官僚机构施加压力以推动他的方案。实际上，由他主持的实现这一方案的办法基本上限于人事安排和靠公文进行管理"[5]，并特别指出："张居正的管理不包括任何革新，而是将重点放

---

① 南炳文、吴彦玲：《辑校万历起居注》，万历二年十月十七日戊午。
② （明）张居正：《张太岳集》卷18《杂著》。
③ （清）谈迁：《国榷》卷68，隆庆六年六月庚辰。
④ 朱东润：《张居正大传》，第171页。
⑤ ［美］牟复礼、［英］崔瑞德编：《剑桥中国明代史》，第566页。

在行政纪律和税法的严格执行上。"① 由于受传统观念的影响，黄仁宇不可能把世宗纳入张居正效法祖制的视野中，但其对张居正法祖的总体认识是正确的。

在张居正的法祖实践中，考成法的推行具有代表性。万历元年（1573），张居正对神宗说：

> 查得《大明会典》内一款："凡六科每日收到各衙门题奏本状，奉圣旨者，各具奏目，送司礼监交收。又置文簿，陆续编号，开具本状，俱送监交收。"又一款："凡各衙门题奏过本状，俱附写文簿。后五日，各衙门俱发落日期，赴科注销。过期稽缓者，参奏。"又一款："凡在外司府衙门，每年将完销过两京六科行移勘合，填写底簿，送各科收贮，以备查考。钦此。"及查见行事例，在六科，则上下半年，仍具奏目缴本。在部院，则上下半月，仍具手本，赴科注销。以是知稽查章奏，自是祖宗成宪，第岁久因循，视为故事耳。

故要求"申明旧章""随事考成"，认为只有如此，"事可责成"，而那些"建言立法者，亦将虑其终之罔效，而不敢不慎其始矣。致理之要，无踰于此"②。可见，张居正所倡行的"考成法"并非创新，而是将祖宗旧制再次落实。时任吏部尚书的张瀚亦言："我朝稽查章奏，著在令甲。"③ 只是由于张居正顾命的需要，加入了内阁元素而已。因为张居正的这一想法早在隆庆二年（1568）的《陈六事疏》

---

① 黄仁宇：《十六世纪明代中国之财政与税收》，第387页。
② （明）张居正：《张太岳集》卷38《请稽查章奏随事考成以修实政疏》。
③ （明）张瀚：《松窗梦语》卷8《铨部纪》。

中就已经提到了。万历三年（1575），张居正对神宗进一步强调："今臣等所言，非敢过为操切，亦不过申明旧章，以作新振德之耳。"① 朱东润认为：张居正"平时常说遵循祖宗成宪；假如我们要探求居正创制的行为，那便只有他底考成法"②。因为"居正以六科控制六部，是明朝的祖制，但是以内阁控制六科，便是一种创制"③。事实上，要让张居正依据这一权力模式来控制朝政是不可能的。张居正之所以能够"专擅"，不是依靠所谓的"考成法"，而是顾命大臣的身份。所以，"考成法"并不是张居正的创造，而是顾命政治下的一种暂时的权力形式而已，只与张居正个人的辅政权力有关。正由于它不是创新的制度，并与张居正的"专擅"交织在一起，故不可能在张居正去世后继续延用。

只有高举"祖宗之法"，张居正才能实现自己的政治理想。凡是攻击自己的，张居正都用"祖宗之法"予以反击。他对神宗说：自己作为唯一的顾命之臣，"如有捏造浮言，欲以煽惑上听，紊乱朝政者，必举祖宗之法，请于皇上，而明正其罪，此臣之所以报先帝而忠于皇上之职分也"④。在顾命时期，神宗也能全力支持张居正，以"今后如再有讹言謗张、挠乱国是的，朕必遵祖宗法度，置之重典不宥"⑤ 来向张居正做出担保，让张居正放手行使顾命之权。黄仁宇论道："在税法的实施上，张居正与同僚的意见不同。他坚持认为富国强兵没有错误。而且在这方面，他的目标是恢复洪武帝和永乐帝的

---

① 南炳文、吴彦玲：《辑校万历起居注》，万历三年五月三日庚子。
② 朱东润：《张居正大传》，第 168 页。
③ 朱东润：《张居正大传》，第 172 页。
④ 南炳文、吴彦玲：《辑校万历起居注》，万历六年六月二十二日壬寅。
⑤ 南炳文、吴彦玲：《辑校万历起居注》，万历六年六月二十二日壬寅。

理想。"① 在张居正活着的时候，神宗对张居正效法祖宗之制的行为予以全力支持。如万历九年（1581）六月礼科给事中丁汝谦认为睿宗祔享太庙与礼不合，请在玉芝宫专享祭祀，神宗认为此事由世宗亲定而予以拒绝，丁汝谦以"轻肆妄议"而被降调外任。②

需要指出的是，尽管张居正竭力效法祖宗之法，但在一些人看来，打着祖宗之法旗号的张居正恰恰是在破坏祖宗之法。典型的代表就是御史刘台对张居正的批评。他说："二百年来，即有擅作威福者，尚惴惴然避宰相之名而不敢居，以祖宗之法在也。乃大学士张居正偃然以相自处，自高拱被逐，擅威福者三四年矣。谏官因事论及，必曰：'吾守祖宗法。'臣请即以祖宗法正之。"③ 可见，刘台与张居正对"祖宗之法"的理解完全不同，这是令人深思的一种现象。从刘台的视角而言，至少说明张居正"法祖宗"思想并没有束缚其手脚，同时也说明"法祖宗"不等同于"守旧"和"僵化"。

五、效法世宗的实践

"所谓祖制者，祖训也，会典也，累朝之功令也。"④ 为了效法祖制，张居正将散见的有关祖制文献汇集在一起，以确保祖制文献的完整性，让神宗和百官得以全面学习和把握。他早在隆庆年间就说道："祖宗朝相与盛事，藏在秘府，愚不得遍观。即如泰和、长沙、

---

① 黄仁宇：《十六世纪明代中国之财政与税收》，第 390 页。
② 《明神宗实录》卷 113，万历九年六月癸卯。
③ （清）张廷玉等：《明史》卷 229《刘台传》。
④ （明）陈子龙等辑：《明经世文编》卷 462《叶向高〈请减福藩庄田疏〉》。

华容之所私录，毗倚眷顾，迄今诵之，犹为感动"①，进而认为"成宪具存，旧章森列，明君贤臣，相与实图之而已"②。为了将法祖思想落到实处，张居正在担任首辅后一方面迅速编写《帝鉴图说》，以期从传统政治实践中汲取智慧，"法古图治"③，从善去恶。张居正说："恭遇皇上天纵圣明，励精图治。兹当考察之初，大明黜陟之典。又特蒙天语谕臣等，欲引见廉能官员，破格奖赏。仰窥圣心，盖以深纳臣等《图说》所陈，而远追我圣祖综核吏治之轨也"④；另一方面张居正十分重视对祖制文献的整理，把明朝皇帝的言行特别是世宗的言动作为神宗日常效法的对象。万历二年（1574），张居正对神宗说："臣谨恭录圣祖《皇陵碑》及《御制文集》进览，以见我圣祖创业之艰难，圣谟之弘远，伏望皇上览而仰法焉。"神宗答道："先生所进《皇陵碑》，朕览之数过，不胜感痛。"⑤ 张居正一再强调："端本澄源，正心修身，以销衅孽于未萌，杜间隙于无迹者，则又备在宝训及御制诸书，伏惟圣明留意焉。"⑥ 所以说，尽可能地整理与编辑祖宗文献让神宗与百官熟知祖宗之法令，便成为万历初政的一大亮点，当然也是张居正辅政的主要成绩之一。

一是加快纂修《明世宗实录》。《明世宗实录》本应在隆庆年间修成，但由于嘉靖时期的史料较多和编修者的责任心不强，故一拖再拖，直到穆宗去世，也未完成。首辅张居正一方面承认世宗实录

---

① （明）张居正：《张太岳集》卷16《辛未会试程策一二三》。

② （明）张居正：《张太岳集》卷16《辛未会试程策一二三》。

③ 《明神宗实录》卷8，隆庆六年十二月己巳。

④ （明）张居正：《张太岳集》卷38《请定面奖廉能仪注疏》。

⑤ 南炳文、吴彦玲：《辑校万历起居注》，万历二年十月十七日戊午。

⑥ （明）张居正：《帝鉴图说》，第671—672页。

编修的难度，认为"皇祖历世四纪，事迹浩繁，编纂之工，卒难就绪"；另一方面对纂修工作的拖沓提出了批评，认为"任总裁者，恐催督之致怨，一向因循；司纂修者，以人众而相捱，竟成废阁"。由于决定世宗实录与穆宗实录并修，张居正提出了"分定专任，严立限程"的具体编修责任分工和相关考核办法①，尽最大可能地加快编修进度。在纂修班子中，英国公张溶为监修官，张居正、吕调阳、张四维为总裁官，马自强等四人为副总裁官，陈经邦等 18 人为纂修官。万历五年（1577），566 卷的《明世宗实录》正式完成，同时修成的还有 24 卷的《世宗肃皇帝宝训》。两书是在张居正的参与和督促下完成的。张居正对神宗说："迨臣当事，始定为章程，严其期限，然后责成有据，端绪可寻。其中编摩草创，虽皆出于诸臣之手，然实无一字不经臣删润，无一事不经臣讨论。既更定其文义，复雠校其差讹。穷日逮夜，冒暑凌寒，盖五年于兹，而今始克就。"② 谈迁对张居正所发挥的积极作用予以高度评价，说道："世庙历四十五年，夥矣，实录速就。至于穆庙，录不踰期年。江陵迅才，事事挈要。"③

　　与"清静而自正""规模动法乎祖宗"④ 的穆宗不同，"自绍庭于初服，即锐意乎太平，张化瑟以更新，妙乾转坤旋之用，握政枢而独运，合阳舒阴惨之宜"⑤ 的世宗对嘉靖以后的明代历史有着特殊的影响，故其实录对"四十六载盛治"的记录具有特别的意义。他

① （明）张居正：《张太岳集》卷 37《纂修事宜疏》。
② （明）张居正：《张太岳集》卷 40《纂修书成辞恩命疏》。
③ （清）谈迁：《国榷》卷 70，万历五年八月丙子。
④ 南炳文、吴彦玲：《辑校万历起居注》，万历二年七月十三日乙酉。
⑤ 南炳文、吴彦玲：《辑校万历起居注》，万历五年八月十九日甲戌。

们在书成上表时说道："伏愿恢阐皇猷，作求世德。庶几风烈，衍重熙累洽之图，尚有典刑，建长治久安之策。"① 沈德符论道："世穆两朝实录，皆江陵故相笔也，于诸史中最称严核。"② 谢贵安论道："在所有的实录总裁中，事业心很强的张居正是最称职的一个，对《世宗实录》尽到了一个总裁应尽的责任。"③

二是编辑世宗亲批文书。为了培养神宗处理政务、提高批阅奏章的能力，张居正便将内阁所藏世宗在嘉靖前期亲自处理政务文书共计242件编辑成册，作为法祖的典型教材。其主要内容包括"阁中所藏皇祖亲笔圣谕六十三道、御制四十四道、圣旨并票帖共七十道，又于纂修馆中拣得嘉靖十年（1531）起至二十年（1541）止亲批奏、题本共六十五本"。张居正一再强调，神宗要学习的是严嵩之前的世宗："恭惟我世祖天纵聪明，继统之后，二十年间励精图治，孜孜问学，其英谟睿断，诚有非前代帝王所能及者。伏望皇上万几之暇，特加省阅，则致理之方，不外于法祖而得之矣。"④

三是重修《大明会典》。在《世宗实录》编纂初稿完成之后，张居正便把重修《会典》提上议事日程。他在万历四年（1576）要求在弘治、嘉靖年间所修《会典》的基础上开馆纂辑，神宗从之，并对张居正等人说道："仰惟皇曾伯祖孝宗皇帝命儒臣所纂《大明会典》一书，其于我祖宗列圣创业垂统、典章法度之详，通变宜民、因革损益之迹，固已纲目具存，足垂彝宪。第简编浩穰，精核实难。

① 南炳文、吴彦玲：《辑校万历起居注》，万历五年八月十九日甲戌。
② （明）沈德符：《万历野获编》卷2《实录纪事》。
③ 谢贵安：《明实录研究》，湖北人民出版社2003年版，第160页。
④ （明）张居正：《张太岳集》卷40《进世宗御笔疏》。

我皇祖世宗皇帝尝见其一二舛误，申命儒臣重加校辑，比及进览，讫未颁行，似于圣心犹有未当，仰成先志，有待后人。且自嘉靖己酉而来，又历二十余载，中间事体亦复繁多，好事者喜于纷更，建议者龁谄国体，法令数易，条例纷纭，甲乙互乖，援附靡准，我祖宗之良法美意，几于沦失矣。"① 在神宗批准后，便很快组建了以张居正为总裁的编辑班子。但由于编辑难度较大，张居正生前也未能完成任务，直到万历十五年（1587），才得以结束。《明史》的编纂者论道：《大明会典》，"自孝宗朝集纂，其于礼制尤详。世宗、神宗时，数有增益，一代成宪略具是焉"②。

"所谓会典者，即行政法也"，为"经久常行之大法，是则所谓根本法也"③。《大明会典》要比《唐六典》和《元典章》更加完善，在我国政书体的编纂史上具有特殊的地位，"对明以后史书的编纂乃至当今体裁的发展都产生了影响。在中国史学发展史上，它有不可替代的作用"④。在该书的形成过程中，万历初年浓烈的法祖思想是其最终能够成书的强大力量，并集中反映着祖宗之法的根本精神。

四是编纂本朝训录。在编纂《大明会典》的同时，张居正又模仿唐代的《贞观政要》和宋代的《三朝宝训》，从明太祖以来的实录和宝训中辑录祖宗训令，以供张居正等人讲读和神宗平日学习之用。当时，神宗已届成年，心不在焉，"留意翰墨，居正以为笔札小技，非君德治道所系，故有是请"⑤。按照张居正的设想，该训录分40个

---

① 南炳文、吴彦玲：《辑校万历起居注》，万历四年六月二十一日壬午。
② （清）张廷玉等：《明史》卷47《礼志》。
③ 梁启超：《梁启超论中国法制史》，第116—118页。
④ 原瑞琴：《〈大明会典〉研究》，中国社会科学出版社2009年版，第388页。
⑤ （清）谷应泰：《明史纪事本末》卷61《江陵柄政》。

门类编排，具体有："创业艰难""励精图治""劝学""敬天""法祖""保民""谨祭祀""崇孝敬""端好尚""慎起居""戒游佚""正宫闱""教储贰""睦宗藩""视贤臣""去奸邪""纳谏""理财""守法""警戒""务实""正纪纲""审官""久任""重守令""驭近习""待外戚""重农""兴教化""明赏罚""信诏令""谨名分""却贡献""慎赏赉""敦节俭""慎刑狱""褒功德""屏异端""饬武备""御夷狄"。从中可以看出，训录内容涉及国家治理的各个方面，是张居正"法后王"思想的集中反映，正如其所言："视训录之在前，如祖宗之在上，念念警惕，事事率由，且诵法有常，缉熙无间，即燕息深宫之日，犹出御讲幄之时。"①

为了培养神宗，作为顾命之臣，张居正将以法祖为核心的国史观教育贯穿于始终，并切实体现在他的施政之中。可以说，万历初年的行政特点就是尽可能地效法世宗之制，并以此形成了万历初年顾命政治的显著特点。兹现将张居正与神宗效法明世宗的言行按照时间顺序胪列如下：

时间	行政类别	效法内容	资料出处
隆庆六年六月	修建穆宗陵墓	张居正要求按照嘉靖七年之例修建穆宗之陵。	《明神宗实录》卷2，隆庆六年六月庚申。
隆庆六年十二月	整顿诰敕	针对诰敕浮靡，张居正以嘉靖十二年张璁疏求整顿和世宗的批示为据，要求戒浮崇实。	《张太岳集》卷38，《明治体以重亡言疏》。

————————

① 南炳文、吴彦玲：《辑校万历起居注》，万历八年十二月九日甲辰。

续表

时间	行政类别	效法内容	资料出处
万历二年七月	处治昭陵沉陷官员	张居正按照嘉靖十年世宗对显陵工程质量的处理办法来处置相关人员。	《万历起居注》万历二年七月二日甲戌。
万历二年十月	按时处决死囚	针对神宗之母崇佛不忍动刑之举，张居正引用嘉靖初年及时处决之例要求按时处决，不得宽宥。	《万历起居注》万历二年十月十二日癸丑。
万历二年闰十二月	停罢鳌山灯火	对于始于成化年间的鳌山灯火，到隆庆年间变为年年举行，花费极大，张居正以世宗时亦间一举行，只为奉神，而非游观，要求停罢，以省费用。	《万历起居注》万历二年闰十二月二十日庚寅。
万历三年二月	祔安二后	以嘉靖十五年圣谕祔安孝烈皇后和孝恪皇太后神主。	《明神宗实录》卷35，万历三年二月癸酉、丁丑。
万历三年二月	恢复起居注	针对编修世宗实录中史料缺乏的问题，张居正以世宗对大学士张璁论及史职旷废一事要求恢复起居注。	《万历起居注》万历三年二月二十七日丙申。
万历三年三月	反对厚待外戚	针对李太后要求为武清伯李伟请价自造生茔一事，张居正要求按照世宗对玉田伯蒋轮之给予支持，不得逾越。	《万历起居注》万历三年三月二十二日辛酉。
万历四年正月	不得滥用肩舆	针对驸马都尉许从诚奏乞肩舆一事，兵科给事中蔡汝贤引用世宗时的规定，提出不得破例。	《明神宗实录》万历四年正月癸卯。

时间	行政类别	效法内容	资料出处
万历四年三月	励精图治	张居正要求神宗仿效世宗嘉靖初年在西苑建无逸殿"省耕劝农,以知王业艰难"之意。	《明神宗实录》万历四年三月戊戌。
万历四年五月	提高神宗批阅奏章的能力	张居正要求神宗像世宗一样批阅章奏,以提高裁决机务的能力。	《万历起居注》万历三年三月二十二日辛酉。
万历四年十月	破格用人	针对进士出身的山东昌邑知县孙鸣凤贪贿一事,张居正像张璁一样,要求用人但问能力,不拘资格。	《明神宗实录》卷55,万历四年十月癸酉。
万历四年十二月	反对奢华	张居正要求神宗穿衣要向世宗学习,不能像穆宗那样频频更换。	《万历起居注》万历四年十二月二日庚申。
万历五年正月	继续推行"一条鞭"法	户部都给事中光懋认为嘉靖末年"创立条编",但亦有弊端,要求停止,遭到张居正的拒绝。	《明神宗实录》卷58,万历五年正月月辛亥。
万历六年三月	特赐银印	张居正归葬前,神宗仿照世宗赐张璁银印之例,特赐张居正"帝赉忠良"银印一枚,便于密封言事。	《明史纪事本末》卷61《江陵柄政》与《明史》卷213《张居正传》。
万历六年十二月	解决高拱恤典	张居正以世宗给予褫职的杨一清、翟銮恤典为例,请求为去世的高拱给予同样的恩礼。	《辑校万历起居注》,万历六年十二月二十日丙午。
万历七年正月	承认王府婚姻的合法性	针对一些王府擅婚现象,张居正主张以嘉靖二十八年所申明的禁例为准,之前为合法,之后为非法。	《辑校万历起居注》,万历七年正月八日甲寅。

时间	行政类别	效法内容	资料出处
万历七年二月	严禁僧人聚集	针对李太后答应天下僧人于戒坛说法度众一事，张居正担心败俗乃至生变，便以世宗严旨而叫停了此事。	《辑校万历起居注》，万历七年二月八日癸未。
万历九年正月	劝阻修葺武英殿	针对神宗提出修葺武英殿的想法，张居正建议以世宗初修文华殿之本意，继续使用，以省劳费。	《辑校万历起居注》，万历九年正月四日己巳。
万历九年二月	阻止皇亲世袭	神宗想为皇亲永年伯王伟弟王俊及子王栋世职，张居正以世宗皇亲不许世袭之令，予以阻拦。	《辑校万历起居注》，万历九年二月十日甲辰。
万历九年四月	急令用人	由于陕西总督久缺，张居正要求神宗效法世宗内旨径批，无须等待兵部推荐。	《辑校万历起居注》，万历九年四月二十日癸丑。
万历九年六月	惩治睿宗不得附享太庙之议	针对礼科给事中丁汝谦提出改变睿宗不得附享太庙一事，神宗以世宗亲定，指斥其为妄议，降调外任。	《明神宗实录》万历九年六月癸卯。
万历九年八月	慎选宫女	针对神宗欲选宫女一事，张居正建议按照嘉靖九年世宗选册九嫔事例举行。	《辑校万历起居注》，万历九年八月十二日癸卯。
万历十年正月	存问老臣	张居正要求神宗按照世宗存问致仕老臣谢迁、王鏊、毛纪、贾咏等人的做法，来优礼八十岁的徐阶。	《辑校万历起居注》，万历十年正月九日丙申。

从中不难看出，张居正对嘉靖政治的效法是全方位的，涉及行政理念、国家礼制、用人制度、皇帝与后宫消费、内廷秩序、吏治整饬、藩王和外戚控制、"一条鞭"法、社会治理、疑难个案处理等各个方面。凡遇到具体的行政难题，张居正主要从世宗行政中寻找依据，这是张居正在万历初年行政的主要特点，亦是对其"诸司奏请，必令稽旧章，侍臣以此知上意之在守法"① 主张的具体实践。

当然，因为形势的不同和时代的变迁，张居正也不可能完全照搬祖宗之法特别是世宗之令。对于一些重大的难题，张居正也难以效法。如对万历前期士风的恶化，张居正予以严厉的批评，认为"近来俗尚浇漓，士鲜实学"②。他充分肯定了嘉靖时期整顿士风的显著成效，对神宗说道："臣等幼时，犹及见提学官多海内名流，类能以道自重，不苟徇人，人亦无敢干以私者。士习儒风，犹为近古。"③但在指责各省提学官多不称职而使师道不尊、学风颓靡时，张居正认为嘉靖时期的改革措施过于严格，难以效法。他在万历三年（1575）对神宗说：

> 臣等查得嘉靖初年，世宗皇帝尝诏吏部，将天下提学官通行考察改黜，盖仅有存者。又诏礼部沙汰天下生员，不许附学过于廪增之数。今之士习，凋敝已极，即按先朝故事，太加洗涤，亦岂为过！但臣等窃以为积废既久，举当以渐，骤于操急，人或不堪。且约束不明，申令不熟，

---

① （明）张居正：《张太岳集》卷 16《辛未会试程策一二三》。
② （明）张居正：《张太岳集》卷 25《答文宗谢道长》。
③ （明）张居正：《张太岳集》卷 39《请申旧章饬学政以振兴人才疏》。

不独奉行者之罪，亦在上者之过也。①

万历五年（1577），张居正在论及举人就任教职的弊端时也不想完全效法有效的祖制，说道："窃以为居今之时，欲尽复初制固非人情所堪，亦宜酌议厘正，以敦士习。"② 对于宗室问题，张居正既不愿效法，又不敢革新。如神宗欲封"中宫至亲"王伟伯爵，张居正引用非有军功不得授爵的祖制和嘉靖八年（1529）明令皇亲不得请封爵位的世宗诏令予以阻止时，态度不够坚决，表示"臣等不敢抗违，谨拟传帖，上请圣裁"，为神宗网开一面，使王伟得以晋封伯爵。③而对于明朝最大的政治难题——宗室人口的急速增加和朝廷财政负担的日益加重，张居正认为世宗更定的《宗藩条例》治理过严，但又无计可施，不愿面对，而将这一问题推给年幼的神宗。如万历四年（1576）靖江王的禄米就未按照"三分本色七分折钞"发放，而是按照弘治时的"米钞中半兼支"④。张居正对宗室的看法是：

> 今国家难处之事，无如宗室。盖国家财赋有限，宗室生齿无穷。今玉牒见存者，不下万五千余位，即竭天下之赋以供之，尚不能给，况又有朝廷之经费、九边之军饷乎？
> 是以有司极力措置，常苦不支。

尽管他也提出"斟酌变通，稍为限制"，但又说："兹事体重大，未可轻议，待数年之后，皇上益明习政体，灼见弊源，乃特颁明诏，

---

① （明）张居正：《张太岳集》卷39《请申旧章饬学政以振兴人才疏》。
② （明）张居正：《张太岳集》卷40《议处就教举人疏》。
③ 南炳文、吴彦玲：《辑校万历起居注》，万历七年三月二十二日丁卯。
④ 《明神宗实录》卷52，万历四年七月戊戌。

告谕宗室，定为经久可行之制，庶几人情帖服，国家可保万世治安。"① 他明确告诉神宗，自己对宗藩制度"不敢以臆见擅为更定"②，这样便使宗禄之弊愈演愈烈，成为拖垮明朝的重要因素之一。张瀚当时就批评道："天地生财止有此数，麟趾爪飐绵衍无穷，以有限供无穷，势必难久……宗人之禄日积月增，前者之欠负既无完期，后来之增加愈难给授，司宗籍者奈何不为之所也?"③ 徐光启后来亦言："尝观近世之故，以为祖宗之良法美意有久而不得不变者，待后之人善通之，而奈何其竟不变也，则宗禄是也。"④ 而对于宦官的日益冗滥，因受冯保的制约，张居正不愿也不敢按照世宗严查的旨意予以整顿。早在嘉靖八年（1529），担任重修《会典》的副总裁、詹事霍韬曾上疏要求按照洪武之制查处宦官冗滥之数，世宗下令严查，但未见下文。到了万历初年，"江陵公为政，交欢珰寺，惟恐稍失其欢，欲如霍渭厓昌言刊补，难矣。惜哉"⑤!

从上述中不难看出，张居正的"法后王"与"法祖宗"思想是相互联系和内在统一的，在继承中国优秀传统政治文化的基础上主要由两部分组成：一是明初"二祖"之法，二是明世宗之行政。两者互为一体，形成了张居正经世致用思想的总体构架，与张居正顾命身份的要求相一致。对于传统政治文化，尽管张居正强调"法后王"的重要性，但也绝非全盘否定"法先王"之思想，而是吸纳其

---

① 南炳文、吴彦玲：《辑校万历起居注》，万历七年正月八日甲寅。

② 《明神宗实录》卷84，万历七年二月乙酉。

③ （明）张瀚：《松窗梦语》卷8《宗藩纪》。

④ （明）徐光启撰，王重民辑校：《徐光启集》，中华书局2014年版，第13页。

⑤ （明）沈德符：《万历野获编》卷2《会典失载》。

节俭爱民、富国强兵等永恒的要旨，注重流变，借此统一思想；对于明代"二祖之制"，张居正将其置于中国历史演变的大趋势中加以认识，并予以高度肯定，在维护政治稳定的同时，巧妙地利用其独特的价值来解决自己面对的现实困局。比如立国初期所倡行的勤政爱民、廉洁自律、节俭惜财、奉公守法、多途用人，等等，在两百年后也并未过时，需要继承。不仅明朝如此，清朝也不例外。如康熙皇帝高度称赞明太祖和明成祖："朕观《明史》，洪武、永乐所行之事，远迈前王。我朝现行事例，因之而行者甚多"①；对于世宗朝政治，张居正有着清醒的认识，特别是对嘉靖前期的政治予以充分肯定，将其称为"皇祖之制"或"世祖圣谕"或"皇祖旧典"，直接拿来匡正百官，约束后宫，解决行政疑难，自觉顺应万历初年顾命政治的客观要求，使该时期深深地打上了嘉靖政治的烙印，成为万历初期顾命政治的鲜明特征。

张居正在"法后王"思想的基础上，一方面将中国历史串联起来，解读了古今演变的历史走向，充分肯定了明朝对中国历史的特殊贡献，凸显了明代君主特别是朱元璋"后王"的典范形象；另一方面，将太祖、成祖和世宗有机结合起来，重构了明代动态的、与现实政治相互关联的祖宗之法，秉持义利并重，强调综核名实，坚定明朝的制度自信，反对厚古薄今，抵制空谈之风。在明代历史进入第三个百年前后，客观上要求统治者对过去二百年的历史做出系统的反思、全面的总结和明确的定位。张居正正处于明朝由第二个

---

① （清）蒋良骐撰，鲍思陶、西原点校：《东华录》卷17，康熙三十六年正月，齐鲁书社2005年版。

百年向第三个百年的跨越时期，他既是第二个百年末期的重要经历者，又是第三个百年开启的重要参与者。在翰林院和内阁的任职使张居正能够深入而又全面地了解明代的典章制度，便于反思各个时期的行政得失，从而形成自己独有的国史观。特别是张居正能够把明朝放在中国历史长河中加以对比和分析，根据历史的演进来认识明朝建国的作用与意义，在自信中增强面对困难的勇气。在张居正看来，明太祖是"后王"的典型，洪武祖制远未过时，故非守旧或无用的代名词；近两百年的祖宗之法资源丰富，从中可有效提取针对时弊的良策，能够有效解决诸多难题。是故，张居正反复声明自己的行政是"法祖宗"而非创制，并用祖宗之法来反对"空疏"，倡导实学。他认为只有尽可能地恢复被逐渐埋没的祖宗之"良法"，才能综核名实，纠正官场中的苟且之风。换言之，高举效法祖宗的大旗，并不会影响因时损益和与时俱进，也不会限制自己的手脚。张居正在万历初年行政的特点就是竭力维护祖宗之制的尊严，尽可能恢复被遗弃的、利国利民的祖宗法令，并发扬光大，考成法的推行和"一条鞭"法的推广就是典型。张居正的"法后王"思想和经世致用的实践集中诠释了祖宗之法的时代价值与现实意义，为人们重新认识祖宗之法与后世政治的关系提供了一个绝佳的案例和特别的维度。

张居正"法后王"的思想，一方面在于强调明代诸帝政治实践所具有的时代性、继承性和发展性，既不拿所谓的"三代"事例否定明代的历史，也不把诸帝的所有行为视为"祖宗之法"而一概效法，而是选择有益于时政的祖宗成宪，并全力付诸实践；另一方面在于激励后世君主，增强自信，反对妄自菲薄，认为只要善于学习

"圣哲芳规"，就能延续尧舜之美政，成为尧舜式的"后王"。特别是在幼主神宗的培养中，顾命之臣张居正更加强调"法后王"的重要性，并身体力行。在他看来，神宗要成为尧舜之君，学习的榜样并不遥远，自己的祖先如太祖、成祖、世宗等就在眼前，只要能够认真效法祖宗，神宗就能成为赓续尧舜的"圣君"，就会变成下一个"后王"。这是张居正"法后王"思想的鲜明特色，也是张居正辅政时期施政的显著特点。

第八章　张居正与俺答封贡

在洪武、永乐之后，如何应对残元势力的侵扰，明廷始终未能找到有效的对策。随着蒙古内部的分合和势力消长，明廷与残元势力的关系在时和时战中曲折前进。在嘉隆万时期，鞑靼部俺答势力崛兴，对明朝北部边防特别是京城周围造成了前所未有的压力。在明朝长期对抗策略屡屡无效后，和解便成为唯一的选择。在这一政策的重大调整中，张居正与高拱合作，在隆庆后期与俺答汗实现了和解，暂时部分地缓解了明朝北部边防压力，有效地解除了鞑靼部对北京的直接威胁。但"俺答封贡"并不可能真正解决明廷与残元势力固有的矛盾。对土蛮等左翼蒙古势力，张居正重复着嘉隆时期对俺答汗的态度，拒绝通贡和好，使其不断侵扰辽东，同时听任俺答部向西移动，冲击着甘肃镇的防御体系，造成了明朝东北、西北两大区域民族格局的重大变化。

如何认识明廷与残元势力之间的关系，学界的看法各异。有人认为是第二次南北朝，有人认为是敌对关系，有人认为是兄弟关系，有人认为中央和地方的关系。① 总体而言，这一时期的明廷与长城以北蒙古各部关系的主流是朝贡体制下的和平交往。尽管有时会出现试图复辟元朝的举动，但终究成不了气候。

一、明廷与鞑靼部关系的演变

作为推翻元朝的核心力量，朱元璋集团在建立明朝之后，竭尽全力来试图"肃清沙漠"，征服蒙古势力，使其能够臣服于明朝，直接为明朝所统辖。但与一般王朝更迭时的情形相似，失去中原的元朝残余，一时不会轻易地承认自己的失败，而是负隅顽抗，利用草原特殊的地理环境与明军周旋，使明廷远师劳军，难以达到彻底征服的目的。徐达曾问朱元璋："元都克，而其主北走，将穷追之乎？"朱元璋答道："元运衰矣，行自渐灭，不烦穷兵。出塞之后，固守封疆，防其侵轶可也。"② 可以看出，朱元璋具有清醒的头脑，在向漠北用兵的同时，意识到不可能依靠武力来根除元朝残余。③

朱棣上台后，在招抚的同时，还试图用战争手段来解决漠北蒙古问题，"永清沙漠"。其远大抱负值得肯定，但结果却令人遗憾，未能达到目的。永乐十九年（1421），朱棣准备亲征漠北，户部尚书夏原吉与礼部尚书吕震、兵部尚书方宾、工部尚书吴中等朝中重臣皆因军费匮乏，一致反对出兵。夏原吉对朱棣说："比年师出无功，军马储蓄十丧八九，灾眚迭作，内处俱疲。况圣躬少安，尚须调护，

---

① 参见马楚坚《近十年来中国研究明代蒙古史之回顾》，载《明清边政与治乱》，天津人民出版社 1994 年版，第 485—513 页。

② （清）张廷玉等：《明史》卷 125《徐达传》。

③ 参阅田澍、陈武强《朱元璋的蒙古观探析》，《青海民族研究》2012 年第 4 期。

乞遣将往征，勿劳车驾。"朱棣大怒，将夏原吉打入牢中，吕宾自杀。一意孤行的朱棣于次年率兵北征，不久因粮尽还师。后来，"复连岁出塞，皆不见敌。还至榆木川，帝不豫，顾左右曰：'夏原吉爱我。'"① 朱棣最终死于师出无功的北征途中。

宣宗即位后，老臣范济进言："洪武初年尝赫然命将，欲清沙漠。既以馈运不继，旋即颁师。遂撤东胜卫于大同，塞山西阳武谷口，选将练兵，扼险以待。内修政教，外严边备，广屯田，兴学校，罪贪吏，徙顽民。不数年间，朵儿只巴献女，伯颜帖本儿、乃儿不花等相继擒获，纳哈出亦降，此专务内治，不勤远略之明效也。"② 洪武、永乐时期明朝对残元势力的屡次用兵只能充分说明一个问题：那就是当双方力量处在相持阶段以后，战争不是万能的，穷兵黩武是应对漠北蒙古的下下之策。正如德国学者艾伯华所言："中国人的进攻已经成为例行公事，可以说有一点成绩，但绝无任何决定性的成就。"③ 所以不用兵而使残元势力逐渐归顺是明朝统治者明智的选择。永乐二年（1404）朱棣对瓦剌使臣说："夫天下一统，华夷一家，何有彼此之间？尔其遣人往来相好，朕即授以官赏，令还本地射猎畜牧，安生乐业，永享太平之福。"④ 但当正常的朝贡贸易难以满足蒙古诸部需求且用战争的方式会得到更大利益时，某一时段强大的残元势力便会突破明廷的防御体系而随时南下。

翻阅大量论著，大多数学者对明朝开拓疆域能力不足予以嘲弄，

---

① （清）张廷玉等：《明史》卷149《夏原吉传》。
② （清）张廷玉等：《明史》卷164《范济传》。
③ ［德］艾伯华著，王志超、武婵译：《中国通史》，金城出版社2012年版，第234页。
④ 《明太宗实录》卷30，永乐二年四月辛未。

认为其无法与汉、唐两朝相提并论。持此论者，完全无视明朝所面临的现实压力。众所周知，蒙古人建立了远超汉、唐的大一统帝国，与汉、唐两朝在北部所处的匈奴、突厥等部族不可同日而语，难以比拟。明朝所面对的北部民族问题远不是汉、唐统治者所应对的同类问题，而是自唐宋以来北方民族经过五百多年交融发展所形成的全新的民族关系，也是唐末以来中国大一统格局发展到更高阶段的一种表现，显然用汉、唐模式来要求明朝是不可取的。要明朝集中农业文明时代的财力来全面而又彻底地征服残元势力是痴人梦呓。至于说明朝不像汉、唐那样在某一特定时段进取而扩张势力，且一味地内敛，则是一些研究者想当然的要求。

事实上，明朝不可能彻底征服残元势力，而残元势力也不可能恢复往日的大元，双方在朝贡体制下处于一种时和时战的状态。正如《明史·兵志》的作者所言："元人北归，屡谋兴复。永乐迁都北平，三面近塞。正统以后，敌患日多。故终明之世，边防甚重。"①在这一状态中，明朝统治者必须选准自己的策略，设法与其和平相处，尽可能地避免冲突。而残元势力由于难以形成统一的力量，一方面为明朝分而治之提供了条件，便于从整体上削弱其势力；另一方面则使明朝无法形成整体的应对策略，找不到一个核心力量来钳制残元势力。

就明朝君臣而言，他们的内心很复杂。一方面，他们受传统"华夷"思想的影响，有时本能地产生一种冲动，梦想一举征讨蒙古，使其完全臣服；另一方面，却因实力不济，难有建树，不敢轻

---

① （清）张廷玉等：《明史》卷91《兵志三》。

易言战。在这两难之中，唯一能够做到的，就是防御。根据实情，创造性设置"九边"和不间断地修筑长城，便成为明朝的主要任务。如弘治年间，蒙古侵扰大同，孝宗听信宦官苗逵所言，准备征讨，阁臣刘健反对出兵，孝宗召问兵部尚书刘大夏："卿在广，知苗逵延绥捣巢功乎？"刘大夏答道："臣闻之，所俘妇稚十数耳。赖朝廷威德，全师以归。不然，未可知也。"孝宗沉默良久，又问："太宗频出塞，今何不可？"刘大夏又说："陛下神武固不后太宗，而将领士马远不逮。且淇国公小违节制，举数十万众委沙漠，奈何易言之。度今上策惟守耳。"都御史戴珊从旁赞议，孝宗很快改变了看法，叹道："微卿曹，朕几误。"① 遂罢兵。

就残元势力而言，由于游牧经济的不稳定性和脆弱性，故对农业经济有长期的依赖，不可能与明朝隔绝。他们渴望从明朝获取自己必需的物资，以弥补游牧经济的不足。如王崇古所言："漠北无他产，釜缯之具，仰赖中国。"② 对于残元势力而言，通过朝贡贸易来满足日常所需，在实践中是不可能的，故以战争的方式来获取所需便成为他们的又一必然选择。正如宪宗时的朝臣所言："国初都燕京山后，控三边，得御夷之形胜。其时北边地荒而人稀，且我方盛强，虏正衰弱，自不敢来，即来亦无所得。今承平既久，吾士马多耗，人畜颇丰，而虏又适炽，小入则小利，大入则大利，况其出没无常，仓卒难备，至而后应，势每不及。"③ 尽管他们也偶尔幻想恢复昔日元朝的一统天下，但他们的南侵并不是征服战争，而是掠夺战争。

---

① （清）张廷玉等：《明史》卷182《刘大夏传》。

② （清）夏燮：《国榷》卷67，隆庆五年二月庚子。

③ 《明宪宗实录》卷256，成化二十年九月丁酉。

正如《剑桥中国明代史》的作者所言：俺答"对明疆土多次较大的入侵是要确保这许多次军事行动的供应物资，或者要在40年代和50年代持续而普遍的干旱和饥荒时期，为他的臣民提供救济"[①]。

就明朝来说，面对部族林立、不相统一的残元势力，只能分而治之，或通贡，或绝贡，或防御，或适度出击，其实践的结果是或保持相对和平的局面，或引发局部战争。比较而言，和平时期长，战争时期短，那种过于放大明朝与残元势力处于长期冲突的观点是不符合实际的。因为在朝贡体制下的明廷与残元势力的军事冲突难以避免。正如张居正所言："今中国之人，亲父子兄弟相约也，犹不能保其不负，况夷狄乎……若欲事事完全，人人守法，则是以中国之所不能者，而责之夷狄也，有是理哉？"[②] 那种将明廷与残元势力的关系视为"南北朝模式"或将明代长城视为双方"边界"的观点是偏颇的。

对明廷而言，与残元势力能够和平相处是上上之策。但能否做到，也不是由明廷一方说了算。即便是由明廷说了算，也不是由一两个人说了算，而是内部博弈的过程。要正确认识张居正如何应对残元势力，只能在这一基本格局中予以观察，而不能任情发挥。

二、张居正对鞑靼部的政策选项

就明朝朝臣而言，他们对待残元势力的态度极为复杂，在同一时期或不同时期，朝臣的和与战主张并存，难以统一。不同时期的

---

① ［美］牟复礼、［英］崔瑞德编：《剑桥中国明代史》，第512—513页。
② （明）张居正：《张太岳集》卷28《答山西崔巡抚计纳叛招降之策》。

皇帝或听信主战派，或听信主和派，对残元势力的政策不确定性是客观存在的。正是这一不确定性，才使明臣在应对北部边防时有灵活的政策选项。当然，不论选择何种对策，都要经过内部的激烈辩争，不可能轻易地做出选择。不论采取何种政策，对明廷而言，也都是有一定必然性的，不存在有利无弊的政策选项。聪明的统治者只能从实际出发，选择利大弊小的应对政策，这是考察包括张居正在内的明代朝臣对待残元势力的基本出发点。

通过考察张居正的诸多奏疏可以发现，从嘉靖二十八年（1549）的《论时政疏》到隆庆二年（1568）的《陈六事疏》，张居正对残元势力的基本认识没有超越其前后诸臣。在《论时政疏》中，张居正向嘉靖皇帝进言：

> 夷狄之患，虽自古有之，然守备素具，外侮不能侵也。今虏骄日久，迩来尤甚，或当宣大，或入内地，小入则小利，大入则大利。边圉之臣，皆务一切幸而不为大害，则欣然而喜，无复有为万世之虑，建难胜之策者。顷者，陛下赫然发奋，激厉将士，云中之战，遂大克捷，此振作之效也。然法曰："无恃其不来，恃吾有以待之。"乘战胜之气，为预防之图，在此时矣。而迄于无闻，所谓边备未修者，此也。①

从奏疏中不难看出，张居正与当时主流观点一样，其对日益强盛的俺答势力仍然以内修武备为应对的核心策略，并没有自己独到的见解。当时，他年仅25岁，刚入翰林院，所论者皆为常理，与主流认

① （明）张居正：《张太岳集》卷15《论时政疏》。

识并无二致。在他上此疏后的第二年，就发生了俺答汗统兵围攻明朝京师的"庚戌之变"。在张居正上该疏时，他根本没有意识到京畿面临鞑靼部的巨大威胁，相反，还为嘉靖二十八年（1549）大同总兵官周尚文和宣府总兵赵国忠的云中之战沾沾自喜。强调这一点，不是为了贬低张居正，而是在于说明此时的张居正与一般朝臣一样，并没有超人的见识，美化和抬高此时的张居正没有任何意义。

在张居正上《论时政疏》以后，俺答汗每每南下，连连侵扰，并一度攻破明朝应州四十余堡，成为有明一代残元势力对明朝形成压力最大的历史时期。面对这一局面，张居正该如何反思并寻找对策呢？首先看看在隆庆二年（1568）进入内阁已有两年的张居正所上的《陈六事疏》，在"饬武备"一款中，他说道：

臣惟当今之事，其可虑者，莫重于边防；庙堂之上，所当日夜图画者，亦莫急于边防。迩年以来，虏患日深，边事久废。比者屡蒙圣谕，严饬边臣，人心思奋，一时督抚将领等官，颇称得人。目前守御，似亦略备矣。然臣以为虏如禽兽然，不一创之，其患不止。但战乃危事，未可易言，须从容审图，以计胜之耳。

今之上策，莫如自治。而其机要所在，惟在皇上赫然奋发，先定圣志。圣志定，而怀忠蕴谋之士，得效于前矣。今谭者皆曰："吾兵不多，食不足，将帅不得其人。"臣以为此三者皆不足患也。夫兵不患少而患弱。今军伍虽缺，而粮籍具存，若能按籍征求，清查影占，随宜募补，着实训练，何患无兵？捐无用不急之费，并其财力，以抚养战斗之士，何患无财？悬重赏以劝有功，宽文法以伸将权，则忠勇之夫，熟不思奋，又何患于无将？臣之所患，独患中国无奋励激发之志。因循怠玩，姑务偷安，则虽有兵食良将，亦恐不能有为耳。故臣愿皇上急先自治之图，坚定必为之志；属任谋臣，修举实政；不求近功，不忘有事；熟计而审行之，不出五年，虏可图矣。①

细读此论，张居正所言之策与二十年前的《论时政疏》并无多大区别，既不敢主张主动出击，又不能提出有效的羁縻之策，只能一味地强调内修武备，防守俺答，使其不敢南下，而对俺答长期提议通贡互市之策置若罔顾，不予回应，未能上升到战略层面来开创应对残元势力的新局面。而在涉及这一问题时，张居正也未能从朝贡体制的格局下来理性地认识眼前的冲突及提出不同于其他朝臣的战略远见。所以，从张居正的这些言论中根本看不出他对应对残元势力有何新的见解，俺答汗二十多年的扰边并未能改变张居正对残元势力的固有观念。内修武备、加强防御与不和不战是张居正一以贯之的基本态度，与其他朝臣相比，张居正的态度并无特别之处，没有突破明中叶以后逐渐形成的应对策略。正如朱东润所言：张居正的方针，"是先行整理边防的布置，随时再作出击的计划"②。阿瑟·沃尔德隆认为：张居正"要改变现在已经根深蒂固的政策，如果不是说徒劳无益，也可能并非易事"③。

自嘉靖以来，朝臣并未找到应对俺答汗南下扰掠的良方，主和被视为软弱和有失尊严之举，加上担心俺答无信，基本上不被采纳。

---

① （明）张居正：《张太岳集》卷36《陈六事疏》。
② 朱东润：《张居正大传》，第85页。
③ ［美］阿瑟·沃尔德隆著，石云龙、金鑫荣译：《长城：从历史到神话》，第238页。

正如徐阶所言："寇深矣，不许恐激之怒，许则彼厚要我。请遣译者绐缓之，我得益为备。援兵集，寇且走。"① 兵部车驾员外郎杨继盛极言"以堂堂中国，与之互市，冠履倒置"，认为"俺答往岁深入，乘我无备故也。备之一岁，以互市终，彼谓国有人乎?"② 此等看法听起来振振有词，实际上也是不足取的。宋代澶渊之盟的耻辱时时刺激着明代君臣，对俺答汗采取强硬对策往往能够赢得舆论的好评，但强硬的结果却是时时面临着俺答汗的铁骑蹂躏。在这一氛围里，张居正不敢明言和议之策，加之他没有多大权势且面对朝臣纷争和前途难料，更不愿在此问题上给自己带来不必要的麻烦。俺答汗长年的扰边，既是其强大的显示，又是明朝防御失败的写照，再次证明明廷所采取的军事手段不可能真正解除俺答汗的军事威胁。明朝唯一的希望就是在俺答汗的主动攻击和明朝的被动防御中或等待俺答汗的老死，或寄希望于鞑靼的内乱。张居正也在这一无奈中痛苦地等待着。他在隆庆四年（1570）说道：

> 声容盛而武备衰，议论多而成功少，宋之所以不兢也，不图今日复见此事。仆不度德量力，欲一起而振之，而力不从心，动见龃龉。茹蘗怀冰，有难以言控者。唯当鞠躬尽瘁，以达主知而已。其济与否，诚不可逆睹也。③

又说：

> 年来困于蓟议，心焉如捣，苦庙堂不能担当，视听

① （清）张廷玉等：《明史》卷 213《徐阶传》。
② （清）张廷玉等：《明史》卷 209《杨继盛传》。
③ （明）张居正：《张太岳集》卷 22《答蕃伯施恒斋》。

疑惑，奈何，奈何！京兵已促之赴镇，本兵懦弱，甚可虑也。①

张居正等人耐心等来的便是俺答汗内部的分离。把汉那吉因祖父俺答汗夺其所聘之女，在气愤之余投靠明廷。在确定这一信息后，张居正与高拱等阁臣全力支持宣大总督王崇古等人的意见，认为"奇货可居"，迅速决定利用这一难得的机遇达成与俺答汗的和议。这一突发事件的出现，使明朝找到了一个台阶，变完全被动为部分主动，以交还把汉那吉为由，打击俺答汗气焰并减少其无度索求，使明朝得以保住一点体面。正如高拱所言："天下之事，以己求人，其机在人；以人求己，其机在己……今彼求贡于我，则其机在我，直许之而已、赏之而已。"②

张居正的精明、务实充分体现在俺答封贡的这一特殊时刻。在第一时间获悉此事时，张居正就敏锐地感到"若果有此，于边事大有关系"③，要求王崇古迅速如实报告。在完全确认之后，认为此事"关系至重，制虏之机，实在于此"，并认为俺答汗"众叛亲离，内难将作"④。张居正认识到俺答汗已进入"天亡之时"，要求王崇古坚定信念，不被时论所迷惑，采取一切手段促成互市，结束冲突。他告诉王崇古："降虏事情，廷臣初意纷纷。然庙堂论定前，已独闻于上，然后拟旨处分。阃外之事，一切付之于公矣。"⑤ 在张居正、

① （明）张居正：《张太岳集》卷22《答蓟镇总督谭二华言边事》。
② （明）高拱：《高拱全集》政府书答卷1《与宣府吴巡抚书四》。
③ （明）张居正：《张太岳集》卷22《与抚院王鉴川访俺答为后来入贡之始》。
④ （明）张居正：《张太岳集》卷22《答鉴川策俺答之始》。
⑤ （明）张居正：《张太岳集》卷22《与王鉴川言制俺酋款贡事》。

高拱书信的不断授意和催促之下，王崇古正式上疏要求与俺答和解。
对于这一重大决策，按照明代规定，必须经廷议讨论后方能最终决
断。在经过激烈交锋和两次廷议之后，封贡之策最后由多数反对变
为多数支持，勉强通过。对于反对封贡的朝臣，张居正予以犀利的
谴责，认为他们"以娼嫉之心，持庸众之义，计目前之害，忘久远
之利，遂欲摇乱而阻坏之。国家以高爵厚禄，畜养此辈，真犬马之
不如也"①。只有突破阁权限制，使阁臣与边臣互相沟通信息，并换
取穆宗的支持，俺答封贡才能实现。

在俺答封贡问题上，张居正敢于任事，善抓机遇，对世宗严禁
开设马市的政令敢于变通，以一般阁臣的身份与次辅高拱运筹帷幄，
最后促成了封贡，实现嘉靖时期主和派的愿望，暂时缓解了宣府、
大同一线的军事压力，值得肯定。兵部尚书郭乾就此论道：

> 九塞诸虏，俺答最雄。自上谷至甘凉，穹庐万里，东
> 服土迷，西制吉丙。先年以谢绝致愤，遂致驼籍诸边三十
> 余年，中原苦不支矣。今俨然听命于藩篱之外，是三十年
> 所祷祀而求者。②

需要指出的是，俺答封贡只是恢复了明蒙关系中固有的朝贡制度，
并不是什么新政。在长期冲突之后，通贡对双方皆有利，而且本来
就是俺答汗最初所要达到的目的。换言之，封贡的真正胜利者当为
俺答汗。俺答封贡之所以能够实现，根本原因在于彼此厌战。利用
这一难得的机会，在次辅高拱和阁臣张居正与边臣王崇古、方逢时

① （明）张居正：《张太岳集》卷22《与王鉴川议坚封贡之事》。
② （清）谈迁：《国榷》卷67，隆庆五年三月庚午。

等人的通力配合下，赢得了穆宗的支持，压制了朝中拒和派的主张。正如张居正所言："北虏乞贡，顷于文华而奏，奉宸断行之。"①《明史·张居正传》论道：高拱"主封俺答，居正亦赞之，授王崇古等以方略"②。《明史·高拱传》亦言："朝议多以为不可，拱与居正力主之。"③《国榷》亦载："俺答互市，朝议纷纭，拱奋身主其事，与张居正区画当而贵事成，三边宁戢。"④ 而就高拱与张居正两人来看，高拱的作用更大。对此，张居正在写给高拱的寿词中明言："虏从庚子以来，岁为边患，一旦震惧于天子之威灵，执我叛人，款关求贡。中外相顾骇愕，莫敢发。公独决策，纳其贡献，许为外臣，虏遂感悦，益远徙，不敢盗边。所省大司农刍粟以巨万计。"⑤ 张居正此言，并非虚语。

翻检各类论著，多数研究者一味谴责嘉靖皇帝对待俺答汗的强硬态度，却不知嘉靖朝对俺达汗的态度是时臣主流的认识，不是皇帝个人的心血来潮，否则，嘉靖皇帝一死，政策立即可以改变，不可能在嘉靖皇帝离世五年后才予以调整。正如张居正所言：

> 西虏俺答之求贡，自嘉靖十六七年始矣，我畏之而不敢许，然当其时，庙堂失策，制御乖方，虽许之，固未如今日之款顺也。比以那吉来降，归之以礼，彼遂感恩慕义，执我叛人，复申前款，我乃因而许之，盖机缘凑合，名义正大。故当时纷纷之议，皆以为不可许，仆独以为可，皆

---

① （明）张居正：《张太岳集》卷23《答三边总督郑文川》。
② （清）张廷玉等：《明史》卷213《张居正传》。
③ （清）张廷玉等：《明史》卷213《高拱传》。
④ （清）谈迁：《国榷》卷70，万历七年二月乙巳。
⑤ （明）张居正：《张太岳集》卷7《门生为师相中玄高公六十寿序》。

以盟约为不久，仆独保其无他，盖度彼既感吾放麑之恩，

而又适惬其平生之愿，芳饵入口，不能自脱。①

阿瑟·沃尔德隆就此论道："从隆庆皇帝统治的 1567 年到 1573 年，
有关在北方边界应该采用什么政策最好的辩论一直在继续，可是，
政治僵局就从来没有打开过。"②

三、张居正竭力维护封贡局面

在充分肯定迟来的俺答封贡的积极意义的同时，还应清醒地看
到，如何在通贡互市的前提下进一步有效控制残元势力，仍然是一
个难题。在俺答汗封赐之前，明廷对瓦剌等部曾有多次封赐，但效
果只是暂时的。残元势力因内部难以达到高度统一，一时崛起的某
一势力难以长期有效节制诸部，所以他们的分离势所难免。在俺答
汗被封赐顺义王之后，作为蒙古正统大汗的土蛮汗对其属下说："俺
答，奴也，而封王，吾顾弗如。"③ 加之俺答汗步入暮年，控制内部
的能力在减弱，处于衰弱之中的鞑靼对于维持封贡所能发挥的作用
也越来越弱。换言之，俺答封贡没有也不可能带来整个北方边镇的
长期安宁和永久和平。高拱对俺答封贡后明朝面临的边防形势有着
较为清醒的认识，并对时人高估俺答封贡之事予以严厉批评，认为
"虏人叛服无常，岂可以其一时款顺，遂为安乎!"④ 他上疏穆宗，建
议朝廷趁封贡之机强化北部边防的战备。他说：

---

① （明）张居正：《张太岳集》卷 29《与张心斋计不许东虏款贡》。

② ［美］阿瑟·沃尔德隆著，石云龙、金鑫荣译：《长城：从历史到神话》，第 208 页。

③ （清）张廷玉等：《明史》卷 222《张学颜传》。

④ （明）高拱：《高拱全集》本语卷 6。

虽黠虏叛服无常，必无终不渝盟之理。然一年不犯，则有一年之成功，得三五年之暇，则安顿可定，布置可周，兵食可充，根本可固，而常胜之机在我矣。当是时也，彼若寻盟，我仍示羁縻之义，彼若背约我遂兴问罪之师，伸缩进退，自有余地，虏狂故态必难再逞，而中国可享无穷之安。①

神宗即位后，朝廷反对封贡互市的声音依旧强大，形势不容乐观。张居正对宣大总督王崇古说道："边事虏情，日夕在念，腹心虽安，四肢岂可忽哉？万望留神，以慰宵旰。"② 接着，对反对者提出了严厉的批评，他对王崇古说道："唐代宗亲叩首于叶护马前，为百姓请命，父老观者皆为流涕，曰：'广平王真华夷主也。'今所与虏者，国家不啻若九牛一毛，而所获兹如此，若公与仆所为国谋者，忠乎否耶？而呶呶者犹以为言，是其识反出长安父老下矣。"③ 万历前期，有关鞑靼南下的虚假消息四处传播，搞得张居正神经紧张，生怕出事。万历三年（1575），他对宣大巡抚吴兑说：

仆内奉宸衷，外忧边境，一日之内，神游九塞，盖不啻一再至而已。奈何边臣故套难改，鲜有为国家忠虑者。而无识言官，动即谏白，及与之论边事，一似说梦。近有一科臣，闻辽虚报，遂欲防守京城，浚濠堑，掘战坑以御虏者。虏在何处，而张皇如是，使人闷闷。此疏若行，岂

---

① 《明穆宗实录》卷59，隆庆五年七月戊寅。
② （明）张居正：《张太岳集》卷24《答王鉴川》。
③ （明）张居正：《张太岳集》卷24《与王鉴川言虏王贡市》。

不远骇听闻，取笑夷虏！①

尽管此类虚假消息没有变成现实，但民众对鞑靼再次南下的担心是客观存在的。只是在张居正的坚持下，和平的局面得以维持。

长期以来，学术界孤立地谈论万历前十年所谓"张居正改革"，谈到北部边防，又忘记了时间概念，把阁臣中排名第四的张居正在隆庆年间与高拱等人促成的俺答封贡纳入"万历新政"之中！如果严格按照"万历新政"来考察北部边防问题，那只能是重点考察顾命首辅张居正如何看待俺答封贡和能否继续维持脆弱的和平局面。可以肯定的是，万历初期继续延续着隆庆时期的策略，明廷与俺答部的交往没有大的改变。为了减轻明朝的防御压力，张居正"明白与蒙古人谋求和平的必要性，因此而想要对改革边界防御体系进行多方面改革。在取消进攻性战争的同时，他更倾向于利用和平提供的空隙，为的是通过加固和重建城墙和瞭望塔来确保未来防御更加可靠"②。

潘光旦指出："抚赏成一种羁縻制度，实例甚多，其弊亦大，俺答款贡以后，尤成一大问题。"③ 在操作层面，互市要建立在相互信任的基础之上，否则，不可能持久。相对而言，明朝具有高度统一的中央集权制度，故有能力承担互市的责任，维持互市的承诺。但俺答汗由于对内控制有限，难以真正有效地执行互市规定，纷争与冲突势不可免。史载：俺答虽封贡，但"插汉部长土蛮与从父黑石

---

① （明）张居正：《张太岳集》卷 27《答吴环洲论边臣任事》。

② ［美］阿瑟·沃尔德隆著，石云龙、金鑫荣译：《长城：从历史到神话》，第 237 页。

③ 潘光旦：《中国民族史料汇编——〈明史〉之部》（上册），天津古籍出版社 2007年版，第 475 页。

炭、弟委正、大委正、从弟暖兔、拱兔，子卜言台周，从子黄台吉势方强。泰宁部长速把亥、炒花，朵颜部长董狐狸、长昂佐之。东则王杲、王兀堂、清佳砮、杨吉砮之属，亦时窥塞下。十年之间，殷尚质、杨照、王治道三大将皆战死"[1]。而朵颜董狐狸及其兄子长昂"交通土蛮，时叛时服。万历元年春，二寇谋入犯。驰喜峰口，索赏不得，则肆杀掠，猎傍塞，以诱官军"[2]。万历五年（1577）夏天，土蛮率兵犯锦州；同年冬天，又与泰宁速把亥分犯辽、沈、开原。[3] 由于戚继光和李成梁等将帅的严防死守，才未酿成大祸。但张居正等人又像嘉靖朝臣一样，对土蛮求贡予以严词拒绝。他认为土蛮"欣艳贡市，其情近真，但为国家长虑，未可许之"[4]。同时认为"东虏"土蛮对于明朝，"非有平生恳款之素也，非有那吉纳降之事也，非有执叛谢过之诚也，侵盗我内地，虔刘我人民，其迫胁无礼如此，堂堂天朝，何畏于彼而曲徇之乎！且西虏以求之恳而后得之，故每自挟以为重。今若轻许于东，则彼亦将忽而狎视之，他日且别有请乞以厚要于我，启衅渝盟，必自此始。是威亵于东，而惠竭于西也"[5]。辽东巡抚张学颜亦说："敌方凭陵，而与之通，是畏之也。制和者在彼，其和必不可久。且无功与有功同封，犯顺与效顺同赏，既取轻诸部，亦见笑俺答。"[6] 当时，"土蛮数求贡市，关吏不许，

---

① （清）张廷玉等：《明史》卷 238《李成梁传》。
② （清）张廷玉等：《明史》卷 212《戚继光传》。
③ 参见《明史》卷 222《张学颜传》。
④ （明）张居正：《张太岳集》卷 29《答总督张心斋》。
⑤ （明）张居正：《张太岳集》卷 29《与张心斋计不许东虏款贡》。
⑥ （清）张廷玉等：《明史》卷 222《张学颜传》。

大恨"①。

万历初年的土蛮，犹如嘉靖时期的俺答，"神宗即位，频年入犯"②。成为继俺答之后扰边的又一股强大势力。但张居正对土蛮的危害认识不清，他在万历二年（1574）说："今西虏为贡市所羁，必不敢动。独土蛮一枝，力弱寡援，制之为易。"③ 但事实并非如此，面对土蛮等部的连连攻击，除了遣将派兵奋力防守，张居正与嘉靖朝臣一样对辽东边防亦无良策，无法消除战乱。到了万历四年（1576），张居正不得不说："宣府之马岁增，而辽左之患日甚。"④ 但张居正要求辽东总督、总兵、巡抚坚壁清野，被动防守，使其抢掠无果，空手而回。"虏若纠大众至，勿轻与战，但坚壁清野，使之野无所掠，虏气自挫。"⑤ 读着此类言语，感觉又回到了对付俺答汗的嘉靖时代。

为了进一步说明俺答封贡之后土蛮等部对明朝频繁的攻击和干扰，兹以《明史·李成梁传》的相关记载为主线，对张居正在阁期间蒙古的扰边行为列表说明如下：

时间	土蛮等部的扰边活动
隆庆五年	五月，敌犯盘山驿，指挥苏成勋击走之。无何，土蛮大入。
隆庆六年	十月，土蛮六百骑营旧辽阳北河，去边二百余里，俟众集大举，成梁击走之。

①　（清）张廷玉等：《明史》卷238《李成梁传》。
②　（清）张廷玉等：《明史》卷327《鞑靼传》。
③　（明）张居正：《张太岳集》卷26《答方金湖计服三卫属夷》。
④　（明）张居正：《张太岳集》卷28《答蓟辽总督方金湖》。
⑤　（明）张居正：《张太岳集》卷17《送起居馆论边情记事》。

时间	土蛮等部的扰边活动
万历元年	又击走之前屯。已，又破走之铁岭镇西诸堡……朵颜兀鲁思罕以四千骑毁墙入，成梁御却之。
万历三年	春，土蛮犯长勇堡，击败之。其冬，炒花大会黑石炭、黄台吉、卜言台周、以儿邓、暖兔、拱兔、堵剌儿等二万余骑，从平虏堡南掠。副将曹簠驰击，遂转掠沈阳。
万历四年	黑石炭、大委正营大清堡边外，谋锦、义。
万历五年	五月，土蛮复入，联营河东，而遣零骑西掠。
万历六年	正月，速把亥纠土蛮大入，营劈山。 六月，敌犯镇静堡，复击退之。 十二月，速把亥、炒花、暖兔、拱兔会土蛮黄台吉，大、小委正，卜儿孩，慌忽太等三万余骑壁辽河攻东昌堡，深入至耀州（驿）。
万历七年	十月，（土蛮）复以四万骑自前屯锦川营深入……俄又与速把亥合壁红土城，声言入海州，而分兵入锦、义。
万历八年	土蛮数侵边不得志，忿甚，益征诸部兵分犯锦、义及右屯、大凌河……无何，复以两万余骑从大镇堡入攻锦州……敌乃分掠小凌河、松山、杏山。
万历九年	正月，土蛮复与黑石炭，大、小委正，卜言台周，脑毛大，黄台吉，以儿邓，暖兔，拱兔，炒户儿聚兵塞下，谋入广宁。 四月，黑石炭、以儿邓、小歹青、卜言兔入辽阳……遂大掠人畜而去。 十月，土蛮复连速把亥等十余万骑攻围广宁，不克，转掠团山堡、盘山驿及十三山驿，攻义州。
万历十年	三月，速把亥率弟炒花、子卜言兔入犯义州……（阿台）数犯孤山、汛河……阿台复纠阿海连兵入，抵沈阳城南浑河，大掠去……（清佳砮、杨吉砮）藉土蛮、暖兔、慌忽太兵侵边境……方成梁之出塞也，炒花等以数万骑入蒲河及大宁堡。

从上表中不难看出，俺答封贡之后，左翼蒙古对辽东的攻势在张居正在阁特别是担任首辅期间愈演愈烈。虽然李成梁等人疲于应对，时有斩获，且受朝廷不断的奖赏，但与嘉靖后期对待俺答一样，张居正等人对土蛮等势力不断扰边无法遏止，辽东战乱连绵，使女真族趁势而起，明朝对辽东逐渐失控。

如何防止俺答势力向西发展，张居正亦无有效对策。万历初年，俺答"报怨瓦剌，欲取道贺兰"，遭到了宁夏总兵官张臣的拒绝，"俺答恚，语不逊"。张臣"夜决汉、唐二渠水，道不通，复陈兵赤水口，俺答乃从山后去"①。而俺答从子永邵卜，"部众强盛"，"先尝授都督同知，再进龙虎将军。自以贡市在宣府，守臣遇己厚，不可逞，乃随俺答西迎活佛，留据青海，与瓦剌他卜囊岁为西宁患，尝诱杀副将李魁。边臣不能报，益有轻中国心"②。由于已与俺答达成和解，明廷对俺答的违约之举或打擦边球的行为亦不敢采取强硬手段。甘肃镇是明廷效法西汉设置河西四郡而建，像一把尖刀，用来"北拒蒙古，南捍诸番，俾不得相合"③。俺答封贡后，其部众为了便于前往青海，经常从甘肃镇进入，使甘肃镇官兵不知所措，西北防线被迅速破坏。而鞑靼部向青海地区的迁移，极大地改变了明代西北边防的力量对比，使明廷在西北边疆的防守面临前所未有的军事压力，且始终没有找到应对之法。

在蒙古部众的连连打击下，明军疲于被动应付，屡屡退缩，直至亡国。史载："松套宾兔等屡越甘肃侵扰河、湟诸番。及俺答迎

---

① （清）张廷玉等：《明史》卷 239《张臣传》。
② （清）张廷玉等：《明史》卷 239《达云传》。
③ （清）张廷玉等：《明史》卷 330《西域传二》。

佛,又建寺于青海,奏赐名仰华,留永邵卜别部把尔户及丙兔、火落赤守之,俱牧海上。他部往来者,率取道甘肃,甘肃镇臣以通款弗禁也。丙兔死,其子真相进据莽剌川,火落赤据捏工川,益并吞番族。"① 同时,"数犯甘、凉、洮、岷、西宁间。他部落亡虑数十种,出没塞下,顺逆不常"②。正如明人所论:俺答封贡后,"玩愒寝生,军实耗坠,迎佛掠番,狡谋百出,金钱内尽,藩篱外撤,故识者忧之"③。俺答部向青海方向"大蚕食诸番"的行为,极大地改变着西部地区的民族格局和民族关系。而蒙古势力向青海乃至西藏的积极渗透,给明廷乃至清朝经营西部边疆带来了更大的难题。特别是明廷对此问题无计可施,明末西北边疆战火不断,使西北边疆与东北边疆皆成为明朝最为严重的"边患"地区,也成为拖垮明朝的主要原因之一。

在明代,蒙古势力忽兴忽衰,某一势力很难长久地对北部边防形成持续的压力。无论是张居正之前的瓦剌俘获英宗和土鲁番等势力对"关西七卫"及甘肃镇的攻掠,还是张居正时代的俺答兵临京师和土蛮等势力对辽东的频频侵扰,都是残元势力在不同时期崛兴后对明廷形成的威胁。这一威胁的形成和消除,一方面取决于残元势力内部力量的消长,另一方面又取决于明廷的应对策略。如何在勉强维持封贡所带来的暂时和缓格局中进一步调整策略,应对新危机的出现,张居正等人并没有提出全新的思维,仍然坚持的是内修战备、加强防御和对敌对势力的绝贡与分化等传统套路,未能在战

---

① (清)张廷玉等:《明史》卷 222《郑洛传》。
② (清)张廷玉等:《明史》卷 327《鞑靼传》。
③ (明)郑汝璧等纂修:《延绥镇志》卷 6《北房考》,上海古籍出版社 2011 年版。

略高度上形成对残元势力整体应对策略的重大调整，当然也就不可能指望张居正真正解决北部边防问题。正如阿瑟·沃尔德隆所言："在天下太平之后，张居正想方设法不要损害和平环境。他处理军事问题的办法多数时候因循守旧。"①

张居正个人不可能超越历史，他个人的思想不可能全部变成朝廷的政治实践，况且他在传统惯性中也不可能提出全新的对策。明廷与长城以北蒙古部族关系的有效解决主要取决于自身的经济实力。如能有效解决他们的生计问题，与其进行全面、切实的通贡互市，并予以优待，明廷的边防压力将会大大减轻。面对单一且不可靠的游牧经济，与明廷通贡和好成为大多数蒙古部族的共识。当通贡互市之利远高于战争抢掠时，真正的和平才能维系。万历四年（1576）兵部上疏说："虏今互市，视昔年所掠，利且倍蓰。"② 对鞑靼部而言，这是符合实际的。正如拉铁摩尔所言：俺答汗"表面的忠顺曾使中国封他为顺义王，同时他所修建的青城（呼和浩特）也被赐名为归化。他对中国最主要的要求是设市贸易，他认为，如果得不到市集捐税的收入，就不能放弃抢掠的利益"③。但由于明代发展缓慢的小农经济难以承担对北方游牧经济的扶持，使通贡互市缺乏持久而又健康运行的坚实基础。仅对俺答汗的通贡互市使明廷处于极大的经济压力之中。万历十二年（1584），户部尚书王遴对神宗说："贡市始自隆庆五年，边臣原拟借和以休兵，修备而不图，财

---

① ［美］阿瑟·沃尔德隆著，石云龙、金鑫荣译：《长城：从历史到神话》，第240—241页。

② 《明神宗实录》卷52，万历四年七月甲午。

③ ［美］拉铁摩尔著，唐晓峰译：《中国的亚洲内陆边疆》，江苏人民出版社2005年版，第54页。

日费，势日弱。始自万历元年，贡市之费，逐年增加，积至于今，恐不啻十倍。繇此而递加，将何底止！"① 加之明朝吏治不清，难以有效执行互市政策，政策违规走样势不可免，使明廷反而因互市政策而更加被动。正如御史魏允贞所言："俺答自通市以来，边备懈弛。三军月饷，既克其半以充市赏，复克其半以奉要人，士无宿饱，何能御寇。"② 正是由于张居正没有趁俺答封贡而全面调整策略并夯实通贡基础，故不可能真正解决明廷与长城以北蒙古部族固有的矛盾。

与明廷相反，在封贡确保自身利益之后，俺答汗将主要精力投入内部整合上，面向青海，拥抱藏传佛教，成为俺答封贡之后蒙藏关系密切的关键节点，开启了鞑靼部发展的新阶段。包括张居正在内的明臣对此认识不清，不能从西北边防安全的战略高度去审视俺答汗此举所带来的严峻挑战。也就是说，当鞑靼部在俺答封贡后向更高目标迈进时，明廷仍停留在原点，仅仅满足于暂时"边患"的减轻！后来的研究也仅仅以此为标准来评判俺答封贡的意义和张居正的功绩！

万历十年（1582）春，俺答汗去世，引发了明廷的恐慌。张居正对大同巡抚贾春宇说："今日之事，惟当镇静处之，随机应之，勿过为张皇，轻意举动，致令众情惶惑，兴起事端也。"③ 俺答汗的死，意味着漠南蒙古问题再次充满变数。在后俺答时代，虽然明朝先后封黄台吉、扯力克和卜失兔为顺义王，以尽力维持与右翼蒙古的封

---

① 《明神宗实录》卷 156，万历十二年十二月辛酉。
② （清）张廷玉等：《明史》卷 232《魏允贞传》。
③ （明）张居正：《张太岳集》卷 33《答大同巡抚贾春宇计俺酋死言边事》。

贡互市局面，但是这几位后继者缺乏俺答汗的统摄能力，右翼蒙古再次四分五裂，并严重危及明朝的国防安全。当然张居正已经看不到这一切了，因为俺答汗去世不久，张居正也随之而去，他再也无力顾及身后之事了。

第九章　张居正与夺情

　　张居正夺情是"大礼议"之后对明代政局产生显著影响的又一重大事件。发生在正德、嘉靖之际的"大礼议"对明代政治有着积极的意义：一方面使世宗成功地实现了皇权的转移和人事的更迭；另一方面借此推行全面改革，使杨廷和集团被彻底清除，未能东山再起，难以掀起风浪，确保了嘉靖朝政治的稳定。但张居正在夺情事件中一味地钳制舆论和粗暴地严惩反对者，引发了公愤，隐藏着极大的危机，却又无意消除和无力化解，未能在生前消弭分歧，致使积怨成祸，死后瞬间爆发，对万历政治生态造成了极大的破坏，使后张居正时代的万历政治陷入了持久的混乱而不可收拾，直至亡国。

　　张居正夺情是明代中后期仅次于"大礼议"而对统治阶层具有极大震动和显著影响的重大事件。面对张文明去世的突发事件，根本没有思想准备的神宗、李太后和太监冯保不可能使"顾命之臣"张居正离开万历政坛而回家尽孝守制。但在"大礼议"之后，"孝"观念日益凸显，张居正的夺情又必然背离这一浓烈的社会风气，势必引起轩然大波，并对张居正本人及万历政治带来极大的负面冲击。对于张居正夺情，学界从不同的角度有不同的认识。如孟森认为："综万历初之政皆出于居正之手，最犯清议者乃夺情一事，不恤与言路为仇，而高不知危，满不知溢，所谓明于治国而昧于治身，此之谓也。"[1] 黄仁宇认为该事件是张居正不愿遵守"忠孝大节"所引发的官员愤怒且遭镇压迫害的事件[2]；韦庆远认为张居正夺情是一场权力斗争，反映着部分官员对张居正的行政以及个人作风等方面的严重不满，借机进行宣泄报复，"甚至企图借迫他回籍守制三年的机会，削夺其职权，拉他下马"[3]；汤纲等人认为张居正的"改革整顿触犯了另外一部分官员的利益，因此有更多的官员反对'夺情'"[4]。不难看出，学界对张居正夺情事件的认知分歧极大，很有必要继续讨论。

一、"大礼议"与"孝"观念的凸显

发生在正德、嘉靖之际的"大礼议"不是简单的有关礼仪性问题的大争论，而是礼仪掩盖下的权力斗争。长期以来，学界对"大礼议"表述含混，仅仅认为是对世宗之父兴献王尊号的争论，而极少有人明确指出是对世宗能否改换父母这一核心问题的大论战。因为讨论兴献王的尊号问题，首先要明确兴献王与世宗是何种关系。如正视其与兴献王的父子关系，兴献王必然要称皇称帝；如无视父

---

[1]　孟森：《明清史讲义》，第 256 页。

[2]　黄仁宇：《万历十五年》，第 20—24 页。

[3]　韦庆远：《张居正和明代中后期政局》，第 794 页。

[4]　汤纲、朱元寅：《明史》，中华书局（香港）有限公司 2006 年版，第 205 页。

子关系，那自然就不能称皇称帝。在登基之后，君临天下的世宗与兴献王本来就是父子关系，无可争议。当时，兴献王已逝，兴献王之妻蒋氏即世宗之母健在，且世宗为其独子。但以杨廷和为首的朝臣决意要强行剥夺世宗与兴献王的父子关系，极力拆散世宗与蒋氏的母子之情，即朝臣要强迫皇帝改换父母，这是史无前例之事！所以，"大礼议"争论的核心只是一个问题，那就是世宗能不能解除与兴献王父子关系的问题，或者说是能否更换父母的问题，而绝不是其他无关紧要的问题。以杨廷和为首的一批武宗旧臣想当然地要强迫当朝皇帝改换父母，试图要在皇帝坚决反对的前提下来解决这一难题。但就其行政资源和行政能力而言，杨廷和及其追随者要在世宗登基之后完成这一棘手问题是根本不可能的，故其失败是必然的。在他们失败的过程之中，"大礼议"对"孝"观念的传播却具有极大的影响，即"大礼议"的胜利就是"孝"的胜利。

在解读武宗遗诏的同时，张璁在"大礼议"中，也用有温度的"孝"和"人情"来支持自己的主张。他认为孝乃人之本性，只有"礼顺人情"，天下才有秩序。张璁说："昔先王以孝治天下，使知亲亲焉；以悌率天下，使知长长焉；以礼义教天下，使知姻睦焉。"[1]认为："皇上之入继大统也，以伦序也。遵祖训也。以为宜舍其父母而不尊崇者，廷议也；以为不宜舍其父母而尊崇者，臣乎敬议也。执其两端而用其中者，皇上因心之孝也。"[2] 只有"嗣不失亲""统不失序"，才能"父父子子""君君臣臣"。[3] 张璁不被不合时宜的汉

---

① （明）张璁撰，张宪文校注：《张璁集》佚文《〈鹤阳谢氏家谱〉序》。
② （明）张璁撰，张宪文校注：《张璁集》文稿卷5《奉敕撰岳怀王墓志》。
③ （明）张璁撰，张宪文校注：《张璁集》文稿卷4《谢赐〈五经〉〈四书〉》。

宋旧例所束缚，而是将礼的精神与现实结合起来，从学理上阐释了世宗正当要求的合理性，旗帜鲜明地支持了世宗的孝情和孝行。他说：

> 自夏历殷历周，统绪正而彝伦明；由汉至唐至宋，议论多而道德隐。魏诏起于偏安之际，濮议鼓于聚讼之余。事拂经常，言非定论。究其流弊之滋蔓，皆缘析礼之弗精。人可违，天不可违；理既顺，势亦自顺。不图今日之盛，获睹大道为公。①

在张璁看来，自己的大礼观除了替世宗孝情作辩护外，还在于洗涤汉宋旧儒之陋习。这与当时"心学"兴起和批判宋儒之风相吻合。张璁的贡献在于将心学思潮与现实的"大礼议"较好地联系起来。这与当时王守仁在"大礼议"中三缄其口形成了鲜明对比。在中国思想史的研究中，不应漠视张璁的议礼思想！因为这种思想绝不是脱离现实的空谈，而是高度结合现实的一种创新。

在杨廷和挑起"大礼议"之后，世宗敏锐地认识到杨廷和的真实意图就是要剥夺自己与兴献王的父子关系，而这是自己完全不能接受的。一个从湖北只身前来登基的少年以自己的天性感受极度厌恶老臣杨廷和冰冷的说教，并用纯粹的孝心鼓励自己向强大的杨廷和集团展开了积极而又灵活的斗争，全力维护自己与兴献王的父子关系，最后达到了目的，并趁机干净利落地清除了杨廷和集团。换言之，"孝"是世宗在"大礼议"中强大的精神支柱，是战胜貌似强大的杨廷和集团的法宝。正如张璁所言："伏念议礼之初，党比雷

---

① （明）张璁撰，张宪文校注：《张璁集》文稿卷4《进〈明伦大典〉》。

同，纲常风扫，臣时初叨进士，积忝朝班，不得不为皇上明辩其事。时群众交攻猛于虎口，一人议论轻于鸿毛。伏惟皇上纯孝之心降自天衷，匪由人夺，然犹欲稽公论，不任私恩，遂致廷臣三年聚讼。"①

在"大礼议"中，争论双方都拿"纲常"说事。其中杨廷和一派用"汉宋旧例""宋儒之说"等"纲常"来议礼，以不合时宜的旧事为"天理"，强迫世宗改换父母；而张璁等人强调"义理根于人心"，以"孝""父子至情""人伦"等"纲常"和顺应人心为"天理"进行还击，保全了世宗的父子之情。张璁始终认为："父子之恩，天性也，不可绝也。"② 桂萼亦言："今兴献帝之加称不在于皇与不皇，实在于考与不考。推尊者，人子一时之至情。父子者，万世纲常，不可易也。"③ 席书也说："父子君臣，天经地义，非人所能改也……宋儒论汉事，曰始于讲学不明，终于固执私意，正今日诸臣之谓也。"④ 只有让当事人心安气顺，"礼"才能规范社会。张璁认为："尝闻律设大法，礼顺人情，道民之路也。"⑤ 父子之情是最大的孝情，是真正的"纲常"，不可剥夺，这是张璁等人在"大礼议"中始终坚持的核心立场。正如张璁所言：自己支持世宗成全父子之情，"惟在乎彰圣明之孝，振纲常而已"⑥。在"大礼议"中，至高无上的皇位未能蒙蔽世宗母子的眼睛，在皇位和父子面前，世宗母子选择了后者。"大礼议"的结果就是尊重事实，按照人伦孝情摆正和明

① （明）张璁撰，张宪文校注：《张璁集》奏疏卷1《辞升翰林学士》。
② （明）张璁撰，张宪文校注：《张璁集》奏疏卷1《大礼或问》。
③ 《明世宗实录》卷37，嘉靖三年三月丙戌。
④ 《明世宗实录》卷39，嘉靖三年五月癸未。
⑤ （明）张璁撰，张宪文校注：《张璁集》文稿卷2《送俞曲靖序》。
⑥ （明）张璁撰，张宪文校注：《张璁集》奏疏卷3《再陈》。

确了世宗与孝宗、武宗、兴献王的关系，即世宗以孝宗为伯父，以武宗为堂兄，以兴献王为父。如此，避免了非议，使世宗能够有尊严地君临天下。正如张璁诗言："请看大孝成天下，从此君臣共太平。"①

在钦定"大礼议"之后，世宗高度肯定了张璁之"正义"，正是有了张璁，才使"人伦溃而复叙，父子散而复完"②，认为"人君能尽伦理以立于上，万姓化于下，伦序明而人道备，福将自至"③。而张璁也理性地看到，世宗的孝心在"大礼议"中起着关键的作用，认为"两议相持，众寡不敌。揆之以天理人心，定之以中正仁义，皇上一人而已"④。对此，言官也给予高度认可，如嘉靖四年（1525）御史王木认为："陛下议礼出自宸断；纯仁至孝，格于皇天，即今卿士四民无不悦服。"⑤ 次年，刑科给事中管律亦言："大礼之议，出自陛下至性，为臣子者，第宜钦承以孝治天下之怀，各供厥职，无事希望可也。"⑥

"大礼议"其实就是否定杨廷和的"谬议"而实现张璁主张的过程，张璁观点的胜出，世宗孝心的维护，则进一步凸显了"孝"文化，使"孝"的观念在钦定"大礼议"之后更加深入人心。张璁据此认为："礼莫大于父子之伦，而明王之治天下必本于孝。孚敬既以是上赞圣天子正大光明之治，则畴昔之所好而致力者似不为欺世之

① （明）张璁撰，张宪文校注：《张璁集》诗稿卷 3《四月十一日发龙江東桂子实》。
② 《明世宗实录》卷 104，嘉靖八年八月戊寅。
③ 《明世宗实录》卷 81，嘉靖六年十月丙寅。
④ （明）张璁撰，张宪文校注：《张璁集》文稿卷 1《奉敕撰〈明伦大典〉后序》。
⑤ 《明世宗实录》卷 44，嘉靖三年十月乙卯。
⑥ 《明世宗实录》卷 65，嘉靖五年六月丁丑。

空文，而或者可以对扬于名教。"① 又说："近因议大礼实始于仓卒定论，诸臣不暇考礼，遂致聚讼四年，更诏三遍，此诚出于皇上因心之孝，亲自裁定，非臣等凡庸所能与也。"② 他清醒地认识到"大礼议"背后所反映的其实就是世宗的"纯孝之心"，认为"大礼出于皇上因心之孝"③，"我皇上真能大孝尊亲，推己以及人也"④。皇帝以"孝"治国，臣民则以"孝"治家。张璁明白地告诉世人："予佐圣天子修明礼乐，敦叙伦纪，以孝治天下，而资两甥同心协恭，毗赞中兴之盛，竭忠于国，固所以成孝于家也。"⑤ 张璁去世后，世宗说道："张孚敬赞大孝于君，彼亦可为孝。然孝即是忠，与谥文忠。"⑥ 毋庸置疑，"大礼议"进一步强化了以孝治天下的观念，并对当时和后世产生了极大的影响。正如科大卫所言：作为广东籍官员，霍韬和方献夫"在'大礼议'中属嘉靖帝一方。如无意外，这个事件对于朝廷相当重要：嘉靖继正德登位，但他却没有过继给正德。嘉靖以孝道之名，宣布他只会奉祀自己的父母，而不会奉祀正德。对于大多数朝臣来说，这样的决定形同破坏帝统，然而真正的问题在于官僚机构是否能够以礼仪之名驾驭皇帝。只有少数朝臣支持嘉靖，而不会令人感到意外的是，霍韬和方献夫正是最早在自己家乡兴建祠堂的人。孝道在这场朝廷之争中，盖过了帝统，但孝道传扬全国，

---

① （明）张璁撰，张宪文校注：《张璁集》文稿卷1《〈礼记章句〉序》。
② （明）张璁撰，张宪文校注：《张璁集》奏疏卷2《论解言礼诸臣》。
③ （明）张璁撰，张宪文校注：《张璁集》奏疏卷2《请给假焚黄》。
④ （明）张璁撰，张宪文校注：《张璁集》奏疏卷2《再请给假》。
⑤ （明）张璁撰，张宪文校注：《张璁集》文稿卷1《庆溪桥王公偕配安人齐寿荣封序》。
⑥ （明）张璁撰，张宪文校注：《张璁集》奏疏卷8《附疏·谢恤典》。

意味着在新的流行观念下，礼仪一统可得保存"①。

在否定杨廷和大礼主张之后，世宗能够以正当的父子兄弟关系立于万民之上，既维护了父子之情的神圣性，又确保了自己的尊严，使尊亲养亲更加深入人心。对此，张居正在嘉靖年间有一精辟深刻的论述：

> 臣闻古先哲王，立爱以教睦，率德以兴行，盖未有不以孝理天下者。然尽伦立极则惟至圣者能焉。是以孔子序列古之帝者，独称舜为大孝，武王为达孝，岂不以二圣人者尊养之至，继述之善，固往哲之尤盛者乎？惟我皇上，冠道履德，体睿穷几，固已总百王之条贯，包万善而时出矣。乃天笃至性，于事亲尤肫肫焉。粤自中兴，丕膺新命，永惟我皇考圣母，启佑之恩，昊天罔极。故践祚之初，首命廷臣议举尊崇之礼。而当时议者，率牵章缝之谫见，执叔季之陋议，纷纭靡定。时厪睿思，亲赐折衷，然后观其会通，协于礼义。鸿号之称定，则一本之义昭；宗祀之礼成，则严父之教显；卜藏之事谨，则慎终之虑悉……繇此观之，圣孝根心，非天所授，讵能然乎？且夫析众疑而阐湮典，大智也；不阻不回，断之在独，大勇也；修义明礼，万世为则，大烈也；广爱覃恩，以幸海内，大惠也；承天道，顺人情，上下和洽，嘉祥屡降，大顺也。然皆自尊亲一念以始之。信乎圣人之德，无以加于孝矣！②

---

① 科大卫：《明清社会和礼仪》，北京师范大学出版社 2016 年版，第 68 页。
② （明）张居正：《张太岳集》卷 10《承天大志纪赞·圣孝纪》。

隆庆初年，穆宗进一步强调了国家治理中"孝"的重要性。他说："朕惟礼不可以忘本，而孝莫大乎尊亲。是以自古圣帝明王暨我祖宗列圣，缵祚膺图，君主天下，莫不致隆于所生，盖天理人情之至也。"① 高拱对徐阶等人利用皇位更替之际依据旧例平反昭雪而试图否定"大礼议"结论的行为予以严厉的批评和及时的纠正，对穆宗说："臣惟君臣之义，一毫不可或干；父子之恩，一毫不可或背。此乃万古纲常所在，不止唐虞三代用此为治，即后代之君亦未有舍此能立国者也……大礼，先帝亲定，所以立万世君臣父子之极也。献皇尊号已正，《明伦大典》颁示天下已久矣。而今于议礼得罪者，悉从褒显，将使献皇在庙之灵何以为享？先帝在天之灵何以为心？"为此，他强烈要求予以改正，严肃对待"大礼议"的成果。高拱认为只有如此，"则父子之道正，而皇上之大孝足以永垂于万代；君臣之道正，而皇上之大法足以永镇于万方"②。穆宗完全认同这一主张，立即下令予以纠正。经过嘉靖、隆庆之际的反复，彻底打碎了部分朝臣在世宗死后否定"大礼议"而捞取政治资本的图谋，标志着"大礼议"最终被高拱画上了句号。

张居正在担任首辅后，依旧坚持议礼要从实际出发，继续高喊："礼因时宜，本乎人情者也。"③ 在并尊两宫太后的问题上，神宗毫不费力地得到了张居正的全力支持。神宗认为"礼缘分定，而孝因心推"④，要求改变旧制，使生母能与嫡母并尊。为此，他要求张居正：

① （明）高拱：《高拱全集》玉堂公草《上圣母尊谥诏》。
② （明）高拱：《高拱全集》掌铨题稿卷 1《正纲常定国是以仰裨神圣政疏》。
③ （明）张居正：《张太岳集》卷 39《郊礼新旧考附》。
④ 《明神宗实录》卷 3，隆庆六年七月辛亥。

"皇后是朕嫡母，皇贵妃是朕生母，尊号上先生可多加几字。"① 张居正心领神会，以杨廷和为戒，决意促成神宗的孝情，借此进一步加强与神宗的关系。他对神宗说："仰稽我祖宗旧典，惟天顺八年，宪宗皇帝尊嫡母皇后为慈懿皇太后，生母皇贵妃为皇太后，则与今日事体止为相同。但与嫡母特加二字，而于生母止称皇太后，则尊尊亲亲之别也。然今恩德之隆，既为无间，则尊崇之礼，岂宜有殊？且臣居正恭奉面谕，欲兼隆重其礼，各官仰体孝思，亦皆乐为将顺。今拟两宫尊号，于皇太后之上各加二字，并示尊崇。庶于祖制无愆，而于圣心亦慰。"② 就这样，神宗与张居正轻松地实现了两后并尊的计划，既满足了神宗母子的愿望，也进一步奠定了张居正良好的政治基础，确保了万历初政的稳定。

神宗与张居正成功并尊两宫之事，充分说明当时人们对于包括皇帝在内的人子厚待母亲的宽容与认可，不再拘泥于皇后和贵妃的区别而争论不休。那么，当张居正的父亲去世时，人们自然而然地要求张居正回家守制，以尽人子应有的孝情。

二、守制与夺情的两难选择

"大礼议"是世宗想保住固有的父子关系却被杨廷和等人试图剥夺孝情的事件，张居正夺情则是人们要求其离职尽孝而被张居正拒绝的事件。"大礼议"最后以成全世宗的孝情而告胜利，夺情事件则以未能成全张居正的孝情而告失败。

---

① （明）张居正：《张太岳集》卷 37《两宫尊号议》。
② （明）张居正：《张太岳集》卷 37《看详礼部议两宫尊号疏》。

　　张文明的去世，对处于特殊地位的张居正来说，能否尽孝是要立即明确回答的问题。在明朝，官员若遇父母辞世，恰有重任急务而不能离职丁忧，经皇帝特批，可夺情任职如故。典型的如将领带兵出征，军务在身，必须夺情，不会引发争议。而在职文官借口夺情，一般都会引起不同程度的争论。但在明代前期，文臣特别是阁臣夺情并未引发太大的分歧，更没有因此而引发政局的震荡。如永乐年间，"杨荣先丁父忧，继丁母忧，两情俱夺；黄淮母丧，胡广母丧，俱以特旨夺情；宣德初，金幼孜母忧，张瑛父忧，杨溥母忧，亦遵眷留之旨起，未尝终丧"①。然而，朝臣频频夺情而无视孝情的行为引起了人们的焦虑，不断有人上疏要求严格禁止此类行为，强调守制的重要性，以便引导群臣以孝为上，维护社会的良性秩序。景泰年间，吏科给事中林聪疏言"夺情非令典，请永除其令"②。都御史萧维祯得知母亲去世时，便自觉要求守制，认为："君亲，人之大伦；而孝者，百行之原。使不孝于亲，未必能忠于君。况臣职总风宪，苟亏孝道，何以振肃纪纲，表率庶僚？"③正德十六年（1521）七月，即位不久的世宗要求朝臣不得以任何理由夺情，严格执行守制，以尽人子之孝。为了"示教而惩不孝"，世宗特令："自今有亲丧者，不得夺情。著为令。"④嘉靖十六年（1537），四川道试御史苏木甚至提出废止洪武祖制中武臣夺情的规定，要求文武朝臣一体守制，但被世宗否决。⑤终嘉靖朝，除个别参与剿灭倭寇的官员之外，

---

①　（明）沈德符：《万历野获编补遗》卷2《阁臣夺情奉差》。

②　（清）张廷玉等：《明史》卷177《林聪传》。

③　《明英宗实录》卷235，景泰四年十一月己卯。

④　《明世宗实录》卷4，正德十六年七月癸丑。

⑤　《明世宗实录》卷202，嘉靖十六年七月乙巳。

对文官的守制之令得到了严格的执行。正是在这一背景之下，张居正想要夺情就必然面对前所未有的压力。换言之，根据"大礼议"之后日益浓厚的孝情之风和世宗以来用守制对孝道的保护，张居正夺情将要挑战更为严峻的政治形势和社会舆论，与成化年间李贤夺情所面对的情势完全不同。夺情是张居正的本意，他以顾命的理由为自己的选择辩护，他对神宗明确表示："臣于家国，粪土草芥之臣耳。先帝不知臣不肖，临终托臣以大事，叮咛付嘱，言犹在耳。中道而背之，虽施于交友，然且不可，乃敢以此事吾君父，而自蹈于诛夷之罪乎？"① 作为当事人之一的吏部尚书张瀚对张居正当时谋划夺情一事有如下记载：

> 江陵闻丧之越日，传谕令吏部往谕皇上眷留意。江陵亦自为牍咨部，云："某日闻讣，请查照行。"盖讽使留己也。司官持咨，请余议覆。余谓宜咨礼部，查节年阁臣丁忧恩典，从重优恤，若不喻其意。乃遂大拂江陵心，嗾台省数人相继弹劾，奉旨致仕。余趋朝，北面稽首。出过江陵言别，语之曰："顷某滥竽重仕，幸佐下风。见公闻讣哽咽，涕泗交横，谓公且不能旦夕留。区区之心，诚欲自效于公，以成公志，讵谓相矛盾哉！兹与公别，山林政府，不复通矣。"语竟，张汗颜颡泚，嗫不能声。有顷，曰："公去，而心愈苦、事愈难矣。"余遂拂衣而归，诸公卿咸祖道都门外。时太常卿孙公鑨向余曰："'去国一身轻似叶，

---

① （明）张居正：《张太岳集》卷41《再乞守制疏》。

高名千古重如山。'愿以两言为公今日赠。"①

反对张居正夺情者并非简单地反对张居正个人，亦非反对所谓的张居正"改革"，更非什么保守派，而是反映着主流意识，代表着强大的政治和社会力量，代表着人心和孝情，代表着社会潮流。正如黄仁宇所言："翰林院中负责记述本朝历史的各位编修均深感自身具有重大的责任。因为他们的职责就是要在记述中体现本朝按照圣经贤传的教导办事的精神，如果没有这种精神，朝廷就一定不能管理好天下的苍生赤子。统治我们这个庞大帝国，专靠严刑峻法是不可能的，其秘诀在于运用伦理道德的力量使卑下者服从尊上，女人听男人的吩咐，而未受教育的愚民则以读书识字的人作为楷模。而这一切都需要朝廷以自身的行动为天下作出表率。很多翰林来自民间，他们知道法治的力量有一定的限度，但一个人只要懂得忠孝大节，他就自然地会正直而守法。现在要是皇帝的老师不能遵守这些原则，把三年的父母之丧看成无足轻重，这如何能使亿万小民心悦诚服？"②

首先站出来反对夺情的是张居正的门生、编修吴中行。他要求张居正奔丧尽孝，疏言：

> 居正父子异地分暌，音容不接积而至于十有九年。一旦长弃数千里外，陛下不使匍匐星奔，凭棺一恸，必欲其违心抑情，衔哀茹痛于庙堂之上而责以訏谟远猷，调元熙载，岂情也哉！居正每自言谨守圣贤义理，祖宗法度。宰

---

① （明）张瀚：《松窗梦语》卷1《宦游纪》。
② 黄仁宇：《万历十五年》，第21页。

予欲短丧，子曰：“予有三年之爱于其父母乎？”王子请数月之丧，孟子曰：“虽加一日愈于已。”圣贤之训何如也？在律，虽编氓小吏，匿丧有禁；惟武人得墨衰从事，非所以处辅弼也。即云起复有故事，亦未有一日不出国门，而遽起视事者。祖宗之制何如也？事系万古纲常，四方视听，惟今日无过举，然后后世无遗议。销变之道无踰此者。①

检讨赵用贤要求仿效杨溥、李贤故事，“听其暂还守制，刻期赴阙，庶父子音容乖暌阻绝于十有九年者，得区区稍伸其痛于临穴凭棺之一恸也”②。这些建议于理于情于势都是能讲通的。在“权”和“孝”之间，作为文臣首领的张居正带头选择尽孝，其政治效应远大于恋权夺情，对自己，对万历政治，都有积极意义。故吴中行等人的要求符合各方的最大利益，其提议本身绝无恶意。如果当时朝中无人发声，那才是怪事！

在吴中行之后，员外郎艾穆和主事沈思孝联名上疏，理由与吴中行相同，但语气更为强硬，极力要求张居正守制，他们说道：

陛下之留居正也，动曰为社稷故。夫社稷所重，莫如纲常。而元辅大臣者，纲常之表也。纲常不顾，何社稷之能安？且事偶一为之者，例也；而万世不易者，先王之制也。今弃先王之制，而从近代之例，如之何其可也……为人臣者，移孝以事君矣，未闻为所夺也。以礼义廉耻风天下犹恐不足，顾乃夺之，使天下为人子者，皆忘三年之爱

①　（清）张廷玉等：《明史》卷229《吴中行传》。
②　（清）张廷玉等：《明史》卷229《赵用贤传》。

于其父，常纪坠矣。异时即欲以法度整齐之，何可得耶？陛下诚眷居正，当爱之以德，使奔丧终制，以全大节；则纲常植而朝廷正，朝廷正而百官万民莫不一于正，灾变无不可弭矣。①

提出让张居正奔丧乃至守制要求的首先是非言官身份的文臣，这与"大礼议"中非言官的张璁、桂萼等人站出来反对杨廷和主张的情形相似。紧接着，观政刑部进士邹元标指责的语气更为强烈，在批评张居正行政之失的同时，说道："臣观居正疏言'世有非常之人，然后办非常之事'，若以奔丧为常事而不屑为者。不知人惟尽此五常之道，然后谓之人。今有人于此，亲生而不顾，亲死而不奔，犹自号于世曰我非常人也，世不以为丧心，则以为禽兽，可谓之非常人哉？"②

同时，部分大臣对张居正夺情也表达了反对意见，只是表达的方式有所不同罢了。张文明于万历五年（1577）九月十三日去世，二十七日，神宗同意张居正夺情，要求吏部转告张居正，"准过七七，不随朝，照旧入阁办事、侍讲读。待制满之日随朝"③。对于神宗的旨意，吏部尚书张瀚不以为然，一来认为张居正夺情与否，是礼部的事，不关吏部；二来认为张居正理当守制，鄙视张居正阳为守制、实欲夺情的行为。据《明史·张瀚传》载："中旨令瀚谕留居正，居正又自为牍，风瀚属吏，以覆旨请。瀚佯不喻，谓'政府奔丧，宜予殊典，礼部事也，何关吏部？'居正复令客说之，不为动，

---

① （清）张廷玉等：《明史》卷229《艾穆传》。
② （清）张廷玉等：《明史》卷243《邹元标传》。
③ 南炳文、吴彦玲：《辑校万历起居注》，万历五年九月二十七日庚辰。

乃传旨责瀚久不奉诏，无人臣礼。廷臣惴恐，交章留居正，瀚独不与，抚膺太息曰：'三纲沦矣!'居正怒。嗾给事中王道成、御史谢思启摭他事劾之，勒致仕归。"① 张瀚是当时重臣之中明确反对张居正夺情的代表人物，他不怕因张居正的报复而丢掉官位。张居正之所以将夺情之事交于吏部办理，就是认为张瀚能够听令成全此事。在此之前，资历较浅的张瀚因在吏部尚书的选任中得到张居正的偏爱而被委以要职，故与张居正有较好的配合，但在夺情问题上，他能够顺应大义，与侍郎何维伯等人不违背良心和孝心，让急于夺情的张居正大出意外。但与吴中行等人不同，张瀚并未公开上疏批评张居正，而是"密晤江陵，动以微言，因流涕"②。吏部侍郎何维柏支持张瀚的态度，认为张居正守制"天经地义，何可废也"③。侍讲田一俊"会王锡爵等诣居正，陈大义"④。张瀚等人对张居正守制的要求，应该说是出于对制度、对纲常、对孝情的尊重，是合情合理的一种主张，当然更是对张居正真正的保护。平日为张居正所厚的修撰于慎行也反对夺情，张居正闻讯大怒，对他说："子吾所厚，亦为此耶?"于慎行从容对答："正以公见厚故耳。"⑤ 但张居正对不同意见"怒不测"，"心嗛之"，决意"藉要津利器以防民之口"。⑥ 因为他实在受不了这样的攻击，他对神宗说："今言者已诋臣为不孝

---

① （清）张廷玉等：《明史》卷 225《张瀚传》。

② （明）张翰：《松窗梦语》前引《张太宰恭懿公传》。

③ （清）张廷玉等：《明史》卷 210《何维柏传》。

④ （清）张廷玉等：《明史》卷 216《田一俊传》。

⑤ （清）张廷玉等：《明史》卷 217《于慎行传》。

⑥ （清）谈迁：《国榷》卷 70，万历五年十月丙戌。

矣，斥臣为贪位矣，詈臣为禽兽矣，天下之大辱也。"① 除了严惩反对夺情者，张居正再无别的办法继续辅政。

三、严厉惩处反对夺情者

"阁臣百僚师表，夺情不丧，何以示天下！"② 对张居正来说，既然不愿首选守制，那就要非常小心和稳妥地处理反对夺情的强大力量。张居正的夺情之所以闹得沸沸扬扬，并使张居正"晚节不保"，因此成为具有极大争议性的人物和事件，关键的问题是因为蔑视"孝"情的巨大影响而没有妥善处理好夺情中的反对者。对于"大礼议"之后的观念变化和政局的演变，显然不能拿正统和成化年间的事例来比附万历时期张居正所面对的新问题，就像杨廷和集团不能拿汉宋旧事来套用明世宗所面临的新问题一样。如果一开始简单地沿袭旧例而试图随意地搪塞舆论和以快刀斩乱麻的方式来解决自己面对的问题，则是昧于世情而过于自信了。

夺情事关明王朝的根本利益，对社会的长久稳定和价值导向具有重要意义；守制则对眼前的政治秩序和权力运行有暂时的积极作用。正如张居正的门客贡士、华亭人宋尧愈所说："相公留，天子苍生幸甚；相公去，天下万世幸甚。"③ 对张居正而言，面对父亲的去世，可以选择夺情之下策，但必须要处理好必然的反对之声。从张居正幕后活动来看，他一方面真心不想放弃权力，"恐一旦去，他人

---

① 南炳文、吴彦玲：《辑校万历起居注》，万历五年十月二十六日己酉。
② （明）沈德符：《万历野获编补遗》卷 2《阁臣夺情奉差》。
③ （清）谈迁：《国榷》卷 70，万历五年十月丙戌。

且谋己"①，只能以继续执政自保；另一方面他自知孤悬在上，朝中重臣无人站出来明确支持自己，更不可能形成群臣挽留的景象。据于慎行所载："江陵闻丧在疚，三日不出阁，吏以函捧章奏就第票拟，次相在阁坐候，票进乃出。"②《明史纪事本末》又载："张居正父丧讣至，上以手谕宣慰，视粥止哭，络绎道路，又与三宫赙赠甚厚，然亦无意留之。所善同年李幼孜等倡夺情之说，于是居正惑之，乃外乞守制，示意冯保，使勉留焉。"③ 毋庸置疑，夺情是张居正个人意志的体现。朱东润就此论道："从居正以上，高拱、徐阶、严嵩、夏言，凡是当过国家大权的，最后都支付了最大的代价。有的被杀，有的儿子被杀；即使幸而不死，也常有被杀的危险。这一个传统太危险了，时时给居正以威胁。万历五年，居正没有去位，实际也不免有些惧祸的意思。"④ 又说："居正夺情之事，虽然是局势造成的，但是造成这个局势的，何尝不是居正?"⑤ 所以说，丧权失势对张居正来说是极其可怕的事情，故其对夺情的任何不同意见非常敏感，丝毫不允许别人挑战自己特殊的权威。换言之，他越对反对者不能容忍，就越说明他内心的脆弱和烦躁，越说明政局的诡异。对任何一位拥有权势的人物来说，不论在何种情况下，都要懂得人心向背，通过正常和合法的渠道决定重大问题，同时必须直面必然的反对之声。特别是对与自己密切相关问题的决断，应主动回避，

----

① （清）夏燮：《明通鉴》卷66，万历五年九月己卯。
② （明）于慎行：《谷山笔麈》卷4《相鉴》。
③ （清）谷应泰：《明史纪事本末》卷61《江陵柄政》。
④ 朱东润：《张居正大传》，第344页。
⑤ 朱东润：《张居正大传》，第270页。

理性应对。但此时的张居正没有独裁者的名分，却有独裁者的胆量，他赤膊上阵，决意对持不同意见者予以肉体摧残，创造了在短时间内残酷镇压反对者的明代纪录，同时也为自己挖掘着坟墓。明人冯梦祯认为夺情事件是张居正在万历时期为政风格剧变的分水岭，并因此而"晚节不终"①。

面对各方的反对，有冯保支持的张居正使出浑身解数，决意严惩持不同意见者。十月二十三日，在张居正的策划下，年纪尚轻而不懂事理的神宗将张居正夺情的事全部揽在自己身上，试图要表现出独立行使皇权的能力和敢于担当的形象，语气极为强硬，对群臣斥道："朕受天明命，为天下君，进退予夺，朕实主之，岂臣下所敢自擅……朕为社稷至计，恳切勉留，群臣都助朕留贤，才是同心为国。叵奈群奸小人，藐朕冲年，忌惮元辅忠正，不便己私，乃借纲常之说，肆为挤排之计，欲使朕孤立于上，得以任意自恣，殊为悖逆不道，倾危社稷，大伤朕心。兹已薄示处分，用惩奸罔。凡尔大小臣工，宜各明于大义，恪共职业，共成和衷之治。如或党奸怀邪，欺君无上，必罪不宥。"② 很显然，神宗所言是虚妄之语。如按此论调，既然自己能够独自担责来处理国事，有无张居正都无关紧要，夺情也就无任何意义了。此言只是张居正试图借助神宗之口震慑天下的表演而已，目的在于堵塞言路，否则便以"欺君""党奸""悖逆""小人""怀邪"之类的莫须有罪名将反对者置于绝地。不难看出，张居正"挟天子以令诸侯"，小题大做，已将反对自己的夺情事

---

① （清）谈迁：《国榷》卷70，万历五年十月丁酉。
② 南炳文、吴彦玲：《辑校万历起居注》，万历五年十月二十三日丙午。

件上升到君主安危和明朝存亡的高度，决意与民意势不两立。在"大礼议"中，被杨廷和集团包围而皇权受到极大威胁的世宗也没有发出这样的怪论来吓唬杨廷和及其追随者。可以看出，张居正对反对夺情已经神经过敏，并上纲上线，要用严刑峻法教训反对者。事实上，在神宗发布此令前一日，张居正就已经开始严惩异己者了。如要求张居正奔丧且葬毕回朝的吴中行和赵用贤各杖六十，发回原籍为民，"永不叙用"；而要求其丁忧守制的艾穆和沈思孝则各杖八十，"发极边卫充军，遇赦不宥"①。在此令发布后的次日，因邹元标上疏在先，故处置按照艾穆、沈思孝之例执行。被杖六十和八十只是表面上的区别，实际执行时取决于行刑者对当权者意图的揣摩，故所用技巧和力度大不相同。如看似处罚较轻的吴中行就差点丧命。据《明史·吴中行传》载："中行等受杖毕，校尉以布曳出长安门，舁以板扉，即日驱出都城。中行气息已绝，中书舍人秦柱挟医至，投药一匕，乃苏。舆疾南归，刲去腐肉数十脔，大者盈掌，深至寸，一肢遂空。"②

与此同时，张居正迫使神宗不断下诏阻吓反对者。十月二十六日，神宗斥道："这厮每明系藐朕冲幼，朋兴诋毁，欲摇动我君臣，倾危社稷"③，定性为摇乱国家基础的恶性事件。这一定性，在此前明代的政治纷争中极为罕见。十一月六日，神宗对张居正保证："那群奸小人乘机排挤的，自有祖宗的法度处治他，先生不必介怀。"④

---

① 南炳文、吴彦玲：《辑校万历起居注》，万历五年十月二十二日乙巳。
② （清）张廷玉等：《明史》卷229《吴中行传》。
③ 南炳文、吴彦玲：《辑校万历起居注》，万历五年十月二十六日己酉。
④ 南炳文、吴彦玲：《辑校万历起居注》，万历五年十一月六日戊午。

面对谤书到处传播，神宗"诏谕群臣，再及者诛无赦"①。张居正"知天下不附己"者众，故对于其他或明或暗的反对者也不手软，借"天变"的迷信意识随意举行"闰察"等方式将其全部清除。如被张居正三年前称为"清贞简靖"的吏部尚书张瀚被赶走；侍郎何维柏被罢官；侍讲赵志皋、张位和修撰习孔教被贬；学士王锡爵和修撰沈懋学被迫称病回家；右佥都御史庞尚鹏被张居正借故罢官；南京吏部尚书陶承学因"心稍不然"而借故被赶走②，南京浙江道御史朱鸿谟、南京右佥都御史张岳被革职；为吴中行"挟医视汤药"的秦柱被罢官；巡按御史赵应元因未参加张居正之父的葬礼而被除名③；宁国府诸生吴仕期因被怀疑伪造海瑞攻击张居正之疏而被害致死。通过严惩和考察清除等一系列高压措施，"廷臣争惴慄，各倡保留之议"④，主张守制的声音从表面上被压制住了，张居正暂时取得了胜利，但拉大了与官僚士大夫的距离。"自江陵不奔父丧之后，中外多忌冯（保）者"⑤，张居正失势的时机一到，人们是不会轻易放过张居正和冯保的。张居正暂时保住了首辅的官位，但却失去了社会舆论的支持。夏燮认为张瀚因反对夺情而去职反而获得了舆论的好评，认为：张瀚"以附居正得掌吏部，见非于世，至是忤之去，士论乃协"⑥。张居正致力于舆论的控制，但他不可能真正达到自己的目的。

从上述中不难看出，张居正对其父去世的突发事件缺乏周全的

---

① （清）张廷玉等：《明史》卷213《张居正传》。

② （明）沈德符：《万历野获编》卷11《大计不私至亲》。

③ （清）张廷玉等：《明史》卷229《王用汲传》。

④ （清）谷应泰：《明史纪事本末》卷61《江陵柄政》。

⑤ 胡丹：《明代宦官史料长编》，第1776页。

⑥ （清）夏燮：《明通鉴》卷66，万历五年九月己卯。

应对办法，一味地采取镇压和全部清除的措施。在他之前的"大礼议"中，世宗之所以能够理直气壮地坚决反对杨廷和强迫自己改换父母，就在于有法理依据的武宗遗诏。但即便如此，皇权暂时不稳固的世宗只能逐渐扭转局面，而无法在短时期内完全惩治杨廷和集团，更无法用威胁皇权和国家安危等高调吓唬他们。而神宗时期的皇权非常稳固，神宗暂时没有皇权威胁的忧虑，张居正也没有强大的竞争对手，所以面对完全可以争论的问题，张居正就是不让争论，而要用严刑峻法压制舆论，完全忘记了张璁因为第一个站出来反对杨廷和的大礼主张而脱颖而出，成为明代自内阁创制以来从入仕到入阁时间最短的第一人；海瑞因为上《治安疏》严词批评嘉靖君臣而毫发无损，而且名震天下。对夺情反对者的不当处置表明张居正无力妥善处理个人的进与退、忠与孝之间的矛盾及当权者与反对者、眼前利益和长远利益、生前的权势和死后的报复等诸多复杂关系，不仅没能化敌为友，反而树敌太多，将自己置于官僚士大夫的对立面，扩大了仇恨和反对自己的社会基础。那种被扣在反对者身上的"守旧派""张居正改革的反对派""逆流"等虚妄之词都是需要彻底摒弃的。与"大礼议"中争论双方输赢的结果正好相反，夺情反对者的失败是暂时的，张居正的胜利也是暂时的。换言之，张居正并没有取得夺情的真正胜利，相反，对张居正因夺情而产生的更严厉的冲击和报复正在等着他。谈迁认为：张居正在逐出高拱后，"驱除异己者，即考察廷臣。及夺情起，物议纷嚣，借星变又考察焉。果出于虚公，犹招磨涅，况以嫌忌先之乎？管仲夺骈邑三百，没齿无怨言，终古仅仅，于以卜江陵之不终矣！"①

----

① （清）谈迁：《国榷》卷70，万历五年十一月癸丑。

四、夺情与万历政治的剧变

在张居正的研究者中，大多数人背负着一个先入为主而无法甩掉的包袱，那就是作为"改革家"，张居正不应离开万历政治，否则改革就要停顿。其实这是一个荒谬的逻辑。学界将万历新政称之为"张居正改革"本身就是有问题的，过分凸显张居正个人的绝对作用，既是对张居正个人的一种误解，又是对明代政体和政情的一种误读。张居正可以无视明代的政体而与宦官勾结，但研究者对此不能叫好！张居正可以无视明代的廷议制度而独自决策，幕后操纵，但研究者不能忘记明代的基本制度！不能因为张居正在夺情之后和临终之前做了土地的清丈和"一条鞭"法的推广等事，就可以倒过来论证夺情的合理性，更不能因此而无视其对万历政治稳定的极大破坏！张居正死后为什么遭到清算？用改革家必然要付出生命代价等似是而非的借口来敷衍，绝不是真正的学术表达！张居正什么样的改革得罪了人？是清丈土地还是推广"一条鞭"法？至今无人说清楚！要说得罪人，比张居正年长五十岁的张璁在"大礼议"中和随后的变革中要比张居正得罪的人更多！与张居正同时代的海瑞得罪的人也要比张居正多得多！但是他们都是善终！张居正死后的悲惨遭遇其实就是钳制舆论、打压异己、误处夺情及其个人不廉等因素直接造成的。

张居正在隆庆二年（1568）的《陈六事疏》中就对当时杂音太多的言论极为不满，认为："顷年以来，朝廷之间议论太多，或一事而甲可乙否，或一人而朝由暮跖，或前后不觉背驰，或毁誉自为矛盾，是非淆与唇吻，用舍决于爱憎，政多纷更，事无统纪。"① 为此，他向穆宗提出如下对策：

> 伏望皇上自今以后，励精治理，主宰化机，扫无用之虚词，求躬行之实效。欲为一事，须审之于初，务求停当；及计虑已审，即断而行之，如唐宪宗之讨淮蔡，虽百方阻之，而终不为之摇。欲用一人，须慎之于始，务求相应；既得其人，则信而任之，如魏文侯之用乐羊，虽谤书盈箧，而终不为之动。②

万历二年（1574），张居正直言："诸凡谤议，皆所不恤。"③ 万历四年（1576），张居正认为，重处几位"摇乱朝政"者，在于"定国事""一人心"，并再次表示为了"安国家""定社稷"，"怨仇何足恤乎！"④ 张居正完全继承了严嵩、徐阶、高拱等人打击异己的恶劣习气，"朝而执政，夕而刚狠"⑤，顺我者昌，逆我者亡，将自己所谓"以善养人，为国惜才"⑥ 和"仆之求士，甚于士之求己"⑦ 之类的高调置于脑后。为政需要刚柔并用，不论打着何种招牌，一味用"刚"，不可能统一思想，更不可能稳定朝政。当然作为一个政治人物，如判断准确和巧抓机遇，在一些问题上确实需要力排众议，暂时可以无视异议而独断专行。但这绝不是政治常态！如果张居正将

① （明）张居正：《张太岳集》卷36《陈六事疏》。
② （明）张居正：《张太岳集》卷36《陈六事疏》。
③ （明）张居正：《张太岳集》卷26《答应天巡抚宋阳山论均粮足民》。
④ （明）张居正：《张太岳集》卷28《答奉常陆五台论治体用刚》。
⑤ （明）郑士龙：《国朝典故》卷38《世宗实录四》。
⑥ （明）张居正：《张太岳集》卷27《答少参吴道南》。
⑦ （明）张居正：《张太岳集》卷27《答刘虹川总宪》。

自己的这一认识视为常态，以自己的是非为是非，拒绝包容，完全将自己凌驾于舆论监督之上，借"省议论"的名义打击异己，处处用"刚"，一意孤行，必将大失人心，不可避免地产生严重的政治问题！嘉靖末年礼科给事中曹栋曾言："大臣体国，与言官轮事当如和羹相济，不嫌异同。言官之无忌，益见大臣之有容；大臣之休休，乃有言官之谔谔。故尧舜虽圣，不能无吁咈；四岳虽贤，亦不能识鲧于未试。近乃有小臣尽忠言事，而大臣为之悻悻不平者，不知天下国家之事，果一人一家所能办否乎？"① 张居正被"权势贪欲蒙蔽了自己的理智"②，"心地窄隘，谈不上容人之量"③，镇压反夺情者就是明显的恶例，而不是他所谓的简单的"刚过之病"，此举必将带来难以想象的政治恶果。

为了压制言论，张居正一方面禁毁书院，另一方面钳制言路，并用严厉手段打击攻击自己的官员。张居正认为万历初年出现的不批评皇帝和宦官而只批评自己的现象是不可思议的，这些人用心险恶，"蓄意甚深，为谋甚狡，上不及主上，旁不及中贵，而独剚刃于仆之身。又无所污蔑，而独曰'专擅''专擅'云云，欲以竦动幼主，阴间左右，而疑我与上耳"④。当门生刘台上疏攻击自己时，张居正难以置信，认为是对自己"素以至诚待人"的一种讽刺，说道："近日之事，则反噬出于门墙，怨敌发于知厚，又适出常理之外，无所容于防也。"⑤ 在张居正的内心深处，对攻击自己的人深恶痛绝，

---

① 《明世宗实录》卷 541，嘉靖四十三年十二月壬申。
② 王其榘：《明代内阁制度史》，第 251 页。
③ 朱东润：《张居正大传》，第 280 页。
④ （明）张居正：《张太岳集》卷 28《答奉常陆五台论治体用刚》。
⑤ （明）张居正：《张太岳集》卷 28《答廉宪胡公邦奇》。

"寝不安席"，故自己在位一日，就绝不会放过反对者一天。如在夺情之前批评张居正的给事中赵参鲁被贬，御史郑岳被夺俸，给事中余懋学被削职，御史傅应祯和刘台被流放。其中刘台因批评之词极为尖锐，"江陵恨台甚，竟以法戕之，使至于死"①。对于张居正蔑视言官及其惩治言官的过激行为，尚宝卿王樨提出了严厉批评，认为："自古明主欲开言路，言不当，犹优容之；大臣欲广上德，人攻己，犹荐拔之。如宋文彦博于唐介是也。今居正留而（刘）台得罪，无乃非仁宗待唐介意乎。"② 万历初年镇压的结果是言官在张居正时代噤若寒蝉，从表面上来看，张居正暂时实现了自己"省议论"的目的，将君主专制的独裁作用发挥到了极致。南京兵部主事赵世卿极言："近者台谏习为脂韦，以希世取宠。事关军国，卷舌无声。徒撴不急之务，姑塞言责。"③ 尽管张居正暂时封住了言官的口，但不可能封住所有人的嘴，也不可能凝固人们的思想。但这一用强权镇压换来的暂时的成功使张居正忘乎所以，试图在夺情问题上如法炮制，不让别人说话。在夺情之中，被张居正打压的言官的确默不作声，但非言官的翰林等官员纷纷起来反对，特别是他的门生和乡人加入反对行列，让张居正防不胜防，极为尴尬，不得不说："昔严分宜时，未有同乡攻击者，我不得比分宜矣。"④ 当然，处于强势的张居正一不做二不休，不计后果，迷信暴力，继续挥舞大棒镇压反对者。换言之，严惩刘台等人就是镇压夺情反对者的一次提前预演，而镇

---

① （明）于慎行：《谷山笔麈》卷 4《相鉴》。

② （清）张廷玉等：《明史》卷 221《王樨传》。

③ （清）张廷玉等：《明史》卷 220《赵世卿传》。

④ （清）夏燮：《明通鉴》卷 66，万历五年十月乙巳。

压夺情者则是"省议论"的再次冒险试验，对明代的政治监督体制带来了巨大的创伤，使嘉隆以来较为开放的言路"至此为居正所尽毁"①。

嘉靖前期，世宗面对言论的混杂并没有采取蛮横的手段予以钳制，而是采取渐进的方式加以改革和控制，以便确保言论的相对客观性，对嘉靖政局的平稳发展起到了积极的作用。② 对此，手中无权的张居正在隆庆年间还是清醒的，他说："查照嘉靖初年所定宪纲事理，再加申饬，秉持公论，振扬风纪，以佐皇上明作励精之治。"③ 但到了万历时期手握首辅大权以后，张居正就没有如此理性。群臣反对夺情对张居正的心理造成了巨大的伤害，他对徐阶说："乞归未允，反被恶言。进不成报国之忠，退莫展奔丧之礼，内忧外患，交集于身。今虽勉强应召而出，然精神困惫，形容摧朽，宇宙间悲苦蕴结至极而难堪者，无如不肖孤矣。"④ 面对反对声，张居正"闻谤而不知惧，忿戾怨毒，务快己意"⑤。史称"江陵之锋，触之立碎"⑥，"自夺情后，益偏恣。其所黜陟，多由爱憎"⑦，"异己者率逐去之"⑧。章嶷论道：夺情之后，张居正"渐专政固位，好谀自尊，士大夫始誉以伊周五臣，继竟拟之舜禹，居正恬不为怪。其所黜陟，

---

① 姜德成：《徐阶与嘉隆政治》，天津古籍出版社 2002 年版，第 427 页。
② 参见田澍《嘉靖前期监察制度改革述论》，《兰州大学学报》2003 年第 4 期。
③ （明）张居正：《张太岳集》卷 36《陈六事疏》。
④ （明）张居正：《张太岳集》卷 34《答上师相徐存斋》。
⑤ （清）张廷玉等：《明史》卷 229《赞曰》。
⑥ （明）吴应箕：《东林本末》卷下《江陵夺情》，北京古籍出版社 2002 年版。
⑦ （清）张廷玉等：《明史》卷 213《张居正传》。
⑧ （清）张廷玉等：《明史》卷 218《申时行传》。

或不免由爱憎，左右用事之人，恒通贿赂，渐为正直人所诟病"①。后来韦庆远也认为："张居正上恃皇帝的支持，下则滥用刑狱贬革的权柄，未两月即将反对派的声浪压了下去，取得了表面的胜利，但其实已付出了沉重的政治和道义代价，加深了潜在的危机。夺情事件是居正人生道路上带关键性的环节和转折之一。"② 事实上，对夺情反对者的严酷镇压不仅对张居正本人及家族带来了灾难性的后果，而且对万历政治产生了巨大的创伤。被张居正堵塞的言路在其死后如脱缰之马而不可驾驭，如决坻之水而不可阻挡，当时"言路势张，恣为抨击。是非瞀乱，贤否混淆，群相敌仇，罔顾国是"③。张居正本人最终也成为最大的受害者之一，并付出了惨重的代价。正如孟森所言："综万历初之政皆出于居正之手，最犯清议者乃夺情一事，不恤与言路为仇，而高不知危，满不知溢。所谓明于治国而昧于治身，此之谓也。"④

就明代的法律和政情而言，除谋反、谋大逆、杀人、大不敬、奸亲、贪贿、职务犯罪等外，在权力斗争中因政见不同而受到打压的官吏通常会被平反，健在者一般皆被起用。但张居正全然不顾这一反复出现的政治现象，试图用"遇赦不宥""永不叙用"等自欺欺人的言辞吓唬反对者和为自己壮胆。在快速镇压夺情反对者之后，张居正无视历史教训而未及时化解与士人的冲突与矛盾，对"召还

①　章嵚：《中华通史》，第 1228 页。
②　韦庆远：《张居正和明代中后期政局》，第 809 页。
③　（清）张廷玉等：《明史》卷 219《赞曰》。
④　孟森：《明清史讲义》，第 256 页。

直臣，收人心"①之类的谠言反应迟钝，充耳不闻，丧失了自我纠正的最佳机遇，坐等死后让反对者东山再起。换言之，张居正不包容异己者在先，异己者不包容张居正在后。不出所料，张居正一死，"朝议大起废籍"②，揭开了讨伐和清算张居正的序幕。神宗为了顺应社会的强烈要求，重塑自己的新形象，收揽人心，便重复前朝故事，利用张居正的舛误来否定张居正，在全力清除"张居正余党"的同时，全面起用在夺情等事件中被张居正革职和清除的反对者，出现了自"大礼议"以来明代又一次重大的人事变动。但这一变动的影响却是负面的，以冤冤相报开始，以崩溃亡国结束。在这一失控的政治报复中，明末朋党之争便以燎原之势蔓延开来，舆论从此"激昂抗词""忠厚之意薄，而衔沾之情胜也"。③明人吴应箕指出："张江陵败后，诸不得志于江陵者悉被显擢，一时气节之士，锐然以荡灭余党为事。"④而"东林所自始，而本之于争夺情"⑤。已经成年且摆脱张居正束缚的神宗此举表明他对张居正镇压夺情反对者的行为是不能认同的，他不再为张居正的镇压行为继续袒护和担责。神宗深知只有与张居正彻底切割，划清界限，顺势合理地利用其失误，起用张居正的反对者，才能真正树立自己的威权和新形象，捞取更多的政治资本。

　　如果说后张居正时代神宗擅长玩弄权术，无视舆论，那只能说

---

① （清）张廷玉等：《明史》卷 220《王之诰传》。
② （清）张廷玉等：《明史》卷 224《蔡国珍传》。
③ （清）张廷玉等：《明史》卷 234《赞曰》。
④ （明）吴应箕：《东林本末》。
⑤ （明）吴应箕：《东林本末》。

明张居正培养效果的显著。经筵教育和《帝鉴图说》等一系列教育手段没有将神宗培养成一位尧舜式的圣明之君，反倒是张居正儒法混杂的功利思想和居中弄权的日常行为深刻地塑造了神宗的帝王性格和行政风格。高寿仙就此指出：张居正"或许也应该感到欣慰，因为皇帝对他的无情清算和过分打击，与他的政治理念和行事风格倒是十分契合"①。换言之，非海瑞眼中"真君子"或被海瑞视为"半真半假"之人的张居正要以自己的私欲和权谋将神宗培养成圣君，只能是南辕北辙，缘木求鱼。朱东润说道："神宗聪明，有主张，有决断，但是同时也是颓废，好利，不知上进。"② 这就是张居正所培养的君主。在"好利"方面，张居正是神宗的老师。谷应泰就此论道："自居正以钱谷为考成，而神宗中叶大启矿税。居正以名法为科条，而神宗末造丛脞万几。呜呼！手实之祸，萌自催科，申、商之后，流为清静，则犹居正之贻患也。"③ 章嵚认为明亡的一个重要原因就是"言官与政府之争"，"而其祸要自居正当国始之。居正以前，言官所争者为公是非；居正以后，则所争者为私是非矣！为公是非而争，虽言者论调相同，于党乎何害？若为私是非而亦出于争，争端所集，党见从之而异，卒也公是非转无由而明，朝政因以大坏！此党事误国所以为明社倾覆之一因也"④。一些学者一方面极力凸显张居正如何通过种种手段敛财的功绩，另一方面又抨击神宗的搜刮行径！将两者视为互不关联的问题！

① 高寿仙：《治体用刚：张居正政治思想论析》，荆州市张居正研究会主办《张居正研究》（第一辑），第16页。
② 朱东润：《张居正大传》，第354页。
③ （清）谷应泰：《明史纪事本末》卷61《江陵柄政》。
④ 章嵚：《中华通史》，第1229页。

神宗起用张居正的反对者是顺势而为，是明代政治的常态，并非异常现象。但这一举措如果失控，对万历政治来说将是灾难性的。与嘉靖初年世宗借助"大礼议"清除杨廷和集团而进行大规模的人事更迭和全面革新正好相反，过度清算张居正或彻底否定张居正在客观上彻底扭转了嘉隆万改革的走向，使明朝乱象丛生，从此步入自我毁灭的轨道。据《明史·刑法志》所载："万历五年，以争张居正夺情，杖吴中行等五人。其后卢洪春、孟养浩、王德完辈咸被杖，多者至一百。后帝益厌言者，疏多留中，廷杖寝不用。"① 廷杖对阻塞言路已毫无作用，神宗最终从张居正用强权钳制的"省议论"自然而然地走向闭目塞听，无视言论，随心所欲，我行我素。吏部尚书宋纁痛心地说道："时事得失，言官须极论，正要主上动心，宁可怒及言官，毕竟还有惊省，今若一概不理，就如痿痹之疾，全无痛痒，无药可医矣。"②

张居正生前严厉镇压夺情的反对者，一味钳制言论，大搞一言堂，用强权过分打压异己，但又无力化解矛盾；去世之后，神宗一方面极力清算和否定张居正，另一方面自觉或不自觉地延续着张居正的独裁作风，"深恶言官"，随心所欲地蔑视言论。神宗在清算和否定张居正中日渐懈怠，言而无信，视诏令如"戏言"，违背民心，任情搜括，进一步造成了万历政治生态的恶化，导致明代后期的政治分裂和政局动荡，亡国便是唯一下场。

---

① （清）张廷玉等：《明史》卷95《刑法志三》。
② （明）于慎行：《谷山笔麈》卷5《臣品》。

第十章　嘉隆万时期的吏弊走向

　　明代嘉隆万改革可以划分为嘉靖前期、嘉靖后期、隆庆时期和万历前期四个阶段。在嘉靖前期，由于张璁等大礼新贵自身清正，加之大幅度的人事更替和多方的强力变革，使贪腐处在可控之中。从嘉靖后期至万历前期，以严嵩、徐阶和张居正为代表的朝臣自身不正，以权谋私，致腐败之风愈演愈烈。海瑞作为嘉隆万改革的参与者和见证者，以清官特有的视角对此有清醒的认识和犀利的批评。面对贪风不止和病入膏肓的明王朝，海瑞在临终前向神宗进言，强烈要求依照明朝的根本大法和治腐利器——《大明律》来真正反腐，扭转日益弥漫的腐败之风，以挽救明朝的覆灭命运。尽管海瑞的进言被贪官污吏所淹没，但他的胆识将其清官的品行定格在历史的最高度，无人能及。

　　明代六十年左右的嘉隆万改革在中国古代改革史上具有典型性，因为任何真正的改革绝不是某人利用暂时的威权强力推行或悄悄推进，而是在具备改革条件下的公开博弈中进行的。就中国古代改革而言，腐败伴随着改革，要么是特殊利益集团对改革暗中的抵触或公开的反对；要么是身居高位者一面推行所谓的革新，一面自己贪腐享乐，以权谋私。明代嘉隆万改革在一定程度上就集中反映着这两方面的腐败特点。

长期以来，学界过分凸显所谓"张居正改革"，将张居正担任首辅之前的嘉隆政治描绘成漆黑一团，腐败不堪，而将张居正担任首辅的万历前十年描绘成吏治一清、政治修明的时代，认为明代两百多年的沉疴在张居正的几年整饬中"弊几尽除"。果真如此，那如何回答万历七年（1579）当着张居正的面所谓"君臣一体，今有司通不奉行，百姓安得受惠"①的神宗之问？为了纠正这种简单化且随意夸大的不实之词，特以清官海瑞的相关言行为视角来重新审视这一时期的吏弊走向。可以看到，在"慨然以澄清天下自任"的清官海瑞眼中，包括严嵩、徐阶和张居正在内的嘉隆万时期的重要阁臣恰恰是自身不正、腐败成性的代表人物，尽管腐败在他们身上的表现形式不完全相同。他们与嘉靖前期的大礼新贵张璁等人相比，都可视为腐败性官员。而与同时代的海瑞相比，他们根本不可能真正反腐并得到民众的爱戴与历史的尊敬。只有用海瑞的特殊眼光和依法肃吏的主张重新认知嘉隆万改革时期的吏弊走向和腐败趋势，才能看清这一时期各色人物不同程度的腐败表现、施政局限及政局演变，才能更加深刻地认知嘉隆万改革的经验教训，明确不可能在腐败中真正推进改革和改革必将被腐败葬送的深刻道理。

一、海瑞对嘉靖君臣败政的指斥

不论是政权存亡关头易法更礼的变法、改朝换代时的制度革新，

---

① 南炳文、吴彦玲：《辑校万历起居注》，万历七年七月二十一日乙丑。

还是王朝中后期内部力量驱动下的革故鼎新，最核心的问题就是对权力的制约和吏治的整肃。而要整饬吏治，推行改变特殊利益格局的革新，改革者首先要身正廉洁，避免被客观存在的反对势力轻易地以贪腐之名击碎自己。也只有自身清廉，才能勇于面对现状，敢于揭露腐败恶习。这是衡量改革者为政魄力和能否真正改革的一个首要指标和前提条件。

在海瑞之前，明代对吏治状态批评最严厉的要数"大礼新贵"张璁等人。他们在"大礼议"中击败强大的杨廷和集团之后，得到了世宗的重用，以自身的清廉向长期形成的弊政展开了最为猛烈的抨击，形成了明代中后期朝中重臣集中批评吏弊和倡议严刑治腐的高潮。如张璁直言："今之事君者，其不为宫室之美、妻妾之奉者鲜矣。"① 认为自正德以来，地方官日受轻视，"轻选骤升，下焉者惟图取觅得钱以防速退，上焉者惟事奉承取名以求早升，皆不肯尽心民事，以致民穷财尽，一遇凶荒，多致饿死。"② 又言：

> 近来中外交结，贪墨成风。夫贪以藏奸，奸以兆祸，臣窃惧焉……官员往往以馈送京官礼物为名，科派小民，棰挞诛求，怨声载道。九重深远，何由上闻。是以上干天和，叠见灾异，皆赃夫之昌所致也。③

桂萼亦言："皇上继统中兴，恳恳以爱民为务，第恩诏每下，有司不肯将行。在内或壅蔽不以上闻，在外或废格不以下布，是徒有尧舜

---

① （明）张璁撰，张宪文校注：《张璁集》奏疏卷3《应制陈言》。

② （明）张璁撰，张宪文校注：《张璁集》奏疏卷3《论馆选巡抚兵备守令》。

③ （明）张璁撰，张宪文校注：《张璁集》奏疏卷3《禁革贪风》。

之君在上，而百官不以尧舜之心为心也。"① 霍韬直言："迩年公卿大臣俱出甲科，百司小吏皆出贡举，故仕途多奔竞之风，习俗寡廉耻之节，皆人习浮词、不崇实行之弊也。"② 又言："迩年有司货赂公行，割削百姓，贪黩之风，至是极矣。"③ 面对难以遏制的贪腐之风，张璁极力要求借鉴有效的治腐经验予以严惩，让贪腐者无藏身之地。其疏言："国朝顾正为都御史，在朝大臣有贪墨不法，许穿绯衣当御前面加纠举，就行拿问。故都御史凡衣绯入朝之日，必有纠举，大臣莫不股栗。"④ 霍韬则提出严格按照违法获赃八十贯处以绞刑的律令来惩处胆大妄为的贪官污吏，对世宗说：

> 臣尝伏读律令，官吏受枉法赃八十贯，绞。今之有司，身冒绞刑，不知其几矣。乃无一人缢颈都市者，赎刑缓纵之弊……伏愿陛下法太祖旧章，敕戒藩臬郡县官吏，痛革旧习，毋纵贪风，以残百姓。往年过失且不究治，责令更新，以敕旨到日为始，至于三年。犹不改悔，遣御史巡行，凡有司犯赃满八十贯，知县以下便宜处断，知府以上逮系上京，缢颈都市。贪迹彰闻者，死不偿责，妻子家属，编管化外。然后人惧死刑，贪心少息，宪度可正，万民可安也。⑤

百官如无敬畏之心，行政执法时胆大妄为，无所顾忌，必然是以权

---

① （明）陈子龙辑：《明经世文编》卷180《修省十二事疏》。
② （明）陈子龙辑：《明经世文编》卷188《论内外官铨转资格疏》。
③ （明）陈子龙辑：《明经世文编》卷188《论内外官铨转资格疏》。
④ （明）张璁撰，张宪文校注：《张璁集》卷3《论馆选巡抚兵备守令》。
⑤ （明）陈子龙辑：《明经世文编》卷188《论内外官铨转资格疏》。

谋私，剥民自肥，其结果是失去民心，损害政府形象，动摇统治基础。不难看出，"大礼新贵"对嘉靖前期沿袭的腐败吏治深恶痛绝，认识深刻，敢于揭露，并要求依法严厉处置。在他们看来，只有让百官心存敬畏，不敢有丝毫的非分之想，百姓才能安居乐业，天下自然太平。在他们主导下的嘉靖前期革新的目标就是为了整肃吏治，提高行政效率，尽可能地解除民困，缓解社会矛盾。① 张璁等人是明代中后期重臣中自身清正且敢于集中批判贪腐和全方位整肃吏治的典型代表。史称张璁"持身特廉，痛恶赃吏，一时苟且路绝"②。也正是他们的廉洁自律，才使他们在嘉靖前期你死我活的政治斗争和激烈的政治变革中始终处于不败之地。

由张璁等人先期主导的嘉靖革新在嘉靖前二十年应该说取得了较为显著的成效，使长期以来的贪贿之风得到了明显的遏制。嘉靖二十年（1541）前后，因政局稳定和身体多病以及张璁等"大礼新贵"的病逝或离开政坛等原因，世宗革新进取精神大不如前。同时，随着严嵩、徐阶等自身不洁的首辅次第执掌内阁，贪风再次盛行，而且愈演愈烈。海瑞作为嘉靖革新的参与者和实践者，对吏治的腐败与无能深恶痛绝，难以容忍。

早在嘉靖二十八年（1549），三十六岁的海瑞在乡试策试中以《治黎策》应对，其核心的论点是得人最难。他说：

> 天下之事，图之固贵于有其法，而尤在于得其人。何谓法？经画而条理之，卓以成绪可考者，法之谓也。何谓

---

① 参见田澍《嘉靖革新研究》，中国社会科学出版社2002年版。
② （清）张廷玉等：《明史》卷196《张璁传》。

人？所以经画而条理之，卓以成绩自许者，人之谓也。得
其人而不得其法，则事必不能行；得其法而不得其人，则
法必不能济。人法兼资，而天下之治成。

通过对黎族反抗朝廷的缘由分析，海瑞最后得出一个结论："此所以
得其人之为难而非得其法之为难也。愚生之所忧者，如此而已矣。"①
这种认识极为深刻，分析也非常到位，影响着海瑞的政治行为，是
观察和分析海瑞言行的一个基本出发点。

历经淳安知县、兴国知县后，海瑞于嘉靖四十三年（1564）升
任户部主事，是年五十一岁。一年后，海瑞向病入膏肓的嘉靖皇帝
上《治安疏》，表达了自己对当时政治生态的严重关切。与其他大臣
奏疏不同的是，该疏从君臣双方来考察吏治败坏的原因，而且予以
毫不留情的揭露。长期以来，人们把此疏仅仅看成海瑞对嘉靖皇帝
个人的批评，并对此无限放大，认为"治安一疏，极谏肃皇帝玄修
之误，侃侃千余言，有批鳞折槛之风。一时中外人士，无不想望风
采"②。一些研究者据此也认为此疏的目的是要"警醒皇帝，使从迷
信方士求长生不死的梦幻中觉悟过来"③，"在一定程度上反映出民间
疾苦和臣民对皇帝的怨恨，措辞又相当激愤，称之为'骂'也未尝
不可。"④ 特别是海瑞此疏"言人所不敢言，触人所不欲触，侃直痛
快，犯颜强谏，直捅当今皇上的最痛处，又是这位皇帝最冥顽执迷
之处"⑤。事实上，批评世宗只是海瑞上疏中的一层含义，而不是全

① （明）海瑞：《海瑞集·治黎策》。
② （明）海瑞：《海瑞集·阮尚宾刻海忠介公文集序》。
③ 李锦全：《海瑞评传》，南京大学出版社 1994 年版，第 80 页。
④ 李锦全：《海瑞评传》，第 229 页。
⑤ 韦庆远：《张居正和明代中后期政局》，第 165 页。

部。此疏公开后，当时"中外士人"都在看热闹，而将自己置身事外，把所有的脏水都泼向嘉靖皇帝一人。后来的学者沿袭此风，不做理性分析，把海瑞的《治安疏》片面地看成"海瑞骂皇帝"，并任情发挥，一味地突出和放大海瑞对嘉靖皇帝的攻击，成为海瑞研究中的一大通病。

通读《治安疏》，海瑞以率直的态度和犀利的言辞对嘉靖末年的吏治生态提出了严厉批评。除指斥世宗因身体虚弱而企求长生、崇道醮斋之外，海瑞对百官的麻木和贪贿之风亦予以强烈谴责。他指斥百官：

> 醮修相率进香，天桃天药，相率表贺。兴官室，工部极力经营；取香觅宝，户部差求四出。陛下误举，诸臣误顺，无一人为陛下一正言焉。①

并认为臣子"执陛下一二事不当之形迹，亿陛下千百事之尽然，陷陛下误终不复，诸臣欺君之罪大矣"②。对抄没严嵩之后的吏治，海瑞也极为不满，认为："今甚者贪求，未甚者挨日，见称于人者……今日职守之废、职守之苟且因循、不认真、不尽法而自以为是。"③海瑞在疏末点明了主题："君道不正，臣职不明，此天下第一事也。"④对所有官员因循苟且、贪赃枉法等败政行为毫不留情地揭露和挞伐，也是海瑞上疏的一个核心内容，研究者不应曲解海瑞的主题，而一味地凸显其中"骂皇帝"的一个亮点。否则，就无法理性

---

① （明）海瑞：《海瑞集·治安疏》。
② （明）海瑞：《海瑞集·治安疏》。
③ （明）海瑞：《海瑞集·治安疏》。
④ （明）海瑞：《海瑞集·治安疏》。

地认知海瑞在隆庆、万历时对百官的尖锐责斥而不及当朝皇帝的现象。作为深受儒家思想熏陶的官僚士大夫应有自省意识和担当意识，不应把造成弊政的责任全部归咎于世宗一人，而将自己置身事外，以旁观者的身份借助海瑞来片面地讥讽世宗。海瑞以极高的标准要求世宗，希望他能成为尧、舜、禹、商汤、周文王、周武王之类的"圣君"和"明主"，这是他纯粹的理想，当然也是无法实现的理想。当他的理想变成空想时，并不意味着百官就可以用海瑞"骂皇帝"来掩盖自己的贪贿和失职，进而转移视线，逃避责任。当大家把《治安疏》仅仅看成"骂皇帝"之疏而把嘉靖朝弊政的全部责任推给世宗一人时，说明此疏并没有引起百官的集体反思。事实上，除了奄奄一息的嘉靖皇帝对海瑞的批评略有反省外，未见有哪位官员认真对照《治安疏》反躬自问，深刻检讨，反而在海瑞"骂皇帝"的喧嚣声中转移目标，群指世宗，成为当时政坛极具讽刺的闹剧。

海瑞上疏之日，也正是徐阶担任首辅之时，此疏当然也是对徐阶在揭露和清算严嵩腐败的同时没有使吏治改观的严厉批评。尽管徐阶因公开惩治严嵩及其党羽而一时获得好评，但他更善于伪装，在暗地里与前任一样追逐私利，"富埒"严嵩，依旧败坏着吏治。据明人于慎行所载："华亭相在位，多蓄织妇，岁计所积，与市为贾，公仪休之所不为也。往闻一内使言，华亭在位时，松江赋皆入里第，吏以空牒入都，取金于相邸，相公召工倾金，以七铢为一两，司农不能辨也。"① 不论当时还是后来，人们一味地挑取海瑞《治安疏》中的部分言语来嘲弄和围观嘉靖皇帝的学风，正好说明海瑞上疏并

---

① （明）于慎行：《谷山笔麈》卷4《相鉴》。

没有达到真正的目的。除了海瑞因此名震天下之外，此疏对其所处的吏治环境没有产生多大的刺激与改善作用，与海瑞上疏的目的正好相反。换言之，严嵩贪腐事发之后，明廷并没有趁机进行持续而有效的整肃，百官也没有认真地进行自我反思，故贪风依旧，吏治依然败坏，特别是后继者如同严嵩一般而变换着手段继续贪赃枉法，中饱私囊，带头败政。

二、海瑞对隆庆时期因循害政的讥讽

海瑞在上《治安疏》十四个月后，世宗病逝。海瑞之所以没有被世宗夺命，主要在于世宗的宽恕，"无杀瑞意"，同时也在于身边之臣如徐阶等人没有落井下石。世宗死后，海瑞被释放，并先后升为尚宝司丞、大理寺右寺丞、南京通政司右通政及都察院右佥都御使等职。作为京官的海瑞，在政治中心北京和经济中心南京皆有履职经历，对吏治状况的认知更为深刻。特别是在穆宗登基之后，面对徐阶与高拱之间的矛盾，海瑞曾一度卷入斗争旋涡，偏袒徐阶，指斥高拱。"由于历史条件的限制，加上他对徐阶救命之恩的感激，一开始就仅仅着眼于徐阶草拟遗诏的功劳，站在徐阶一边。所上《论劾党邪言官疏》，通篇赞誉徐阶，指斥（高）拱、（齐）康，并未提出齐康受高拱指使的确实证据。但结果仍以阶留任、拱还乡、康降级调外任而告终。"[1] 作为知名度极高的海瑞，一旦卷入权力斗争而失去理性判断，不仅伤害着明朝政治，而且亦伤害着自己。但未过多久，海瑞认识到了自己的过失，"对徐、高予以重新评价，其

---

① 张德信：《明史海瑞传校注》，陕西人民出版社1984年版，第130页。

中亦多自责之词。尤其是在高拱复出之后，对海瑞多所刁难，但海瑞并未因此影响对他应有的肯定和褒扬。这种精神的确难能可贵"①。这一插曲说明海瑞能够尊重客观事实，敢于正视自己，真正做到了"美曰美，不一毫虚美；过曰过，不一毫讳过"②。这是海瑞之所以成为清官的基本前提，否则，就不可能正确认识自己的不足和吏治的弊端，也不可能撕破人情而直面矛盾。海瑞在江南抑制土地兼并中对徐阶家族的打压之举，进一步说明海瑞不为私情所困，真正刻画了自己的清正形象。

海瑞在隆庆年间任职不到三年半，其主要任职地在南京。南京是一个极难治理的区域，张居正在万历四年（1576）说道："异时每闻存翁（指徐阶）言，其乡人最无天理。及近时，前后官于此土者，每呼为'鬼国'。"③ 海瑞对此现实无所畏惧，决意干出一番事业。他对南京百官旷职废事极为不满："苏松常镇四府路当冲要，府县官日以迎送过客为事。小民冤抑，虽有欲为分理之心，而日无暇时，往往弃置不理，事涉乡官举监，又惮势豪，寝阁不行，臣闻之久矣。"④ 面对水利失修，海瑞批评道："事起近年以来水利臣旷职不修，抚按亦不留心。"⑤ 在南京上任伊始，他向穆宗不断进言，极力要求改变现状，先后上《改折禄米仓粮疏》《开吴淞江疏》《开白茆河疏》《处补练兵银疏》《革募兵疏》等。同时制定《督抚条约》《续行条约册式》《考语册式》《钱量册式》《应付册式》《均徭册式》《官举

---

① 张德信：《明史海瑞传校注》，第131页。
② （明）海瑞：《海瑞集·治安疏》。
③ （明）张居正：《张太岳集》卷28《答应天巡抚论大政大典》。
④ （明）海瑞：《海瑞集·被论自陈不职疏》。
⑤ （明）海瑞：《海瑞集·开吴淞江疏》。

等册式》等条例，规范行政，整顿懒散。此外海瑞先后颁布《谕道府州县毋听嘱托》《示府县严治刁讼》《示府县状不受理》《示禁印书籍》等告示，对百官进行苦口婆心的劝诫和严厉的惩治。海瑞从南京官员的怠政废事中再次看透了隆庆时期百官懈怠和不作为的积弊，对隆庆朝弥漫的"因循"之风极为不满。为此，他极力要求阁臣高度重视，设法遏制。他致书阁臣李春芳："今天下事靡靡不立，病坐当事人因循苟且，日挨一日。"① 又对阁臣赵贞吉说："今人事权在手，每每不满人意，病在借口，时势难行，因循迁就。"② 在海瑞看来，隆庆朝的吏弊与他上《治安疏》时的嘉靖朝相比，依旧颓废不堪，因循误事，阁臣难辞其咎。

正当海瑞严肃揭露隆庆吏弊和用心整肃吏治时，史科给事中戴凤翔对海瑞的攻击引发了海瑞的罢官。针对戴凤翔对自己"沽名乱政，大乖政体"的无端指责，海瑞上《被论自陈不职疏》，对其颠倒是非的不实之词进行了驳斥，并对隆庆吏弊做了更为深刻的批评。相对于《治安疏》，《被论自陈不职疏》更加务实，是海瑞作为高级官员且在南京工作实践中的切实感受，故具有更高的价值。他到江南以后认识到了真实的徐阶："一是产业之多，令人骇异。二是开设店铺，从中牟利。此类店铺不仅在苏松开设，而且京师亦予开设。牟利外，还要钻营打点，广延声誉，希图东山再起。三是纵容子弟及家人，武断乡曲，残害百姓"③，故能理性地改变此前对徐阶的虚

---

① （明）海瑞：《海瑞集·复李石麓阁老》。

② （明）海瑞：《海瑞集·复赵大洲阁老》。

③ 张德信：《海瑞眼中的徐阶与高拱》，载牛建强、高林华主编《高拱、明代政治及其他》，河南大学出版社 2011 年版，第 190 页。

假看法，将其看成危害江南社会的最大毒瘤，决心予以铲除，达到敲山震虎的效果，以重建江南社会新秩序。海瑞毫不留情地指出：徐阶自嘉靖以来抢夺民田，渔肉"小民"，其"田宅之多，奴仆之众，小民詈怨而恨，两京十二省无有也"①。戴凤翔要清除海瑞，就是要确保将来自己要做徐阶式的乡宦，便于侵夺民利。所以海瑞对戴凤翔之流的言官予以无情的揭露："近日科道诸臣，奉公建言者固有其人；其不公者往往逞己邪思，点污善类，不为鹰鹯以报国，过为蝇口以行私，营营止樊，人憎惧惮。"② 同时，海瑞对阁部大臣纵容戴凤翔的行为提出了严厉的批评，认为是乱国之举。他说："阁部臣明知其非，亦两可议覆，而曰畏其口之继也。窝蜂难犯，不得不然。臣窃谓畏其口之公则可，畏其口之不公则不可。是非混淆，则国家之理乱由之。三四年来，公私并行，议论腾沸，贤否莫辨，人无定趋。"③ 他对因循颓废的吏治已失去了信心，说道："今时视做官为戏场事，口曰认真而心实不然"④，"睹思时事，平生用世，百念灰矣。"⑤ 罢官之后，其在江南的兴革"垂成中止"，使海瑞倍感惆怅，说道："这等世界，做得成甚事业！从此入山之深，入林之密，又别是一种人物矣。"⑥ 如果说《治安疏》被人们误读，仅仅看成"骂皇帝"，那么，海瑞吸取教训，《被论自陈不职疏》便是要突出"骂百官"。只有如此，也许才能达到海瑞的良苦用心。随后，海瑞再次明

---

① （明）海瑞：《海瑞集·被论自陈不职疏》。
② （明）海瑞：《海瑞集·被论自陈不职疏》。
③ （明）海瑞：《海瑞集·被论自陈不职疏》。
④ （明）海瑞：《海瑞集·复分守道王用吾》。
⑤ （明）海瑞：《海瑞集·启阁部李石麓诸公》。
⑥ （明）海瑞：《海瑞集·复吴悟斋操江都院》。

言："今诸臣全犯一因循苟且之病，皇上虽有锐然望治之心，群臣绝无毅然当事之念，互为掣肘，互为排挤，而又动自诿曰：'时势则然，哲人通变。'人无奋志，治功不兴，国俗民风，日就颓散。"① 最后，他痛切地说道："今举朝之士皆妇人也，皇上勿听之可也。"② 海瑞用如此严厉的语言抨击包括高拱、张居正在内的百官，远远超过了《治安疏》批评的程度，表明他对隆庆时期的吏弊忍无可忍，其认识达到了新的高度。

相比于缺乏地方行政实践经验的高拱和张居正，海瑞在基层具有"一条鞭"法改革实践的丰富经验，对赋役不均和吏弊现状的认识更为深刻，真正能够做到"以剪抑豪强为己任"。海瑞在担任应天巡抚之时，"正是乡绅肆意侵夺小民田产，江南土地所有极度悬殊，主佃矛盾极度突出的时期"③。面对这一严峻局面，海瑞为了民众的切身利益、江南的稳定和国家的长治久安，敢于担当，勇于变革，打击豪强，整肃吏治，使惯于化公为私的官吏难以承受。正如《明史·海瑞传》的作者所言：海瑞"素疾大户兼并，力摧豪强，抚穷弱。贫民田入于富室者，率夺还之。徐阶罢相里居，按问其家无少贷。下令飙发凌厉，所司惴惴奉行，豪有力者至窜他郡以避。而奸民多乘机告讦，故家大姓时有被诬负屈者。又裁节邮传冗费。士大夫出其境，率不得供顿。由是怨颇兴"④。于慎行曾敏锐地指出：海

---

① （明）海瑞：《海瑞集·告养病疏》。
② （明）海瑞：《海瑞集·告养病疏》。
③ 范金民：《清官海瑞在江南》，载《海瑞诞辰五百周年学术研讨会论文集》，社会科学文献出版社 2014 年版。
④ （清）张廷玉等：《明史》卷 226《海瑞传》。

瑞"裁革过客夫马及抑损士夫，则其致怨之由"①。他被罢官的真正原因在于其真心整肃吏弊和尽力减轻民众负担时所引发的官僚阶层和富豪们的恐惧和不满。受到海瑞整肃的各类特殊利益集团"固快快，新进者亦无所觊觎，共思逐公自便"②。高拱为了消除人们对他报复徐阶的议论，公然站出来保护徐阶，反对海瑞抓住徐阶及其诸子不放的做法，明确表示："存老令郎事，仆前已有书巡按，处寝之矣。近闻执事发行追逮甚急，仆意乃不如此。"③ 他对徐阶公开保证："古云：'无征不信。'比者，地方官奏公家不法事至，仆实恻然。谓公以元辅家居，岂宜遂有此也。且兔死狐悲，不无伤类之痛。会其中有于法未合者，仆遂力驳其事，悉从开释，亦既行之矣。则仆不敢报复之意，亦既有征，可取信于天下矣。盖虽未敢废朝廷之法，以德报怨；实未敢借朝廷之法，以怨报怨也。"④ 而此时的张居正在竭力自保的同时，也极力保护徐阶。他说："区区在位一日，当为善类保全一日。"⑤ 以权营私致富的徐阶就是张居正所要竭力保护的"善类"之一，张居正重演着门生庇护座主式的官场腐败。而致仕的徐阶以自己培养的亲信张居正为奥援，不怕海瑞，在海瑞的强力冲击下安然无恙，继续扮演着"不倒翁"的角色，集中展示了"甘草"式官员的生存之道。吴晗论道：

> 徐阶是严嵩的政敌，是他指使一批中级官员把严家父

① （明）于慎行：《谷山笔麈》卷5《臣品》。
② （明）海瑞：《海瑞集·黄秉石海忠介公传》。
③ （明）高拱：《高拱全集》政府书答《与苏松蔡兵备书》。
④ （明）高拱：《高拱全集》政府书答《与存斋徐公书一》。
⑤ （明）张居正：《张太岳集》卷34《答囧卿徐敬吾》。

子参倒的，是他取严嵩地位而代之的。因为搞垮严嵩，很得人心。嘉靖帝死后，他又代草遗诏（遗嘱），革去嘉靖帝在位时一些敝政，名誉很好。但是，这人正是海瑞所反对的乡愿，凡是调停，自居中间，逃避斗争，不肯批评人，遇风转舵，做事圆滑，总留有后路，不肯负责任做好事，也怕坏事沾了边，好比中药里的甘草，什么病都可加上一味，治不好，也坏不了。正因为这样，才能保住禄位，严嵩挤他不掉。也正因为这样，官员们学了样，成为风气。海瑞痛恨这种风气，曾经多次提出批评意见。①

与高拱保护徐阶动机相反，张居正则是为了真诚地报答徐阶对自己的栽培提携之恩，他毫不隐瞒自己庇护徐阶的信心与决心，明确表示要全力确保徐阶及其家族的安全，要让徐阶有尊严地安享晚年。张居正对徐阶及三个儿子都做出了保证，绝不会让海瑞动徐家一根毫毛。他对徐阶说："以不肖之浅薄，猥辱老师甄陶引拔，致有今日。恩重于丘山，报微于毫末。"② 同时向徐阶长子徐璠保证："仆在此，君家之事，万无虑者。"③ 对其次子徐琨说："近来人情风俗，诚为可愕，俟海公人至，当作一书善譬之。太翁老师年高，恐不能堪此，望公朝夕保护。事有可了者，宜即自了之，勿致贻戚可也。"④ 对其季子徐瑛说："仆不量浅薄，委曲斡旋其间，幸俱消弭。仆受太翁老师厚恩，未有以报，乃辱遣谢，弥切惭惶。"⑤ 并一再表示，即

① 吴晗：《吴晗论明史》，武汉出版社2013年版，第484页。
② （明）张居正：《张太岳集》卷34《答囿卿徐敬吾》。
③ （明）张居正：《张太岳集》卷34《答奉常徐云岩》。
④ （明）张居正：《张太岳集》卷34《与符卿徐仰宅》。
⑤ （明）张居正：《张太岳集》卷34《答符卿徐继斋》。

使他们不哀求自己，张居正也会挺身而出，竭尽全力保护好徐家的。张居正对徐琨说："仆受太翁老师厚恩，未有以报，凡力所能为者，自不待嘱矣。"① 海瑞罢官之后，张居正对新任应天巡抚朱大器说："霜雪之后，少加和煦，人即怀眷，亦不必尽变其法以徇人也。惟公虚心剂量之，地方幸甚。"② 后来张居正还要求应天巡抚张佳胤宽待徐阶及其家人，以"老婆心切"之意切盼其"明示宽假，使问官不敢深求，早与归结，则讼端从此可绝，而存老之体面、玄翁之美意，两得之矣"③。

很显然，高拱、张居正等人不是海瑞心目中的"真君子"，他们居中弄权，既钩心斗角，又相互利用，在庇护徐阶和排斥海瑞等方面的认识高度一致。对此，张居正为社会上关于高拱与徐阶不和而使徐阶一家遭受海瑞打击的流言辩解。他在隆庆五年（1571）对松江府兵备副使蔡国熙说：

> 乃近闻之道路云：存翁相公家居，三子皆被重逮。且云：吴中上司揣知中玄相公，有憾于徐，故为之甘心焉。此非义所宜出也。夫古人敌惠敌怨，不及其子。中玄公光明正大，宅心平恕，仆素所深谅。即有怨于人，可一言立解。且中玄公曾有手书奉公，乃其由中之语，必不藏怒蓄恨而过为已甚之事者也。且存翁以故相终老，未有显过闻于天下，而使其子皆骈首就逮，脱不幸有伤雾露之疾，至于颠陨，其无乃亏朝廷所以优礼旧臣之意乎！亦非中玄公

---

① （明）张居正：《张太岳集》卷34《答奉常徐仰宅》。
② （明）张居正：《张太岳集》卷34《答应天巡抚朱东园》。
③ （明）张居正：《张太岳集》卷34《答应天抚院》。

所乐闻也。①

在张居正看来，海瑞针对徐阶一家打击豪强的行为，是完全错误的，是不应该的，是有伤国家体面的。换言之，在张居正看来，保护好徐阶的颜面远比海瑞抑制豪强重要得多。

正是由于徐阶得到了朝廷的庇护，故终明之世，其家族日益兴旺，财富日益增加，与明朝的走向正好相反。吴仁安认为："在徐阶通显后，华亭徐氏家族迅速发展成为官僚大地主"，徐阶、徐陟"兄弟公卿"以后，"任子、科第相继，簪缨联翩，代有闻人，出仕者众多且又富贵，该族在明代历经嘉靖、隆庆、万历、泰昌、天启以至崇祯诸朝而不衰，它或'八十存问''五世华抚'，或'八世一品，同郡罕比'，堪称是明代中后期江南名副其实的名门望族。"②

从上述中不难看出，海瑞的绝对清廉以及不遗余力地打击豪强的举措与张居正极力保护徐阶之间的较量，使海瑞根本不可能得到朝中的真正支持，故张居正等人在位一日，也就不会放过海瑞一天，海瑞被罢官也就是必然之势。换言之，海瑞拿徐阶开刀，就等于不把张居正放在眼中，明显是与张居正过不去。张居正早就说过："不肖受知于老师也，天下莫不闻；老师以家国之事，托之于不肖也，天下亦莫不闻。"③毫无疑问，海瑞得罪徐阶就是得罪张居正，这样就不难理解海瑞罢官且长期不被起用的缘由了。张居正在位一天，海瑞就只能在家多待一天。换言之，在张居正赶走高拱而获得首辅

---

① （明）张居正：《张太岳集》卷34《答松江兵宪蔡春台》。

② 吴仁安：《明清时期的江南望族》，上海人民出版社、上海书店出版社2019年版，第90页。

③ （明）张居正：《张太岳集》卷34《答上师相徐存斋并附与诸公书》。

权位后，徐阶依靠张居正而过上了十分安全的晚年生活了。正如沈德符所言：神宗"登极，高逐去，徐事立解矣"①。夏燮也言：徐阶"里居后，为高拱所厄，及拱罢，始得安"②。韦庆远对于此时张居正的行为予以辩护：

> 张居正虽然已入阁，但他无力改变海瑞被罢官，应天试行条鞭被迫一时中断的现状，仅能表示"有深愧焉"；特别是，葛守礼在隆庆元年（1567）所上全面反对行条鞭法，要求刹车的奏疏，竟然得到采纳，"诏悉举行"。当时居正"忝任末相"，高拱又已被排挤回籍，当权的首辅是一向反对丈田，更不同意行条鞭的徐阶……看来，只有随着阁、部人事的变易，张居正又从"末相"，逐步上升为"次相"，其后又晋为首辅，拥有近于绝对的权力，才可能将在全国推行一条鞭法的理想，付诸实现。③

不论身处"末相"还是权倾天下的"首辅"，在排斥海瑞的问题上，张居正前后没有丝毫的变化。与徐阶一样，张居正继续排斥海瑞，这绝不是一个简单的问题，任何为张居正开脱责任的辩解都是毫无意义的。绕开这一问题，或轻描淡写，都不是实事求是的态度。而为了刻意树立张居正的正面形象，有意回避这一问题，则是违背史学精神的。

在当时，包括阁臣在内的各种势力自觉或不自觉地勾连在一起，无人想真心治理腐败，故将孤军奋战的海瑞视为异端，必欲除之而

---

① （明）沈德符：《万历野获编》卷8《华亭故相被胁》。
② （清）夏燮：《明通鉴》卷68，万历十一年四月甲戌。
③ 韦庆远：《张居正和明代中后期政局》，第625页。

后快。各级官员和地方诸多势力的联合夹击和围堵，使一位真正的清官和改革之臣没有立锥之地，被迫离开隆庆政坛。海瑞罢官时，内阁由李春芳、高拱、陈以勤和张居正组成，他们四人对海瑞离职的态度空前一致。其中高拱兼任吏部尚书，是赶走海瑞的直接推手。为了驱除海瑞，高拱要求穆宗撤掉海瑞所担任的总督南京粮储都御史的职位，使海瑞难以自容，逼其辞官回家。《明史·海瑞传》据此认为："会高拱掌吏部，素衔瑞，并其职于南京户部，瑞遂谢病归。"① 而此时"末相"张居正韬光养晦，善于权变，不会像保护徐阶那样来公开且坚定地保护海瑞，而是以处阁臣末尾的姿态自我安慰和自我掩饰，展示自己的无权和无能，对海瑞的离职默然视之，采取顺水推舟以坐收渔翁之利的策略，以便趁机巧妙地清除唯一可怕的监督对手。这样既可以把海瑞罢官的责任直接指向高拱等人，又可以保护徐阶，还可以为自己的贪腐清除真正的监督者，可谓一石三鸟。他装模作样地讨好海瑞，诉说自己的无奈，期望能够得到海瑞的谅解。张居正对海瑞说道："仆谬忝钧轴，得与参庙堂之末议，而不能为朝廷奖奉法之臣，摧浮淫之议，有深愧焉。"② 在高拱等人的直接逼迫之下，海瑞只能以回家伺服老母为由，决意辞职。他明确告诉高拱等人："人情世态，天下事亦止是如此而已矣，能有成乎？母子天性，熙熙山林，舍此不为而日与群小较量是非，万求一济，何益！何益！生去意已决，惟公成就。本内别有余说，诸事垂成中止，不得其平而言，非悻悻见颜面也。"③

---

① （清）张廷玉等：《明史》卷226《海瑞传》。

② （明）张居正：《张太岳集》卷22《答应天巡抚海刚峰》。

③ （明）海瑞：《海瑞集·再启阁部高中玄诸公》。

在临行之前，海瑞上疏再次严厉斥责朝臣的败政行为，要求他们特别是阁部大臣"不得如前虚应故事，不得如前挨日待迁，必求仰副皇上求治之心，毋负平生学古之志。不求合俗，事必认真，九分之真，一分放过，不谓之真，况半真半者假乎！阁部臣之志定而言官之是非公矣。阁部臣如不以臣言为然，自以徇人为是，是庸臣也。是不以尧舜之道事皇上者也"①。海瑞进一步点明了隆庆政治腐败的根源，将责任主体直指半真半假的百官上层——阁部大臣，与《治安疏》君臣皆批的风格形成了鲜明的对比。在海瑞罢官的过程中，以言官戴凤翔、阁臣高拱为代表的各种不同势力空前团结，形成了一个强大的封锁网，使海瑞没有立足的空间，充分反映着被特殊的既得利益者所控制的隆庆政治的现实状况。张德信认为：高拱对海瑞态度的改变，"一是皇帝在太监冯保的影响下，不再优奖海瑞。同时也是江南地主阶级集团，尤其是乡官势豪反对攻击海瑞的风潮日益高涨和激烈的结果"②。又说："海瑞之所以被罢官，是当时社会各阶级之间及朝廷封建统治集团内部斗争的结果，绝不是身为内阁首辅的高拱个人的爱憎好恶所能决定的。据《明实录》及《明史》有关列传记载，高拱东山再起之后，对徐阶和海瑞的怨恨犹如骨鲠在喉。'专与阶修郤，所论皆欲中阶重罪'。'扼阶者，无不至。'而后来又为什么对徐阶'复修旧好'呢？原因在于徐阶与张居正早有深交，在其去位之后，'令三子事居正谨'。当高拱'衔阶甚'的时候，'居正纵容与拱言，拱心稍动。'尤其是海瑞在江南勒令乡官

① （明）海瑞：《海瑞集·告养病疏》。
② 张德信：《明史海瑞传校注》，第175页。

退田，雷厉风行，而招致怨尤。加上江南乡官代表徐阶为摆脱困境，欲图报复，而听从儒生针对海瑞所采取的‘与其扬汤止沸，不如釜底抽薪’之计，一面以‘一尺之书走长安故人’，致书宦官冯保，一面贿赂言官戴凤翔对海瑞罗织罪名，上下齐攻。与此同时，又有张居正和冯保在其中推波助澜，目的在于通过处理海瑞打击高拱，坐收渔人之利。所以，海瑞的被罢官已在所难免。高拱在关于言官论劾海瑞的题奏对海瑞所持的态度以及与徐阶和好、宽解徐氏诸子的不法情事等，无一不是受这种阶级、各政治集团之间的斗争制约的。当然，高拱以为自己按照以徐阶为代表的乡官的利益和张居正、冯保的意旨办，就可以安抚江南乡官，得到张居正等人的支持，从而稳固自己的首辅地位。可是，他并没有想到，张居正支持徐阶为代表的江南乡官势力的目的是企图取首辅而代之。所以，海瑞的被罢官，并未给高拱带来多少安宁，结果是以还乡闲居而告终。”① 所以说，海瑞被罢官后，在万历初年张居正顾命之时，官员贪腐的顽疾不仅不会得到有效遏制，而且更会变本加厉。

三、海瑞对依法治腐的呐喊

海瑞在嘉靖、隆庆两朝对吏治的严厉批评并没有带来实质性的积极效果，皇帝也好，百官也好，皆闭目塞听，我行我素，吏弊依旧。在海瑞指斥"举朝之士皆妇人也"之后，御史成守节等人就认为海瑞之言为"夸大之词，终侮举朝士人，以泄泱泱不平之气"②。

---

① 张德信：《明史研究论稿》，第333—334页。
② （明）高拱：《高拱全集》掌铨题稿卷23《覆御史成守节等论巡抚海瑞疏》。

高拱也认为海瑞称病辞职时"意甚快愤，且固执偏见，是己非人，殊失大臣之体。御史官见其轻躁，连名纠劾，诚非过举"①。同时认为海瑞在南京巡抚任上"裁省浮费，厘革宿弊，振肃吏治，矫正靡习，似有惓惓为国为民之意，但其求治过急，更张太骤，人情不无少拂"②。在高拱等人看来，隆庆政治不需要直言敢谏、大胆变革和极具执行力的海瑞。相对于海瑞，高拱在整顿吏治时不想"求治过急"，不想"轻躁"，即不想对贪腐懒政真正开刀，只想维持现状，以免得罪百官和特殊的既得利益者，他在海瑞眼中仍然是一个"乡愿"式的官僚。具有多面性的张居正在迷惑高拱而使高拱无心防范自己的同时，暗中利用各种关系试图驱逐高拱，重演着嘉隆时期阁臣之间钩心斗角、相互驱逐的老套。

在获得神宗内阁首辅之后，张居正完全继承了高拱的做法，继续排斥廉直之士海瑞，对百官的贪腐之风不愿也不能采取严厉的措施加以遏制，吏治的状态依旧是"君臣之义不明，敬事之道不讲"③。《明史·海瑞传》论道："万历初，张居正当国，亦不乐瑞，令巡按御史廉察之。御史至山中视，瑞设鸡黍相对食，居舍萧然，御史叹息去。居正惮瑞峭直，中外交荐，卒不召。"④ 同时，张居正也不承认和极少提及海瑞在隆庆时期江南惩治腐败、打击豪强、抑制兼并、均平赋役的行为与成效。他在万历二年（1574）对严嵩以来的败政行为提出了严厉的批评，但只字不提海瑞抑制兼并的惊世之举，认

---

① （明）高拱：《高拱全集》掌铨题稿卷23《覆御史成守节等论巡抚海瑞疏》。
② （明）高拱：《高拱全集》掌铨题稿卷23《覆给事中戴凤翔论巡抚海瑞疏》。
③ （明）张居正：《张太岳集》卷40《纂修书成辞恩命疏》。
④ （清）张廷玉等：《明史》卷226《海瑞传》。

为"自嘉靖以来，当国者政以贿成，吏朘民膏以媚权门。而继秉国者又务一切姑息之政，为逋负渊薮，以成兼并之私。私家日富，公室日贫，国匮民穷，病实在此"①。其对应天巡抚的授意也不过是重复此前海瑞的言行而已。如他对宋仪望说：

> 夫民之亡且乱者，咸以贪吏剥下，而上不加恤；豪强兼并，而民贫失所故也。今为侵欺隐占者，权豪也，非细民也；而吾法之所施者，奸人也，非良民也。清影占，则小民免包赔之累，而得守其本业；惩贪墨，则闾阎无剥削之扰，而得以安其田里。如是，民且将尸而祝之，何以逃亡？②

但宋仪望之类的各位应天巡抚不可能像海瑞那样冲破流言，敢作敢为，故难以在张居正所谓"人情叵测，众庶难调"③的江南地区取得所期望的效果，自然也就不会为民众所传颂并敬之如神，以至于张居正在万历九年（1581）不得不说："吴素称难治，比来直指使者，能举其职者鲜矣。"④

在担任首辅期间，张居正并没有找到整治江南社会的良法，使海瑞之后的治理不仅没有好转，反而在迅速恶化，令张居正极度不安。万历九年（1581），张居正对江南日益严重的社会矛盾表达了极大的恐惧，认为官员严重失职，吏治败坏，治理能力低下，已经酿成了可怕的政治灾难。他对应天巡按张简说：

---

① （明）张居正：《张太岳集》卷26《答应天巡抚宋阳山论均粮足民》。
② （明）张居正：《张太岳集》卷26《答应天巡抚宋阳山论均粮足民》。
③ （明）张居正：《张太岳集》卷33《答苏松巡按曾公士楚言抚按职掌不同》。
④ （明）张居正：《张太岳集》卷26《答苏松巡按曾公士楚言抚按职掌不同》。

近闻大江南北，盗贼纵横，有司皆匿不以闻。镇江之事，远近皆知。且闻南郡已获真贼，而抚按官亦竟置之不闻。丹阳运官被劫，而以侵欺之罪坐于运官，置之重典。此习不祛，将来盗贼愈滋，官司莫之敢诘，必酿成元末大患。①

又对应天巡抚孙光祐说：

昨镇江之事，朝廷原未责其不奏，但恶其不报，及报不以实耳。贺氏之贼，发于去秋，而今岁三月间，抚按始知之，是曾申报否乎？南都已获蔡朋，行该府缉捕夥盗，而该府不认，以为乌有，是曾失事否乎？范良吕、袁漳等家被盗，皆以未尝失财为解，乃其赃固获于浙中也，其所报实乎否也？江南以隐匿盗情为常事，数年之间，一发于扬州，再发于太平，今三发于镇江。至使失主被伤而不敢承，大盗公行而莫之问，则法纪荡然矣，别处曾有是乎？朝廷以四方之耳目为耳目。今地方官挟同欺罔，抚按耳目已尽为所涂。乃朝廷别有所闻，一行诘究，遂以为多事，为烦苛，是欲使欺隐之弊，驯至如秦、元之末季而后已也。②

张居正反反复复对抚按进行训斥说明此时的吏治败坏到了多么严重的地步。张居正将此时的万历政治比喻为秦末或元末的情形并不为过。面对社会不稳、官吏麻木、民怨沸腾、乱象丛生等实情，张居

---

① （明）张居正：《张太岳集》卷33《答按院张公简》。
② （明）张居正：《张太岳集》卷33《答应天巡抚孙小溪言捕盗》。

正不得不对问责的神宗说出真实的吏弊：

> 在外诸司，往往营私背公，剥民罔上，非惟不体皇上
> 子惠困穷之德意，且不知臣等所以仰赞皇上之愚忠，殊可
> 恨也。且人臣居官食禄者，皆有代君养民之责，故虞舜咨
> 十有二牧。牧者，养也。今有司坐视民瘼，痛痒不相关。
> 如作舟疏云："报灾则曰不敢报。"此何不敢报之有？又云：
> "请赈则曰不敢请。"此何不敢请之有？不过推调支吾，归
> 怨君上，何尝有忧民之心？即如积谷一事，屡奉旨申饬，
> 竟成虚文。彼皆有自理赃赎，未尝佐公家之急，则将
> 焉往？①

由此可见，海瑞离职后江南地区官不得人的问题在张居正时代一直
没有得到很好的解决。张居正之所以不敢起用海瑞，主要原因之一
就是要保护徐阶，不愿也不敢对江南豪强下手。在海瑞罢官之后，
南京的官员心知阁臣特别是张居正的真实意图，立即改变风向，从
海瑞打击徐阶迅速转变为主动保护徐阶，以此来讨好张居正。如南
京都察院和六科官员无所事事，试图用编辑出版张居正的奏议、拟
请徐阶作序来向张居正诌媚。② 在这样的情形下，江南社会日益激化
的矛盾不可能缓解。张居正不可能一方面要保护徐阶，另一方面还
要像海瑞那样大破大立地改造江南社会，所以不能把江南地区治理
不力的责任全部推给南京等地不称职的官员。

　　事实上，张居正对整饬吏治说过的狠话有时要比海瑞还严厉。

---

① （明）张居正：《张太岳集》卷45《议外戚子弟恩荫疏》。
② （明）张居正：《张太岳集》卷28《答南台谏》。

如他在万历九年（1581）对四川巡抚张士佩就说：

> 导民以行不以言。孙子云：约束不明，申令不熟，将
> 之过也。约束已明，申令已熟，而士不用命，则士之过也，
> 杀之无赦。故能使妇人女子皆赴汤火，冒白刃而不避。今
> 治吏亦然。科条既布，以身先之，有不如令者，姑令之申
> 之。申令已熟，则不问官职崇卑，出身资格，一体惩之，
> 必罪无赦。如是，即欲今之为吏者，皆龚、黄、卓、鲁可
> 也。若徒以言语教诏之，虽口破唇焦，毕竟何益？①

张居正此言极是，但关键的问题是他自己说一套做一套，言行不一，
不可能执法严明，当然也就不可能挽救明朝的命运，吏治的腐败依
然如故，且愈演愈烈。他将此时的明朝比作秦、元末世是很有见地
的，在此之前，张居正还未用过这样悲观的比喻。张居正放纵江南
乡绅的结果是他们无节制地敲剥民众，造成双方极其尖锐的怨恨和
对立，完全激化了阶级矛盾，最终必然出现"兽宦"董其昌宅地被
其欺凌的广大民众包围焚烧和南方遍地群起惩治主人的奴变等严重
后果。如他知道巡抚和巡按两者职权的混乱和在实践中的弊端，但
就是不设法解决。他在万历九年（1581）年对苏松巡按曾士楚说：

> 近来抚、按诸君，不思各举其职，每致混杂。下司观
> 望，不知所守。以故实惠不流。至于直指使者，往往舍其
> 本职，而侵越巡抚之事，违道以干誉，徇情以养交，此大
> 谬也。②

---

① （明）张居正：《张太岳集》卷33《答四川巡抚张濂滨》。
② （明）张居正：《张太岳集》卷33《答苏松巡按曾公士楚言抚按职掌不同》。

此时离张居正去世已无多日，但对如此严重的体制弊端，他也只是说说而已。到了万历十年二月临终前，张居正对江南豪右日益坐大、危害国家正常秩序的局面深感无奈，唯有无助地叹息。他对神宗说：

> 昨查户部，自隆庆元年起，至万历七年止，各省直未完带征粮一百余万，兵工二部马价、料价等项不与焉。而苏、松两府，拖欠至七十余万。盖以彼处税粮原重，故逋负独多，其间固有豪右奸滑恃顽不纳者，然穷民小户力不能办者亦有之。而有司之令，但能行于小民，不能行于豪右，故催科之苦，小民独当之。①

此言反映了张居正临终前万历政治的真实情形，也是十多年来排斥海瑞、放纵江南豪绅的必然结果。

以权徇私者最怕直言不讳的清官海瑞，只能用排挤海瑞来暂时维系自己的权势。高拱"素衔瑞"，张居正"亦不乐瑞"，一方面反映着他们对海瑞的严厉批评和监督心惊肉跳，毫不认同海瑞依法依规大刀阔斧的全面整肃与深度改革；另一方面反映着他们维持现状而不敢采取真正的改革行动的心态，即不敢真正向得势的特殊利益团伙开刀，不敢真正向腐败的吏治动手。海瑞亦深知与张居正不是同道之人，便因"江陵当国，不再出仕"②，闲居海南，参与家乡的文化和经济建设。同时，海瑞也关心国事，对朝中不正之风敢于发声。如对天下盛传张居正为其子科举营私之事，海瑞致信阁臣、会试总裁吕调阳，要求他严守公道，不要屈从张居正。海瑞"直言其

---

① （明）张居正：《张太岳集》卷46《请蠲积逋以安民生疏》。

② （明）海瑞：《海瑞集·海忠介公年谱》。

事，不激不随，词严义正，可以隐杜阴谋，寒权臣胆"①。尽管海瑞的提醒不会起多大作用，但代表着良知、道义、希望和法纪，具有良好的社会影响。以至于在后来的反夺情斗争中，为了防止张居正的打击报复，有人"伪为海侍郎疏，劝皇上许居正守制"②。

《明史·张居正传》所谓万历初期"纪纲法度莫不修明"完全是作者的溢美和短视之词。万历五年（1577），张居正对右副都御史李世达说道："近来驿递困敝至极，主上赫然思以厘振之，明旨屡饬，不啻三令五申矣，而犹不信。"③ 在其临终前，神宗对大臣朝仪混乱大为不满，对张居正说："朕近来每视朝，见百官穿杂色衣服，系杂色带，都不按品级。又行礼之际，咳嗽吐痰，孰为敬也？孰为不敬？"④ 这样一种乱象就是吏治不清的集中反映。而就张居正个人而言，与高拱担任一年多首辅相比，担任十年首辅的他"生前毫无俭约的名声"⑤，带头败政，带头腐败，与严嵩一样，"公卿辐辏其集，蜂屯蚁慕，由窦、屈膝之事颇不乏人"⑥。其"诸子连举鼎甲，各列华要，方且慕圭组之华以为荣宠"⑦，并与一般的权臣一样，庇护为非作歹的亲属。如王世贞曾惩治欺侮江陵县令的张居正妻弟，张居正"虽拟旨要求依法严惩，但私下却贻书王世贞数百言，为妻弟辩护，措辞强硬。王世贞借地震上疏言'臣道太盛，坤维不宁'，以讽

---

① （明）海瑞：《海瑞集·海忠介公年谱》。
② 《明神宗实录》卷162，万历十三年六月戊申。
③ （明）张居正：《张太岳集》卷29《答宗宪李渐庵言驿递条编任怨》。
④ （明）张居正：《张太岳集》卷46《奉谕整肃朝仪疏》。
⑤ 黄仁宇：《万历十五年》，第36页。
⑥ （明）于慎行：《谷山笔麈》卷4《相鉴》。
⑦ （明）于慎行：《谷山笔麈》卷4《相鉴》。

张居正，二人隔膜加深"①。张居正可以说是海瑞所谓的"半真半假"之人。他死后被指控"接受贿赂，生活奢侈，安插不胜任的党羽于要职，滥用权力，设法使他的儿子们在文官考试中得中并进入翰林院，勾结太监冯保，压制舆论，蒙蔽皇帝"等罪名。② 仅刑部查没其京师房"价值一万六百七十两，原住宅内金二千四百余两，银十万七千七百余两，金器三千七百一十余两，金首饰九百余两，银器五千二百余两，银首饰一万余两，玉带一十六条，蟒衣、绸缎、纱罗、珍珠、玛瑙、宝石、玳瑁尚未的据"③。不久，在其家乡抄没"银十二万，共装一百扛"④，湖广巡按李江"解进抄没故相张居正金银、古铜、磁、漆等物，诏内库交收"⑤。这绝不是一个清廉之臣所应有的财富，与海瑞死后"贫不能具含殓"的清贫境况形成了巨大的反差，也是对张居正于万历二年（1574）所谓"宰相不为国家忠虑，徇情容私，甚者辇千万金入其室，即为人穿鼻矣。今主上幼冲，仆以一身当天下之重，不难破家以利国，陨首以求济"⑥ 以及万历八年（1580）"不穀弃家忘躯，以徇国家之事"⑦ 之类的虚伪之词的极大讽刺。

特别需要指出的是，张居正竭力保护嘉隆万时期养成的大老

---

① 汪琼珍：《论王世贞与王锡爵的关系及政治影响》，载姚大勇、张玉梅编《王世贞与明清文化国际学术交流会论文集》，上海三联书店2016年版，第222页。

② ［美］牟复礼、［英］崔瑞德主编：《剑桥中国明代史》，第572页。

③ 《明神宗实录》卷148，万历十二年四月乙卯。

④ 《明神宗实录》卷155，万历十二年十一月戊寅。

⑤ 《明神宗实录》卷155，万历十二年十一月丙戌。

⑥ （明）张居正：《张太岳集》卷26《答应天巡抚宋阳山论均粮足民》。

⑦ （明）张居正：《张太岳集》卷32《答南学院李公言得失毁誉》。

虎——徐阶，成为徐阶及其家族得以逍遥法外的强力保护伞，使海瑞穷治徐阶的计划难以实现。相对于北京的阁臣，陪都南京的海瑞仅仅是一个弱小之臣，尽管他以极大的勇气向权贵作不懈的斗争，但像张居正之类的重臣在海瑞的后面放水，使海瑞的所有努力付诸东流！正如日本学者小野和子所言：

> 当时，前首辅徐阶因拥有众多家奴，用暴力集积土地，而受到海瑞和蔡国熙的揭露，这件事很有名。徐阶以三万黄金的贿赂而逼迫海瑞免职，这时，支持张居正夺情的陈三谟也批判蔡国熙，致使其被免职。陈三谟是拥护大乡绅、大土地所有者徐阶的利益，"把一度由海瑞和蔡国熙而脱离水深火热的民众再次推入水深火热之中"的人物……这显示了和张居正为伍的人物，在地方社会上是与什么样的势力相联系的。①

张居正死后，御史王国就揭露张居正的败政行为："敲扑忠良，诸子列清华而摧抑正直。呼朋植党，半是奸人。"② 故在清算张居正败政与腐败行为中明神宗起用被张居正排斥和防范的海瑞就顺乎民意，合乎潮流，既是对张居正时期吏治不清的极大不满，也是否定和纠正张居正败政行为的最佳手段。《明史·张居正传》的作者指出：自夺情后，张居正"益偏恣，其所黜陟，多由爱憎，左右用事之人多通贿赂"。黄秉石亦言："时江陵张居正当国，虽号厉精，然置其私人王篆、傅作舟等于南京，皆纳贿招权，曲庇不肖有司为奸利，吏

---

① ［日］小野和子：《明季党社考》，第21页。
② 《明神宗实录》卷146，万历十二年二月甲子。

治大瘉。人之思公，如宋人思司马君实也。"① 海瑞被江南民众视如神明，人们期待着海瑞般的清官能臣治理积弊丛生的江南社会。

万历十二年（1584）年末，海瑞被起用时已是七十二岁高龄的老人。这在明代应是完全退出政坛而颐养天年的年纪，但海瑞不顾年事已高，欣然受命，立即北上。从隆庆罢官到万历起复，海瑞在家闲居了十六年，起复时任命为南京都察院右佥都御史，旋改为南京吏部右侍郎。由于尚书没有到任，海瑞事实上掌管南京吏部。他一到任，就对张居正遗留的南京腐败吏治极为不满，认为"吏治民风犹如先日"②，于是颁布《禁革积弊告示》，对南京官场弥漫的歪风邪气，海瑞试图采取严厉手段予以整饬。但因多方掣肘，难施报负，故效果并不明显，故于万历十四年（1586）向神宗疏言："自张居正刑犯而后，乾纲独断，无一时一事不惟小民之念。有其心，不收其效者，失之有刑而刑轻也。诸臣莫以其故闻，诸臣皆是贪风俗中人。"③ 海瑞真切意识到蔓延整个官场的贪腐之风已经不是一个南京侍郎所能应对的，自己纵有极度的清廉和无私为国的情怀，也无济于事。于是乎，他拿起了法律，试图用明太祖的严刑治腐之法遏制愈加严重的腐败之习。在七十三岁高龄，即临终前一年，海瑞像霍韬向世宗进言一样向神宗提出了治贪绝招，即用严刑峻法遏制腐败之风：

> 待士有礼之说，借口而非其正不可信。夫待士当礼，而民何辜乎？太祖初，剥皮囊草。洪武三十年定枉法八十

① （明）海瑞：《海瑞集·黄秉石海忠介公传》。
② （明）海瑞：《海瑞集·梁云龙海忠介公行状》。
③ 《明神宗实录》卷171，万历十四年二月甲申。

贯绞之律。弘治士多廉介之节，民无渔夺之忧。政刑原非德礼外事。士乎？民乎？太祖之权衡审而两全之矣。正德初年，美意始变。世宗朝，詹事霍韬所以有文官恶其厉己，托钦定事例，改杂犯之疏也。贪，其害之大者，与犯此者，抚按臣为甚。吏部未有执之而酌抚按进退者，抚按得以容贪，贪可得而禁乎？京师，四方之极，两京官借口公费，无一衙门无有。以莘莘下而义利之辩不明至此，贪又可得而禁乎？①

通过自己一生的实践和思考，海瑞最终认识到惩治贪腐之风，绝不是一个人的单打独斗，而是一项系统工程，认为："欲安百姓先守令，欲督守令先司道，欲督司道先抚按，而致望于阁部诸大臣，归本于君身。治安之要，诚无易此。"② 海瑞明确认识到治理百官贪腐的要害在于高层，上梁不正，下梁自然歪斜。同时，惩腐必须要用严明的法律特别是明朝的根本大法——《大明律》。朱元璋在颁布《大明律》时说道：该律"编写成书，刊布中外，使臣民知所遵守"③。为了防范官吏枉法贪赃，具有"百代之准绳"的《大明律》创设《受赃》篇目，成为有史以来最严的治腐律条。其中在《官吏受财》一条中规定："有禄人枉法，赃各主者，通算全科……八十贯，绞。不枉法，赃各主者，通算折半科罪……一百二十贯，罪止杖一百，流三千里。"④ 拿现成的《大明律》为治腐利器是海瑞自己

---

① 《明神宗实录》卷 171，万历十四年二月甲申。
② （明）海瑞：《海瑞集·海忠介公年谱》。
③ 怀效锋点校：《大明律·御制大明律序》，法律出版社 1999 年版。
④ 《大明律》卷 23《受赃》。

治理贪腐实践的最终认识和选择。仅就敢于提出让贪官污吏闻风丧胆的这一建议来说，表明海瑞对明朝还抱有希望，对未来还怀有信心。

黄仁宇认为此时海瑞受命"无疑是一个不幸的选择"且处于"事业的最低点"①是非常片面的。事实上，神宗起用海瑞是清算张居正时期腐败的重大举措之一，极具象征意义，充分说明万历皇帝此时是清醒的，对张居正时期的腐败现象是极为不满的。对日益腐败的万历政治而言，海瑞的确力不从心，难以起死回生，但不能因为他的建议难行就认为起用海瑞无用。面对强大的贪腐势力，海瑞要比五十多年前霍韬提议用《大明律》惩治腐败困难得多。从严刑治腐的提议来看，此时的海瑞更加务实和理性，敢于面对严峻的现实，不怕贪官污吏的群起报复，在生命的最后时刻为明王朝提出了最有力和最有效的治腐良策，是他毕生肃吏反腐的升华。在海瑞看来，除此之外，再无良药可救。至于朝廷能否用《大明律》铁腕治腐，官员敢不敢用《大明律》自律从政，那不是对海瑞的要求，而是对决策者和整个官僚阶层的考验和检测。如果以时过境迁和官吏俸禄低下等毫不负责任的理由拒绝执行《大明律》，那就等于宣布废弃《大明律》，放弃医治，意味着默许甚至公然放纵违法，使贪腐合法化，邪气最终占据上风，亡国便是唯一下场。

当然，像之前上疏的结果一样，海瑞临终前的呼唤、呐喊和警告不会对吏治沉疴产生些许影响。除了对百官神经产生瞬间的恐惧刺激之外，结果仍然是被贪官污吏所否定，最后都是腐败一方占据

---

①　黄仁宇：《万历十五年》，中华书局1982年版。

绝对的主动。在海瑞上疏之后，御史房寰疏言：海瑞"决裂先圣之防，背弃人道之事。平居而放言自恣，则诋孔孟之道以自尊；被论而强辩饰非，又援孔孟之言以文过"①。此论颠倒是非，信口雌黄，把提倡治贪的海瑞视为洪水猛兽，同时把海瑞提出的依法治贪引入歧途。朝廷对海瑞提出的建议不置可否，对能否依照《大明律》治贪不予回答，对能否修订相关治贪法令或废除此项法令更是不敢谈论，大多以"不顺人情""不协于公论"的毫不负责任的理由来否定海瑞的提议，使贪腐之风反而找到了继续存在的理由并进一步增大了贪腐者的胆量。据《明史·海瑞传》记载：海瑞被起用后，"诸司素偷惰，瑞以身矫之。有御史偶陈戏乐，欲遵太祖法予之杖。百司惴恐，多患苦之"②。由此可见，张居正遗留下来的吏治已经经不起一点点反腐的敲打，整个官僚阶层全面腐化，海瑞严厉治腐的言行自然成为众矢之的，被贪官污吏视为眼中钉和肉中刺，必欲置之死地而后快。换言之，百官越恨海瑞，就说明腐败面越大，腐败程度越烈。

张居正所处的万历时期既不可能以法反腐，也不可能创新制度反腐，被贪腐侵蚀的百官已经无药可救，经不起任何形式的敲打，在集体的贪腐迷乱中等待着王朝的崩溃。百官只有继续谩骂海瑞和排斥海瑞，才能维持暂时的生命和一时的快乐。沈德符言不由衷地说道：海瑞之清，"冠绝一时，无端性褊而执。既以清骄人，又以清律人，至形之谩骂，人多不堪"③。李贽倒清醒地认为：海瑞起用到

---

① 《明神宗实录》卷176，万历十四年七月乙巳。
② （清）张廷玉等：《明史》卷226《海瑞传》。
③ （明）沈德符：《万历野获编补遗》卷3《台疏讥谑》。

任，"海内端人，举手相庆，以为特达之知。而小人之不便者顾目公为迂阔，诋之甚力"①。但当时正人太少，小人太多，海瑞便在"迂憨""迂阔""迂滞""性褊""不谙吏事""不近人情""不识时务""不能容人""不达政体"之类的集体喧扰和小人"诬奏"声中离开了人世，他的严刑治贪的提议也就成了一纸空文。民众悼念着海瑞，而贪官污吏则弹冠相庆。从此，明朝再无治贪之人了，被贪官污吏败坏的明王朝就像一艘破船急速滑向深渊，重演着腐败亡国的一幕幕情景。

四、腐败葬送改革

海瑞"言说而意忠"，竭力以自己的清廉来整肃贪官污吏的败政行为，用自己的品行来改造寡廉鲜耻者的逐利行径。他以清官的特殊眼光见证了嘉隆万时期政治腐败的种种怪象，并深刻地揭示了这一时期吏弊的走向和特点，对皇帝、阁部大臣及百官的败政行为都进行了实事求是的揭露和无情的斥责，书写了中国古代清官的独特形象。

自嘉靖中后期以来，明朝离朱元璋建国已届二百年，洪武祖制和《大明律》已被君臣抛诸脑后，视为废纸，但霍韬、海瑞等少数清醒之人没有忘记，并敢于站出来要求严格执行。在他们看来，祖制中合理的内容极具针砭时弊的奇特功效，是极为有效的治贪武器和手段，必须坚守，不能背弃。换言之，改革绝不是"祖宗不足法"而事事皆要创新，恰恰相反，而是要善于利用合理的政治资源，在

---

① （明）海瑞：《海瑞集·李贽太子少保海忠介公传》。

某些方面更需要坚守和切实执行的勇气。海瑞在担任应天巡抚时，"莅任之始，所有一二条约，除积弊于相安，复祖宗之成法。不循常，不变旧，惟此民困可苏，舍此不可言治"①。他所颁布的 35 条《督抚条约》源于"祖宗成法"，认为："祖宗成法，今修举之，以上利国，以下便民。"② 张居正号称自己"法后王"，但对朱元璋的治贪禁令熟视无睹，将《大明律》弃置一旁，既不敢像海瑞那样严格要求自己清廉俭约，更不敢像海瑞那样要求百官在"俸米柴马之外，不妄取一分一文，不妄用一分一文"③。当一位所谓的"大政治家"或"改革家"不敢公开高举严刑峻法的反腐大旗，空喊"守己爱民"，惧怕清官，害怕监督，拒绝逆耳之言，而要在自己及百官的贪腐中推行"新政"或"改革"是不可能持久的，也是不可能成功的。己既不正，安能正人？清廉是为官的底线，特别是想要成就大业、获得人们的永久尊重和赞誉者，就必须真正做到出淤泥而不染，严于律己，甘于吃亏，以上率下，极力端正官风。

"明代第一清官"海瑞是"明代第一权相"张居正的一面镜子。尽管两人身处的官位不同，但对两人的清廉要求则是完全相同的。不能说身居高位的张居正就可以为所欲为，以权谋私；也不能说因为张居正"有功"就可以无视他的贪腐，甚至可以抵充他的贪腐；更不能说因为张居正贪贿不及严嵩或冯保就可以用五十步笑百步的做法公然为张居正开脱罪责，任情粉饰。面对复杂的政治环境和权力斗争，处于众目睽睽之下的首辅张居正，为了自我保护和万历朝

---

① （明）海瑞：《海瑞集·督抚条约》。

② （明）海瑞：《海瑞集·督抚条约》。

③ （明）海瑞：《海瑞集·督抚条约》。

的稳定、万历新政的顺利推进以及身后政局的平稳发展，就必须注重操守，严格执法，带头洁身自好，言行一致，真正做到身正清廉，而绝不能与贪官污吏同流合污，或明或暗地追逐私利，让客观存在的反对势力抓住自己的营私把柄而轻易地否定自己，造成政治动荡。严嵩的倒台，徐阶被海瑞惩治，张居正死后被清算，既反映着嘉隆万改革时期对吏治腐败具有一定的自纠能力，也反映着贪腐者个人所应付出的代价。海瑞所指责和整治的百官特别是特殊的既得利益者的贪腐远远超过张居正，得罪的人更多，但海瑞能够善终且永远得到人们的赞誉，就在于他在位期间真正能够做到两袖清风，公而忘私。可见官员的自身清正是永远立于不败之地的不二法宝。任何无视张居正的操守并为其腐败行为辩护的言行都是相当滑稽和荒谬的。而研究张居正的法治思想，首先应该考察他对《大明律》的认识态度和执行力度，而不能无视这一关键问题而大谈其他枝节性问题。①

海瑞在隆庆时被罢官和万历前期被张居正继续冷落并排挤，一方面反映着张居正对自己的清廉没有信心，害怕海瑞的无情揭露和批评。为了袒护座主徐阶，也为了暂时的自保，张居正只能让海瑞在自己主导下的万历政坛上仍旧消失；另一方面反映着隆万时期政治腐败的延续，张居正要在吏治腐败特别是自身腐化的前提下推行所谓的"新政"或"改革"，不仅不可能成功，反而招致比严嵩、徐阶更加严厉的社会讨伐和政治报复。张居正死后的遭遇应从张居正自身探讨原因。那种认为是因为张居正"改革"招致清算完全是站

---

① 参见佘守德《张江陵》，载梁启超主编《中国六大政治家》，中华书局 2014 年版。

不住脚的，是一个伪命题。

嘉隆万作为相对独立的历史单元，改革的理念早已形成，各领域的重大变革也已进行，如吏治改革在嘉靖前期清除前朝旧势力的前提下全面展开，"一条鞭"法的重大变革自嘉靖以来就在朝廷的全力推动下如火如荼地进行着，货币的白银化早已是历史大势和不断演进的过程，俺答长期的侵扰活动在隆庆时期通过封贡手段而得到一定程度的遏制。暂时过分依赖太后和太监的万历首辅张居正在自保的前提下只能着眼于眼前的功利和对嘉隆改革的沿袭，在某些方面也只是有所推进而已，而如何在此基础上打破各类特殊的既得利益集团以再建相对平衡的社会关系、强化内阁对六部的领导关系以进一步确保内阁的行政主导权、完善监察制度以消弭政治集团的内部纷争、化解矛盾冲突以确保身后政局的稳定、改变政府职能以适应赋税白银化管理、改革财政管理体制以防止搜刮能力增强后的奢靡滥用、解决边防困局以构建北方民族关系新格局和确保国防安全、顺应白银大量输入而睁眼看世界且调整对外政策等方面没有找到有效的对策，或者根本就没有新想法。相对于嘉靖、隆庆时期的革新举措，张居正是守成有余而革新不足。离开嘉靖、隆庆的变革背景，孤立地就万历初政谈论张居正的行政特点并放大其作用，则是十分片面的。黄仁宇以财政存在的问题为例论道："16 世纪的明朝，政府几乎没有任何可以支配的节余。实际掌握的财政资源零碎分散，无法用于大规模的商业运作。官员们仅仅满足于任意支配各种服务，一旦不足，他们则进行征用，而不签订契约以获得额外的服务。"[1]

---

[1] 黄仁宇：《十六世纪明代中国之财政与税收》，第 424 页。

尽管张居正"相权之重，本朝罕俪。部臣拱手受成，比于威君严父"①，但他过分依赖和讨好权力欲极强和贪性十足的宦官冯保是饮鸩止渴，只能暂时应付眼下自己权力的维持而毫无延续之可能。这是张居正最大的政治赌注，当然也是张居正必然失败的政治主因。黄宗羲就此认为："夫居正之罪，正坐不能以师傅自待，听指使于仆妾。"②《明史·冯保传》的作者亦论道："居正固有才，其所以得委任专国柄者，由保为之左右也。"③ 谷应泰认为张居正与冯保一唱一和，"冯倚执政则言路无忧，张恃中涓即主恩罔替。以故扇殿清暑，铺毡御寒，居正所蒙，壹皆媚珰之力也"④。他之所以能成为明代第一权相，就在于其暂时能够"逢迎利用冯保，左右太后，用太后慑服'幼主'，使服从自己，不为其他阉宦所玩弄"⑤。《万历野获编》记述了张居正与冯保联合利用神宗与宦官宫中厮混而明目张胆地驱除冯保异己者一事，认为神宗大婚后：

> 偶被酒，令小阉唱以侑之，阉辞不能，上倚醉拔剑断其总角。群竖肤诉与冯保。保奏之慈圣。次日召上诟诘甚苦。至有社稷为重之说。上涕泣谢过，为手诏剋责以赐江陵。而珰保因得中其所仇孙海、客用，谓二人引诱。江陵条旨，俱谪净军，发南京种菜，亦可已矣。江陵复再疏推广保说，谓太监孙德秀、温泰、周海俱诣佞，当斥三人，亦保之素嗛者。上不得已允之。受遗元老，内挟母后以张

① （明）沈德符：《万历野获编》卷9《阁部重轻》。
② （明）黄宗羲：《黄宗羲全集》第1册《明夷待访录》，浙江古籍出版社1985年版。
③ （清）张廷玉等：《明史》卷305《冯保传》。
④ （清）谷应泰：《明史纪事本末》卷61《江陵柄政》。
⑤ 李光璧：《明朝史略》，湖北人民出版社1957年版，第126页。

威，下迎权珰以助焰，要挟圣主，如同婴孺，积怨许久而后发，其得祸已晚矣。①

张居正的专擅加上自身的腐败和生前持续严厉处置持不同政见者，所引起的公愤在不断发酵，死后便在顷刻间形成了强大的反张洪流，出现了明代历史上最大规模和最长时间声讨某一大臣的独特现象。正如黄仁宇所言："从他的反对者的观点看，这位大学士只是滥用权力以提升他自己的人；他们责备他牺牲有真正品德和正直的人来建立施政效率的假象。由于以他这一方的不过是虚假的合法性攻击既得利益，张居正使自己容易受到有组织的挑战。"② 但张居正死后，并未出现"世间已无张居正"的局面，恰恰相反，张居正以反面的角色仍然活在万历政坛之上，而且极大地影响着他死后万历政局的走向。而把反张者统统斥为"小人"，则是完全无视张居正的操守和行政的诸多失误。反张的扩大化是需要批评的，美化张居正也是需要纠正的。不论任何人，在为官理政的操守要求方面没有双重标准，张居正无权贪腐，不可能例外，显然不能因为他是"大政治家"而忽略他的操守，更不可能为他的贪腐喝彩或辩解。即便后来的研究者以各种各样的动机宽容张居正，一味凸显张居正的正面形象，但张居正根本躲不过当时政治的必然清算。而这一清算就是从他的贪腐开始的，人们借此轻易地打倒了张居正，使其顷刻间身败名裂，家庭遭殃，万历政治逆转，付出了惨痛的代价。

无视朱元璋的反腐法令，不敢高举反腐大旗，是嘉隆万改革中

① （明）沈德符：《万历野获编》卷9《江陵震主》。
② ［美］牟复礼、［英］崔瑞德主编：《剑桥中国明代史》，第570页。

存在的最大问题。张居正死后，年轻的神宗摆脱了束缚，看清了万历政治的症结，试图"励精图治"，因"雅重瑞名"，便能突破高拱、张居正以来设置的种种阻力和一些心术不正者的阻挠，大胆起用年过七旬、被高拱和张居正所排斥和冷落的清官海瑞，是对张居正时期腐败严重不满的集中反映，也是张居正死后万历政治的一大亮点。而当海瑞要求按照《大明律》惩治肆意蔓延的贪腐行为的提议被束之高阁之后，明朝治贪便失去了最后机会。面对张居正清算的扩大化和内阁中枢地位因反张而被迅速弱化，嘉隆万改革式微，阁臣不敢担当，社会蔑视权威，朝廷控制力迅速减弱，改革活力锐减，舆论失控，腐败总爆发，明朝毫无悬念地直奔灭亡的快车道。

　　将明朝的根本大法弃置一旁，试图在腐败的温床上推行"新政"或"改革"是不可能健康持续的。不依法依规防腐反腐的改革注定是失败的改革，是毫无希望和出路的改革。政治腐败的不断加重最终必然埋葬改革者，也必然葬送改革，使政权的瓦解不可避免，这是明代嘉隆万改革最深刻的历史教训。

第十一章 张居正与晚明政治的开端

晚明始于张居正去世之时，这是较为普遍的看法。将首辅张居正的生前与身后截然分开，是否恰当，需要重新审视。张居正作为内阁首辅，之所以能够"专擅"十年，就在于神宗年幼而拥有的顾命权力。张居正通过非正常手段获得首辅权力，他的"专擅"是以侵夺皇权为前提的，必然意味着皇权的弱化。而在张居正去世后的反张浪潮中，亲政的神宗逐渐怠政，皇权继续弱化。同时，阁权也因清算张居正而受到明显削弱，不再发挥中枢作用。只有以皇权的弱化为视角，将隆庆六年（1572）六月神宗即位看成晚明政治的开端，才能客观地观察73年间晚明政治的走向和真正理解明朝"亡于神宗"的含义。在明史研究中，"晚明"的使用较为混乱。其中，影响较大的观点是把张居正去世的万历十年（1582）作为晚明的起点。如果此论成立，那首先得回答一个基本的问题，即幼主神宗的即位和张居正的病逝哪个事件对万历政治的影响更大？换言之，张居正去世所造成的政局变化是万历初政的正常表现还是异常反映？如果说是正常表现，那就无关紧要，不必大惊小怪；如果是异常反映，那就说明已经二十岁的神宗还不能行使皇权，张居正并未尽到顾命辅臣之责，没有将神宗培养成"圣君"。长期以来，一些学者一味放大张居正去世的负面作用，无视神宗的存在，无疑是在肯定张居正对皇权的长期架空，并希望将这一情势继续下去，而绝少考虑张居正如何向神宗交权这一核心问题。而被张居正所架空的神宗皇权需不需要恢复常态，相当一部分学者并不在意，完全忘记了明朝政治制度的特点，一味地把万历政治的命运全部寄托在张居正一人身上。事实上，要认清神宗初年的政治特点，首先要关注神宗皇权的弱化问题，只有以神宗皇权的弱化为视角，才能认清张居正与晚明的关系和把握晚明历史的走向。

一、"晚明"：一个具有争议的概念

"晚明"在中国历史演进中具有独特性，晚明史是学界持续关注的热点之一。在不同时代，学者根据自己面临的问题，各取所需，截取其中的一点或一个方面对晚明史进行不同的解读。如有的学者从亡国的角度来认识晚明，有的从政治腐败的角度来考察晚明，有的从生产关系变化的角度来解析晚明，有的从阶级矛盾或民族矛盾的角度来认知晚明，有的从思想解放的角度来审视晚明，有的从全球化的角度来观察晚明，有的从社会变迁的角度来解读晚明。正如高寿仙所言：晚明"是一个光怪陆离的时代，充满了张力和矛盾。从中既可以看到社会经济的蓬勃发展，又可以看到贫富分化的日益加剧；既可以看到为国为民的政治抗争，又可以看到结朋结党的宗派混斗；既可以看到改革志士的励精图治，又可以看到官僚群体的腐败无能；既可以看到个性的空前张扬，又可以看到欲望的极度膨胀"①。正是由于解读晚明的视角不同，故观点各异，认识不一。周明初就此论道："晚明从什么时候开始，什么时候结束？它的划分依据是什么？要对这些问题作出确切的回答并不是一件容易的事。因为晚明就不是一个确切的时间概念。一般学术界把万历到明代灭亡前这一段时期看成是晚明时期。但是，晚明是不是就从万历元年开始，万历之前的某段时期，如隆庆时期和嘉靖后期算不算晚明时期？谁也不能作出肯定的或否定的回答。因此，所谓晚明又是一个相当模糊的时间概念，它没有明确的时间断限。"② 解扬亦言："晚明是个难以一言以蔽之的时代，相信科学地深入其中的研究者都会感到头绪纷乱。不少概念工具用于研究现代社会尚能清晰有效，一旦用于解释晚明，研究者都会或多或少地有言不尽意，甚至文不对题的困惑。"③

晚明之"晚"，既指明朝政治腐朽、衰败之意，标志着当时皇权的弱化和政治的混乱；又指明朝经济与思想文化等方面兴旺、蓬勃之意，代表着明朝的生机与活力。换言之，就是晚明政治与社会经济、思想文化等方面的发展极不适应，互不匹配，政治上的腐败无能与具有新因素的社会转型形成了明显的错位。而晚明经济结构的新变化、商业的空前繁荣、白银的大量流通与国家货币银本位的确立、工商业城镇的勃兴、消费的奢华、早期启蒙思想的萌芽、以人性解放为核心的人文主义思潮的传播、实学思潮的兴起、全球化浪

---

① 高寿仙：《变与乱：明代社会与思想史论》，人民出版社 2018 年版，第 333 页。

② 周明初：《晚明士人心态及文学个案》，东方出版社 1997 年版，第 1 页。

③ 解扬：《话语与制度——祖制与晚明政治思想》，生活书店出版有限公司 2021 年版，第 2 页。

潮的冲击与反应等全新的现象，与历史上各朝各代亡国时期的政治景观明显不同，故受到学界的持续关注，并从多方面予以审视。如王天有认为："从万历十年（1582）张居正去世算起，到天启七年，仅仅四十五年。四十五年中，明王朝由振兴到衰微，进而趋于崩溃，国势急骤转变。东林党人顾允成在万历时已称'天崩地陷'的时期已经到来。清代史家论及明朝衰亡时，也往往认为'明之亡，实亡于神宗'。可见这一时期是攸关明朝存亡的重要时刻。"① 樊树志认为："王阳明的大声呼喊，掀起了思想解放的浪潮。此后，人才辈出，都以追求思想自由为旨归，形成波澜壮阔的个人主义与博爱主义的思潮……冲破思想的桎梏，挣脱名教的牢笼，思想解放的浪潮滚滚而来，思想界流派纷呈，讲学之风盛行，互相辩驳诘难。有了这样的氛围，使得西方科学文化得以顺利地传播、弘扬，培养出了一大批放眼世界的先进中国人。"② 张春树、骆雪伦则认为："晚明的社会经济变化给明代社会制度结构带来转变，同时转变的还有生活在其中的不同人群的行为和态度。而且随着这些变化，属于明代社会的儒家基本构造的某些文化和道德操守也逐渐遭到破坏。"③

　　正是由于各学者从不同的层面来理解晚明，故在不同的方面用不同的词语来表述这一特别而复杂的问题，而起始的时间自然也就各不相同。如沈定平在《明清之际中西文化交流史——明代：调适与会通》中用"明中叶以后""明中叶后""明末""明朝末年"等

---

① 王天有：《王天有史学论集》，北京大学出版社 2018 年版，第 5 页。
② 樊树志：《晚明大变局》，中华书局 2015 年版，第 6 页。
③ 张春树、骆雪伦：《明清时代之社会经济巨变与新文化——李渔时代的社会与文化及其"现代性"》，上海古籍出版社 2008 年版，第 116 页。

概念来称呼正德以后的明代历史，将王阳明的"心学"与明后期商品经济的发展结合起来考察这一时期的历史走向。① 赵轶峰在《明代的变迁》中认为："自明中叶书院讲学之风盛行，知识分子普遍喜好游学、结社，至明末为最甚。但晚明党社中人，或以才学，或以道德相标榜，其所关切的实际仍是庙堂中事。"② 周振鹤在《晚明文人与旅游风气》一文中以"晚明"为大时段，"明末"为小时段，说道："晚明社会是黄宗羲所谓的'天崩地解'的时代，追求人的正常生活以至于个性解放成为文人的生活目标，因此许多文人不再将自己封闭在书斋里头，而是走向大自然，走向气象万千的社会，将自己融合天地人群之中，有人并且以己为宾，以自然与社会为主，记录下自己的感受，形成多种多样的、超越前人的精彩游记。这些游记有相当大的普遍性，而且越到明末，这类游记的数量越大。"③ 徐泓在《明代社会转型之一——以江浙为例》一文中将"嘉靖至崇祯122 年"称为"明代后期"，也称为"明末"④。巫仁恕在《品味奢华——晚明的消费社会与士大夫》一书中将"晚明"与"明中叶以后""明朝后期""明季"混用，但通观全书，其所指的"晚明"应该是指嘉靖以来的明代历史。如言："明代到了嘉靖年间（1522—1566）约当 16 世纪以后，各地的方志中都反映出平民服饰方面有了

① 沈定平：《明清之际中西文化交流史——明代：调适与会通》，商务印书馆 2001 年版，第 525—527 页。

② 赵轶峰：《明代的变迁》，上海三联书店出版社 2008 年版，第 82 页。

③ 周振鹤：《晚明文人与旅游风气》，载郑培凯主编《明代政治与文化变迁》，香港城市大学出版社 2006 年版，第 170 页。

④ 徐泓：《明代社会转型之一——以江浙为例》，郑培凯：《明代政治与文化变迁》，第 108—109 页。

很大的变化，一改明初朴素守制的情形，而走向华丽奢侈，甚至逾越礼制。"① 张显清在《明代后期社会转型研究》中将明代历史划分为三个时期："从洪武至天顺（14 世纪中叶至 15 世纪中叶）为前期，是中国传统封建社会的延续和发展时期；从成化至正德（15 世纪中叶至 16 世纪初叶）为中期，是社会转型苗头出现时期；从嘉靖至明末（16 世纪初叶至 17 世纪中叶）为后期，是中国古代封建社会高度成熟并开始起步向近代社会转型时期"，并明确指出："在本书中，有时也将明中期称之为'明中叶'，将明后期称之为'晚明'。"② 刘志琴明确指出："晚明时期，一般是指嘉靖末年、隆庆、万历、天启和崇祯王朝，为时不足一百年，其中又以长达四十八年的万历朝最令人瞩目。"③ 陈宝良也说："追溯明末以来社会秩序的变动，尽管已经萌芽于明代中期，但还是以万历以后最为明显。"④ 王家范则认为"万历后期至崇祯末"是晚明时代。⑤ 高寿仙在梳理晚明研究后认为："'晚明'并非一个严格的断代概念，有人将其收得很窄，仅限于天启、崇祯两朝，也有人将其放得很宽，从成化、弘治一直延续到南明。较为通行的用法，是指万历至崇祯这一时间段。当然，历史是一条连绵不断的河流，没有明显的起点和终点，晚明时代呈现的诸多现象和变动趋势，的确可以上溯到明代中叶，下延到清朝时期。"⑥

① 巫仁恕：《品味奢华——晚明的消费社会与士大夫》，中华书局 2008 年版，第 125 页。

② 张显清：《明代后期社会转型研究》，中国社会科学出版社 2008 年版，第 3 页。

③ 刘志琴：《晚明史论：重新认识末世衰变》，第 3 页。

④ 陈宝良：《明代社会转型与文化变迁》，重庆大学出版社 2014 年版，第 410 页。

⑤ 王家范：《晚明江南士大夫的历史命运》，载《百年颠沛与千年往复》，上海人民出版社 2018 年版，第 396 页。

⑥ 高寿仙：《变与乱：明代社会与思想史论》，第 333 页。

但一味地上溯晚明的开始时间，并无多大意义。

在晚明史的早期研究中，主要聚焦于探究明朝亡国的原因。《明史》的作者认为："神宗冲龄践阼，江陵秉政，综核名实，国势几于富强。继乃因循牵制，晏处深宫，纲纪废弛，君臣否隔。于是小人好权趋利者驰骛追逐，与名节之士为仇雠，门户纷然角立。驯至愍、憨，邪党滋蔓。在廷正类无深识远虑以折其机牙，而不胜忿激，交相攻讦。以致人主蓄疑，贤奸杂用，溃败决裂，不可振救。故论者谓明之亡，实亡于神宗，岂不谅欤。光宗潜德久彰，海内属望，而嗣服一月，天不假年，措施未展，三案构争，党祸益炽，可哀也夫。"① 此论是否有理，引起了学者们的极大关注和不同解读。李文治认为："神宗的怠政，是晚明政治败坏的根源，从万历十年（1582）起，神宗深居简出，和外廷隔绝，有几十年不上朝听政。"② 李光璧论道："明神宗朱翊钧在位四十八年，从万历十七年后就不上朝，在宫中吸食鸦片，纵情声色，直到万历四十三年才因为'梃击'事召见群臣一次，以后仍旧不上朝。"③ 他在描述"万历天启间的城市市民反抗矿税监的斗争和白莲教起义"时则使用"明末"或"晚明"，大概以万历二十年以后为开端。④ 韦庆远则明确指出，张居正的去世标志着明朝政治进入混乱状态，说道："如果说，隆万时期为期十多年的大改革运动，曾经扭转了明代自正统年间以来由治入乱的趋势，一度出现过由乱入治的兴旺前景，那么，自张居正死败，

---

① （清）张廷玉等：《明史》卷21《神宗本纪》。

② 李文治：《晚明民变》，中华书局、上海书店出版社1989年版，第1页。

③ 李光璧：《明朝史略》，湖北人民出版社1957年版，第135页。

④ 李光璧：《明朝史略》，第148页。

大改革运动戛然停顿，各方面政策截然倒退，政局陷入混乱，又进入了由治入乱的恶性循环之中。"① 神宗在位 48 年，万历前期又有所谓的"张居正改革"，故一些学者认为要说明朝"亡于神宗"，那只能说是亡于张居正之后的神宗时期，以便突出张居正功绩，否则就无法讲述"张居正改革"，更无法凸显张居正"改革家"的作用与地位。

假如"万历至崇祯"为晚明时期，那就必须搞清楚"万历"是指神宗称帝后的时代，还是改元后的时代。谢国桢将神宗即位至崇祯亡国划为明朝"已经由衰微逐步趋于崩溃"的阶段，认为"万历四十余年间，社会的情况，是由于统治者的'好货成癖'贪婪无厌，就从暂时的小安，很迅速地转变为外患纷起，社会动荡极不稳定的局面"②。章嶔认为党争是明亡的一大主因，"其祸要自居正当国始之"，"居正以前，言官所争者为公是非；居正以后，则所争者为私是非矣！"③ 黎东方也认为："党争的根源，是内阁与六部的权力问题。张居正当国之时，把六部的实权归入内阁。张居正一死，六部便颇想从内阁手中，取回原有的实权。而六部之中，对内阁首当其冲的，便是吏部。"④ 司徒琳也认为："这个首辅位置连对最柔顺谦和的在职者都是座烤炉，而且得随时充当皇帝过失的替罪羊。有谁试图经过那个公职向政府施加真正的影响，必受弹劾，理由不外是乘危篡取特权，或把皇帝引向堕落。的确，它就是首席大学士张居正

①　韦庆远：《张居正和明代中后期政局》，第 859 页。
②　谢国桢：《南明史略》，吉林出版集团有限责任公司 2009 年版，第 6 页。
③　章嶔：《中华通史》，第 1229 页。
④　黎东方：《细说明朝》，第 309 页。

（1525—1582）果断的行政改革由高涨到激起'反行政机构'运动的同一理由，后者是由明末'东林'社团所领导的。"① 日本学者小野和子在《明季党社考》中认为：虽然在万历初年不存在成为东林党的团体，但是，"抵抗要把权力集中到内阁的张居正的势力逐渐形成，顾宪成等也是其中的一部分。他们批判的是，张居正的夺情，以及张居正为了确认行政、财政改革而施行的考成法"②。尽管以上学者的侧重点有所不同，但将张居正与晚明政治结合起来加以考察的做法是值得肯定的。

"明亡于万历"中的"万历"，既可以理解成万历时代，也可以理解为神宗时代。一般而言，人们将其理解为万历时代。如樊树志在《晚明史》中直言："本书论述的晚明史，起自万历元年（1573），迄止崇祯十七年（1644）"，认为"晚明中国在经济、文化上融入世界之际，一个固步自封的王朝不仅不可能把握机遇，反而是加剧了自身内在矛盾，从万历到崇祯的几十年中几乎没有不争之时"③。何宗美也说："晚明指从万历初年（1573）到崇祯末年（1644）这一历史时期，包括七十二年，它是明王朝在衰落中挣扎并走向灭亡的最后阶段。"④ 这些说法均忽视了一个基本的问题，那就是神宗即位的时间是隆庆六年（1572）六月，而不是万历元年（1573）正月。很显然，将隆庆六年（1572）六月至十二月不计入神宗时代是没有任何道理的。

---

① 司徒琳：《南明史》，上海书店出版社 2007 年版，《引言》，第 10 页。
② ［日］小野和子著，李庆、张荣湄译：《明季党社考》，第 370—371 页。
③ 樊树志：《晚明史（1573—1644 年）》，"内容摘要"。
④ 何宗美：《明末清初文人结社研究》，第 71 页。

二、中枢权力失衡：晚明政治的特点

以大历史观来认知某一时期的历史，在不割断历史联系的前提下，更应关注历史发展过程中的相互影响。但在具体研究中，可以根据某一关键事件来划分出不同的历史阶段。就晚明而言，尽管人们可以从不同的视角来探讨晚明的历史特点，但首先必须要正视政治的因素。无论晚明呈现多么新奇的现象，必须承认的是，明朝的社会性质没有发生本质性的变化，仍然是高度强化了的君主专制制度，不能因为有所谓的"资本主义生产关系萌芽"，或"市场经济萌芽"，或"早期工业化"，或"近代早期中国"，或"社会变迁"，或"社会转型"等现象而忽略了这一基本事实。讨论晚明时代在局部或个别领域出现的新现象是必要的，但不能以偏概全，更不能无视政治因素的制约而津津乐道于晚明的"新气象"。

就社会矛盾激化和统治阶级内部斗争的激烈程度而言，明朝在正德时期即在建国 150 多年后亡国也是有可能的。而之所以没有出现这一结果，就在于正德、嘉靖之际出现了较为彻底的人事更迭，并在这一阵痛中扭转了衰亡的局面，使明朝在世宗重建嘉靖政治新秩序的过程中实现了重生。一些学者将嘉靖朝政治描绘成漆黑一团，腐败透顶，对世宗与张璁等人的革新活动和因此对明朝历史走向所产生的独特而又积极的作用视而不见，其结果是既没有讲清楚正德、嘉靖、隆庆、万历四朝发展演变的历史脉络，也没有搞明白所谓"张居正改革"的前因后果，自然也就不可能真正认识张居正施政的得失和晚明历史的走向。[1] 事实上，张居正对嘉靖朝历史有着独到的

---

[1]　参见田澍《嘉靖革新研究》，中国社会科学出版社 2002 年版。

见解。他在指出严嵩因弄权而导致政治弊端丛生的同时，又在整体上肯定了嘉靖政治，并明确指出"孝莫大于尊祖"，再三表示自己要切实效法祖宗之制，"率由旧章"，明确说道："方今国家要务，惟在遵守祖宗旧制，不必纷纷更改。"① 他曾严厉地批评非议祖制的言行，说道："近时迂腐之流，乃犹祖晚宋之弊习，而妄议我祖宗之所建立，不识治理者也。"② 在评价"二祖"（明太祖和明成祖）之后诸帝的作用与地位时，张居正特别突出了嘉靖皇帝的巨大影响，认为世宗"承正德群奸乱政之后，又用威以振之，恢皇纲，饬法纪，而国家神气为之再扬"③。他还明确表示要效法世宗之行政："正德年间，政体紊乱，至世宗皇帝以聪明至圣入继大统，将以前敝政一切改正，以复我祖宗之旧，正今日所当遵守者。"④ 谈迁就此论道："张居正既柄政，慨然任天下之重，专尊主权，课吏实。尝言高皇帝真得圣之威者也，世宗能识其意，是以高卧深宫之中，朝委裘而不乱。今上，世宗孙也，奈何不法祖！"⑤

不可否认，张居正在万历十年（1582）的去世，绝对是影响万历政局走向的一件大事，但简单地将张居正与其生前的政治行为截然分开，并一再放大张居正去世的影响，则是值得商榷的。正是由于张居正十年的"专擅"，使亲政后的神宗力图洗刷其"顾命"政治的痕迹，并极力清除张居正的各种影响。王锡爵认为："皇上天纵神

① （明）张居正：《张太岳集》卷37《谢召见疏》。
② （明）张居正：《张太岳集》卷18《杂著》。
③ （明）张居正：《张太岳集》卷18《杂著》。
④ （明）张居正：《张太岳集》卷45《议外戚子弟恩荫疏》。
⑤ （清）谈迁：《国榷》卷68，隆庆六年六月庚辰。

明，近者事事惩张居正专权之辙，章奏亲览，处分亲断。"① 正由于此，由张居正亲自选任的阁臣张四维、申时行等人也势必与张居正划清界限，力图消除顾命政治的历史痕迹，以开启神宗亲政的新局面。《明史》所谓张四维担任首辅时，"知中外积苦居正，欲大收人心"②，故"力反前事，时望颇属焉"③ 以及申时行"务为宽大"，"罢居正时所行考成法"，"以次收召老成，布列庶位，朝论多称之"④，凡张居正"诸所引用者，斥削殆尽"⑤ 等现象，就是这一转变的具体体现。申时行对此毫不掩饰，他在《张文毅公神道碑》中说道：

> 自江陵柄国，以刑名一切痛绳海内，其治若束湿，人心嚣然。既没，而亲信用事之人尚据要地，与权珰为表里，相与墨守其遗法，阁中议多龃龉不行。公燕居深念，间为余言："此难以显争而可墨夺。今海内厌苦操切久矣，若以意示四方中丞直指，令稍以宽大从事，而吾辈无深求刻责，宜可以少安人心。"会皇嗣诞生，而公喜可知也，曰："时不可失。"乃手疏，劝上宜以大庆施惠天下，省督责，缓征徭，举遗逸，恤灾眚，以养国家元气，而出诸司所拟宽条属余损益，凡数十以进。上欣然命行之。⑥

---

① 《明神宗实录》卷267，万历二十一年闰十一月壬辰。
② （清）张廷玉等：《明史》卷219《张四维传》。
③ （清）张廷玉等：《明史》卷219《张四维传》。
④ （清）张廷玉等：《明史》卷218《申时行传》。
⑤ （清）张廷玉等：《明史》卷213《张居正传》。
⑥ （明）申时行：《张文毅公神道碑》，载张四维撰，张志江点校《张四维集·条麓堂集》卷34。

张四维、申时行行政风格的遽变，既是其同张居正划清界限的必然选择，又是适应神宗亲政局面的必然要求。明人夏允彝所谓"继之辅政者，多避怨趋时，鲜能负荷"的批评显然不符合实情，但所谓"上既壮盛，明习庶事，不复委柄于下，操切之后，继以宽大，人皆乐之"① 则有一定的道理。而《明经世文编》的编辑者认为申时行等人"尽反江陵之政者为身谋，非为国谋耳"② 的说法，并没有考虑结束张居正顾命政治所必然带来的政治阵痛。

《明史》的作者极力贬损申时行等后继阁臣，试图要把他们与张居正区分开来。其言："神宗之朝，于时为豫，于象为蛊。时行诸人有鸣豫之凶，而无干蛊之略。外畏清议，内固恩宠，依阿自守，掩饰取名，弼谐无闻，循墨避事。"③ 同时认为"四维等当轴处中，颇滋物议。其时言路势张，恣为抨击。是非瞀乱，贤否混淆，群相敌仇，罔顾国是"④。事实上，张四维、申时行等阁臣都是张居正一手挑选任用的，是张居正利用顾命身份组阁以维持自己"专擅"的产物。如果非要说是这些阁臣集体反水，那只能说明张居正用人失察，应对其严重失职进行反思，而不是一味地讥讽张四维等阁臣。万历十九年（1591），吏部尚书陆光祖对神宗说道："自大学士张居正用事，阁臣选用，始有不由会推者，意在市恩蔑弃成法，天下共言其非矣。"⑤ 从张居正夺得首辅之后，"内而内阁、六部、都察院，外而各省督、抚，没有一个不是张居正推荐的人，言官之中，御史、给

① （清）谈迁：《国榷》卷83，万历四十八年七月丙申。
② （明）陈子龙等辑：《明经世文编》卷469《朝政因循可虑辅臣单匮难支疏》。
③ （清）《明史》卷218《赞曰》。
④ （清）《明史》卷219《赞曰》。
⑤ （明）陈子龙等辑：《明经世文编》卷374《覆请申明职掌会推阁臣疏》。

事中也几乎没有一个不听居正底指挥。"① 对于张居正选用的阁臣，朱东润做了很有意义的考察，认为善于"潜伏"的张四维于万历三年（1575）入阁后，表面上对张居正恭谨谦顺，使张居正"只觉得四维是一个恭谨的同僚"，但张四维很清楚，"在张居正当国的时候，谈不到争权。吕调阳入阁三年了，除在内阁公本照例署名，以及每逢庆典，照例进官、蒙赏以外，还有什么？四维知道自己只是'随元辅办事'。这是圣旨，也不妨说是一个条件。大学士固然名为大学士，其实只是居正底一条尾巴。在这一点，居正和四维成立一种默契。但是居正没有看清忠厚的人和才华的人究竟有些不同。忠厚的人如吕调阳，也许可以遵守这个默契，并不感觉痛苦；才华的人如张四维，便完全两样了。他遵守这个默契，但是心里却充满怨愤。他不甘做尾巴，然而他只能做尾巴。他底恭谨，只能增加他底仇视。这便成为居正身后，四维极力报复底张本"②。为何张居正如此招人痛恨？黄仁宇认为主要原因"在于他把所有的文官摆在他个人的严格监视之下，并且凭个人的标准加以升迁或贬黜，因此严重地威胁了他们的安全感"③。所以，在考察申时行等人的政治行为时，不能将其与张居正截然分开，否则，就无法理解他们所处的政治环境。谢国桢所谓"继任张居正的首辅，像申时行、王锡爵之流，他们的威望远不如张居正，手段也不如张居正老练，他们只知道唯诺因循，来取媚于皇帝，想尽办法来巩固自己的地位，造成党羽养成自己的

---

① 朱东润：《张居正大传》，第 345 页。
② 朱东润：《张居正大传》，第 199—200 页。
③ 黄仁宇：《万历十五年》，第 70 页。

势力"①，看到的只是张居正顾命和神宗亲政两个不同时期首辅权势的不同表现状态，申时行等首辅权势的明显弱化是神宗亲政后的必然要求，他们不可能拥有张居正式的"专擅"，当然也就不可能成为第二个张居正。

当然，神宗亲政后的行政并非一无是处，就其本意来说，他试图有所作为，有所成就。如神宗起用被张居正长期排斥的清官海瑞并为刘台等人平反，就是向天下昭示自己惩治腐败和纠正冤案的决心，也是在表示对张居正执政时政治腐败和专权的不满。但总体而言，神宗未能搞清清算张居正的真正目的，既没有详细的清算内容，又没有可控的清算范围。所以，在清算张居正时，势必涉及张居正效法嘉靖政治的敏感话题。如万历十六年（1588），阁臣王锡爵对神宗说道："闻张居正擅权时，要钳人口，故将世宗晚年遗札尽行进御，名虽效忠，其实有导皇上刑辱言官自为己地之意。今皇上必欲法祖，则自有良法美意可师，而居正乃万世罪人，岂可既发其奸，而又行其志也？"② 到了万历四十四年（1616），阁臣方从哲、吴道南改变了这一认识，明确要求神宗向世宗学习：

> 自昔帝王敬天，必先法祖，臣等不暇远引，即我世宗肃皇帝，非卓然中兴之主哉？彼其用贤图治、虚怀纳谏之芳规，乃皇上耳闻而目击者。夷考其时，有九卿多缺、都宪全空如今日者乎？有考选不下、候补散馆不下、言路寥寥如今日者乎？有各科无印、各差无人、虚封驳之司、废

---

① 谢国桢：《明清之际党社运动考》，第13—14页。
② 南炳文、吴彦玲：《辑校万历起居注》，万历十六年十二月十二日庚寅。

巡方之任如今日者乎？使是数者而无妨于祖制，无害于国家，以世宗英明神圣，何不当先为之，而必至于皇上始有此异常之举动也？夫人主，语之以敬天，谁不悚然惧？语之以法祖，谁不欣然喜？况我皇上聪明睿知，有为尧为舜之资，岂其于世主之所能为者反有让焉？是不过一深思、一奋发间，便可转因循为振作，易壅滞为疏通，纾海内郁结之心，辟贤士登庸之路，太平之盛将煌煌乎与世宗肃皇帝比隆较烈矣。①

不难看出，在清算张居正时的舍本求末和矫枉过正是亲政后神宗最大的政治失误，而放任朝臣毫无节制地攻讦张居正更是神宗政治最大的自我伤害。

明代政治体制的核心在于权力制衡，以确保皇权的绝对安全。在神宗即位后，明代政治出现了极不正常的现象：一方面张居正权势显赫，神宗皇权被"侵夺"，皇权与阁权的错位，导致皇帝可有可无；另一方面出于清算张居正的需要，阁权被全面打压，皇权与阁权又出现了新的错位，阁臣可有可无。其结果就是皇帝视阁臣如无有，阁臣难有作为，政治影响力越来越弱。从神宗即位开始，张居正生前的"专擅"和死后的反"专擅"是一个整体，不可分割。万历十二年（1584），申时行对神宗说道：

今议者徒见前任阁臣之擅专，往日铨部之阿意，不论黑白，并以疑臣。不知昔年，皇上犹在冲龄，故彼得操权罔上。今皇上春秋鼎盛，总揽权纲，凡有票拟，必经御览，

---

① 南炳文、吴彦玲：《辑校万历起居注》，万历四十四年十二月十一日丁末。

> 凡有处分，必奉宸断，臣何敢毫发擅专？臣不擅专，部臣
> 何所忌惮而曲为阿媚？①

后来，阁臣叶向高也认为："盖当主上冲年，江陵为政，一切政事不相关白，至于起居食息，皆不自由，上心积愤不堪，深恶臣下之操权矣。"② 离开了神宗被张居正架空的基本事实和由此所带来的深刻影响，就无法理解晚明政治的基本特征。

在张居正和万历初政的研究中，首先必须要正视张居正的顾命角色，也必须要把这一阶段视为非正常的政治状态。同时，只有把神宗亲政看成常态，而不是变态，才能理性地认识神宗政治的走向。也就是说，晚明的政治走向与年幼的神宗有关，与顾命时期"专擅"的张居正有关，与张居正未能顺利移交皇权有关，与张居正没有把神宗培养成明君有关。于慎行就此论道："万历丁丑，江陵奔丧辞朝，上御文华殿西室，江陵墨缞入见，泣涕陈辞，上亦为之抆泪，一时相传以为古今宠遇，而不知贾似道故事也。似道平时尊礼，至于入朝不拜，退朝而出，人主避席目送殿廷始坐。已而称疾乞归，人主涕泣拜留，至命大臣、侍从传旨固留，日四五至，中使加赐，日十数至。此何礼也？江陵晚节礼遇，亦略相仿，至称'太岳先生'，又过于往代矣。嗟夫！君上宠荣出于胁迫，大非人臣之福，有识之士以为惧，不以为荣也。"③ 张居正所侍奉的皇帝是"小孩子和他的学生"，而"环境和才能加在一起，造就了张居正的权威"④。高

---

① 南炳文、吴彦玲：《辑校万历起居注》，万历十二年四月一日庚寅。
② （明）陈子龙等辑：《明经世文编》卷461《答刘云峤》。
③ （明）于慎行：《谷山笔麈》卷4《相鉴》。
④ 黄仁宇：《万历十五年》，第185页。

寿仙就此认为："张居正并不是皇帝，而且他所担任的首辅职位也不享有前代宰相那样的法定行政决策权，因此他全权处理国家事务的行为便不可避免地会视为'专擅'。"①

如果以张居正的去世来分割万历时代，那将无法理解清算张居正"专擅"所带来的各种负面影响，也无法理解神宗内阁权力弱化的来龙去脉。只有将张居正的辅政与其去世后所遭受的清算联系在一起，才能认清神宗初政对晚明政治所产生的巨大影响。

三、神宗皇权的弱化：晚明政治的开端

学界所谓晚明时期神宗怠政、思想混乱、党争激烈、吏治腐败、矿监税使横行、土地兼并等现象，只是明朝走向衰亡的一般表象，而非明朝灭亡的根本原因，不应视为进入晚明的主要标志。明朝的衰亡既有封建王朝亡国的一般特征，又有其特殊的内在表现。而要想弄清后者，观察的起点只能从神宗即位的那一刻来探寻。尽管明穆宗去世后发生了一系列重大事件，但与幼主即位相比，其他所有事件都处于次要地位。张居正一人顾命现象的出现本身就是这一巨变中的一个特例，人们越凸显张居正的个人作用，就越说明万历初政的异常。尽管神宗的即位没有像"大礼议"那样带来君臣更替的全新格局，但皇帝因年幼而被阁臣、太后和宦官联合架空，则反映着"大礼议"之后明朝政治的又一巨变，并对此后的明代政治产生了极大的影响。因为穆宗临终前的安排是阁臣的集体顾命，而非张居正一人之顾命。时任吏部尚书杨博对集体顾命的安排寄予厚望，

---

① 张显清：《明代后期社会转型研究》，第 373 页。

他希望"查照累朝故事，内外章奏应票拟者，不拘大小，悉令阁臣票拟；中外传帖应视草者，无论巨细，悉令阁臣视草。既有未惬圣心，不妨召至便殿，面相质问，务求至当，然后涣发。二三阁臣世受国恩，新承顾命，必不忍负先帝，必不敢负陛下。惟愿陛下推心委任，始终无二，庶几明良庆会而新政有光，上下志同而成宪无爽，固皇祖磐石之宗，慰先帝凭玉之望，天下生灵不胜幸甚，臣等不胜幸甚"①。但不久因高仪去世和高拱被逐，顾命之臣仅剩张居正一人，政局为之大变，出现了"江陵承顾托、辅幼主，身伊周之任，宠眷稠渥，前古未有"②之奇特现象。对此，张居正也毫不掩饰地对神宗说道："仰窥皇上之心，不过以数年以来，举天下之重，尽属与臣……故臣得尽其愚耳。今在廷之臣，自辅臣以至于百执事，孰非臣所引荐者？"③柄政之后，张居正"对中央则力求提高相权，使政权集于内阁，阁权集于首辅，而以大部隶诸内阁，俾收指臂相助之功"④。正由于此，被他提拔任用之人都想方设法地回馈张居正，这让张居正应接不暇。他在万历八年（1580）对四川巡抚张士佩说道：

> 仆生平好推毂天下贤者。及待罪政府，有进贤之责，而势又易以引人，故所推毂尤众。有拔自沉沦小吏，登诸八座，比肩事主者矣。然皆不使人知，不望其报，盖荐贤本以为国，非欲市德于人也。乃今为仆所引拔者，往往用馈遗相报。却之，则自疑曰："'何疏我也！'及不能殚乃

---

① （明）杨博：《杨博奏疏集·杨襄毅公本兵疏议》卷28《会请端政本以隆新治疏》，张志江点校，上海古籍出版社2018年版，第1272—1273页。
② （清）谈迁：《国榷》卷71，万历十年六月丙午。
③ （明）张居正：《张太岳集》卷41《三乞守制疏》。
④ 梁启超等：《中国六大政治家》，第757页。

心、任乃事，被谴责，则又曰：'何不终庇我也！'"①

又如万历八年（1580）十一月十二日晚，神宗在乾清宫与宦官夜宴放纵时，差一点将两人杖毙，事发后，张居正对涉事宦官进行了处理。但是所处理者"不过冯保不悦者而汰去之，则此举适所以阿保之好恶而已"。对于这一处理结果，神宗明知其由，但"迫于太后，不得已皆报可，而心颇嗛居正及保矣"②。

毋庸置疑，张居正的"专擅"是以架空皇权为前提的。"江陵柄国""江陵当国""江陵秉政""政权由己"等表述都是架空皇权的代名词。黎东方论道：张居正"生平颇爱权力，而且定要全部权力。神宗从十岁即位，到二十一岁张居正死，始终只是一个名义上的皇帝而已。两宫太后，神宗的嫡母仁圣太后陈氏与慈圣太后李氏，由于有司礼太监冯保替张居正左右其间，也一直对张居正言听计从"。又言：在张居正主政的十年之中，由于皇太后"管教甚严，张居正大权独揽，司礼监冯保又颇与太后及张居正合作，神宗除了读书，无所作为"③。朱东润亦言：张居正对自己"充满了自信，他认定惟有自己，才能担当国家底大任。因此从居正看来：攻击居正，便是攻击国家；摧毁居正，便是摧毁国家"④。又说："内阁里面，安静到没有一点波浪，更是嘉靖、隆庆以来没有的现象。"⑤ 神宗即位后出现的这一现象，与嘉靖、隆庆时期皇权的强化正好相反，是皇权弱

---

① （明）张居正：《张太岳集》卷32《答张巡抚濂滨言士称知己》。
② （清）夏燮：《明通鉴》卷67，神宗八年十一月戊寅。
③ 黎东方：《细说明朝》，第282—294页。
④ 朱东润：《张居正大传》，第226页。
⑤ 朱东润：《张居正大传》，第266页。

化的表现，暗藏着巨大的政治危机。于慎行认为：

> 江陵自失臣礼，自取祸机，败在身家，不足深论，而于国家大政，有一坏而不可转者，何也？凡天下之事，持之过则甚，则一发而溃不可收，辟如张鼓急则易裂，辟如壅水决则多伤。即以内使一事言之，人主在深宫之中，以醉饱过误，断一奄人之发，不为非过，而未至大失，辅弼大臣，付之不问，则犹有惮而改，即欲规正，亦当从容陈说，使之自解，何至假太后之威，中外相应，制之股掌之间，使之藏怒怨志，蓄极而发，从此惟所欲为，无复畏惮。数年以来，诛戮宦者如刈草菅，伤和损德，无可救药，视一奄人之发，相去何如？则持之太急故也。嗟夫！以善为之，而不知其陷于太过，则不明于《春秋》之义者矣。①

孟森就张居正的权势论道："综万历初之政皆出于居正之手，最犯清议者乃夺情一事，不恤与言路为仇，而高不知危，满不知溢，所谓明与治国而昧于治身，此之谓也。"② 谢国桢明言：张居正"令人失望的地方，就是大权独揽，用高压的手段，把权威都归到内阁，言官等于木偶，来取媚于内阁。居正到了晚年，位高望尊，傲慢的态度，更是暴露无遗……冯保与他勾结，通行贿赂，官职的升降，都由他的爱憎，他的儿子嗣修等都中了高第，居正的势力，真是炙手可热，气盖一世，但他的积怨，就潜伏其中了。言官的舆论，表面上看来，似乎已被削夺，里面更是膨胀。而一般无耻士大夫，借着

---

① （明）于慎行：《谷山笔麈》卷2《纪述二》。
② 孟森：《明清史讲义》，第256页。

机会来弹劾正人君子，以取媚时相……到万历十年，张居正死了，遂为众矢之的……言官被张居正压制了十年，至此如江河千里，一泻直下"①。樊树志认为："张居正掌权之时，权势显赫，举国上下仿佛风中芦苇，随风而倒。"② 这些评论深刻揭示了张居正担任首辅时期的"专擅"实情和由此所产生的深刻影响。

事实上，张居正的"专擅"既非阁臣的权力，亦非明代之前宰相的权力，而是万历初政皇权弱化的直接反映。特别是张居正通过借助宦官冯保来强化自己的权势，明显违背了明朝政治的基本精神，故不可能成为效法的榜样。万历三十四年（1606），礼科给事中汪若霖论道：

> 皇上御极以来，阁臣变态亦略可睹矣。万历初年，权相勾珰擅政，天下股栗，盛满不戒，卒受诛灭之祸。嗣是宵人观望，于是一切变为侧媚险邪之行，以牢笼一世，门户甚坚，气脉不断，苟有正类，立见倾挤，以私灭公而不顾。天下之大，使天下之人，亦瞒心涂面以附之，而不知有公家之急，遂至今日，可为太息！③

朱东润论道："高拱、张居正当穆宗在位的时候，在最后的阶段里，已经不能并存，神宗即位以后，居正利用政治机会，撇开高拱，成为实际的独裁者，这也是无可否认的史实。"④ 也正因为如此，张居正一死，神宗便将其身边的徐爵等人视为"楚党"，认为其与冯保等

---

① 谢国桢：《明清之际党社运动考》，第12—13页。
② 樊树志：《张居正与万历皇帝》，中华书局2008年版，第180页。
③ （明）陈子龙等辑：《明经世文编》卷469《朝政因循可虑辅臣单匮难支疏》。
④ 朱东润：《张居正大传》，第345页。

"奴辈盗我威福久，其亟诛之"①。不难看出，当时神宗对张居正及其依附之人侵夺皇权的行为极度愤慨。正如申时行于万历十二年（1584）所言："窃见故臣居正，虽以苛刻擅专，自干宪典，然天威有赫，籍没其家，则国法已正，众愤已泄矣。"②

政治晚明是晚明史研究的核心问题，是制约经济晚明、社会晚明、文化晚明等晚明"新气象"的关键因素。不论人们如何发掘晚明的新因素，也不论如何认识晚明新因素的积极意义，当晚明政治中枢极度疲软、吏治愈加腐败、政局激烈动荡、区域发展严重失衡且自我无力变革之时，明朝只能在民怨沸腾中土崩瓦解。汪若霖认为："臣惟天下理乱，在于朝政得失，而国家内阁之地，号曰政府，谓皇上心膂所寄，天下机务之所从出也。今天下大势，似强实弱，似安实危，百孔千疮，仅存象貌，则惟是二十年来政府之内，懦啙渐靡，以至于此，识者伤之。"③ 当神宗无法组建自己可信可控的集体内阁，当神宗内阁不能与皇帝进行有效的沟通，神宗政治的失控是必然的。万历三十六年（1608），入阁不久的叶向高鉴于上下隔绝、内外离心而自己难有作为，要求辞职，并言："受事数月，莫展一筹。政本何地？辅弼何官？而可苟且度日！铨臣问臣曰：'庶官旷矣，职何以修？'计臣问臣曰：'边军噪矣，饷何以处？'台臣问臣曰：'宪署空矣，要紧各差，急何以应？'诸如此类，臣皆不能置对。

---

① （明）申时行：《张文毅公神道碑》，张四维撰，张志江点校：《张四维集·条麓堂集》卷34。

② 南炳文、吴彦玲：《辑校万历起居注》，万历十二年六月四日己西。

③ （明）陈子龙等辑：《明经世文编》卷469《朝政因循可虑辅臣单匮难支疏》。

举天下至危至急之事，尽责之臣等，而臣等实无以副。"① 同年，利玛窦就自己的所见所闻向罗马耶稣会总会长阿夸维神父的报告中说道："当今皇帝从不离开皇宫，很多年才在宫中上一次朝，而朝臣们也只能从很远的地方见到他：他们在一个院落中，面对着居于高台之上的皇帝。"② 要理解这一极不正常的现象，就不能不把观察的视角聚焦于张居正身上。在张居正看来，"只要他取得万历皇帝一人的暂时信任，就可以为所欲为，对于任何不同的意见，尽管罚不当罪，也要重处，这样的确可以取得暂时的效果，没有人敢反对他了，但是在积压新的社会矛盾，为后日的矛盾暴发准备了条件"③。通过清算张居正，神宗明白其他人与张居正一样，一身兼有"阴""阳"两重性，"有'阴'则有'阳'，既有道德伦理，就有私心贪欲。这种'阴'也绝非人世间的力量所能加以消灭的。于是他不强迫臣僚接受他的主张，也不反对臣僚的意见，而是对这一切漠然置之"，并以"顽强的意志和臣僚们作持久的对抗"④。可以说，神宗对阁臣的不信任，主要源于其对张居正"专擅"的不理解和不认同。朱东润认为："居正当国，便等于神宗失位，首辅大学士和皇帝，成为不能并立的形势。在这一个情态之下，居正头脑糊涂一点，便可以做王莽；气魄大一点，也可以做曹操。但是居正不是王莽、曹操，而且在那个

---

① 《明神宗实录》卷445，万历三十六年四月壬午。

② ［意］利玛窦：《致罗马耶稣会总会长阿夸维神父》，载［意］利玛窦著，文铮译，［意］梅欧金（Eugenio Menegon）校《利玛窦书信集》，商务印书馆2018年版，第321页。

③ 陈生玺：《张居正与万历》，载南开大学历史学院、北京大学历史系、中国社科院历史所编《中国古代社会高层论坛文集——纪念郑天挺先生诞辰一百一十周年》，第604页。

④ 黄仁宇：《万历十五年》，第76页。

提倡忠孝的环境之下，也不容许王莽、曹操的产生。居正以忠孝自负，而忠孝自负的主张，又和专权当国的现实，不能融洽，心理遂陷于极端的矛盾状态。"①

正是由于张居正未能在神宗成年后自觉地结束顾命政治，没有在生前将皇权顺利地移交给神宗，没有组建能够担当大任的内阁团队，便直接导致了万历内阁的疲软，使后张居正时代无法构筑强有力的领导权威。明人冯时可认为张居正的事功不容抹杀，"惟是好揽权而喜附己，则于贤者若掷沙遗沈而莫之恤，于佞者若嗜醴悦膻而莫之厌。故一时举措多拂人意。又其交内竖以固位，进珍玩以希宠，甚非大臣之道。至于夺情拒谏、鼎甲其子，而名行大坠，人心大失矣。所谓君子有大道，忠信以得之，骄泰以失之，于斯验矣"②。张居正事实上的"专擅"和神宗应有的"独断"之间的冲突是神宗即位之后最大的政治矛盾，这一矛盾不仅仅存在于张居正生前，而且在他死后依旧延续着，对神宗心理所造成的影响是极大的。王其榘认为张居正得祸的主要原因是君权与相权的矛盾，而这一矛盾在明代特别突出，"皇帝要躬揽庶政，内阁辅相只是做顾问、代言（草拟诰敕），超过这个界限，就是专恣擅权"。而张居正"这个名相，还总揽了朝政。他自己也意识到'高位不可久窃，大权不可久居'，提出要'归政'于朱翊钧，但又受阻于慈圣皇太后，以一个内阁辅臣，公然要提出归政，表明是他在'摄政'，这在皇帝成年之后，是绝对难以容忍的。居正死后不久即遭惨祸，关键问题就在这里"③。但让

---

① 朱东润：《张居正大传》，第 345 页。
② 谈迁：《国榷》卷 71，万历十年六月丙午。
③ 王其榘：《明代内阁制度史》，第 260 页。

神宗君臣始料不及的是，清算张居正不仅未能强化阁权，反而使其越来越弱。面对言路的攻击，朝臣"皆人人自危，重足而立，侧目而不敢言"①。首辅申时行甚至发出了"孤单寡与"②的感慨，并认为"今之论者，皆不惜国家之体统，不知臣子之分义，此风不息，为患非轻"③。阁臣许国也认为自己身处"国是摇夺，朝议混淆"④的乱局之中，故连连上疏辞职，直言："彼私党已成，气焰渐盛，稍侵其类，则群起交攻。或居中密图，或扬言鼓众。不得于此事，则籍明口于他事。不得于此人，又假手于他人。盖有鳞可批、颜可犯，而言官不可少指者；命可违、法可乱，而弹章不可少议者。将来大臣拱手听命，重足屏息，人人自危，接迹求去，又不独臣一人而已。"⑤一年半后，许国又与王家屏联名疏言："臣等既不能将顺皇上之美，又不能匡救皇上之过，伴食窃位，分毫无补，使天下后世追臣等而数其罪，复何颜面参于帷幄之中，立于臣僚之上乎?"⑥张居正的权势与其顾命的身份联系在一起。所谓张居正改革"不仅必然是短命的，而且在此之后不可避免会出现两种趋势：其一是政治权力失衡后的反弹，造成各种势力的纷争不休；其二是思想被禁锢后的回拨，形成以讲学、清议为核心的士人运动。而此二者恰为晚明党争兴起的重要原因"⑦。阁权弱化必然导致政治功能的紊乱，明朝

---

① 南炳文、吴彦玲：《辑校万历起居注》，万历十二年四月四日庚戌。
② 南炳文、吴彦玲：《辑校万历起居注》，万历十二年四月五日庚戌。
③ 南炳文、吴彦玲：《辑校万历起居注》，万历十二年六月十日乙卯。
④ 南炳文、吴彦玲：《辑校万历起居注》，万历十二年六月十二日丁巳。
⑤ 南炳文、吴彦玲：《辑校万历起居注》，万历十二年六月十五日庚戌。
⑥ 南炳文、吴彦玲：《辑校万历起居注》，万历十三年十月二十一日丁亥。
⑦ 何宗美：《明末清初文人结社研究》，第79页。

的衰亡也就不可避免。万历三十九年（1611），叶向高说道："臣见近年来朝纲国政日以陵迟，世道人心日以嚣竞，而又到处灾伤，连年荒旱，考古准今，必成祸乱。"①五年多后，方从哲直言："年来水旱相仍，盗贼时有，民生困敝，国计空虚，吏治日窳，边防渐弛，纪纲坠而不振，法守废而不存，人心之郁结未纾，朝政之壅淤日甚。"②《明史》的作者认为在朱赓一人在阁时，明朝已经是"朝政日弛，中外解体"③的状况了。

在认识晚明政治时，如果抛开首辅张居正，就无法认清其时代特点和政治走向。只有从神宗即位开始来认识晚明政治，才能较好地把握晚明政治演变的内在特点。毫无疑问，首辅张居正绝对是认识晚明政治的关键人物。万历十年（1582），尽管张居正离开了人世，但他仍然活在人间，以另外一种方式影响着万历政局。无论生前的"专擅"，还是死后所遭受的"清算"，张居正的荣辱变化集中反映着神宗皇权畸变的时代特点：神宗年幼之时，暂时需要张居正；神宗长大明理之后，则要抛弃张居正。而要树立亲政后的良好形象，神宗必然要设法消除张居正顾命政治的印记。换言之，以"专擅"名义清算张居正的目的在于使皇权和阁权向常态化转变，只是由于神宗君臣全面否定首辅张居正，未能把握好分寸，才使清算活动失控而走向反面。

晚明的起点应从隆庆六年（1572）六月神宗即位算起，历时73年，作为探讨明朝衰亡的时间已经够长了。而这一时期的政治特点

---

① 南炳文、吴彦玲：《辑校万历起居注》，万历三十九年五月二十三日辛酉。

② 南炳文、吴彦玲：《辑校万历起居注》，万历四十四年十二月十九日乙卯。

③ （清）张廷玉等：《明史》卷219《朱赓传》。

是以皇权的弱化来表现的。表面上看是张居正在"尊主权"和"强君威"，实际上是在侵夺神宗的皇权，造成了神宗对阁臣的不信任。首辅张居正的独特权势是神宗年幼即位的特殊产物，既不可能延续，也不可能复制，故在万历十年（1582）以后绝不可能出现像张居正一样的强势阁臣，使神宗无心膂股肱可寄。从叶向高、方从哲等人连连上疏要求神宗增补阁臣而不敢提及张居正的情形来看，他们不敢拥有张居正式权势的想法，而是一再强调集体内阁的重要性。如万历四十八年（1620）方从哲所言："窃惟国家设内阁之臣，匪徒备顾问、供代言之役而已，凡军国大事，咸得与闻，故密勿之司，号称政本。祖宗朝多至五、六员，少亦三、四员，使之谋断相资，协恭共济，从来未有以一人独任且至数年之久者。"① 此类话语在后张居正时代不绝于耳。只有正视张居正辅佐幼主的独特性，并以皇权的弱化为中心来认识神宗政治的特点，才能认清晚明政治的特点与走向。

穆宗去世后，神宗年幼且一时难以行使皇权是客观事实，如何将神宗培养成贤君英主，才是张居正首要的政治任务。如何在恰当的时机将皇权顺利移交到神宗手中，才是张居正首要的政治使命，也是对张居正极大的政治考验。只有以神宗即位为起点来审视晚明的历史，才能认清因皇帝年幼而出现的皇权弱化对晚明政治的特殊影响，才能洞悉张居正对神宗政治生态的深刻影响，才能看清晚明政治的实际走向。

不论是张居正"专擅"所导致神宗皇权的被动弱化，还是神宗

---

① 南炳文、吴彦玲：《辑校万历起居注》，万历四十八年八月二日丁未。

亲政后因"怠政"而引起的皇权的自我弱化，都是神宗即位后皇权弱化的不同表现形式，这是隆庆、万历之际明代政治的重大变化。穆宗的临终托孤、幼主的即位、顾命首臣高拱被逐、张居正夺得首辅并成为顾命孤臣，这一连串的事件都是神宗皇权弱化的集中表现，故晚明政治的起点应从神宗即位的隆庆六年（1572）六月算起。只有将"万历"等同于"神宗"，赵翼所谓明朝"不亡于崇祯，而亡于万历"①，则与《明史》的作者认为明朝"亡于神宗"的论断是同一个意思。

只有把幼主神宗即位以后的皇权和阁权的失衡联系起来并以此为视角来认识当时的政治与社会，才能看清晚明政治的走向并把握晚明社会的特点。过分突出张居正的个人作用而无视内阁"同寅协恭"的集体功能，显然背离了明朝设置内阁的基本精神。后张居正时代既有清算张居正"专擅"而树立神宗亲政形象的主观要求，也有结束顾命局面而恢复内阁常态的客观要求。张居正的权势既不可复制，也不能再现，神宗绝不会允许出现第二个张居正，后来的阁臣也不敢成为第二个张居正。而神宗时代皇权的弱化和阁权的疲软势必引发政治的衰败，而政治的迷乱又与活跃的社会经济之间找不到契合点，明朝只能在政治与社会文化的失衡中走向灭亡。

将神宗即位作为晚明政治起点的标志，旨在强调这一特殊历史时刻对明代政治的特殊影响。幼主神宗的即位标志着明朝皇权的弱化，对此后明朝的经济、社会、思想、文化等方面都产生了深刻的影响。需要指出的是，张居正顾命辅政之时，一方面继承了嘉靖、

---

① （清）赵翼：《廿二史札记》卷35《万历中矿使之害》。

隆庆时期革新的遗风，使神宗初政得以平稳发展；另一方面又隐藏着巨大的危机，使神宗初政存在着很大的不确定性。正是由于神宗对皇权弱化的极度不满，才使清算张居正毫无理性可言。在神宗君臣的甚嚣尘上的清算之中，张居正在顾命时期所遵循的法祖崇实、综核名实、精核吏治、讲求实效等政治理念也一并被抛弃，万历政治因此而迷失了方向。

附录：张璁与张居正简谱对照表

说明：

1. 张璁年谱主要依据《明实录》《明史》《张璁年谱》《张璁评传》等资料编写而成。

2. 张居正年谱主要依据《明实录》《明史》《明史纪事本末》《辑校万历起居注》《张居正大传》《明张江陵先生居正年谱》等资料编写而成。

张璁年谱		张居正年谱	
年龄（年份）	事纪	年龄（年份）	事纪
1岁 成化十一年 （1475）	十一月三十日，出生于浙江布政司温州府永嘉县三都普门（今浙江省温州市龙湾区永中街道），父亲张昪，母亲谢氏，长兄张璩，次兄张瑚，三兄张玧。	1岁 嘉靖四年 （1525）	五月三日出生于湖广布政司荆州府江陵县（今湖北省荆州市江陵县）。初名白圭，字叔大，号太岳。父亲张文明，为落第秀才，母亲赵氏。其祖父张镇为荆州辽王府卫士。

张璁年谱		张居正年谱	
年龄（年份）	事纪	年龄（年份）	事纪
8 岁 成化十八年 （1482）	与外甥王澈、王激就学于家塾。	5 岁 嘉靖八年 （1529）	入学学习句读。
9 岁 成化十九年 （1483）	其母去世，时年 50 岁。	10 岁 嘉靖十三年 （1534）	通六经大义，在郡里有"神童"之称。
15 岁 弘治二年 （1489）	从李阶学举业。	12 岁 嘉靖十五年 （1536）	参加荆州府试，考中秀才，知府李士翱改其名为"居正"。
20 岁 弘治七年 （1494）	为温州府学生员。	13 岁 嘉靖十六年 （1537）	参加湖广乡试，未中。
24 岁 弘治十一年 （1498）	通过乡试，成为举人。	16 岁 嘉靖十九年 （1540）	第二次参加乡试，中举。
25 岁 弘治十二年 （1499）	第一次参加会试，不第。	20 岁 嘉靖二十三年 （1544）	前往北京参加会试，落第。
28 岁 弘治十五年 （1502）	第二次参加会试，不第。	23 岁 嘉靖二十六年 （1547）	第二次参加会试，中第。殿试排名二甲，被选为翰林院庶吉士。当时掌院学士为徐阶，故张居正称其为"老师""座主"。
31 岁 弘治十八年 （1505）	第三次参加会试，不第。	25 岁 嘉靖二十八年 （1549）	授翰林院编修，上《论时政疏》。
34 岁 正德三年 （1508）	第四次参加会试，不第。	26 岁 嘉靖二十九年 （1550）	八月，俺答兵临京师，是为"庚戌之变"，张居正目睹这一事件，只能愤慨而已。

张璁年谱		张居正年谱	
年龄（年份）	事纪	年龄（年份）	事纪
35 岁 正德四年 （1509）	七月，父亲去世，时年83 岁。八月，三兄张琬去世，时年 41 岁。	27 岁 嘉靖三十年 （1551）	面对严嵩专权乱政，张居正无可奈何。
37 岁 正德六年 （1511）	第五次参加会试，不第。长子张逊志出生。	28 岁 嘉靖三十一年 （1552）	长子张敬修出生。后依次生有嗣修、懋修、简修、允修、静修，共六子。
40 岁 正德九年 （1514）	第六次参加会试，不第。	30 岁 嘉靖三十三年 （1554）	不满严嵩当权，但又无力抗争，便托病回家闲住。
42 岁 正德十一年 （1516）	携蔡夫人拟参加吏部铨选，路过南京谒见王守仁。在天津滞留后到京，但未赴吏部。	31 岁 嘉靖三十四年 （1555）	在家读书学农，关注民生。
43 岁 正德十二年 （1517）	第七次参加会试，仍不第。长兄张璩去世，时年 63 岁。	34 岁 嘉靖三十七年 （1558）	在家写成《学农园记》，自述家境清贫和官吏的催科。
44 岁 正德十三年 （1518）	在五都瑶溪修建罗峰书院，园五亩，学舍三间，聚众讲学，种棉种菜，议论时政，著书立说。著有《礼记章句》《杜诗训解》等书。	35 岁 嘉靖三十八年 （1559）	回朝在翰林院任职，研读本朝典章制度。
46 岁 正德十五年 （1520）	参加第八次会试，中第。正、副主考官分别为礼部左侍郎翰林学士石珤、翰林侍讲学士李廷相。但因武宗前往南京捉拿叛乱的藩王朱宸濠落水得病，殿试一再推迟。	36 岁 嘉靖三十九年 （1560）	以右春坊右中允兼国子监司业，高拱为祭酒。

张璁年谱		张居正年谱	
年龄（年份）	事纪	年龄（年份）	事纪
47 岁 正德十六年 （1521）	三月十四日武宗暴亡。四月二十二日，世宗即位。五月十五日，世宗补行殿试，为二甲进士，观政礼部。七月一日，首议"大礼"。十一月，又上《大礼或问》。十二月，首辅杨廷和授意吏部将张璁打发到南京刑部。	40 岁 嘉靖四十三年 （1564）	以右春坊右谕德兼充裕王朱载坖讲读，接近太子，并结交宦官。
48 岁 嘉靖元年 （1522）	二月，到达南京，担任刑部山西清吏司主事。	41 岁 嘉靖四十四年 （1565）	以右春坊右谕德兼翰林院侍读充任《承天大志》副总裁官。
49 岁 嘉靖二年 （1523）	与南京刑部主事桂萼辨析世宗所面对的礼仪问题。	42 岁 嘉靖四十五年 （1566）	升为翰林院侍读学士，掌翰林院事。世宗去世，徐阶与亲近的张居正密拟遗诏，而不让其他阁臣参与，引起高拱等人的不满。
50 岁 嘉靖三年 （1524）	二月，首辅杨廷和致仕。四月，奉诏前往北京议定"大礼"，行至凤阳，因朝臣阻挠，要求返回南京。世宗突破阻力，再令赴京。五月到京。同月，阁臣蒋冕致仕。六月升为翰林学士。七月，阁臣毛纪致仕。九月，协助世宗钦定"大礼"。十月，推荐谢迁入阁、廖纪任吏部尚书。	43 岁 隆庆元年 （1567）	穆宗即位，升为吏部右侍郎，旋改为吏部左侍郎兼东阁大学士入阁。不久，晋礼部尚书兼武英殿大学士，充任《世宗实录》总裁。五月，阁臣高拱被罢，九月阁臣郭朴致仕。

张璁年谱		张居正年谱	
年龄（年份）	事纪	年龄（年份）	事纪
51 岁 嘉靖四年 （1525）	五月，次子张逊业出生。十二月，升任詹事府詹事。	44 岁 隆庆二年 （1568）	正月，加少保兼太子太保。七月，徐阶被罢，李春芳为首辅，三位阁臣中张居正排位最末，陈以勤第二。八月，上《陈六事疏》。
52 岁 嘉靖五年 （1526）	七月，任兵部右侍郎。不久，又进兵部左侍郎。	45 岁 隆庆三年 （1569）	八月，比张居正早十二年中第的赵贞吉以礼部尚书兼文渊阁大学士入阁，轻视张居正，张居正斡旋让高拱复起，便于牵制赵贞吉。十二月，高拱以少傅兼太子太傅吏部尚书武英殿大学士复入内阁，并兼掌吏部事，实际控制用人权。
53 岁 嘉靖六年 （1527）	正月，开馆撰修《大礼全书》，与桂萼担任副总裁，阁臣杨一清、石珤和礼部尚书席书为总裁。四月，兼充经筵日讲官。八月，以兵部左侍郎兼署都察院院事。十月，以礼部尚书兼文渊阁大学士入阁。	46 岁 隆庆四年 （1570）	俺答之孙把汉那吉来降，张居正与高拱支持宣大总督王崇古授官分化的主张。十二月，晋太子太保吏部尚书柱国，又晋少傅建极殿大学士。阁臣陈以勤、赵贞吉先后致仕。殷士儋以太子太保礼部尚书兼文渊阁大学士入阁。

张璁年谱		张居正年谱	
年龄（年份）	事纪	年龄（年份）	事纪
54岁 嘉靖七年 （1528）	正月，加少保兼太子太保。三月，为瑶溪书院请赐额名，世宗赐名"贞义"，堂名为"抱忠"，并命有司修葺，别建敬一亭。三月，阁臣谢迁致仕。六月，《大礼全书》修成，世宗改名为《明伦大典》，加少傅兼太子太傅，晋吏部尚书谨身殿大学士，荫子张逊志为中书舍人。	47岁 隆庆五年 （1571）	穆宗诏封俺答为顺义王，俺答奉表称臣。主持会试，撰写《辛未会试程策》。五月，首辅李春芳致仕。高拱为首辅。十一月，殷士儋致仕。
55岁 嘉靖八年 （1529）	正月，蔡夫人有病，世宗派遣御医视疾。二月，与詹事霍韬主持己丑科会试。同月，桂萼以少保兼太子太傅礼部尚书武英殿大学士入阁。四月，敕修《大明会典》，充任总裁官。同月，蔡夫人病逝，时年50岁，世宗派遣礼部尚书李时致祭。八月，被言官弹劾，罢职回家。行至天津，被诏令还朝，担任内阁首辅。九月，首辅杨一清致仕。十二月，有疾，世宗派遣御医临视，并令暂免朝参。	48岁 隆庆六年 （1572）	四月，高仪以礼部尚书兼文渊阁大学士入阁。五月，穆宗去世。临终前，穆宗将年幼的神宗托付于高拱、张居正和高仪三位阁臣。张居正暗中与内廷勾结，赶走高拱，高仪不久去世。如此，张居正便成为唯一的顾命之臣，并为内阁首辅。同月，吕调阳以礼部尚书兼文渊阁大学士入阁。十二月，进呈《帝鉴图说》。

张璁年谱		张居正年谱	
年龄（年份）	事纪	年龄（年份）	事纪
56 岁 嘉靖九年 （1530）	五月，与武定侯郭勋、宣城伯卫錞总督郊祀工程。九月，再遣御医诊视。十月，担任总裁官，与礼部尚书李时纂修《郊祀典制》。十一月，上疏请更定孔子祀典。	49 岁 万历元年 （1573）	正月，加少师兼太子太师。八月，加左柱国中极殿大学士，荫一子尚宝丞。六月，在荆州建楼堂珍藏宸翰，并请赐额名，神宗赐楼名为"捧日"，堂名为"纯忠"。
57 岁 嘉靖十年 （1531）	二月，因"璁"与世宗朱厚熜之"熜"同音，张璁请求改名，世宗赐命孚敬，字茂恭，并赐"永嘉张茂恭"银印。七月，因与太常卿彭泽陷害夏言，被罢职。八月，阁臣桂萼去世。九月，以四郊、西苑完工，世宗先后派官到永嘉赐张璁银两、纻丝等物。十一月，世宗命令张璁复官。	50 岁 万历二年 （1574）	三月，赐张居正"宅揆保衡"大书一幅，以寓期勉之意。五月，其父母各年七十，神宗特赐绯蟒衣、银钱、玉花坠等物。
58 岁 嘉靖十一年 （1532）	三月，到达北京，晋太子太师华盖殿大学士，赐第长安门西。五月，方献夫以太子太保礼部尚书武英殿大学士入阁，六月，侧室陈氏生三子张逊友。八月，以星变乞休，言官趁机论劾，世宗批准致仕。	51 岁 万历三年 （1575）	推荐张四维以礼部尚书兼东阁大学士入阁。给事中余懋学、御史傅应祯先后弹劾张居正，余懋学罢官，傅应祯戍边。

张璁年谱		张居正年谱	
年龄（年份）	事纪	年龄（年份）	事纪
59 岁 嘉靖十二年 （1533）	正月，世宗令其复任。同月，二兄张瑚去世，时年 67 岁。四月，到京，为首辅，世宗赐其"绳愆弼违""忠良贞一"银记，用于密疏言事。七月，三子张逊友因痘而亡。十月，上疏论救张延龄。	52 岁 万历四年 （1576）	正月，遭巡按辽东御史刘台弹劾，张居正在幕后策划了一系列报复活动，先削职为民，后死于非命。六月，请重修《大明会典》，神宗从之，任命张居正为总裁。十月，特晋左柱国太傅，俸如伯爵。
60 岁 嘉靖十三年 （1534）	正月，晋少师兼太子太保吏部尚书武英殿大学士。四月，阁臣方献夫致仕。同月，长子张逊志病故，时年 24 岁。十月，为在温州郡城所建珍藏世宗诰敕、诗书、文札之楼请赐额名，世宗赐名"宝纶"。	53 岁 万历五年 （1577）	次子张嗣修在殿试中由神宗亲定为榜眼。九月，其父去世，时年 74 岁。因夺情而受到多方攻击，惩处因公开反对夺情的吴中行、赵用贤、艾穆、沈思孝、邹元标等人。阁臣张四维晋太子太保文渊阁大学士。
61 岁 嘉靖十四年 （1535）	二月，一品六年秩满，荫其次子张逊业为中书舍人。三月，以疾请求致仕，世宗不许，给假调养。四月，病情加重，再次乞休，世宗赐其亲制药饵。再请致仕，世宗许之。	54 岁 万历六年 （1578）	三月十三日，出京，回江陵参加四月十六日的葬父之礼。五月二十一日起程回京，六月十四日到京。归葬期间，神宗颁赐"帝赉忠良"银记，令其密疏言事。三月，马自强以太子太保礼部尚书兼文渊阁大学士入阁，十月去世。

张璁年谱		张居正年谱	
年龄（年份）	事纪	年龄（年份）	事纪
62 岁 嘉靖十五年 （1536）	七月，世宗复召。即刻赴任。行至青田，病情复发。勉强到达丽水后，疏请回家养病。闰十二月，夏言以少傅太子太师礼部尚书兼武英殿大学士入阁。	55 岁 万历七年 （1579）	为了遏制讲学之风，请毁天下书院以为公廨。申时行以礼部尚书兼文渊阁大学士入阁。南方流传托名海瑞弹劾张居正之疏。
63 岁 嘉靖十六年 （1537）	正月，侧室王氏所生三子张逊肤出生。八月，修成《嘉靖温州府志》。	56 岁 万历八年 （1580）	长子敬修和三子懋修中第，懋修在殿试中被神宗亲定为状元。再三乞休，神宗不允。
64 岁 嘉靖十七年 （1538）	二月，在家上疏请立东宫。八月，顾鼎臣以太子太保礼部尚书兼文渊阁大学士入阁。十二月阁臣李时卒于任，夏言为首辅。	57 岁 万历九年 （1581）	有疾，神宗多次派遣御医问诊。晋太傅左柱国。
65 岁 嘉靖十八年 （1539）	正月，为潘夫人请封，世宗封其为一品夫人。同月，章圣皇太后去世，疏慰世宗。二月初六日，病逝，世宗嗟叹不已，辍朝三日，并亲撰祭文，谥号文忠，赠太师，荫一子为尚宝司丞。	58 岁 万历十年 （1582）	二月，顺义王俺答去世。六月，病重，神宗频频问疾并赐赏，晋太师，岁加禄米一百石，荫一子为世袭指挥同知。二十日，张居正病故，辍朝数日，赠上柱国，谥文忠，厚赐钱物。次年，追夺上柱国、太师，并夺文忠谥号。万历十二年（1584），被抄家，长子张敬修自杀。天启二年（1622），熹宗为张居正恢复名誉。

主要参考书目

一、基本史籍

1.（汉）何休解诂，（唐）徐彦疏，刁小龙整理：《春秋公羊传注疏》，上海古籍出版社 2014 年版。

2.（唐）杜佑：《通典》，浙江古籍出版社 2000 年版。

3.（唐）李隆基注，（宋）邢昺疏，金良年整理：《孝经注疏》，上海古籍出版社 2009 年版。

4.（唐）韩愈撰，马其昶校注，马茂元整理：《韩昌黎文集校注》，上海古籍出版社 1986 年版。

5.（宋）范祖禹：《范太史集》，文渊阁《四库全书》本。

6.（宋）程颢、程颐著，王孝鱼点校：《二程集》，中华书局 1981 年版。

7.（宋）胡安国撰，王丽梅点校：《春秋传》，岳麓书社 2011 年版。

8.（宋）朱熹：《论语集注》，中华书局 1983 年版。

9.（宋）黎靖德，郑明等点校：《朱子语类》，《朱子全书》，上海古籍出版社、安徽教育出版社 2002 年版。

10.（元）熊禾：《熊勿轩先生文集》，《丛书集成初编》本。

11.《明实录》，台湾"中研院"历史语言研究所校印本。

12.《明伦大典》，美国国会图书馆藏嘉靖间司礼监刊本。

13.（明）王祎：《王忠文公集》，《丛书集成初编》本。

14.（明）叶盛：《水东日记》，中华书局 1980 年版。

15.（明）丘濬：《大学衍义补》，京华出版社 1999 年版。

16.（明）杨守陈：《皇明名臣经济录》，《四库禁毁书丛刊》本。

17.（明）王锜：《寓圃杂记》，中华书局 1984 年版。

18.（明）陈镐撰，（明）孔弘幹续修：《阙里志》，《北京图书馆古籍珍本丛刊》本。

19.（明）郑晓：《今言》，中华书局 1984 年版。

20.（明）陆容：《菽园杂记》，上海古籍出版社 1988 年版《说郛续》。

21.（明）杨一清：《杨一清集》，中华书局 2001 年版。

22.（明）王琼：《双溪杂记》，上海古籍出版社 1988 年版《说郛续》。

23.（明）杨廷和：《杨文忠三录》，文渊阁《四库全书》本。

24.（明）费宏：《费宏集》，上海古籍出版社 2007 年版。

25.（明）皇甫录：《皇明纪略》，《丛书集成初编》本。

26.（明）黄训：《皇明名臣经济录》，（台湾）文海出版社 1984 年版。

27.（明）王守仁：《王阳明全集》，上海古籍出版社 1992 年版。

28.（明）王廷相：《王廷相集》，中华书局 1989 年版。

29.（明）何孟春：《何文简疏议》，文渊阁《四库全书》本。

30.（明）何孟春著，刘晓林、彭昊、赵勖、蔡莹校点：《馀冬录》，岳麓书社 2012 年版。

31.（明）张璁：《张璁集》，上海社会科学院出版社 2008 年版。

32.（明）张孚敬：《谕对录》，《四库全书存目丛书》本。

33.（明）张孚敬：《张文忠公集》，《敬乡楼丛书》第四辑之七。

34.（明）张孚敬：《张文忠奏稿》，《敬乡楼丛书》第四辑之七。

35.（明）桂萼：《太傅桂文襄公奏议》，清康熙三十三年桂重重刻本。

36.（明）韩邦奇：《苑洛集》，乾隆十六年重刊本。

37.（明）黄绾：《明道编》，中华书局 1959 年版。

38.（明）严嵩：《钤山集》，嘉庆丙寅重刻本。

39.（明）夏言：《南宫奏稿》，文渊阁《四库全书》本。

40.（明）霍韬：《霍文敏公文集》，清康熙间刻本。

41.（明）黄佐：《翰林记》，《丛书集成初编》本。

42.（明）陈建：《皇明通纪》，中华书局 2008 年版。

43.（明）唐枢：《国琛集》，《丛书集成初编》本。

44.（明）魏焕：《皇明九边考》，明嘉靖刊本。

45.（明）张衮：《张水南文集》，《四库全书存目丛书》本。

46.（明）徐三重：《采芹录》，文渊阁《四库全书》本。

47.（明）田汝成：《炎檄纪闻》，《嘉业堂丛书》本。

48.（明）雷礼：《国朝列卿记》，明万历年间刊本。

49.（明）徐阶：《世经堂集》，万历徐氏刻本。

50.（明）何良俊：《四友斋丛说》，中华书局 1959 年版。

51.（明）明世宗：《敕议或问》，《丛书集成初编》本。

52.（明）明世宗：《御制正孔子祀典申记》，《纪录汇编》本。

53.（明）李诩：《戒庵老人漫笔》，中华书局 1982 年版。

54.（明）张瀚：《松窗梦语》，中华书局 1985 年版。

55.（明）高拱：《高拱全集》，中州古籍出版社 2006 年版。

56.（明）海瑞：《海瑞集》，中华书局 1962 年版。

57.（明）王叔果、王应辰：《嘉靖永嘉县志》，中国文史出版社 2010 年版。

58.（明）叶权：《贤博编》，中华书局 1987 年版。

59.（明）张居正：《张太岳集》，上海古籍出版社 1984 年影印本。

60.（明）张居正：《帝鉴图说》，文物出版社 2019 年版。

61.（明）徐学谟：《治世余闻》，中华书局 1985 年版。

62.（明）徐学谟：《继世纪闻》，中华书局 1985 年版。

63.（明）张四维：《张四维集》，上海古籍出版社 2018 年版。

64.（明）王世贞：《弇山堂别集》，中华书局 1985 年版。

65.（明）王世贞：《嘉靖以来首辅传》，《借月山房汇钞》本。

66.（明）李贽：《续焚书》，中华书局 2009 年版。

67.（明）李贽：《续藏书》，中华书局 1959 年版。

68.（明）戚继光：《戚少保奏议》，中华书局 2001 年版。

69.（明）邓士龙：《国朝典故》，北京大学出版社 1993 年版。

70.（明）申时行等修：《明会典》，中华书局 1989 年影印本。

71.（明）吕坤著，王国轩、王秀梅注释：《呻吟语》，学苑出版社 1993 年版。

72.（明）焦竑：《玉堂丛语》，中华书局 1981 年版。

73.（明）谭希思：《明大政纂要》，清光绪思贤书局刊本。

74.（明）余继登：《典故纪闻》，中华书局 1981 年版。

75.（明）徐学聚：《国朝典汇》，书目文献出版社 1996 年版。

76.（明）于慎行：《谷山笔麈》，中华书局 1984 年版。

77.（明）郑汝璧：《皇明帝后纪略》，《玄览堂丛书》本。

78.（明）范守己：《皇明肃皇外史》，（台湾）伟文图书出版社 1977 年版《清代禁毁书丛刊》本。

79.（明）支大纶：《皇明永陵编年信史》，明万历廿四年刊本。

80.（明）李之藻：《頖宫礼乐疏》，文渊阁《四库全书》本。

81.（明）俞汝楫等：《礼部志稿》，文渊阁《四库全书》本。

82.（明）张萱：《西园闻见录》，1940 年北平哈佛燕京学社排印本《中华文史丛书》之四十二。

83.（明）林尧俞、俞汝楫：《礼部志稿》，文渊阁四库全书本。

84.（明）朱国桢：《皇明史概》，明崇祯间刊本。

85.（明）徐光启：《徐光启集》，中华书局 2014 年版。

86.（明）李乐：《见闻杂记》，上海古籍出版社 1986 年版。

87.（明）张铨撰，（明）张道濬订，（明）徐扬先校：《国史记闻》，上海古籍出版社 2018 年版。

88.（明）沈德符：《万历野获编》，中华书局 1959 年版。

89.（明）许重熙：《宪章外史续编》，（台湾）伟文图书出版社 1977 年版《清代禁毁书丛刊》本。

90.（明）吴瑞登：《两朝宪章录》，全国图书馆微复印中心编《中国文献珍本丛书》本。

91.（明）谈迁：《国榷》，中华书局 1958 年版。

92.（明）高岱：《鸿猷录》，《纪录汇编》本。

93.（明）陈子龙等辑：《明经世文编》，中华书局 1962 年影印本。

94.（明）刘宗周：《刘蕺山先生奏疏》，《四库禁毁书丛刊》本。

95.（明）吕毖：《明朝小史》，《玄览堂丛书》本。

96.（明）佚名：《嘉靖祀典考》，傅斯年图书馆藏未刊稿钞本。

97.（明）佚名：《万历起居注》，北京大学出版社 1988 年影印本。

98.（明）佚名：《万历邸抄》，江苏广陵古籍刻印社 1991 年影印本。

99.（明）不著编人：《皇明诏令》，明嘉靖刊本。

100.《清实录》，（台湾）华文书局 1969 年版。

101.（清）黄宗羲：《明儒学案》，中华书局 1985 年版。

102.（清）黄宗羲：《明文海》，中华书局 1987 年版。

103.（清）黄宗羲：《黄宗羲全集》，浙江古籍出版社 1985 年版。

104.（清）毛奇龄：《辨定嘉靖大礼议》，《四库全书存目丛书》本。

105.（清）张廷玉等：《明史》，中华书局 1974 年版。

106.（清）谷应泰：《明史纪事本末》，中华书局 1977 年版。

107.（清）查继佐：《罪惟录》，浙江古籍出版社 1986 年版。

108.（清）褚人获：《坚瓠集》，江苏广陵古籍刻印社 1983 年《笔记小说大观》第 15 册。

109.（清）王鸿绪：《明史稿》，敬慎堂刊本。

110.（清）徐乾学：《明史列传》，清康熙手抄本。

111.（清）清世宗：《大义觉迷录》，《近代中国史料丛刊》，第36辑，（台湾）文海出版社1973年版。

112.（清）张廷玉等撰：《明史》，中华书局1974年版。

113.（清）清高宗敕选：《明臣奏议》，《丛书集成初编》本。

114.（清）清高宗批，傅恒等奉敕撰：《御定通鉴纲目三编》，文渊阁四库全书本。

115.（清）永瑢等：《四库全书总目提要》，上海商务印书馆1931年版。

116.（清）蒋良骐校：《东华录》，齐鲁书社2005年版。

117.（清）刘宝楠：《论语正义》，中华书局1990年版。

118.（清）赵翼：《廿二史札记》，中国书店1987年影印本。

119.（清）赵翼：《陔余丛考》，商务印书馆1957年铅印本。

120.（清）梁章钜：《浪迹丛谈》，中华书局1981年版。

121.（清）梁章钜：《浪迹续谈》，中华书局1981年版。

122.（清）夏燮：《明通鉴》，中华书局1959年版。

123.（清）孙衣言：《瓯海轶闻》，上海社会科学院出版社2005年版。

124.（清）皮锡瑞：《经学通论》，中华书局1954年版。

125.（意）利玛窦、金尼阁著，何高济、王遵仲、李申译，何兆武校：《利玛窦中国札记》，中华书局1983年版。

126. 怀效锋点校：《大明律》，法律出版社1999年版。

127. 南炳文、吴彦玲：《辑校万历起居注》，天津古籍出版社2010年版。

128. 胡丹：《明代宦官史料长编》，凤凰出版社2014年版。

二、研究论著

1. 陈翊林：《张居正评传》，中华书局 1934 年版。

2. 章嵚：《中华通史》，商务印书馆 1947 年版。

3. 吴晗：《读史札记》，生活·读书·新知三联书店 1956 年版。

4. 张维华：《明代海外贸易简论》，上海人民出版社 1956 年版。

5. 杨铎：《明张江陵先生居正年谱》，台湾商务印书馆 1980 年版。

6. 朱东润：《张居正大传》，湖北人民出版社 1957 年版。

7. 黄仁宇：《万历十五年》，中华书局 1982 年版。

8. 中国社会科学院历史研究所明史研究室编：《明史研究论丛》第一辑，江苏古籍出版社 1982 年版。

9. 历史研究编辑部：《明清人物论集》（上册），四川人民出版社 1983 年版。

10. 张德信：《明史海瑞传校注》，陕西人民出版社 1984 年版。

11. 中国社会科学院历史研究所明史研究室编：《明史研究论丛》第三辑，江苏古籍出版社 1985 年版。

12. 张舜徽、吴量凯：《张居正集》（第一册），荆楚书社 1987 年版。

13. 葛荣晋：《王廷相学术生平编年》，河南人民出版社 1987 年版。

14. 萧少秋：《张居正改革》，求实出版社 1987 年版。

15. 梁方仲：《梁方仲经济史论文集》，中华书局 1989 年版。

16. 王其榘：《明代内阁制度史》，中华书局 1989 年版。

17. 唐文基：《明代赋役制度史》，中国社会科学出版社 1991 年版。

18. ［美］费正清、赖肖尔著，陈仲丹等译：《中国传统与变革》，江苏人民出版社 1992 年版。

19. 王天有：《明代国家机构研究》，北京大学出版社 1992 年版。

20. ［美］牟复礼、［英］崔瑞德编，张书生、黄沫、杨品泉、思炜、张言、谢亮生译，谢亮生校：《剑桥中国明代史》，中国社会科学出版社 1992 年版。

21. 蔡美彪等著：《中国通史》第八册，人民出版社 1993 年版。

22. 李洵：《正德皇帝大传》，辽宁教育出版社 1993 年版。

23. 林延清：《嘉靖皇帝大传》，辽宁教育出版社 1993 年版。

24. 樊树志：《万历传》，人民出版社 1993 年版。

25. 李锦全：《海瑞评传》，南京大学出版社 1994 年版。

26. 张舜徽、吴量凯：《张居正集》（第二、三、四册），湖北人民出版社 1994 年版。

27. 马楚坚：《明清边政与治乱》，天津人民出版社 1994 年版。

28. 谭天星：《明代内阁政治》，中国社会科学出版社 1995 年版。

29. 李洵：《下学集》，中国社会科学出版社 1995 年版。

30. 张德信、毛佩琦主编：《洪武御制全书》，黄山书社 1995 年版。

31. 冷东：《叶向高与明末政坛》，汕头大学出版社 1996 年版。

32. 关文发、颜广文：《明代政治制度研究》，中国社会科学出版社 1995 年版。

33. 周明初：《晚明士人心态及文学个案》，东方出版社 1997 年版。

34. 谢国桢：《明清之际党社运动考》，辽宁教育出版社 1998 年版。

35. 丰家骅：《杨慎评传》，南京大学出版社 1998 年版。

36. 刘聿鑫、凌丽华：《戚继光年谱》，山东大学出版社 1999 年版。

37. 韦庆远：《张居正和明代中后期政局》，广东高等教育出版社 1999 年版。

38. 张宪文、张卫中：《张璁年谱》，上海古籍出版社 1999 年版。

39. 许大龄：《明清史论集》，北京大学出版社 2000 年版。

40. 钱穆：《中国历代政治得失》，生活·读书·新知三联书店 2001 年版。

41. 陈怀仁、夏玉润：《洪武六百年祭》，南方出版社 2001 年版。

42. 黄仁宇：《十六世纪明代中国之财政与税收》，生活·读书·新知三联书店 2001 年版。

43. 郑克晟：《明清史探实》，中国社会科学出版社 2001 年版。

44. 赵俪生：《赵俪生文集》，兰州大学出版社 2002 年版。

45. 田澍：《嘉靖革新研究》，中国社会科学出版社 2002 年版。

46. 姜德成：《徐阶与嘉隆政治》，天津古籍出版社 2002 年版。

47. 陈平原、王德威、商伟：《晚明与晚清：历史传承与文化重新》，湖北教育出版社 2002 年版。

48. 刘重日：《濒阳集》，黄山书社 2003 年版。

49. 张显清、林金树：《明代政治史》，广西师范大学出版社 2003 年版。

50. 樊树志：《晚明史》，复旦大学出版社 2003 年版。

51. 谢贵安：《明实录研究》，湖北人民出版社 2003 年版。

52. 何宗美：《明末清初文人结社研究》，南开大学出版社 2003 年版。

53. 潘源源、曹凌云、张卫中：《张璁年谱》，人民日报出版社 2004 年版。

54. 刘志琴：《晚明史论：重新认识末世衰变》，江西高校出版社 2004 年版。

55. 李华瑞：《王安石变法研究史》，人民出版社 2004 年版。

56. 张显清：《张显清文集》，上海辞书出版社 2005 年版。

57. 林延清：《明清史探究》，中国文史出版社 2005 年版。

58. 王剑：《明代密疏研究》，中国社会科学出版社 2005 年版。

59. 万明：《晚明社会变迁问题与研究》，商务印书馆 2005 年版。

60. ［美］郝大维、［美］安乐哲著，何金俐译：《通过孔子而思》，北京大学出版社 2005 年版。

61. 汤纲、朱元寅：《明史》，中华书局（香港）有限公司 2006 年版。

62. 赵克生：《明朝嘉靖时期国家祭礼改制》，社会科学文献出版社 2006 年版。

63. 刘志琴：《张居正评传》，南京大学出版社 2006 年版。

64. 郑培凯：《明代政治与文化变迁》，香港城市大学出版社 2006 年版。

65. 尤淑君：《名分礼秩与皇权重塑：大礼议与嘉靖政治文化》，台湾政治大学历史学系 2006 年版。

66. 徐林：《明代中晚期江南士人社会交往研究》，上海古籍出版社 2006 年版。

67. 傅衣凌：《傅衣凌治史五十年文编》，中华书局 2007 年版。

68. 胡吉勋：《大礼议与明廷人事变局》，社会科学文献出版社 2007 年版。

69. 南炳文：《明史新探》，中华书局 2007 年版。

70. 胡吉勋：《"大礼议"与明廷人事变局》，社会科学文献出版社 2007 年版。

71. 孟森：《明清史讲义》，中华书局 1981 年版。

72. 张显清：《明代后期社会转型研究》，中国社会科学出版社 2008 年版。

73. 方志远：《明代国家权力结构及运行机制》，科学出版社 2008 年版。

74. 赵轶峰：《明代的变迁》，上海三联书店出版社 2008 年版。

75. ［美］威廉·埃德加·盖洛著，沈弘、郝田虎、姜文涛译：《中国十八省府》，山东画报出版社 2008 年版。

76. ［美］阿瑟·沃尔德隆著，石云龙、金鑫荣译：《长城：从历史到神话》，江苏教育出版社 2008 年版。

77. 南炳文、庞乃明：《"盛世"下的潜藏危机——张居正改革研究》，南开大学出版社 2009 年版。

78. 陈春声、陈东有：《杨国桢教授治史五十年纪念文集》，江西教育出版社 2009 年版。

79. 吴仁安：《明清江南著姓望族史》，上海人民出版社 2009 年版。

80. 蔡明伦：《明代言官群体研究》，中国社会科学出版社 2009 年版。

81. 原瑞琴：《〈大明会典〉研究》，中国社会科学出版社 2009 年版。

82. 陈学霖：《明初的人物、史实与传说》，北京大学出版社 2010 年版。

83. 谢贵安：《明清文化史探研》，商务印书馆 2010 年版。

84. 顾钟麟、冯坚：《张璁评传》，浙江人民出版社 2010 年版。

85. 赖建诚：《边镇粮饷：明代中后期的边防经费与国家财政危机，1531—1602》，浙江大学出版社 2010 年版。

86. 钱穆：《中国历史研究法》，九州出版社 2011 年版。

87. 南开大学历史学院、北京大学历史系、中国社科院历史所：《中国古代社会高层论坛——纪念郑天挺先生诞辰一百一十周年》，中华书局 2011 年版。

88. 牛建强、高林华：《高拱、明代政治及其他》，河南大学出版社 2011 年版。

89. 南炳文、商传：《明代蓟镇文化学术研讨会论文集》，云南人民出版社 2011 年版。

90. 张德信：《明史研究论稿》，社会科学文献出版社 2011 年版。

91. 徐泓：《二十世纪中国的明史研究》，台湾大学出版中心 2011 年版。

92. 陈支平、万明：《明朝在中国历史上的地位》，天津古籍出版社 2011 年版。

93. 张侃、张卫中辑注：《普门张氏文献综录》，中国文史出版社 2011 年版。

94. 梁启超：《梁启超论中国法制史》，商务印书馆 2012 年版。

95. 陈支平：《史学碎想录》，福建人民出版社 2012 年版。

96. 荆州市张居正研究会：《张居正研究》（第一辑），湖北人民出版社 2012 年版。

97. 曹永年：《明代蒙古史丛考》，上海古籍出版社 2012 年版。

98. 吴晗：《吴晗论明史》，武汉出版社 2013 年版。

99. 嵇文甫：《晚明思想史论》，东方出版社 2013 年版。

100. 田澍：《正德十六年——"大礼议"与嘉隆万改革》，人民出版社 2013 年版。

101. ［日］小野和子：《明季党社考》，上海古籍出版社 2013 年版。

102. 梁启超：《中国六大政治家》，中华书局 2014 年版。

103. 邓小南：《祖宗之法——北宋前期政治述略》，生活·读书·新知三联书店 2014 年版。

104. 郑克晟：《明代政争探源》，故宫出版社 2014 年版。

105. 中共海南省委宣传部、中共海南省委纪律检查委员会、海南大学：《海瑞诞辰五百周年学术研讨会论文集》，社会科学文献出版社 2014 年版。

106. 董喜宁：《孔庙祭祀研究》，中国社会科学出版社 2014 年版。

107. 赵世明：《高拱与隆庆政治》，西南交通大学出版社 2014 年版。

108. 陈宝良：《明代社会转型与文化变迁》，重庆大学出版社 2014 年版。

109. ［加］卜正民著，陈时龙译：《明代的社会与国家》，商务印书馆 2014 年版。

110. 张亮采：《中国风俗史》，中国书籍出版社 2015 年版。

111. ［美］费正清著，张沛、张源、顾思兼译：《费正清中国史》，吉林出版集团有限责任公司 2015 年版。

112. 贾玉民：《海瑞清官意识的政治哲学探析》，科学出版社 2015 年版。

113. 万明、徐英凯：《明代〈万历会计录〉整理与研究》，中国社会科学出版社 2015 年版。

114. 朱鸿林：《孔庙从祀与乡约》，生活·读书·新知三联书店

2015 年版。

115. 钱穆：《国史大纲》，商务印书馆 2015 年版。

116. 黄阿明：《明代货币白银化与国家制度变革研究》，广陵书社 2016 年版。

117. 科大卫：《明清社会和礼仪》，北京师范大学出版社 2016 年版。

118. 李建武：《明代镇守内官研究》，天津古籍出版社 2016 年版。

119. 姚大勇、张玉梅：《王世贞与明清文化国际学术交流会论文集》，上海三联书店 2016 年版。

120. 邓广铭：《北宋政治改革家王安石》，生活·读书·新知三联书店 2017 年版。

121. 田澍：《明代内阁政治研究》，人民出版社 2017 年版。

122. 郭培贵：《中国科举制度通史·明代卷》，上海人民出版社 2017 年版。

123. 彭刚：《叙事的转向：当代西方史学理论的考察》，北京大学出版社 2017 年版。

124. 余同元、何伟、吴洋飞、史献浩：《温州家族史研究》，人民出版社 2017 年版。

125. 徐瑾：《白银帝国》，中信出版社 2017 年版。

126. ［美］勒内·韦勒克、奥斯汀·沃伦：《文学理论》，刘象愚、邢培明、陈圣生、李哲明译，浙江人民出版社 2017 年版。

127. 王天有：《王天有史学论集》，北京大学出版社 2018 年版。

128. 王汎森：《思想是生活的一种方式》，北京大学出版社 2018 年版。

129. 王家范：《明清江南史丛稿》，生活·读书·新知三联书店

2018 年版。

130. 李华瑞：《探寻宋型国家的历史：李华瑞学术论文集》，人民出版社 2018 年版。

131. 黄仁宇：《明代的漕运》，九州出版社 2019 年版。

132. 吴仁安：《明清时期的江南望族》，上海人民出版社、上海书店出版社 2019 年版。

133. 萨孟武：《中国社会政治史》（宋元明卷），生活·读书·新知三联书店 2019 年版。

134. 张明富、张颖超：《天潢贵胄的心智结构——明代宗室群体心态、知识状况及信仰研究》，人民出版社 2019 年版。

135. 高寿仙：《嘤其鸣：明清社会经济论评》，人民出版社 2019 年版。

136. 王智勇：《杨慎研究文选》，四川人民出版社 2020 年版。

137. 朱鸿林：《明太祖与经筵》，生活·读书·新知三联书店 2021 年版。

138. 樊树志：《明史十二讲》，中华书局 2021 年版。

139. 解扬：《话语与制度——祖制与晚明政治思想》，生活书店出版有限公司 2021 年版。

140. 胡吉勋：《威柄在御：明嘉靖初年的皇权、经世与政争》，中华书局 2021 年版。

141. ［日］和辻哲郎著，刘幸译，陈玥校：《孔子》，上海古籍出版社 2021 年版。

后　记

　　《从张璁到张居正——明代改革的经验与教训》是 2018 年中宣部全国文化名家暨"四个一批"人才资助项目"从张璁到张居正：明代改革的演变轨迹与经验教训"的最终成果。该课题是在《嘉靖革新研究》和《正德十六年——"大礼议"与嘉隆万改革》基础上对嘉隆万改革的再认识。本课题主要以张璁和张居正两位明代改革的标志性人物为主线，旨在对革新人物的政治素养与革新能力，个人命运以及对政治的影响等进行专门的考察。该成果除第四章《张璁与孔子祀典改革》由我和王红成副教授共同完成外，其余部分由我本人完成。另外，我指导的 2021 级博士生李航对书稿进行了全面的校对，提出了诸多改进意见。对他们两位的贡献表示真诚的感谢。

　　在出版过程中，人民出版社给予了积极的帮助。邵永忠编审一如既往地给予了多方支持，使该成果得以顺利出版发行。对他们卓有成效的工作表示诚挚的谢意。

田　澍

2023 年 9 月 22 日于撒马尔罕大学